NCS 8개 영역의 기초부터 실전까지 완벽 대비

NCS 2025
고졸채용

의사소통능력+7개 영역

NCS 공기업연구소 편저

예믈에듀
EDU

NCS(국가직무능력표준)

NCS(국가직무능력표준) 개념도

NCS(국가직무능력표준, National Competency Standards)는 산업 현장의 직무를 수행하기 위해 필요한 능력
(지식, 기술, 태도)을 국가적 차원에서 표준화한 것으로 능력단위 또는 능력단위의 집합을 의미

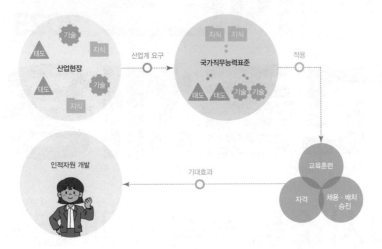

NCS(국가직무능력표준) 분류

- 국가직무능력표준의 분류는 직무의 유형(Type)을 중심으로 국가직무능력표준의 단계적 구성을 나타내는 것
  으로, 국가직무능력표준 개발의 전체적인 로드맵을 제시
- 한국고용직업분류(KECO ; Korean Employment Classification of Occupations)를 기본으로 하여 분류하였
  으며 '대분류(24개) → 중분류(81개) → 소분류(269개) → 세분류(NCS, 948개)'로 구성

분류	하위능력
대분류	주요 산업분야(Industry)를 기준으로 구분 예 정보통신 등
중분류	주요 산업분야를 구성하는 하위 산업(Sub-industry)을 기준으로 구분 예 정보기술, 통신기술, 방송기술 등
소분류	유사한 직업의 집합으로 직업군(Occupation cluster)을 기준으로 구분 예 정보기술개발, 정보기술관리 등
세분류	주어진 업무와 과업이 높은 유사성을 갖는 유사한 직무능력의 집합(Competency cluster)으로 직업(Occupation) 정도의 크기로 구분 예 SW아키텍쳐, 응용SW엔지니어링, DB엔지니어링 등

직업기초능력

직종이나 직위에 상관없이 모든 직업인들에게 공통적으로 요구되는 기본적인 능력 및 자질

- 의사소통능력 : 문서이해능력, 문서작성능력, 경청능력, 의사표현능력, 기초외국어능력
- 자원관리능력 : 시간관리능력, 예산관리능력, 물적자원관리능력, 인적자원관리능력
- 문제해결능력 : 사고력, 문제처리능력
- 정보능력 : 컴퓨터활용능력, 정보처리능력
- 조직이해능력 : 국제감각, 조직 체제 이해능력, 경영이해능력, 업무이해능력
- 수리능력 : 기초연산능력, 기초통계능력, 도표분석능력, 도표작성능력
- 자기개발능력 : 자아인식능력, 자기관리능력, 경력개발능력
- 대인관계능력 : 팀워크능력, 리더십능력, 갈등관리능력, 협상능력, 고객서비스능력
- 기술능력 : 기술이해능력, 기술선택능력, 기술적용능력
- 직업윤리 : 근로윤리, 공동체윤리

의사소통능력

문서를 이해하는 능력과 타인과의 관계, 대화에 있어서 의미를 명확히 파악하여 생각을 정확히 전달하는 능력

구분		내용
문서적 의사소통	문서이해능력	업무와 관련된 다양한 문서를 읽고 문서의 핵심을 이해하며, 구체적인 정보를 획득하고, 수집 · 종합하는 능력
	문서작성능력	업무 관련 상황과 목적에 적합한 문서를 시각적이고 효과적으로 작성하는 능력
언어적 의사소통	경청능력	원활한 의사소통을 위해 상대방의 이야기를 주의를 기울여 집중하고 몰입하여 듣는 능력
	의사표현능력	자신의 의사를 목적과 상황에 맞게 설득력을 가지고 표현하는 능력
기초외국어능력		외국어로 된 간단한 자료와 외국인의 간단한 의사표현을 이해하고, 자신의 의사를 기초외국어로 표현할 수 있는 능력

자원관리능력

여러 자원 중 무엇이 얼마나 필요한지를 확인하고, 자원을 최대한 확보하여 계획을 수립하고 할당하는 능력

시간관리능력	필요한 시간자원을 실제 업무에 어떻게 활용할 것인지에 대한 시간계획을 수립하고 할당하는 능력
예산관리능력	필요한 예산을 실제 업무에 어떻게 집행할 것인지에 대한 예산계획을 수립하고, 효율적으로 관리하는 능력

NCS(국가직무능력표준)

물적자원 관리능력	필요한 물적자원을 실제 업무에 어떻게 활용할 것인지에 대한 계획을 수립하고, 효율적으로 관리 하는 능력
인적자원 관리능력	필요한 인적자원(근로자의 기술, 능력 등)을 파악하고 최대한 확보하여 실제 업무에 어떻게 배치할 것인지에 대한 계획을 수립하고, 효율적으로 관리하는 능력

조직이해능력

조직의 목표, 문화 등을 이해하고, 직무를 수행하는 데 있어서 조직의 특성을 파악하고 업무에 반영하는 능력

조직이해능력	조직의 구조, 문화, 목표, 비전 등을 이해하고, 그에 따라 자신의 역할을 명확히 하여 효과적으로 업무를 수행하는 능력
경영이해능력	조직의 경영 환경과 경영 전략, 운영 방침 등을 이해하고, 이를 바탕으로 업무를 수행하는 능력

정보능력

기본적인 컴퓨터 사용뿐만 아니라 업무에 필요한 다양한 프로그램과 시스템을 적절히 활용할 수 있는 능력

컴퓨터활용능력	기본적인 컴퓨터 사용뿐만 아니라 업무에 필요한 다양한 프로그램과 시스템을 적절하게 활용하는 능력
정보처리능력	수집된 정보를 체계적으로 정리하고 분석하여 유용한 결과를 도출하는 능력

기술능력

다양한 기술의 원리와 작동 방식을 이해하고, 어떤 상황에서 유용한지를 파악하여 적절하게 활용하는 능력

기술이해능력	다양한 기술의 원리와 작동 방식을 이해하고, 상황에 맞게 적절히 활용하는 능력
기술적용능력	이해한 기술을 실제 상황에 적절히 적용하여 문제를 해결하거나 목표를 달성하고, 실제 업무에서 효율적으로 적용하는 능력
기술선택능력	다양한 기술 중에서 주어진 업무에 가장 적합한 기술을 선택하여 활용하고, 기술의 특성을 고려하 여 가장 효과적인 기술을 선택하는 능력

자기개발능력

직무 수행을 위해 필요한 지식과 기술을 향상시키고, 필요한 역량과 개인의 성장을 함께 추구하는 능력

자아인식능력	자신의 가치관과 정체성, 직업적 특성에 대해 정확하게 인식하는 능력
자기관리능력	목표 달성을 위해 필요한 행동을 계획하고 실행하며, 자원을 효율적으로 활용하는 능력
경력개발능력	직업적인 목표를 설정하고 이루기 위한 경로를 계획하며, 필요한 학습과 경험을 지속적으로 개발하는 능력

대인관계능력

다른 사람과 원활하게 소통하고 협력하며, 인간관계에서 발생할 수 있는 갈등을 해결하는 능력

팀워크능력	조직 내에서 다른 사람들과 협력하여 공동의 목표를 달성하는 능력
리더십능력	조직 내에서 다른 사람들을 이끌고 동기부여하며, 목표 달성을 위한 방향을 제시하는 능력
갈등관리능력	조직 내에서 발생할 수 있는 갈등을 효과적으로 관리하고 해결하는 능력
협상능력	두 사람 이상이 서로 다른 이해관계를 조율하고, 상호 합의에 도달하는 과정에서 필요한 능력
고객서비스능력	고객의 요구를 이해하고, 이를 만족시키기 위한 서비스를 제공하는 능력

직업윤리

직무 수행 시 요구되는 윤리적 가치를 준수하며, 책임감 있고 신뢰성 있는 방식으로 업무를 수행하는 능력

근로윤리	조직 내에서의 책임감을 바탕으로 주어진 업무를 수행하고, 직무에 대해 높은 수준의 윤리적 기준을 유지
공동체윤리	조직 내에서의 협력과 상호 존중을 기반으로 한 공동의 이익을 중시

이 책의 구성과 특징

NCS의 기초! 과목별 핵심이론 익히기

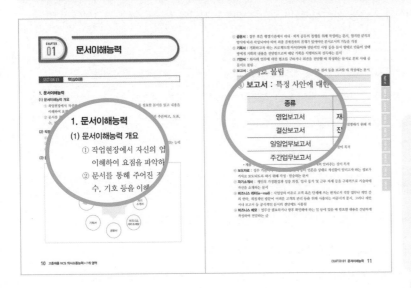

- NCS의 기초가 되는 핵심이론을 하위능력별로 정리하였습니다.
- 이해를 돕기 위해 다양한 그림과 도표를 수록하여 효율적으로 학습할 수 있도록 하였습니다.

대표 예제와 출제예상문제로 체계적인 학습

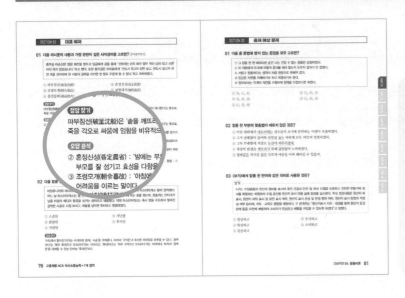

- 대표 예제＋출제예상문제를 수록하여 모든 유형에 대비할 수 있도록 하였습니다.
- 최신 공기업 기출문제를 대표 예제로 선택하였고 정답 찾기와 오답 분석을 수록하여 효율적인 문제 풀이를 할 수 있도록 있도록 하였습니다.

실전처럼 풀어보는 모의고사

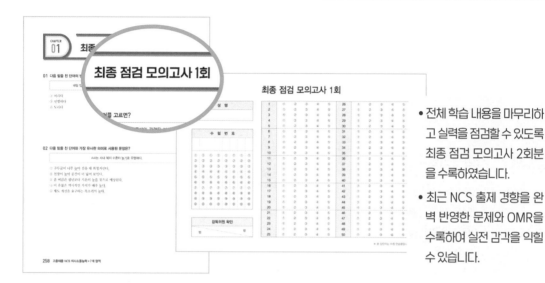

- 전체 학습 내용을 마무리하고 실력을 점검할 수 있도록 최종 점검 모의고사 2회분을 수록하였습니다.
- 최근 NCS 출제 경향을 완벽 반영한 문제와 OMR을 수록하여 실전 감각을 익힐 수 있습니다.

학습 효과 UP! 상세한 정답 및 해설

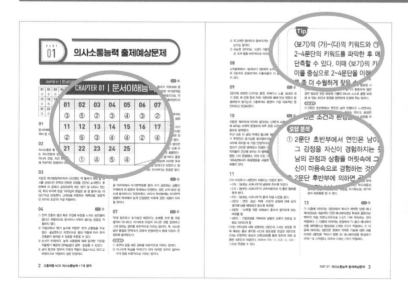

- 쉽고 빠른 정답 확인을 위해 정답 박스를 수록하였습니다.
- 학습에 도움이 되도록 상세한 해설과 오답 분석을 수록하였습니다.
- 해설의 이해를 돕는 Tip을 수록하였습니다.

목차

의사소통능력

PART 01

문서이해능력

1. 문서이해능력

(1) 문서이해능력 개요

① 작업현장에서 자신의 업무와 관련된 인쇄물 혹은 기호화된 정보 등 필요한 문서를 읽고 내용을 이해하여 요점을 파악하는 능력

② 문서를 통해 주어진 정보를 읽고 이해하여 자신에게 필요한 행동이 무엇인지 추론하고, 도표, 수, 기호 등을 이해하고 표현할 수 있는 능력

(2) 직장에서 요구되는 문서이해능력

① 문서를 읽고 이해할 수 있는 능력

② 각종 문서나 자료에 수록된 정보를 확인하고 알맞은 정보를 구별 · 비교하여 통합할 수 있는 능력

③ 문서에 나타난 타인의 의견을 이해하여 요약하고 정리할 수 있는 능력

(3) 문서의 종류와 용도

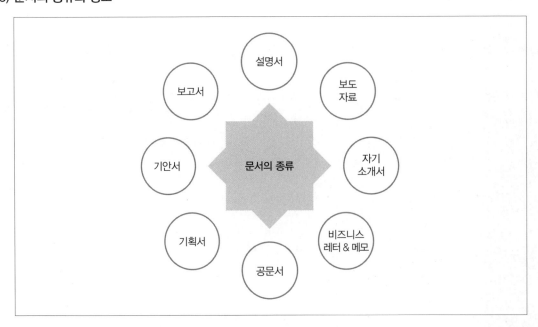

① **공문서** : 정부 혹은 행정기관에서 대내·외적 공무의 집행을 위해 작성하는 문서. 엄격한 규격과 양식에 따라 작성되어야 하며 최종 결재권자의 결재가 있어야만 문서로서의 기능을 가짐

② **기획서** : 기획하고자 하는 프로젝트의 아이디어와 전반적인 사항 등을 문서 형태로 만들어 상대 방에게 기획의 내용을 전달함으로써 해당 기획을 시행하도록 설득하는 문서

③ **기안서** : 회사의 업무에 대한 협조를 구하거나 의견을 전달할 때 작성하는 문서로 흔히 사내 공 문서로 불림

④ **보고서** : 특정 사안에 대한 현황이나 진행 상황, 연구·검토 결과 등을 보고할 때 작성하는 문서

종류	내용
영업보고서	재무제표와 달리 영업상황을 문장형식으로 기재
결산보고서	진행되었던 사안의 수입, 지출 결과를 보고
일일업무보고서	매일의 업무를 보고
주간업무보고서	한 주간의 진행되었던 업무를 보고
출장보고서	회사 업무로 출장을 다녀온 외부 업무나 그 결과를 보고
회의보고서	회의 결과를 정리하여 보고

⑤ **설명서** : 상품의 특성이나 성질 및 가치, 작동 방법 및 과정 등을 소비자에게 설명하기 위해 작 성된 문서

  ㉠ 상품소개서
- 일반인이 친근하게 읽고 내용을 쉽게 이해하도록 하는 문서
- 소비자에게 상품의 특징을 전달하여 상품을 구매하도록 유도하는 것이 목적

  ㉡ 제품설명서
- 제품의 특징과 활용도에 대해 세부적으로 언급하는 문서
- 제품 구입도 유도하지만, 제품의 사용법에 대해 자세히 알려주는 것이 목적

⑥ **보도자료** : 정부 기관이나 기업체, 각종 단체 등이 언론을 상대로 자신들이 알리고자 하는 정보가 기사로 보도되도록 하기 위해 작성·발송하는 문서

⑦ **자기소개서** : 개인의 가정환경과 성장 과정, 입사 동기 및 근무 자세 등을 구체적으로 기술하여 자신을 소개하는 문서

⑧ **비즈니스 레터(e-mail)** : 사업상의 이유로 고객 혹은 단체에 쓰는 편지로서 직장 업무나 개인 간 의 연락, 직접적인 방문이 어려운 고객의 관리 등을 위해 사용되는 비공식적 문서. 그러나 제안 서나 보고서 등 공식적인 문서의 전달에도 사용됨

⑨ **비즈니스 메모** : 업무상 필요하거나 향후 확인해야 하는 일 등이 있을 때 필요한 내용을 간단하게 작성하여 전달하는 글

PART 01
PART 02
PART 03
PART 04
PART 05
PART 06
PART 07
PART 08
PART 09

종류	내용
전화 메모	• 업무 내용의 개인적인 전화로 전달사항 등을 간단히 작성하여 당사자에게 전달하는 메모 • 휴대전화의 발달로 줄어듦
회의 메모	• 회의에 참석하지 못한 상사나 동료에게 전달사항이나 회의 내용에 대해 간략히 적어 전달하는 메모 • 회의 내용을 기록하여 기록이나 참고자료로 남기기 위해 작성하는 메모 • 월말, 연말에 업무 상황을 파악하거나 업무 추진에 대한 궁금증이 있을 때 핵심적인 자료 역할을 함
업무 메모	개인이 추진하는 업무나 상대의 업무 추진 상황을 적은 메모

(4) 문서의 이해를 위한 구체적인 절차

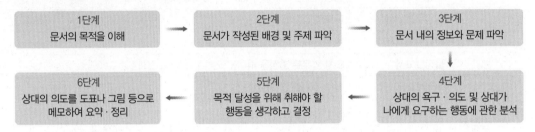

(5) 문서의 이해를 위해 필요한 사항

① 문서에서 중요한 내용만을 골라 필요한 정보를 획득 · 수집하여 종합하는 능력
② 문서를 읽고 구체적인 절차에 따라 이해하여 정리하는 문서이해능력과 내용종합능력
③ 문서를 읽고 나만의 방식으로 소화하여 작성할 수 있는 능력

01 다음은 ○○공사가 정부경영평가 지적사항에 대하여 조치실적과 조치계획을 정리한 자료이다. 이에 대해 잘못 이해한 것은? [한국전력공사]

2024년 정부경영평가 지적사항 및 조치계획

지적사항 1	내부청렴도 및 윤리교육 향상방안 제고

1. 조치실적
- 중요행사 및 회의 시행 전 '반부패 · 준법 · 청렴 교육' 시행
  - 회의주관자가 직접 교육 또는 동영상 자료를 활용하여 교육
  - 청렴의식 고취 내용, 각종 부패발생 사례 등 공유로 청렴문화 정착
- 전문가를 통한 윤리수준 진단 시행
  - 윤리수준 환류평가 강화를 위하여 전문가의 시각에서 진단 시행
  - 설문, 인터뷰 등 내부 의견 수렴 및 분석으로 개선방향 도출
- 고위직 윤리교육 시행 및 전 직원 청렴윤리 교육 의무화
  - 상임감사위원 주도하에 경영진 및 2급 이상 간부 대상 '이순신의 청렴윤리 리더십' 교육 시행, 위로부터의 청렴의식 변화 유도
  - 전 직원 대상 '청탁금지법의 이해' 등 청렴윤리 온라인교육 의무 시행

2. 조치계획
- 권역별 순회교육 등 반부패 청렴윤리 집합교육 시행
  - 상임감사위원 중심의 일선 사업소 순회교육 및 현장 의견 청취
  - 사업소 행동강령책임자 및 윤리실천리더 대상, 권역별 집합교육
- 갑질행위 근절을 위한 '가이드라인' 제시
  - 전 직원 대상 설문조사 및 신입사원 워크숍을 통한 '갑질 및 부당한 업무지시' 관련 의견 수렴, 유형 정의
  - 전사 '갑질 가이드라인 제시'로 갑질문화 근절 및 내부청렴도 제고

지적사항 2	국제표준 반부패 경영시스템 도입같은 장기적 과제를 완성할 수 있는 구체적인 계획 수립과 목표 달성 노력 방안을 제고하는 추가적인 노력을 기울일 필요가 있다고 판단됨

1. 조치실적
- 부패방지경영시스템 국제표준 인증 계획 수립
  - 2024.5. 부패방지경영시스템(ISO 37001) 구축 및 인증 기본계획 수립(자체 추진 전담반 구성 및 외부 인증지원 전문기관 용역을 병행하여 추진)
  - ※ ISO 37001 : 기업이 반부패 활동을 위해 부패방지 프로그램을 수립 · 구현 · 유지관리하는 데 필요한 요구사항을 제시하는 국제 표준

2. 조치계획
- 2024년 내 인증 완료
  - 세부 추진계획

6~7월		8~9월		10~12월
– 전담반 교육 – 부패 리스크 평가 – 절차서 등 작성	→	– 절차서 등 승인 – 내부심사 – 경영검토	→	– 인증심사 신청 – 인증심사 수검 – 인증 취득

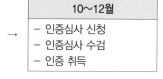

① ○○공사에서는 중요한 회의 시작 전에 반부패 · 준법 · 청렴 관련 동영상을 시청한다.

② ○○공사의 2급이상 간부들은 '이순신의 청렴윤리 리더십' 교육을 받았다.

③ ○○공사는 전직원이 참여한 설문결과를 통해 '갑질'의 유형을 8항목으로 정의하였다.

④ ○○공사는 청렴윤리교육을 권역별 집합교육형태로 실시할 계획이다

⑤ ○○공사는 2024년 12월까지 ISO 37001 인증을 받을 계획이다.

정답 찾기

전 직원 대상 설문 조사 및 신입사원 워크숍을 통해 '갑질 및 부당한 업무지시' 관련 의견을 수렴하여 유형을 정의하는 것은 '1. 조치실적'이 아닌 '2. 조치계획'에 해당하므로 성격상 과거형으로 쓰일 수 없다. 또한 몇 가지 항목으로 정의되었는지도 위 보고서에서 알 수 없는 내용이다.

오답 분석

① 지적사항 1에 따른 조치실적으로 '중요행사 및 회의 시행 전 '반부패 · 준법 · 청렴 교육'이 시행되고 회의주관자가 직접 교육 또는 동영상 자료를 활용하여 교육한다'고 하였다.

② 지적사항 1에 따른 조치실적으로 상임감사위원 주도하에 경영진 및 2급 이상 간부를 대상으로 '이순신의 청렴윤리 리더십' 교육이 시행된다고 하였다.

④ 지적사항 1에 대한 조치계획으로 권역별 순회교육 등 반부패 청렴윤리 집합교육 시행이 기재되어 있으므로 향후 실시될 예정임을 알 수 있다.

⑤ 지적사항 2에 대한 조치계획은 부패방지경영시스템(ISO 37001)의 구축 및 인증에 대한 세부 추진계획이다. 2024년 내 인증을 완료한다는 내용과 10~12월 계획으로 인증심사를 신청 · 수검 및 인증 취득이 기재되어 있음을 볼 때 2024년 12월까지 ISO 37001 인증을 받을 계획임을 알 수 있다.

정답 | ③

02 다음은 ○○공사의 임직원 행동강령 중 일부이다. 부합하지 않는 사례를 〈보기〉에서 모두 고르면?

제5조(이해관계 직무의 회피) ① 직원은 자신이 수행하는 직무가 다음 각호의 어느 하나에 해당하는 자의 이해와 관련되는 경우에는 그 직무의 회피 여부 등에 관하여 직근 상급자 또는 행동강령책임자와 상담한 후 처리하여야 한다. 다만 소속 부서장이 공정한 직무수행에 영향을 받지 아니한다고 판단하여 정하는 단순 민원업무의 경우에는 그러하지 아니하다.

　　1. 자신, 자신의 직계 존속 · 비속, 배우자 및 배우자의 직계 존속 · 비속의 금전적 이해와 직접적인 관련이 있는 경우
　　2. 4촌 이내의 친족(민법 제767조에 따른 친족을 말한다)이 직무관련자인 경우
　　3. 직원이 2년 이내에 재직하였던 단체 또는 그 단체의 대리인이 직무관련자인 경우
　　4. 기타 직원과 학연 · 지연 · 혈연 · 종교 · 직연 또는 채용동기 등의 관계가 있어 공정한 직무수행이 어렵다고 판단되는 자

② 제1항에 따라 상담요청을 받은 직근 상급자 또는 행동강령책임자는 해당 직원이 그 직무를 계속 수행하는 것이 적절하지 아니하다고 판단되면 소속부서의 장에게 보고하여야 한다. 다만, 직근 상급자가 그 권한의 범위 안에서 해당 직원의 직무를 일시적으로 재배정할 수 있는 경우에는 해당 직무를 재배정하고 소속부서의 장에게 보고하지 아니할 수 있다.

③ 제2항의 규정에 따라 보고를 받은 소속부서의 장은 직무가 공정하게 처리될 수 있도록 인력을 재배 치하는 등 필요한 조치를 하여야 한다.

제10조(투명한 정보관리 및 중요정보 유출 금지) ① 직원은 모든 정보를 정당하고 투명하게 취득 · 관리하여야 하며 회계기록 등의 정보는 관련 법령과 일반적으로 인정된 회계원칙 등에 따라 사실에 근거하여 정확하고 정직하게 기록 · 관리하여야 한다.

② 직원은 직무 관련 정보를 사장의 사전허가나 승인 없이 외부로 유출하거나 부당하게 이용하여서는 아니된다.

③ 직원은 특정 개인이나 부서 등의 이익을 위해 허위 또는 과장보고를 하지 않으며 중요한 정보를 은폐하거나 독점하지 않는다.

㉠ ○○공사의 사내 매체를 우연히 열람하게 된 외부거래 업체 직원 A는 부고란에서 지인의 부친상 관련 정보를 얻은 후 빈소를 방문했다.

㉡ ○○공사의 신규설비 관련 입찰의 심사위원인 B는 참여 기업명단을 통해 친동생의 참여사실을 확인했으나 적법하게 평가를 진행했다.

㉢ ○○공사의 고객문의 응대를 담당하는 C는 서비스에 대한 구체적 불만으로 가득한 공개 게시물을 삭제하되 이메일을 통해 관련 안내를 전했다.

㉣ ○○공사의 신입직원 D는 개인사정으로 야근 및 특근이 불가능한 상황에서 업무를 지속하고 자회사 컴퓨터의 자료를 개인 태블릿PC에 저장해 퇴근했다가 분실한 후 정보누출여부를 체크했고 누출되지 않았음을 확인했다.

① ㉠
② ㉠, ㉡, ㉢
③ ㉡
④ ㉡, ㉢
⑤ ㉡, ㉢, ㉣

ⓒ B의 경우 입찰 심사가 자신, 자신의 직계 존속·비속, 배우자 및 배우자의 직계 존속·비속의 금전적 이해와 직접적인 관련이 있음을 인지했으므로 직근 상급자 또는 행동강령책임자와 이해관계 직무의 회피에 대하여 상담하는 것이 옳다.
ⓒ 고객의 공개 게시물을 삭제한 C의 행위는 개인이나 부서 등의 이익을 위한 정보 은폐로 볼 수 있다.
ⓔ D의 행동은 직무 관련 정보를 사장의 사전허가나 승인 없이 외부로 유출한 경우에 해당하고, 태블릿PC 분실에 따른 정보 유출 여부는 D의 개인적 확인 작업으로 완벽히 파악될 수 없다.

ⓐ 사내 매체에 수록된 정보가 유출 금지 대상이 아닐 수 있으며, A의 경우 본인이 얻은 정보를 부당하게 이용했다고 할 수 없다.

정답 | ⑤

03 다음은 ○○공사의 국제 신용등급 추이 관련 표와 신용등급 체계 자료이다. 이에 대해 잘못 이해한 것은?

○○공사의 IR(investor relation)센터에서는 지침에 따라 재무정보를 공개하며 재무제표와 감사보고서 외에도 국제 신용평가사의 평가 결과를 2000년부터 공개하고 있다. ○○공사의 국제신용은 'Moody's'와 'S&P' 두 곳의 평가를 기준으로 발표되고 있으며, 두 평가기관의 신용등급 체계는 '신용등급 체계표'를 통해 확인할 수 있다.

○○공사 국제 신용등급

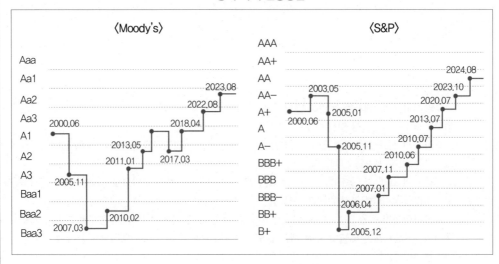

Moody's 및 S&P의 신용등급 체계

구분	Moody's(21등급)	S&P(22등급)	의미
투자 적격 등급	Aaa	AAA	투자 위험이 가장 낮은 최고 등급임
	Aa1/Aa2/Aa3	AA+/AA/AA−	모든 기준에서 우수하며 투자위험이 상급등급보다 약간 높은 등급임
	A1/A2/A3	A+/A/A−	투자하기에 좋은 조건이 많이 있으나, 경제환경이나 경영 여건이 나쁘면 원리금 지급 능력이 저하될 가능성이 있음
	Baa1/Baa2/Baa3	BBB+/BBB/BBB−	중간등급이며, 현재의 원리금 지급능력은 적정하나 장기 적으로는 불안한 요인이 있음
투자 부적격 등급	Ba1/Ba2/Ba3	BB+/BB/BB−	투기적 요인이 있는 등급이며, 장기적으로는 원리금 지 급능력이 떨어짐
	B1/B2/B3	B+/B/B−	바람직한 투자대상이 되지 못하며, 장기적으로는 원리금 지급능력이 낮음
	Caa1/Caa2/Caa3	CCC+/CCC/CC−	부도위험이 있는 하위 등급임
	Ca	CC	부도위험이 매우 큰 등급임
	C	C/D	최하위 등급임

① 2023년에 Moody's와 S&P 두 평가기관은 ○○공사의 신용등급을 투자 적격 등급 중 상급등급 보다 약간 높은 등급으로 평가했다.

② 2005년 11월 S&P가 평가한 ○○공사의 국제 신용등급은 직전 평가와 비교하여 2등급 하락하 였다.

③ ○○공사의 국제 신용등급이 연중 1등급 상승한 경우가 두 차례 있었다.

④ ○○공사는 Moody's에 의해 투자 부적격 등급으로 판정받은 적이 있다.

⑤ Moody's와 S&P에 의하면 2000년 이후 ○○공사가 부도위험에 처한 적은 없었다.

정답 찾기

○○공사는 Moody's가 아니라 S&P에 의해 투자 부적격 등급에 해당하는 BB+(2006년 4월), B+(2005년 12월) 등급 을 받은 적이 있다. Moody's의 신용등급 체계에서 ○○공사가 투자 부적격 등급에 해당되었던 적은 없다.

오답 분석

① 2023년 두 평가기관에 의한 ○○공사의 신용등급은 각각 Aa2, AA−로, 등급의 의미가 '모든 기준에서 우수하며 투자위험이 상급등급보다 약간 높은 등급임'이라고 풀이되어 있다.

② S&P의 신용등급 추이를 보면 2005년 1월 A+등급에서 2005년 11월 A−등급으로 2등급 하락했음을 확인할 수 있다.

③ S&P의 신용등급 추이를 보면 2007년 1월에서 11월 사이 1등급 상승, 2010년 6월에서 7월 사이 1등급 상승한 내 역을 확인할 수 있다.

⑤ Moody's의 경우 Caa1등급 이하, S&P의 경우 CCC+등급 이하를 부도위험이 있는 하위등급으로 정의하나, ○○공 사의 경우 해당 등급을 받은 적이 없으므로 부도위험에 처한 적이 없다고 할 수 있다.

정답 | ④

04 다음 글의 내용과 일치하는 것은?

> 피렌체 대성당은 이 도시의 상징이다. 정식 명칭은 '꽃의 성모 마리아'라는 뜻의 산타 마리아 델 피오레 대성당이다. 고딕 양식으로 설계되었지만 뒤에 동방의 영향을 받은 거대한 돔을 얹은 르네상스 양식으로 지어졌다. 피렌체 대성당이 건립된 것은 인구가 급증하던 피렌체의 번영과 맞물려 있었다. 오랜 세월을 버티면서 조금씩 무너지고 있던 산타 레파라타 성당 대신 피렌체에는 그 번영에 걸맞은 성당, 예컨대 세인트 폴 대성당, 세비야 대성당, 밀라노 대성당 등과 맞먹는 규모의 성당이 필요했던 것이다. 새 성당은 아르놀포 디 캄비오의 설계로 1295년에 공사에 들어가 140년 후인 1436년에야 완공되었다. 이 거대한 구조물은 약 4백만 개의 벽돌이 들어가 무게가 3만 7천 톤에 이른다. 이 예배당 앞에는 화가 조토가 설계한 높이 85m의 이른바 '조토의 종탑'이 서 있다. 호리호리한 몸피의 고풍스러운 이 종탑은 예배당과 그 맞은편의 조반니 세례당과 함께 피렌체 대성당을 이룬다. 피렌체를 상징하는 거대한 돔을 설계한 건축가는 메디치가의 후원을 받은 브루넬레스키였다. 그는 로마 판테온 신전의 돔에서 영감을 받아 이 성당의 돔을 완성했다. 대성당의 돔은 미켈란젤로가 설계 한 바티칸 시국의 성 베드로 대성당의 돔이 세워질 때까지 세계에서 가장 큰 규모였다.

① 피렌체 대성당은 세계에서 가장 큰 규모를 자랑한다.
② 산타 마리아 델 피오레가 피렌체 대성당의 정식 명칭이다.
③ 세인트 폴 대성당은 피렌체 대성당과 함께 피렌체에서 가장 유명한 성당이다.
④ 브루넬레스키는 메디치가의 후원을 받아 피렌체 성당을 설계하였다.
⑤ 피렌체 성당의 돔은 무게가 3만 7천 톤에 이른다.

정답 찾기
두 번째 문장에 피렌체 대성당의 정식 명칭은 산타 마리아 델 피오레 대성당이라고 나와 있다.

오답 분석
① 바티칸 시국의 성 베드로 대성당 돔이 세워지기 전까지 피렌체 대성당의 '돔'이 세계에서 가장 큰 규모였다.
③ 세인트 폴 대성당은 피렌체 대성당 건축의 필요성을 논하며, 특정 도시를 대표하는 성당의 사례로 언급되었을 뿐이다.
④ 브루넬레스키는 메디치가의 후원을 받아 피렌체 성당의 돔을 설계하였다. 피렌체 성당을 설계한 인물은 아르놀포 디 캄비오이다.
⑤ 피렌체 성당 자체의 무게가 3만 7천 톤이다.

정답 | ②

05 다음 글의 내용과 일치하지 않는 것은?

프랑스 혁명이 한창이던 18세기 말 프랑스 과학자들은 또 다른 혁명을 꿈꾸고 있었다. 도량형 단위를 통일해 이를 전 세계로 확산하겠다는 시도였다. 당시 프랑스에서는 약 800개의 이름으로 25만여 개의 길이 · 부피 · 무게 단위가 쓰이고 있어 혼란이 극심했다. 파리과학아카데미에 모여든 과학자들은 새로운 도량형 체계를 만들자는 데 합의하고 몇 가지 원칙과 목표를 정했다.

첫째는 모든 단위의 기본이 되는 표준 원기(原器)를 잃어버리더라도 누구나 쉽고 똑같이 잴 수 있어야 한다는 것이다. 그러려면 과학적이어야 한다. 예를 들어 1야드는 영국 왕 헨리 1세가 팔을 쭉 뻗었을 때 코끝에서 엄지손가락 끝까지의 길이에서 비롯됐다고 한다(중세 영국에서 땅의 면적을 측정하는 도구에서 비롯됐다는 설도 있다). 둘째는 십진법을 채택한다는 것이다. 그전까지는 대부분 '야드는 피트의 세 배'식으로 십진법이 적용되지 않았고, 단위 간에 상관관계가 없는 경우가 많았다.

이전까지 프랑스는 '피에 드르와'(약 325mm)란 단위를 가장 많이 썼다. 기원전 5~6세기 페르시아 다리우스 1세 황제가 정한 '큐비트'(Cubit)의 절반으로, 고대 로마 때 표준 단위로 사용하다가 기원후 8~9세기 샤를마뉴 대제가 새로 정했다.

프랑스과학아카데미는 1790년 적도에서 북극까지 자오선의 1천만 분의 1을 1m로 하자고 제안했다. 전체 자오선 길이가 아닌 적도에서 북극점까지 거리를 기준으로 삼은 까닭은 당시의 기술 수준으로 남반구 지역에 관측소를 설치하기 어려웠기 때문이다. 이에 따라 가로 · 세로 · 높이 각 10cm 정육면체 부피는 1L, 1L 부피의 4℃ 물의 질량을 1kg으로 하는 등의 기준이 제시됐다. 1795년 황동으로 임시 미터 원기를 만든데 이어 1799년 백금으로 된 표준 미터 원기를 만들었다. 그해 12월 10일 프랑스는 처음으로 미터 단위 사용법을 제정했다. 이를 역사가들은 미터법 혁명이라고 부른다. 여기서 다른 단위도 파생돼 1kg 물체를 초당 1m 가속하는 데 필요한 힘은 1뉴턴(N), 1N의 힘을 가해 물체가 1m 이동했을 때 한 일은 1줄(J), 1기압에서 물 1g을 14.5℃에서 15.5℃까지 올리는 데 필요 한 열량은 1칼로리(cal) 등으로 정해졌다.

프랑스 혁명 후 집권한 나폴레옹은 유럽 각국으로 진출하며 미터법을 보급했다. 그러나 영국은 예외였다. 나폴레옹이 트래펄가 해전과 워털루 전투에서 잇따라 패해 영국 진출이 좌절됐기 때문이다. 그래서 영국과 영국 식민지이던 미국은 아직도 미터법 대신 야드-파운드법을 쓰고 있다.

① 길이 단위 중 하나인 야드는 중세 영국의 땅 면적 측정 도구에 기반했거나 헨리 1세가 팔을 뻗었을 때 코끝에서 엄지손가락 끝까지의 길이에서 비롯되었다는 설이 있다

② 고대 로마의 표준 단위였던 '큐비트'를 현재의 단위로 환산하면 약 65cm이다

③ 1790년 무렵 프랑스는 남반구 지역에 관측소를 설치하기 어려웠다.

④ 가로 · 세로 · 높이가 각각 10cm인 정육면체에 물이 가득 담겨 있고 온도가 4℃일 경우 물의 질량은 1kg이다.

⑤ 프랑스와 영국의 길이 단위가 다른 이유는 미국이 영국의 식민지였던 것과 관련된다.

정답 찾기

5문단에 따르면 프랑스의 길이 단위가 미터이고 영국의 길이 단위가 야드인 것은 프랑스 혁명 후 집권한 나폴레옹이 유럽 각국으로 진출하며 미터법을 보급했으나 영국과의 전쟁에서는 패배하여 보급하지 못했기 때문이다. 미국이 미터법이 아닌 야드-파운드법을 쓰는 이유는 미국이 영국의 식민지였던 것과 관련되지 않는다.

정답 | ⑤

01 다음 중 문서이해를 위한 구체적인 절차 6단계 중 가장 먼저 행해져야 할 사항은?

① 현안 파악하기

② 문서가 작성된 배경과 주제를 파악하기

③ 문서의 목적을 이해하기

④ 내용을 요약하고 정리하기

⑤ 목적 달성을 위해 취해야 할 행동을 생각하고 결정하기

02 다음은 직원 A와 B가 조직 내 의사소통에 관한 교육을 듣고 대화한 내용이다. 이 중 조직 내 의사소통에 대해 잘못 이해한 내용을 고르면?

① 직원 A : 의사소통은 구성원들 사이에서 서로에 관한 생각의 차이를 좁힐 수 있어서 중요한 거구나.

② 직원 B : 맞아, 선입견을 줄이거나 제거해주는 수단 중의 하나이기도 해.

③ 직원 A : 의사소통이 원활하게 이루어지면 조직 내 팀워크가 향상되기도 한대.

④ 직원 B : 향상된 팀워크는 직원들의 사기 증진과 능률 향상으로 이어져. 의사소통의 선순환인 거지.

⑤ 직원 A : 의사소통은 정보 전달의 목적이 가장 크기 때문에 업무에 있어서는 객관적인 입장에서 메시지를 전달하도록 해야 해.

03 다음 글의 제목으로 가장 적절한 것은?

> 1981년 제너럴일렉트릭(GE)의 최고경영자(CEO)로 부임했던 잭 웰치는 20세기 최고의 리더로 불린다. 그는 재임 당시 과감한 구조조정과 혁신을 꾀함으로써 회사의 관료주의를 청산하였고, 사업 다각화로 20년 동안 회사 가치를 4,000% 이상 성장시켰다. 2001년 은퇴한 그는 물러나기 5년 전부터 GE를 이끌어갈 후계자를 기르고자 승계 계획을 단행하였다. GE는 그의 공로에 보답하며 미국 역사상 가장 큰 금액인 4억 1,700만 달러의 은퇴패키지를 준비하였다. 세계적인 장수 기업들의 CEO는 가장 잘나갈 때 과감히 자리를 박차고 나가는 경우를 볼 수 있다. 그들은 모두 자신만의 방식으로 회사 혁신을 일구고, 최고의 자리에 올랐지만 과감히 물러났다. 정점에 위치할 때 물러나기란 쉽지 않은 일이다. 자신의 모든 것을 다 바쳐 이룬 결과와 자리를 뒤로 하고 새로운 여정을 시작한다는 것이 억울하고 서운할 수도 있을 것이다. 그러나 자신이 몸담았던 곳이 오래도록 발전하는 회사로 남길 바란다면 아쉬울 때 물러나야 한다. 물러나야 할 때 결단을 내리지 못하는 리더는 그 조직뿐만 아니라 지역사회의 신뢰까지도 무너뜨린다. 리더십의 완성은 곧 잘 물러나는 데 있다.

① 리더십의 전형과 몰락　　　　　　② 성공적인 리더의 조건
③ 잭 웰치의 혁신 전략　　　　　　　④ CEO가 되기 위한 자질
⑤ 세계적인 기업의 성공 사례

04 다음 글을 읽은 후의 반응으로 가장 적절한 것은?

이전보다 강화된 잔류농약 기준을 농산물에 적용하는 '농약허용물질목록관리제도(PLS)' 시행을 앞두고 농약 사용을 줄일 수 있는 천적농법에 관심이 쏠리고 있다. 천적농법은 해충의 천적이 되는 곤충들을 사육해 농지에 방사하여 해충 방제 효과를 얻는 방법으로 친환경적이며 가격 면에서도 농약 사용에 비해 효율적인 농법이다. 유럽의 농업선진국인 벨기에나 덴마크, 스웨덴 등은 전체 농가의 80~90%가 이를 활용할 정도로 널리 보급되어 있는데, 이는 유럽연합이 일찍부터 농약 사용에 엄격한 기준을 적용해 온 결과이다. 기본적으로 규제 수준이 높고, 일부 국가에서는 일종의 농약세까지 농가에 부과하는 상황에서 친환경 농법인 천적농법이 활성화된 것이다. 유럽에서는 천적 생산 기업이 농가에 천적을 보급하고 농가별로 컨설팅까지 해 주면서 활성화를 돕고 있다. 국내는 아직 천적의 생산 기반이 미약한 만큼 정부의 지원과 역할이 중요시되고 있다. 대표적으로 경기도농업기술원은 '곤충자원산업화지원센터'를 개소, 천적 곤충을 개발해 생산기술을 농가에 보급할 계획이다. 또 경남 거창군은 5년째 직접 천적을 생산해 농가에 무료로 보급함으로써 천적 곤충의 생산 혹은 구입에 부담을 느끼는 많은 농민들에게 직접 도움을 주고 있는데, 주로 딸기 농가에 적합한 마일 즈응애, 콜레마니진디벌 등을 보급한다. 지난 2010년 천적 곤충 생산기업인 '세실'의 농업보조금 부정 수급 사건 등으로 인해 400억 원의 예산이 투입된 생물학적 병해충방제사업이 전면 중단되고 관련 산업체도 그 수가 줄어드는 등 전체적인 산업이 위축된 상황이다. 그러나 PLS의 시행을 앞두고 다시 한 번 천적산업과 천적농법이 이전의 상승세를 이어 나갈 것으로 기대를 모으고 있다.

① 천적 곤충은 번식이나 사육이 쉬워서 농민들이 쉽게 천적농법을 시도할 수 있어.
② 재배하는 생산물의 종류와 상관없이 천적 곤충을 활용할 수 있다니 효과적이네.
③ 천적농법의 필요성이 높아지는 만큼 정부에서 관련 산업의 육성에 다시 힘을 쏟을 필요가 있겠어.
④ 유럽은 천적농법을 시행한 덕분에 농약 사용량에 대해 엄격한 기준을 적용할 수 있었군.
⑤ 이전처럼 보조금 부정 수급 사건 등이 일어나지 않으려면 우선 관련 산업은 시장에 맡기고 정부는 개입하지 않는 편이 낫겠어.

PART 01
PART 02
PART 03
PART 04
PART 05
PART 06
PART 07
PART 08
PART 09

[05~07] 다음 글을 읽고, 이어지는 물음에 답하시오.

아토피와 천식, 비염의 공통점을 물으면 대다수 사람들은 곧바로 알레르기라고 답할 것이다. 그렇다면 류마티스 관절염, 크론병, 갑상샘저하증의 공통점은 무엇일까? 별다른 관계가 없어 보이는 질병들이라 의아하겠지만 실은 이 질병들 모두 자가면역질환에 속한다.

알레르기와 자가면역질환 모두 면역계의 이상으로 인한 질병이지만 작동 원리는 다르다. 즉 알레르기는 ⊙ <u>별것도 아닌 외부 물질에 과민하게 반응해 신체에까지 악영향을 미친 결과</u>이지만, 자가면역질환은 면역계가 내 몸의 물질을 외부 물질로 인식해 공격하는 바람에 신체가 손상을 입는 현상이다.

일반적으로 자가면역질환은 알레르기보다 증세가 더 심각하고 사실상 완치가 어려운 만성질환이다. 알레르기도 근본적인 치료제는 없지만, 알레르기 유발물질과 접촉하지 않으면 증상의 발현을 피할 수 있다. 그러나 자가면역질환은 신체 자체가 항원이기 때문에 이를 예방할 방법이 없다. 현재 자가면역질환 목록에 오른 질병만 80가지가 넘고, 이는 더욱 늘어날 전망이다.

게다가 자가면역질환은 환자 수가 매년 증가하고 있다. 미국의 경우 자가면역질환의 환자 수는 전체 인구의 7%인 2,400만 명으로 추산되며, 여성 사망원인 10위에 랭크되어 있다. 홍콩에서도 이 질환에 시달리는 환자 수가 수십 년 새 30배 증가하였다. 이러한 추세는 전 세계적으로 비슷한 양상을 보인다.

이처럼 자가면역질환에 시달리는 사람들이 많은데도, 이 용어가 의학계에 등장한 지는 고작 60여 년에 지나 지 않는다.

05 윗글을 통해 알 수 있는 내용은?

① 아토피와 갑상샘저하증은 면역계의 이상이 원인인 질병으로 다른 부위에서 같은 원리로 작동한다.

② 알레르기와 자가면역질환은 외부에서 유입된 물질에 대한 이상 반응이지만 반응 기제는 다르다.

③ 알레르기의 경우 외부 물질의 유입을 통제하는 일이 현실적으로 어렵기 때문에 예방이 불가능하다.

④ 약 60년 동안 80가지 이상의 자가면역질환이 등록되었다.

⑤ 자가면역질환과 알레르기의 환자 수는 미국, 홍콩을 비롯하여 전 세계적으로 가파르게 증가하고 있다.

06 윗글의 후속 내용으로 가장 적절한 것은?

① 자가면역질환의 종류와 예방법

② 자가면역질환의 발병 원인

③ 자가면역질환의 의학계 출현이 늦었던 이유

④ 자가면역질환 환자의 발생 분포

⑤ 자가면역질환 관련 의약품의 종류와 효능

07 밑줄 친 ㉠과 가장 관계 깊은 속담은?

① 소 뒷걸음질 치다 쥐잡기
② 빈대 잡으려고 초가삼간 태운다.
③ 가는 토끼 잡으려다 잡은 토끼 놓친다.
④ 큰 둑도 작은 개미구멍으로 무너진다.
⑤ 가랑비에 옷 젖는 줄 모른다.

PART 01 PART 02 PART 03 PART 04 PART 05 PART 06 PART 07 PART 08 PART 09

08 다음 자료의 빈칸에 삽입될 내용으로 적절하지 않은 것은?

문화여가 지출 비율은 가구의 가계지출 중 문화여가비가 차지하는 비율이다. 여기서 문화여가비란 영상음향기기(TV 등), 사진광학장비, 정보처리장치, 영상음향 및 정보기기 수리, 악기기구, 장난감 및 취미용품, 캠핑 및 운동 관련 용품, 화훼 관련 용품, 애완동물 관련 물품 등으로 구성되는 오락문화비를 말한다. 즉, 가구의 문화여가비 지출은 삶의 질 향상을 위한 자원 투입의 수준을 보여주는 대표적인 지표로서, 문화여가시장의 규모를 가늠할 수 있게 한다는 점에서 중요하다. 통계청의 가계동향조사에 따르면 해당 비율은 다음과 같은 추세를 보인다.

구분	2018	2019	2020	2021	2022	2023	2024
비율(%)	4.25	4.22	4.20	4.28	4.35	4.44	4.53

한국 가구의 문화여가비 지출은 2018년 9만 9,500원에서 2024년 14만 9,700원으로 꾸준히 증가하였다. 문화여가비 지출률, 즉 가계지출에서 문화여가비가 차지하는 비중은 2018년 4.25%에서 2020년 4.2%까지 (㉠) 다시 증가하여 2024년 4.53%가 되었다. 항목별로는 서적 지출 비중이 2018년 26.5%에서 2024년 10.2%까지 줄어들었다. 반면 같은 기간 공연 및 극장 관람, 공원 및 관람시설 이용, 독서실 이용, 문화 강습, 콘텐츠 구입, 방송 수신료, 기타 문화서비스 이용 등을 포함하는 문화서비스 지출 비중은 15.7%에서 24%로 늘어났고, 단체여행비 지출 비중도 8.8%에서 24%로 늘어났다. 이는 (㉡) 문화예술 관람이나 관광활동이 증가하는 최근 문화여가생활의 특징을 보여준다. 문화여가활동은 경제적 상황의 (㉢) 2024년에는 문화여가비가 차지하는 비중이 감소하였다가 상황이 점차 나아지면서 다시 완만한 증가세를 보였다. 소득분위별로 문화여가비 지출비율을 비교해 보면, 2024년 기준 소득 1분위는 3.6%이고 소득 5분위는 4.8%로 나타나 소득수준이 높을수록 가계지출에서 문화여가비가 차지하는 (㉣) 알 수 있다. 그러나 한국 가구의 문화여가비 지출규모는 여전히 선진국들에 비해 낮은 편이다. 한국의 GDP 대비 문화여가비 지출률은 3.1%로 호주(6.6%), 오스트리아(6.5%), 미국(6.4%), 일본(6.2%) 등과 비교하여 평균적으로 (㉤)

※ 소득분위 : 우리나라 전체 가구를 분기 소득수준에 따라 10%씩 10단계로 나눈 지표. 1분위의 소득수준이 가장 낮음

① ㉠ : 꾸준히 감소하였다가　　② ㉡ : 독서활동은 감소하는 반면
③ ㉢ : 영향을 받는다.　　④ ㉣ : 비중이 작다는 것을
⑤ ㉤ : 3%p 이상 낮다.

09 다음 글의 내용과 일치하지 않는 것은?

> 잘 알려지지 않았지만, 만성폐쇄성폐질환(COPD)은 생각보다 훨씬 치명적이면서 흔한 질환이다. 세계보건기구에 따르면 COPD는 주요 사망원인 4위에 해당하는 질환으로, 2050년경에는 1위까지 올라설 것으로 보인다.
>
> COPD는 기도가 좁아지는 호흡기 질환으로 발병하면 숨쉬기가 힘들어지고, 만성적인 기침, 가래가 동반된다. 국내에서는 특히 인식이 낮은데, 많은 환자들이 천식으로 잘못 알고 있어 제대로 된 관리를 받지 못하고 있다. COPD와 천식은 호흡곤란, 천명, 기도폐쇄 등 증상이 유사하지만 발병 시기, 원인, 임상경과, 합병증, 치사율, 치료법까지 차이가 크다.
>
> COPD는 흡연, 유해가스 노출, 실내외 대기 오염, 폐 감염 등에 의해 기관지와 폐에 만성 염증이 발생하면서 생기는데 그중에서도 흡연이 가장 대표적인 원인으로 꼽힌다. 흡연자는 만성 기침이 있거나, 숨이 차거나, 가슴에서 쌕쌕거리는 소리(천명)가 난다면 COPD를 의심해야 하고 비흡연자도 유사한 증상이 있다면 검사를 받아봐야 한다.
>
> 실제로 흡연율과 폐쇄성폐질환 유병률은 비슷한 경향을 보인다. 국민건강영양조사에 따르면, 폐쇄성폐질환 유병률은 매년 감소하는 추세를 보이다가 최근에 다시 증가하여 10.8%이었다. 40세 이상은 13.3%, 70세 이상은 48.5%로 연령이 증가할수록 만성폐쇄성폐질환의 유병률 또한 증가하였다.
>
> 급작스럽게 호흡 곤란이 오고, 기침 및 객담량이 증가하며, 객담이 짙어지면서 기존 사용하는 약에 반응이 없거나 미비한 경우, 급성 악화를 의심해야 한다. 급성 악화의 가장 큰 원인은 환절기의 호흡기 감염이다. 최근에는 황사와 미세먼지 등 공기 오염이 주요 원인으로 등장하고 있다. 이밖에도 폐렴을 비롯한 폐질환, 부정맥 등 심장질환 합병증도 급성 악화를 유발한다. 급성 악화로 입원하면 3년 뒤 50%가 사망하고, 7년 뒤에는 75%가 사망할 정도로 위중하다.
>
> 최근에는 약제가 발달하여 조기에 COPD를 진단하면 폐 기능의 저하를 막을 수 있어 정기검진을 받는 것이 좋다. 또한 꾸준한 운동과 정기적인 독감 예방 접종 및 폐렴구균 예방 접종이 필요하다. COPD로 진단된 환자의 경우, 폐암의 발생 빈도가 일반인에 비해 높으므로 폐암 조기 검진도 권장한다.

① COPD는 발병 시기, 원인, 임상경과, 합병증, 치사율, 치료법 등에서 천식과 구분됨에도 많은 환자들이 천식으로 오해하여 적절한 관리를 받지 못하는 경우가 흔하다.
② COPD는 흡연, 유해가스 노출, 폐 감염 등에 의해 기관지와 폐에 만성 염증이 발생하면서 생기는데 그중에서도 대기 오염이 가장 큰 원인으로 꼽힌다.
③ 환절기 호흡기 감염은 COPD의 급성 악화를 야기하는 원인 중 하나로 급성 악화로 입원한 경우 50%의 환자가 3년 후, 75%의 환자가 7년 후 사망한다는 통계가 있다.
④ 국민건강영양조사에 따르면 연령이 증가할수록 만성폐쇄성폐질환의 유병률이 증가하였다.
⑤ 최근에는 약제가 발달하여 조기에 COPD를 진단하면 폐 기능의 저하를 막을 수 있다.

10 다음 중 ㉠~㉤의 순서를 적절하게 배열한 것은?

㉠ 수많은 수학자들은 17세기 피에르 드 페르마라는 천재 수학자가 자신이 보는 수학문제집 옆에 긁적거리듯이 써놓은 이 명제를 푸는 데 몰입했다. 그러나 어느 하나의 가설을 만족하면 다른 곳에서 허점이 나오고, 또 다른 하나를 해결하면 또 다른 쪽에서 허점이 나와 완벽한 퍼즐을 맞추는 데 실패했다.

㉡ 약 350년 동안 풀리지 않던 이 난제는 1994년 영국의 수학자인 앤드루 와일즈 옥스퍼드대 교수가 정수론에서 활용할 수 있는 거의 모든 방법을 동원해 증명하면서 해결됐다. 이처럼 간단해 보이는 하나의 수학적 증명에도 수백 년의 시간이 걸린다.

㉢ 페르마의 마지막 정리의 명제는 간단하다. 'Xn+Yn=Zn에서 n이 3 이상인 정수는 존재하지 않는다'는 것을 증명하는 것이다. 이는 우리가 중학교 때 배운 피타고라스의 정리의 확장형쯤인 간단한 명제다.

㉣ 인도 출신의 입자물리학자 사이먼 싱이 저술한 '페르마의 마지막 정리'는 하나의 완성된 진실을 찾는 길이 얼마나 먼 것인지를 수학이라는 학문을 통해 보여준다.

㉤ 역사상 최고의 수학자로 칭송받아 '수학의 왕자'라고 불리는 가우스조차 이 문제를 두고 '진위 여부를 증명할 수 없는 수학정리'라고 언급하며 포기했을 정도다.

① ㉠-㉢-㉣-㉡-㉤
② ㉢-㉠-㉡-㉤-㉣
③ ㉢-㉣-㉠-㉤-㉡
④ ㉣-㉡-㉠-㉤-㉢
⑤ ㉣-㉢-㉠-㉤-㉡

PART 01
PART 02
PART 03
PART 04
PART 05
PART 06
PART 07
PART 08
PART 09

[11~12] 다음 글을 읽고 이어지는 물음에 답하시오.

사과나무가 밝고 따스한 햇살을 받고, 세찬 비바람을 이겨내고, 다양한 영양분을 가진 토양에 뿌리를 깊게 내린 다음에는 타고난 대로 마음껏 자랄 시간과 공간이 필요하다. 이와 같이 아이가 큰 꿈을 향해 따스하게 격려받고, 뚜렷한 목표를 위해 위기를 극복하고, 정체성을 확립하면서 다양한 경험과 관점을 통합하게 해주는 풍토는 아이에게 여유와 자유를 준다. 또한 아이가 깊고 자유롭게 생각해서 남을 배려하고, 자아를 발견 · 추구 · 표현하면서 자신의 독특한 개성을 발휘하게 한다.

(㉠) 연민은 남이 안됐다고 느끼면서도 그 감정을 자신이 경험하지는 못하는 것이다. 공감은 남의 관점과 상황을 머릿속에 그림으로써 그 감정을 자신이 마음속으로 경험하는 것이다. 박애는 남을 도와주기 위해 실제로 행동을 취함으로써 마음속에서 경험한 공감을 외적으로 표출하는 것이다. 탁월한 부모와 교사는 아이가 자신은 물론 다른 사람의 감정에 대해서도 예민하게 깊이 생각해서 남을 배려하고 돕도록 독려한다. 공감과 박애는 아이가 더 많은 사람을 만나서 사귀고, 더 좋은 관계를 유지하고, 생각과 행동이 더 성숙해지고, 삶의 만족도가 더 커지고, 신체적 · 정서적 · 정신적 안녕과 행복이 더 커지게 하는 등 아이의 삶에 크게 보탬이 된다.

(㉡) 대다수 한국 부모들은 아이에게 '스펙'을 쌓아줄 만한 과외 활동을 너무 많이 시켜서, 아이가 머릿속에서 경험했던 것을 다시 생각하고, 정리하고, 저장하고, 또 새로운 아이디어를 생성할 여유가 없다. 탁월한 부모와 교사는 스스로가 경험했던 것을 다시 생각해보는 재고적 태도를 가지고 있고 아이에게도 혼자서 생각하게 하는 여유를 준다. 그 결과 아이는 홀로 있는 것, 자신의 경험을 분석하는 것, 새로운 아이디어를 배양하는 것을 즐기면서 성장한다.

(㉢) 탁월한 부모와 교사는 성차별적 역할 · 기대 · 고정관념을 거부하고, 아이가 여자든 남자든 관계없이 자신이 호기심 있는 분야를 찾아서 나름의 강점을 키우도록 격려한다. 남자아이는 부드러움과 섬세함 같은 전통적인 여성성을 받아들이는 한편, 여자아이는 독립성, 자기확신감, 자기주장과 같은 전통적 남성성을 받아들인다. 성별의 교류는 더 나아가 여러 다른 전문분야를 교차하는 전문성 교류로 이어져서 혁신에 결정적인 기여를 하게 된다.

사과나무는 저마다 자라는 데 필요한 시간이 다르다. 건강하지 않은 뿌리, 튼튼하지 않은 줄기를 가진 다 자라지도 않은 나무를 가지고 억지로 일찍 꽃을 피우게 할 수는 없다. 농부는 비료와 거름을 아무리 많이 줘도 억지로 나무가 꽃을 만들 수 없다는 것을 잘 안다. 그는 나무가 잘 크리라 믿으면서 나무가 스스로 꽃을 피워낼 수 있는 조건과 환경을 침착하게 조성해 준다. 탁월한 부모와 교사는 아이의 결단에 따라 스스로 배우는 속도에 맞게 진도를 나가도록 하면서, 느리고 찬찬히 진행되는 학습을 하도록 권장한다.

11 빈칸에 들어갈 내용을 〈보기〉에서 골라 순서대로 나열한 것은?

> **보기**
>
> (가) 분재가는 자신의 즐거움을 위해 분재나무를 고립시켜 키운다. 반면에 농부는 잘 키운 사과나무가 아낌없이 사과, 그늘, 목재, 나무 밑둥까지 남에게 주도록 이끈다.
>
> (나) 분재가는 사과나무의 열매가 더 나아질 가능성보다 현재의 외형에 관심이 많다. 농부는 사과나무가 자가수분 대신 이질적인 나무와 교차수분해서 더 좋은 열매를 맺도록 한다.
>
> (다) 분재가는 분재나무를 인위적으로 보기 좋게 만들기 위해 자꾸 손을 대어 변형시킨다. 반면에 농부는 사과나무가 오랫동안 혼자 지낼 시간을 준다.

	㉠	㉡	㉢
①	(가)	(나)	(다)
②	(가)	(다)	(나)
③	(나)	(가)	(다)
④	(다)	(가)	(나)
⑤	(다)	(나)	(가)

12 다음 중 글을 통해 알 수 없는 내용은?

① 연민과 공감은 상대방의 감정을 자신의 마음으로 경험할 수 있는지에 따라 구분된다.

② 공감과 박애는 아이가 많은 사람과 좋은 관계를 유지하며 삶의 만족도를 키우는 데 큰 보탬이 된다.

③ 혼자 생각할 수 있는 여유는 경험했던 것을 다시 정리·저장하며 새로운 아이디어를 생성하는 데 도움이 된다.

④ 전통적으로 독립성, 자기확신감, 자기주장은 남성적 특성으로, 부드러움과 섬세함은 여성적 특성으로 인식되어 왔다.

⑤ 줄기가 튼튼하지 않은 사과나무가 꽃을 피우려면 충분한 비료와 거름이 필요하다.

[13~14] 다음 글을 읽고 이어지는 물음에 답하시오.

애니메이션 스튜디오인 픽사(Pixar)는 1986년 애플(Apple)로 명성을 떨친 스티브 잡스가 1,000만 달러에 사들였으나, 수익을 내기까지 고군분투해야 했다. 잡스가 지휘권을 잡은 픽사는 원래 그래픽 디자인용 컴퓨터인 '픽사 이미지 컴퓨터'를 판매하는 회사로, 만화부터 일기 예보까지 여러 분야에 활용할 수 있는 인상적인 이미지를 만들어냈다. 당시에는 매우 앞선 고성능 컴퓨터였지만 생각보다 잘 팔리지 않아서, 판매 부진에 대한 보완책이 필요했다. (㉠)

그렇게 제작된 작품 중 대표작인 '럭소 주니어'는 단순하기 그지없는 애니메이션이었지만, 대성공을 거두며 아카데미 단편 애니메이션상 후보에 올랐고, 이후 럭소 전등은 픽사의 로고가 되었다. (㉡) 과일음료 트로피카나, 구강청결제 리스테린 등의 TV 광고를 애니메이션으로 제작했지만, 수익을 창출하기에는 여전히 역부족이었다. 결국 1990년대 초반 픽사는 42명의 직원만 남겨둔 채 39명을 해고했다. 잡스는 마이크로소프트를 비롯해 픽사를 인수할 구매자를 수소문하기 시작했다. 사업의 성공을 위해 과감한 결정을 내린 픽사는 1991년, 디즈니(Disney)와 합병 계약을 체결했다. (㉢)

미국의 컴퓨터 공학자 에드윈 캣멀(Edwin Catmull)은 박사 과정을 마쳤던 1974년에 자신의 손을 소재로 단편 디지털 애니메이션을 제작했다. 캣멀은 손에서 가장 돋보이는 특징을 그린 뒤 디지털 방식으로 빈틈을 채우며 살갗을 표현했다. 시대를 앞서간 이 영상은 앞으로 수십 년 동안 활용될 '텍스처 매핑(texture mapping, 평면에 그린 무늬와 질감을 입체로 변환해 물체 표면에 색과 패턴을 넣는 것)'이라는 기술을 개척했다. 캣멀은 거칠고 어설픈 3D 애니메이션을 부드럽고 현실감 있게 변형할 수 있는 복잡한 수학을 개발해 명성을 얻었다. 그래서 스티브 잡스가 픽사를 인수했을 때 캣멀은 이미 3D 애니메이션의 한계를 뛰어넘는 최고 기술자였다.

픽사가 장편 3D 애니메이션을 완성하기까지 스토리보딩, 그리기 등 작업에만 4년이 걸렸고, 제작이 중단되는 일도 많았다. 우여곡절 끝에 마침내 1995년 첫 3D 애니메이션 '토이스토리(Toy Story)'가 개봉했다. 결과는 대성공이었다. 영화 주인공인 우디와 버즈 라이트는 전 세계 관객의 마음을 사로잡았다. 픽사 애니메이션 스튜디오와 월트 디즈니 애니메이션 스튜디오의 회장을 역임했던 캣멀은, 당시 가장 잘 구현할 수 있는 소재인 장난감을 택했다고 설명했다. 기술적으로 보면 이 애니메이션은 가장자리가 여전히 거칠고 공간은 딱딱했으며 모서리가 날카로워 사실감이 다소 떨어지기도 했지만 등장인물들이 장난감이기 때문에 큰 문제가 되지는 않았다. '토이스토리'는 박스오피스에서만 3억 1,600만 달러 이상을 벌어들였고, 장난감, 비디오 게임, 컬렉션으로 어마어마한 부수입까지 챙겼다. 캣멀은 한 인터뷰에서 '토이스토리'를 시작으로 픽사에서 제작한 10편의 영화가 연속해서 흥행했고, 모든 영화와 함께했지만 여전히 어리둥절하다고 말했다.

13 빈칸 ㉠~㉢에 들어갈 단어를 〈보기〉에서 골라 순서대로 나열한 것은?

> **보기**
>
> (가) 그리고 본격적으로 장편 컴퓨터 애니메이션 제작에 뛰어들었다.
> (나) 따라서 픽사는 단편 애니메이션을 제작하기 시작했다.
> (다) 이 성공에 힘입어 픽사는 애니메이션 광고 제작에 공들이기 시작했다.

	㉠	㉡	㉢
①	(가)	(나)	(다)
②	(가)	(다)	(나)
③	(나)	(다)	(가)
④	(나)	(가)	(다)
⑤	(다)	(나)	(가)

14 다음 중 윗글의 내용과 일치하지 않는 것은?

① 스티브 잡스가 픽사를 사들인 지 10년만에 장편 3D 애니메이션이 개봉되었다.

② 에드윈 캣멀은 1974년 박사 과정 수료 후 10여 년 동안 3D 애니메이션 분야의 최고 기술자로 성장했다.

③ 픽사는 1990년대 초반 절반에 가까운 인원을 감축했다.

④ 3D 애니메이션의 최고 기술자였던 캣멀은 자신이 개발한 기술로 '토이스토리'의 캐릭터들을 부드럽고 사실감 있게 표현하여 흥행에 크게 기여했다.

⑤ 1974년 자신의 손을 소재로 단편 디지털 애니메이션을 제작했던 캣멀은 이후 장편 3D 애니메이션을 제작해 1995년 개봉했다.

15 다음 중 밑줄 친 ㉠과 가장 가까운 것은?

3차원(3D) 프린터가 등장한 지 얼마 되지 않는데 ㉠4차원(4D) 프린팅 기술이 개발돼 상상이 현실로 다가오고 있다. 3D 프린터로 만든 우리 몸의 심장·간·전립선 등 인공장기에 전기·광학·화학 반응 능력을 추가해 3차원의 공간 개념을 넘어 스스로 변화하는 능력을 갖춘 4D 프린팅 시대가 열리고 있다. 1차원이 선, 2차원이 평면, 3차원이 입체라면 4차원은 입체에 시간이 더해진 개념이다. 즉, 4D 프린팅은 3D 프린팅보다 한 단계 진화된 기술로, 3D 프린팅 기술을 이용해 물체를 만드는 것은 동일하지만 시간이 지나 제품이 온도·햇빛 등 환경 조건에 반응해 스스로 형태를 바꿀 수 있는 자가변형이나 자가조립 기술이 더해진 것이다. 3D 프린팅은 3D 프린터의 소재 및 제품 크기의 제한성 때문에 출력물 크기에 한계가 있지만 4D 프린팅은 출력 뒤 스스로 조립되기에 큰 물체도 얼마든지 제작이 가능하다.

미국 화학학회 심포지엄에서 조지아공대 제리 카이 교수팀은 4D 프린팅된 신물질이 열·광학·습기로 인해 형상이 변하는 것을 동영상으로 보여줬는데, 지난해보다 세분화된 연구 결과로 인공장기의 보편적 상용화 가능성을 더욱 높였다. 또한, 미네소타대의 마이클 맥알파인 교수팀은 자체 개발한 4D 프린터를 활용해 만든 실리콘 신소재를 환자의 전립선 조직에 사용한 사례를 영국의 '더 엔지니어'지에 소개했다. 인공전립선의 소재는 인체 장기와 매우 유사하게 제작됐으며, 수술 당시 전자센서가 바이오 3D 프린팅 기술을 이용해 추가로 부착되었다. 이는 인공장기 관련 기술을 익힌 의사가 실제 인체 장기 수술 시 환자에게 최선의 의료서비스를 제공한다는 점에 중점을 둔 것이다.

① 환자의 흉곽을 복제, 티타늄 인공 흉곽을 프린트하여 환자에게 이식하였다.

② 웨어러블 패션쇼에서 모델이 재봉 없이 프린팅한 의상을 선보였다.

③ 게임 캐릭터를 제작한 후 도색하여 전시장에 진열하였다.

④ 물이 뜨거우면 닫히고 식으면 열리는 안전밸브를 제작하였다.

⑤ 몰드를 사용하지 않고 다양하고 기발한 모양으로 초콜릿을 만들어냈다.

[16~17] 다음 글을 읽고 이어지는 물음에 답하시오.

미국의 멕시칸 음식 체인 타코벨은 매출 규모만 약 10조 원에 이르는 대형 프랜차이즈다. 830여 개의 직영점에서 3만 명 이상의 직원들이 근무하고 있으며 이 중 50% 이하는 22살 이하의 젊은 직원들이다. 타코벨 내에서는 직원들의 높은 이직률이 문제가 됐는데 가장 큰 이직 사유는 적은 급여였다. 또한 이직을 염두에 둔 직원들은 대체로 업무에 몰입하지 못했고 이는 고객 서비스 품질 저하로 이어졌다. 이직율과 고객 서비스 품질이 반비례 관계를 형성하는 상황에서 타코벨에게 높은 이직율은 반드시 해결해야 할 문제점이었다. 따라서 타코벨은 HR 컨설팅 기업과 프로젝트를 수행했다. 현재의 보상 전략이 타코벨이 처한 환경에 맞게 설계돼있는지 등을 HR 애널리틱스를 통해 점검한 것이다. 이를 바탕으로 이직률을 낮추기 위한 실행방안을 모색했다.

일단 구성원들을 대상으로 여러 지역에서 포커스그룹 인터뷰를 한 결과 타코벨에서 계속 일하고 싶은 이유로는 가족적인 근무 환경, 조정 가능하고 유연한 스케줄이 꼽혔으며, 떠나고 싶은 이유로는 훈련 불충분, 스트레스, 더 좋은 기회 등으로 나타났다. 타코벨이 HR 애널리틱스를 통해 알고 싶었던 것은 '직원들에게 주는 보너스가 매장의 이익을 늘리는 데 기여할 것인가'였다.

이를 검증하기 위해 일단 보너스와 매장 이익의 상관관계를 살펴봤다. 보너스를 지급하고 시간이 지난 뒤 매장의 이익이 늘었는지 인과관계를 살펴보기 위해 매장 이익에 영향을 줄 수 있는 나머지 변수들을 통제하는 방식으로 분석했다. 성과 변수로는 매장의 이익, 고객 만족도, 서비스 신속성으로 놓았고 인력 변수로는 이직률, 보상(초임, 급여 수준, 보너스), 승진, 오버타임, 고용형태, 근속연수, 평균 나이, 교육 훈련 증서, 준법(푸드 핸들링)을, 외부 변수로는 매장 설립 연도, 규모, 수리, 지역 실업률, 인구밀도 등을 놓고 분석했다. 분석 결과 구성원 이직은 매장 이익, 고객 만족, 서비스 신속성에 부정적 영향을 미쳤으며 보상, 트레이닝 타임, 근속연수는 성과 변수에 긍정적 영향을 줬다. 이직과 관련해 발견한 것은 평균적으로 6개월 안에 50% 이상이 그만두고 있었는데 이직에 가장 영향을 미치는 것은 세후 소득이었다. 오히려 오버타임을 많이 할 수 있는 매장에서의 이직률은 더 낮았다. 이 분석 결과를 바탕으로 타코벨에서는 장기적인 계획을 수립했다. 최근에는 지점장들을 대상으로 일정 수준 이상의 보너스를 책정해줬고, 이직률이 낮은 지점의 매니저가 보너스를 받을 수 있는 보상 프로그램을 실시했다. 'Start with us, Stay with us'라는 프로그램을 발족하기도 했다. 차별화된 경력 경로를 설계해 기술 습득을 원하는 사회초년생들을 위해서는 Start with us 트랙을, 장기간 일하고 싶은 사람들에게는 더 많은 교육과 기회를 제공하는 Stay with us 트랙을 제공하기로 했다. 결정적으로는 핵심적인 직원들이 한 달에 100시간 이상을 일해서 총 보상이 높아질 수 있도록 스케줄을 재조정했다. ㉠다양한 프로그램의 결과로 타코벨의 이직률이 낮아짐을 확인할 수 있었다.

16 다음 중 HR 애널리틱스를 통해 점검한 내용이 아닌 것은?

① 이직률을 분석한 결과 평균적으로 6개월 안에 50%가 그만두고 있었다.
② 이직율과 고객 서비스의 품질에는 유의미한 상관관계가 있었다.
③ 오버타임 근무를 많이 할 수 있는 매장의 경우 이직률이 낮은 편이었다.
④ 구성원의 이직은 매장 이익, 고객 만족, 서비스 신속성에 부정적 영향을 끼쳤다.
⑤ 보상, 트레이닝 타임, 근속연수는 매장 이익, 고객 만족, 서비스 신속성에 긍정적 영향을 주었다.

17 다음 중 밑줄 친 ㉠에 해당하지 않는 것은?

① 지점장들이 일정 수준 이상의 보너스를 받을 수 있도록 했다.
② 이직률이 낮은 지점의 경우 매니저에게 보너스를 지급하도록 했다.
③ 사회초년생들이 기술을 익힐 수 있도록 했다.
④ 장기간 근로를 원하는 직원들이 스케줄을 조정할 수 있도록 했다.
⑤ 핵심적인 직원들이 한 달에 100시간 이상 근무할 수 있도록 했다.

18 다음 중 ㉠~㉤의 순서를 알맞게 배열한 것은?

㉠ 지금은 얼음 표면에 눈에 보이지 않는 얇은 수막이 본래부터 존재한다는 '표피층 이론'이 정설로 인정
된다. 영국 과학자 마이클 패러데이가 처음으로 제시한 이 이론은 이후 여러 과학자들의 실험으로 수막
의 두께가 온도에 따라 달라지는 것까지 확인되었다.
㉡ 눈과 얼음은 왜 미끄러울까? 이에 대한 답으로 이전에는 '수막 이론'이 널리 인정되었다. 즉, 압력을 받
은 얼음 표면이 살짝 녹으면서 생긴 수막 때문에 미끄러진다는 것이다.
㉢ 얼음에 압력을 가하면 녹는점이 낮아지기는 하나 영하 10℃ 이하에서 얼음이 녹으려면 2,000기압 이
상을 가해야 한다. 이 이론은 사람의 체중을 고려할 때 적용하기 어렵다.
㉣ 그러나 이 경우도 허점이 있다. 마찰열로 얼음 표면이 녹는다면, 바닥이 거칠수록 잘 미끄러지겠지만,
실제로는 표면이 매끄러울수록 더 미끄럽다.
㉤ 이를 보완하기 위한 '마찰열 이론'도 있다. 눈이나 얼음 위를 지날 때 생기는 마찰에 의해 열이 발생하
고, 이것이 얼음 표면을 녹인다는 것이다.

① ㉠-㉡-㉢-㉤-㉣
② ㉠-㉣-㉢-㉡-㉤
③ ㉡-㉢-㉤-㉣-㉠
④ ㉡-㉣-㉠-㉢-㉤
⑤ ㉤-㉡-㉣-㉢-㉠

PART 01
PART 02
PART 03
PART 04
PART 05
PART 06
PART 07
PART 08
PART 09

19 다음 ○○공단의 연구과제 시행 관련 규정을 통해 알 수 있는 것은?

〈연구과제의 시행〉

제20조(연구과제의 제안) ① 주관부서장은 연구과제의 제안에 관한 업무를 수행한다.

② 주관부서장은 규정에 의한 출연과제와 정부로부터 권고 또는 위탁받은 사업은 사외로부터 직접 제안받을 수 있다.

③ 주관부서장은 매년도 연구과제 제안에 관한 공통지침을 수행부서에 통보한다.

④ 주관부서장은 공개모집을 통하여 사내 및 사외에서 연구 아이디어나 연구과제를 제안받을 수 있다.

제21조(연구과제의 선정) ① 주관부서장은 제안된 연구과제를 종합 검토하여 심의대상 과제별 연구과제 수행부서를 선정, 수행부서장에게 과제별 연구개발기본계획 수립을 의뢰한다.

② 연구과제 수행부서장은 활용부서장과 협의하여 연구과제 실명화 및 활용에 관한 사항 등을 포함한 과제별 연구개발기본계획을 수립한다.

③ 연구개발기본계획이 수립된 연구과제는 실무위원회의 심의를 거쳐 선정한다.

④ 긴급한 경영 현안이나 기술적 문제를 해결하기 위해 연도 연구개발사업계획에 소요예산만 계상한 사업을 수행하기 위한 연구과제의 선정 및 시행은 주관부서장이 따로 정한다.

제22조(연구과제의 확정) 제21조의 규정에 의하여 선정된 연구과제는 주관부서에서 종합하여 연구개발위원회의 심의를 거쳐 사장이 확정한다.

제23조(연구과제의 시행) 연구과제의 수행부서장은 확정된 연구과제에 대하여 연구책임자가 연구개발시행계획서에 따라 연구과제를 수행하도록 하여야 한다.

제24조(연구개발결과의 평가) ① 주관부서장은 연구개발 중간 및 최종결과에 관한 평가업무를 주관하며, 평가위원회를 구성하여 평가를 실시하여야 한다. 다만, 연구원이 수행하는 연구과제의 평가업무는 연구원에 위임할 수 있다.

② 평가에 관한 세부사항은 주관부서장이 따로 정한다.

③ 정부 등 외부기관으로부터 수주받아 수행하는 연구과제의 평가는 발주기관의 기준에 따른다. 다만, 주관부서장이 필요하다고 인정하는 경우 별도로 자체기준에 따라 평가할 수 있다.

제25조(연구개발결과의 활용) ① 연구과제 수행부서장은 연구개발 완료된 연구과제의 활용계획을 활용부서장과 협의하여 수립하고, 이 활용계획과 연구결과 등을 활용부서장에게 인계하여 연구개발 결과가 최대한 활용될 수 있도록 하여야 한다.

② 연구개발 결과의 인수인계, 활용평가에 관한 세부사항은 주관부서장이 따로 정한다.

③ 주관부서장은 연구결과가 활용부서에 인계된 시점으로부터 2년간 활용실적을 연구수행부서와 공동으로 실사하여야 한다.

---

① 수행부서장은 연구과제를 제안받을 수 있고 매년 연구과제 제안에 관한 공통지침을 수행부서에 통보한다.

② 실무위원회는 심의를 거쳐 연구개발기본계획을 수립할 연구과제를 선정한다.

③ 사장이 연구과제를 확정하면 주관부서장은 연구과제가 연구개발시행계획서에 따라 수행되도록 하여야 한다.

④ 주관부서장은 연구개발 중간결과와 최종결과를 발주기관의 기준 혹은 자체기준에 따라 평가하여야 한다.

⑤ 활용부서장은 연구결과가 활용부서에 인계된 시점으로부터 2년간 활용실적을 실사하여야 한다.

20 ㉠~㉤ 중 〈보기〉의 문장이 삽입될 위치로 가장 적절한 것은?

> **보기**
>
> 이러한 의식의 변화는 농업에 대한 공익적 가치를 높게 평가하면서도 농산물 구입에는 실리적으로 접근하고 있음을 보여 준다.

한국농촌경제연구원이 발표한 농업·농촌에 대한 국민 의식조사 자료에 따르면 '농업·농촌의 공익적 가치가 많다'는 응답이 70%로 공익적 기능에 대한 공감대가 높게 형성되고 있다. (㉠)
하지만 공익적 기능을 유지하고 보존하기 위한 세금 추가 부담에 대해 찬성하는 비율은 2023년 60%에서 매년 하락하여 작년에는 53.8%로 농업에 대한 실질적 지원으로 연결되지 못한 것으로 나타났다. (㉡) 또한 국산 농축산물에 대한 충성도도 갈수록 떨어져 2021년도 39.1%를 정점으로 계속 하락하여 작년에는 24.2%로 농업을 바라보는 국민들의 시각에 많은 변화가 있음을 보여주고 있다. (㉢) 농업의 공익적 가치는 홍수 조절, 환경 보전, 전통문화 보전 등 다양하지만 특히 식량 안보 측면의 중요성을 간과해서는 안 된다. (㉣) 곡물 수요의 빠른 증가세에 비해 곡물 생산은 지구온난화, 기상이변으로 인한 흉작과 세계적 원자재 가격 상승 등으로 공급을 늘리는 데 한계에 봉착해 있고 주요 식량 수출국의 자국 이익을 위한 수출 제한 조치로 식량 안보의 중요성이 갈수록 커지고 있기 때문이다. (㉤)

① ㉠

② ㉡

③ ㉢

④ ㉣

⑤ ㉤

21 다음 글을 통해 알 수 없는 내용은?

시험 위주 능력주의의 기원은 600년대에 시작된 과거제도로 거슬러 올라간다. 지금부터 약 1,400년 전 중국의 수나라(581~618)는 과거제도 급제자에게 엄청난 부귀영화를 누릴 수 있는 특권을 줌으로써 똑똑한 중·고소득층 출신 남성들이 과거 급제에 집중하게 만들어 국가의 권력과 수직적 조직을 유지했다. 이 과거시험은 세계에서 최초로 표준화된, 즉 시험의 조건과 기회가 모든 사람에게 다 똑같이 주어지는 시험이었다. 표준화된 시험은 누구나 열심히 노력하면 좋은 성과를 얻을 수 있다는 능력주의 이념을 만든다. 사회경제적 권력이나 지위가 세습되는 것이 아니라, 공부만 열심히 하면 "개천에서 용 난다"고 하는 시험 위주 능력주의가 양산되면서 일반 백성들도 과거 급제를 통해서 재산, 명예, 권력 등과 같은 엄청난 혜택을 받을 수 있다고 믿었다. 때문에 청소년 때부터 시험을 보기 시작해 3년마다 있는 시험을 대비하여 공부만 하는 응시자들이 엄청나게 많았고, 유학 고전뿐만 아니라 그 고전에서 출제된 전년도 모범답안을 사서 기계적으로 달달 외웠다. 다른 진로는 생각지도 않고 시험에만 집중해서 가족의 모든 재원을 다 쏟아부으면서 공부를 했고, 그중에는 시험 불안에 떨면서 한평생을 과거 준비만 하며 보냈던 사람들도 많았다. 개천에서 난 용도 있었지만, 대부분은 오랜 세월 동안 시험을 볼 여유가 있었던 고소득층 출신자가 과거에 급제했다. 이런 과거제도가 한국, 일본, 싱가포르, 대만 등 다른 동양 국가로 전파됐고, 중국이 1905년에 과거제도를 공식적으로 폐지한 뒤에도 중국을 포함한 여러 동양 국가들의 대학입시로 이어졌다. 동양에서는 아직도 명문대에만 입학하면 그 대학에서 공부를 잘하든 못하든 상관없이 학벌과 학연이 가져다주는 엄청난 혜택을 누릴 수 있다. 그뿐 아니라 이런 혜택은 경력이 더 오래될수록 현저해진다. 일례로 일본 대기업의 최고 중역들 중 60% 이상이 명문대 출신이다. 이와 대조적으로 미국에서 100대 기업의 최고 중역들 중 명문대 출신은 10%도 채 안 된다. 동양에서는 대학입학으로 얻을 수 있는 엄청난 혜택 때문에 개인의 적성에 맞는 전문성을 쌓는 대신 오직 시험에서 좋은 점수를 받으려는 풍토가 조성됐다. 아이들에게 남보다 좋은 사회·경제적 지위를 만들어주고 싶은 부모들의 과도한 욕심은 아이들을 '시험지옥'으로 내몰고 힘겨운 경쟁을 하게 했다. '시험지옥'은 아이가 높은 시험점수를 따도록 만들기 위해 각 가정이 수단과 방법을 가리지 않고 사교육에 돈을 쏟아붓는 동양의 지나치게 높은 교육열을 의미한다. 이런 교육열은 1980년대에 '동양의 다섯 마리 용의 기적'이라고 불릴 만큼 일본, 한국, 대만, 홍콩, 싱가포르의 엄청난 경제 성장을 이끌었지만, 그만큼 많은 병폐를 불러오기도 했다.

① 최초 표준화된 시험은 약 1,400년 전 중국 수나라에서 실시되었다.
② 과거 시험 응시자 중 고소득층 출신자가 급제하는 경우가 많았다.
③ 중국의 과거제도는 공식적으로 폐지되었으나 대학입시로 이어졌다.
④ 일본 100대 기업의 명문대 출신 중역은 미국의 100대 기업의 명문대 출신 중역의 6배이다.
⑤ 동양의 '시험지옥'은 1980년대에 '동양의 다섯 마리 용의 기적'을 가져오기도 했다.

22 다음은 ○○공사의 정보공개 관련 안내이다. 이를 잘못 이해한 것은?

PART 01
PART 02
PART 03
PART 04
PART 05
PART 06
PART 07
PART 08
PART 09

<정보공개 안내>

○○공사는 공공정보를 적극 개방·공유하자는 정부3.0 패러다임에 맞추어 정보유통채널을 마련하였다. 국민이 ○○공사의 특정 정보 열람을 원할 경우 정보공개를 청구할 수 있으며 이후의 절차는 다음 업무흐름도의 ❶~❺순서로 진행된다. 먼저 정보공개 주관부서(이하 주관부서)는 청구인의 정보공개 청구서를 접수하여 정보공개 담당부서(이하 담당부서)로 전달하거나, 정보공개에 대한 이의신청을 접수하여 정보공개심의회(이하 심의회)로 전달하여야 한다. 담당부서는 제3자에게 공개가 청구된 사실을 통지하여 관련 의견을 청취하여야 하고, 의견에 따라 공개 여부가 결정된 경우에는 이를 청구인에게 지체없이 통지하여야 하며, 공개 여부를 결정하기 곤란한 경우에는 정보공개심의회에 심의를 요청한 후 심의회의 결정에 따라야 한다. 심의회는 담당부서가 정보공개 여부를 결정하기 곤란한 사안의 공개·비공개 여부를 결정하여 담당부서에 통지해야 하고, 주관부서가 접수하여 전달해준 이의신청을 받아 공개·비공개 여부를 결정하여 주관부서에 통지해야 한다. 주관부서와 담당부서는 심의회의 결정을 청구인에게 통지하여야 한다. 각 절차의 세부 지침은 다음 흐름도에 명기된 바와 같다.

<정보공개업무 흐름도>

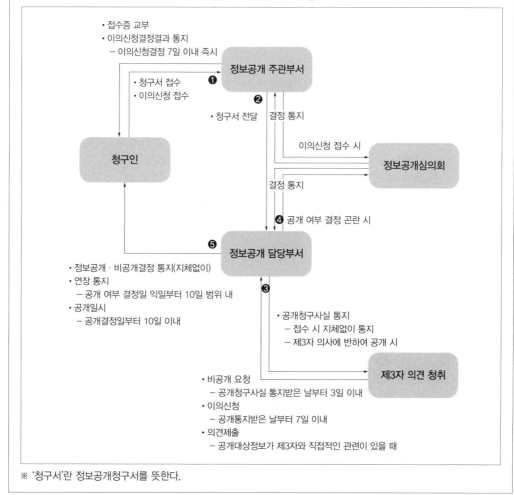

※ '청구서'란 정보공개청구서를 뜻한다.

① 정보공개 주관부서는 접수 받은 정보공개 이의신청에 대하여 수용 여부를 심의한 후 이의신청 결정결과를 결정일 기준 7일 이내에 통지하여야 한다.
② 정보공개 주관부서를 통해 정보공개청구서를 배부받은 정보공개 담당부서는 정보의 공개 및 비공개 여부가 결정되면 정보공개 청구인에게 지체없이 통지하여야 한다.
③ 정보공개 담당부서는 공개가 결정된 정보의 경우 결정일부터 10일 이내에 공개를 실시하여야 한다.
④ 정보공개 담당부서는 정보공개 여부를 결정하기 곤란한 경우 이를 정보공개심의회에 보내고 결정을 통지받아야 한다.
⑤ 제3자는 공개청구사실을 통지받은 날로부터 3일 이내에 정보의 비공개를 요청할 수 있고 공개 대상 정보와 직접적인 관련이 있는 경우 정보공개 담당부서에 의견을 제출할 수 있다.

23 다음 글의 주제로 가장 적절한 것은?

소득이 증가하고 사회경제적 여건이 개선되어 왔음에도 불구하고 우리 국민이 행복하지 못한 이유는 유일한 승자 대비 너무 많은 패배자를 양산해 내는 경쟁구조에 그 원인이 있다. 이 문제에 대한 해법은 조지프 피시킨의 저서 '병목사회'에서 찾을 수 있다. 저자는 '기회균등'이라는 명목으로 시행되는 각종 제도와 정책들이 실제는 엄청난 격차와 좌절을 유발하는 병목으로 작용한다고 본다. 그 때문에 이러한 병목들을 줄이거나 다원적인 기회구조로 변경해야 한다고 주장한다.
가치 획일주의와 서열화의 문제점은 국토 공간에서 그대로 드러난다. 수도권과 서울, 그중에서도 강남지역은 모든 것을 가졌고, 이 지역에 거주하는 것만으로도 각종 성공의 경로에 쉽게 접근할 수 있다. 이 때문에 이 지역에 거주하는 것 자체가 불평등과 격차를 만들어내는 병목이 된다.
우리는 병목을 우회하는 경로를 많이 만들고 기회를 다원화하듯이, 공간에서도 기존의 부유공간을 확장하기보다는 다양한 삶의 가치를 실현할 수 있도록 새로운 기회의 땅을 충분히 만들어내도록 지원해야 한다. 공간적 서열을 뛰어넘어 지역에서 일자리와 투자, 인재가 선순환하는 창의적인 지역을 만들어낼 수 있다면, 지역은 모든 구성원이 승자가 되는 기회의 땅이 될 수 있다. 그것이 국가균형발전 정책이고 지역재생 뉴딜의 목표가 되어야 한다.

① 경쟁과열 사회에서는 행복도가 매우 낮다.
② 성공이란 공간적 서열을 뛰어넘는 창의적 지역이 갖춰질 때 실현 가능하다.
③ 도심에 거주하는 것만으로도 성공 가도에 쉽게 도달할 수 있다.
④ 국가의 균형발전은 다분야에서 기회를 얻는 공간 창조에서 시작한다.
⑤ 소득 증가나 경제적 여건 개선만으로 우리 사회에 만연한 문제를 근본적으로 해결할 수 없다.

인공지능, 사물 인터넷, 나노 기술, 그라핀 등의 신소재, 3D 프린팅 기술 등은 21세기라는 긴 과정을 통과하는 데 보다 집중적인 단계로 들어서고 있음을 나타낸다. 한편 셰일가스 혁명과 재생 가능 에너지의 발전은 에너지 공급량을 확보하고 있다. 또 협력적 공유사회(collaborative commons, 제레미 리프킨이 내세운 자본주의와 사회주의를 넘어선 새로운 경제 패러다임) 및 공유 경제와 같은 새로운 사회 형태는 또다른 형태의 경제 성장을 열어가고 있다.

이처럼 새로운 기술 및 사회 형태는 이전에 없었던 새로운 모습의 성장을 가속화하면서 산업 전체에 혁신적 변화를 불러오고 있다. 생산성의 향상은 언제나 범용 기술, 즉 증기나 전기처럼 사회 변혁의 동인이 되는 기술에 의해 좌우됐다. 환영할 만한 일이지만, 한편으로는 불안한 마음을 감출 수 없는 것이 현실이다. 컴퓨터 기술이 제3차 산업혁명을 상징하는 것이라면, 위에서 언급한 각종 신기술 및 사회 형태는 제4차 산업혁명의 ㉠징후임을 알 수 있다. 실제로 일부 사상가들은 이 같은 새로운 인프라가 생산성에 급격한 변화를 가져올 것이라고 언급하면서 제4차 산업혁명의 시대에는 생산 한계비용이 거의 제로에 가까워지며 결국 자본주의 의미 자체가 퇴색될 것이라고 내다봤다. 지구상에 모든 사람이 3D 프린터를 갖고 있어 무엇이든 넣고 뚝딱 만들어낼 수 있다고 상상해보자. 전 세계 경제에는 어떤 일이 벌어지겠는가?

여전히 우리는 매일 같이 긴 호황의 강력한 ㉡여파 속에 살아가고 있다. 풍족한 것은 전반적으로 긍정적인 작용을 한다. 현재 우리는 이전에는 꿈조차 꿀 수 없었던 양질의 삶을 이어가고 있다. '선진국 사람들의 고민'같은 해시태그까지 ㉢등장했다. 여전히 후진국 환경에서 성장하는 사람들도 바로 전 세대보다는 훨씬 나은 삶을 영위하고 있다. 모두 긴 호황이 이어진 덕분에 나타난 결과다. 하지만 긴 호황이 모든 이의 삶을 풍족하게 바꿔 놓은 것은 아니다.

여전히 수십억의 인구는 새로운 모델의 휴대전화나 유행하는 패션은 고사하고, 제대로 된 약이나 먹을 것이 없어 각종 질병과 빈곤에 시달리고 있다. 긴 호황이 낳은 부작용은 사회 곳곳에 상당한 영향을 끼치고 있다. 긴 호황은 21세기를 이루는 하나의 사회 현상이자 배경이다. 긴 호황은 부족함이 지배하던 우리 사회의 수많은 ㉣영역, 이를테면 데이터의 양이나 인구수, 새로운 음악이나 플라스틱 장난감의 개수 등이 이제 풍요로 넘쳐나게 된 것이다. 그리고 그것은 경제 성장과 기술 발전이 조화를 이뤘기 때문에 가능한 일이었다. 요컨대 긴 호황으로 많은 사람들이 이런저런 것을 너무 '적게'가 아니라 너무 '많이' 가지게 되었다는 ㉤의미이다. 큐레이션이 박물관이나 인터넷 콘텐츠 관련 용어가 아닌 보다 다양한 의미로 사용되기 시작한 것은 바로 이런 맥락에서 살펴봐야 한다.

24 다음 중 ㉠~㉤을 대체할 수 없는 어휘는?

① ㉠ : 조짐
② ㉡ : 영향력
③ ㉢ : 출현
④ ㉣ : 분야
⑤ ㉤ : 취지

25 다음 중 글에 대한 반응으로 적절하지 않은 것은?

① A : 모든 사람이 3D 프린터를 갖고 있어 무엇이든 뚝딱 만들어낼 수 있다면, 제조와 유통 분야에 어떤 변화가 올지 궁금해.

② B : 셰일가스 혁명과 재생 가능 에너지 발전 등으로 확보되는 에너지 공급량이 에너지 고갈 위기를 타개하기에 충분한 분량일지 궁금해.

③ C : 경제 성장과 기술 발전의 조화로 세계는 풍요로워졌지만, 긴 호황에는 부작용도 따른다는 것을 저자는 지적하고 있구나.

④ D : 저자는 긴 호황에도 불구하고 식량이나 약이 부족해서 질병과 빈곤에 시달리며 전 세대보다 열악해진 후진국의 상황도 간과하지 않는구나.

⑤ E : 저자는 인공지능, 3D 프린팅 같은 기술이 이전 산업혁명들을 견인한 증기나 전기와 같은 기술이라고 언급하면서도, 4차 산업혁명은 이전에 없던 변화를 불러올 거라 예상하구나.

CHAPTER 02 문서작성능력

SECTION 01 핵심이론

1. 문서작성능력

(1) 문서

제안서 · 보고서 · 기획서 · 편지 · 메모 · 공지사항 등이 문자로 구성된 것

(2) 문서 작성의 중요성

① 일 경험에서 문서 작성은 업무와 관련하여 조직의 비전을 실현시킬 수 있는 과정이며, 조직에 있어서 중요하게 요구되는 능력

② 개인의 의사소통을 넘어 조직의 사활이 걸린 중요한 업무이기도 함

③ **직장 생활에서의 문서 작성**

㉠ 직장에서의 문서 작성은 업무와 관련된 것으로 조직의 비전을 실현시키는 것

㉡ 개인의 의사표현이나 의사소통을 위한 과정으로서의 업무를 넘어 조직의 사활이 걸린 중요한 업무

(3) 문서 작성 시 고려 사항

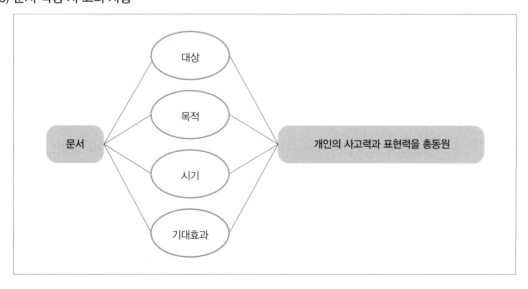

(4) 효과적인 문서 작성을 위한 원칙

① **내용 이해** : 전달하고자 하는 내용과 그 핵심을 완벽히 파악할 것
② **목표 설정** : 전달하고자 하는 목표를 정확히 설정할 것
③ **구성** : 효과적인 구성과 형식이 무엇인지 생각할 것
④ **자료 수집** : 목표를 뒷받침해 줄 자료를 수집할 것
⑤ **핵심 전달** : 단락별 핵심을 하위 목차로 요약할 것
⑥ **대상 파악** : 대상에 대한 이해와 분석을 철저히 할 것
⑦ **보충 설명** : 질문을 예상하고 이에 대한 구체적인 답변을 준비할 것

(5) 종류에 따른 문서 작성법

① **공문서**
　㉠ 외부로 전달되는 문서이므로 '누가, 언제, 어디서, 무엇을, 어떻게(왜)'가 정확하게 드러나도록 할 것
　㉡ 날짜 작성 시 연도와 월일을 반드시 함께 기입하고, 날짜 다음 괄호 사용 시 마침표를 사용하지 않을 것
　㉢ 한 장에 내용을 모두 담아내는 것이 원칙이며 마지막은 반드시 '끝' 자로 마무리할 것
　㉣ 내용이 복잡할 경우 항목별로 구분하고 문서의 성격에 따라 정확하게 기술할 것

② **설명서**
　㉠ 명령문이 아닌 평서형으로 작성하며, 정확한 내용 전달을 위해 간결하게 작성할 것
　㉡ 이해가 어려운 전문용어는 가급적 사용하지 말고 복잡한 내용은 도표 등으로 시각화하여 이해도를 높일 것
　㉢ 동일한 문장이 반복되지 않도록 다양한 표현을 사용할 것

③ **기획서**
　㉠ 기획서의 목적 달성을 위한 핵심 사항이 정확히 기입되었는지 확인하고 상대의 요구를 고려하여 작성할 것
　㉡ 내용이 한눈에 파악되도록 체계적인 목차를 구성할 것
　㉢ 핵심 내용의 표현에 주의를 기울이고 효과적인 내용 전달을 위한 표·그래프 등을 활용할 것
　㉣ 문서의 내용이나 인용한 자료의 출처 등 문서를 전체적으로 충분히 검토한 후 제출할 것

④ **보고서**
　㉠ 업무의 진행 과정 혹은 결과에 대한 내용을 구체적으로 제시하되, 핵심적인 사항만을 간결하게 작성하여 중복되는 내용이 없도록 할 것
　㉡ 도표나 그림을 적절히 활용하고, 참고자료는 내용 및 출처를 정확히 제시할 것
　㉢ 제출 전에 반드시 최종 점검을 하고, 내용에 대한 예상 질문과 답변을 미리 준비할 것

(6) 상황에 따른 문서 작성법

상황	작성 내용
요청이나 확인을 부탁하는 경우	업무 내용과 관련된 요청사항이나 확인 절차를 요구 예 공문서
정보 제공을 위한 경우	시각적인 자료를 활용하는 것이 효과적이며, 모든 상황에서 문서를 통한 정보 제공은 무엇보다 신속하고 정확하게 이루어져야 함 예 기업 정보를 제공하는 홍보물, 보도자료 등의 문서, 제품 관련 정보를 제공하는 설명서나 안내서 등
명령이나 지시가 필요한 경우	• 관련 부서나 외부기관, 단체 등에 명령이나 지시를 내려야 하는 경우가 있으므로, 상황에 적합하고 명확한 내용을 작성할 수 있어야 함 • 단순한 요청이나 자발적인 협조를 구하는 차원의 사안이 아니므로 즉각적인 업무 추진이 실행될 수 있도록 해야 함 예 업무 지시서
제안이나 기획을 할 경우	업무를 어떻게 혁신적으로 개선할지, 어떤 방향으로 추진할지에 대한 의견을 제시하며, 내용을 깊이 있게 담을 수 있는 작성자의 종합적인 판단과 예견적인 지식이 요구됨 예 제안서, 기획서
약속이나 추천을 위한 경우	고객이나 소비자에게 제품의 이용에 관한 정보를 제공하거나, 개인이 다른 회사에 지원하거나 이직을 하고자 할 때 작성하며, 일반적으로 상사가 작성 예 추천서

PART 01　PART 02　PART 03　PART 04　PART 05　PART 06　PART 07　PART 08　PART 09

2. 문서의 시각화

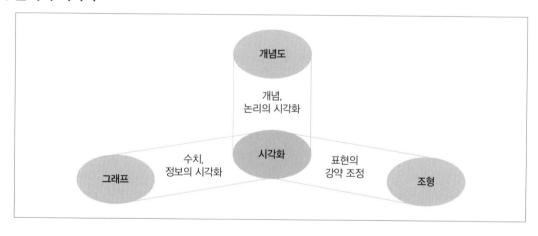

(1) 문서 표현 시각화의 기능

① 문서를 읽은 대상이 문서의 전반적인 내용을 쉽게 파악할 수 있음

② 문서 내용의 논리적인 관계를 더욱 쉽게 이해할 수 있음

③ 적절한 이미지 사용은 문서에 대한 기억력을 높일 수 있음

④ 단, 시각화한 정보의 성격에 따라 그에 맞는 적절한 방식을 사용해야 함

(2) 문서 표현 시각화의 종류

① **차트 시각화** : 데이터 정보를 쉽게 이해할 수 있도록 시각적으로 표현. 주로 통계 수치 등을 도표 (Graph)나 차트(Chart)를 통해 명확하고 효과적으로 전달

② **다이어그램 시각화** : 개념이나 주제 등 중요한 정보를 도형, 선, 화살표 등 여러 상징을 활용하여 시각적으로 표현

③ **이미지 시각화** : 전달하고자 하는 내용을 관련 그림이나 사진 등으로 나타내는 것

01 다음 밑줄 친 단어와 가장 유사한 의미로 사용된 문장은? [한국철도공사]

> 지금은 출장 중인 <u>관계</u>로 빠른 회신이 어려우니 양해 부탁드립니다.

① 인터넷은 우리 생활에서 떨어질 수 없는 <u>관계</u>에 있다.
② 공사 <u>관계</u>로 통행에 불편을 끼쳐 대단히 죄송합니다.
③ 두 사람은 친구에서 연인 <u>관계</u>로 발전하게 되었다.
④ 농민과 노동자 사이의 유대 형성으로 농촌과 도시의 동맹 <u>관계</u>가 이루어졌다.
⑤ 집단 간 이해<u>관계</u>가 얽혀 논쟁은 갈수록 격화되었다.

정답 찾기

제시문에서 '관계'는 '까닭', '때문'을 의미하는 말이다. ②번 문장의 '관계'와 동일한 의미로 쓰였다.

오답 분석

① 어떤 방면이나 영역에 관련을 맺고 있음
③, ④, ⑤ 둘 이상의 사람, 사물, 현상 따위가 서로 관련을 맺거나 관련이 있음

정답 | ②

02 다음 중 의미 중복에 해당하지 않는 문장은?

① 출항 시간이 임박하였으니 어서 배에 승선하십시오.
② 그동안의 일들을 돌이켜 회고해 보니 마음이 뭉클하였다.
③ 수마가 지나간 이곳은 즉시 재해 지역으로 선포되었다.
④ 짧게 약술하면 다음과 같습니다.
⑤ 기차역은 고향으로 돌아가는 귀성객들로 붐볐다.

오답 분석

① 배에 승선 → 승선
② 돌이켜 회고해 보니 → 회고해 보니
④ 짧게 약술하면 → 약술하면
⑤ 고향으로 돌아가는 귀성객들로 → 귀성객들로

정답 | ③

03 B대리는 A주임이 작성한 사내 공문을 결재받기 전 틀린 곳을 체크해 주었다. 〈사내 공문 작성 및 처리지침〉에 따라 조언한 사항으로 적절하지 않은 것을 〈보기〉에서 모두 고르면? [한국산업 인력공단]

발신 : 미래혁신실 대외협력처 A주임
수신 : C지사장, D부사장, E처장
제목 : 전자조달 시스템 개편에 따른 업체 등록 · 입찰 설명회 개최 건

금년도 전자조달 시스템 개편에 따라 업체의 등록 및 입찰 과정에 변경 사항이 있어 협력업체를 대상으로 설명회를 개최하고자 합니다.
1. 행사 일정
   가. 행사명 : 전자조달 시스템 개편에 따른 업체 등록 · 입찰 설명회
   나. 일시 : 2024년 11월 20일(목) 01:30PM~04:30PM
   다. 장소 : 본사 302호 대회의실
   라. 주요 내용
      ① 2025년 전자조달 시스템 개편 안내
      ② 새 전자조달 시스템상에서의 업체 등록 및 사업 입찰 방법
      ③ 정부 지침에 따른 낙찰자 선정 기준 변경 안내
2. 신청 방법
   가. 담당자 메일(it_system0001@○○○○.com) 혹은 팩스(02-0000-0000)를 통해 신청
   나. 신청 시 기입 사항 : 소속, 성명, 연락처
첨부 : 전자조달 시스템 개편 안내문 1부. 끝.

〈사내 공문 작성 및 처리지침〉
1. 제목은 본문의 내용을 포괄하되 간략하게 작성한다.
2. 수신자 및 발신자의 신원을 명확하게 밝힌다.
3. 번호는 1.-가.-①의 순서로 붙인다.
4. 날짜는 숫자로 표기하되 연 · 월 · 일의 글자는 생략하고 그 자리에 온점(.)을 찍어 표시한다. 시간은 시 · 분 대신 쌍점(:)을 찍어 표시하며 24시간제를 사용한다.
5. 기간 및 시간을 나타낼 때는 ~를 사용한다.
6. 본문이 끝나면 1자(2타) 띄우고 '끝.'을 붙인다. 단, 첨부물이 있을 경우 첨부 표기문 끝에 1자(2타) 띄우고 표시하며, 첨부물은 문서의 총 부수를 기입한다.
7. 모든 문서의 승인 · 반려 등의 절차는 전자문서시스템 또는 업무관리시스템상에서 전자적으로 처리되도록 한다.

보기

㉠ 날짜 표기 방식이 맞지 않네요. '2024. 11. 20.(목)'으로 변경하세요.
㉡ 시간을 표시할 때는 24시간제를 사용해야 하니 13:30~16:30으로 수정하세요.
㉢ 번호 체계가 맞지 않네요. ①과 같이 표시된 부분은 ㉮로 바꾸세요.
㉣ 수정사항이 모두 적용되면 전자문서시스템을 통해 기안문을 상신하여 결재 승인받을 수 있어요.

① ㉠, ㉡
② ㉠, ㉣
③ ㉡, ㉢
④ ㉡, ㉣
⑤ ㉢, ㉣

오답 분석

㉡ 시간은 24시간제로 표기하도록 고쳐야 하나, 기간을 나타낼 때는 '~'를 사용해야 하므로 '13:30~16:30'으로 수정해야 한다.

㉢ 번호 체계는 1. - 가. - ㉠ 순이므로 ㉮가 아닌 ㉠으로 수정해야 한다.

정답 | ③

04 다음 밑줄 친 부분 중 수정해야 할 곳을 모두 고르면? [한국산업인력공단]

지난해 국내 커피시장 규모가 처음으로 10조 원을 넘어서 11조 7,397억 원에 달했다. 추정 소비량은 265억 잔으로, 한국 인구수를 감안할 때 국민 한 사람당 연간 512잔을 마신 셈이다. 이처럼 커피 소비량이 ㉠증가한 데에는 원두커피 시장 확대가 주요 원인으로 작용했다. 한국 커피는 인스턴트커피와 설탕, 크림이 혼합된 스틱형 믹스커피가 주류를 이뤄왔다. 그러나 2000년대 커피전문점이 급증하면서 원두커피의 공세에 밀려 인스턴트커피 시장은 불황기를 맞았다. 이러한 가운데 가격은 원두커피보다 저렴하면서도 원두커피의 맛을 ㉡재현한 인스턴트커피 판매량은 급증하고 있다. 이른바 프리미엄 제품군이 불황을 ㉢타계할 대안으로 떠오른 것이다. 믹스커피 역시 신제품 출시가 빛을 봤다. 국내 커피믹스 업계 1위 D식품의 지난해 커피믹스 출고량은 10만 8,000톤으로 전년 대비 1,000톤 증가했다. 출고량이 전년보다 늘어난 것은 3년 만이다. 국내 커피믹스 시장 85%를 점유하고 있는 D식품의 선전으로 전체 커피믹스 시장 규모도 3년 만에 늘어날 것으로 전망된다. D식품 외 M사와 N사 등 다른 제조업체들의 지난해 커피믹스 매출도 전반적으로 늘어난 것으로 알려졌다. 이처럼 장기 불황에 빛을 본 것은 프리미엄을 내세운 신제품의 공격적인 출시 덕분이다. 설탕을 빼고 고급 원두를 사용한 제품은 물론 인스턴트로는 맛볼 수 없던 다양한 제품군도 구성했다. 이러한 분위기에 힘입어 지난해 12월 R사도 건강과 프리미엄을 ㉣앞세워 믹스커피 시장에 진출하였다.

① ㉠, ㉡
② ㉠, ㉢
③ ㉡, ㉢
④ ㉡, ㉣
⑤ ㉡, ㉢, ㉣

정답 찾기

㉠ '데'와 '-ㄴ데'는 다음과 같이 구별한다. 먼저 '데'는 곳, 장소, 일, 것, 경우를 뜻하는 의존명사로 앞 말과 띄어 쓴다. 반면 '-ㄴ데'는 뒤 절에서 어떤 일을 설명하거나 묻거나 시키거나 제안하여 그 대상과 상관되는 상황을 미리 말할 때 쓰는 연결어미이다. 이 경우에는 '증가한 것에는'의 의미로 쓰였으므로 '증가한 데에는'과 같이 띄어 써야 옳다.

㉣ '앞세워'는 '앞서다'의 사동사인 '앞세우다'라는 단어의 활용형이므로 띄어 쓰지 않는다.

오답 분석

㉡ '재현하다'는 '다시 나타나다. 또는 다시 나타내다'라는 뜻의 단어이다. 내용상 원두커피의 맛을 다시 나타내는 게 아니라 그것과 동일하게 나타낸다는 의미이므로 '어떤 내용을 구체적인 사실로 나타나게 하다'라는 의미의 '구현하다'가 보다 적합한 단어이다.

㉢ '타계하다'는 '사람, 그 중에서도 특히 귀인이 죽는 일'을 가리킨다. 이 문장에서는 '매우 어렵거나 막힌 일을 잘 처리하여 해결의 길을 열다'라는 뜻의 단어인 '타개하다'라고 써야 한다.

정답 | ③

PART 01
PART 02
PART 03
PART 04
PART 05
PART 06
PART 07
PART 08
PART 09

05 다음은 설문조사를 바탕으로 작성한 기사이다. 기사 내용을 한눈에 볼 수 있도록 그래프를 추가하고자 할 때, 내용과 일치하는 것을 모두 고르면?

설문조사 결과 스타트업 종사자의 70% 이상이 직장생활에 만족하는 것으로 나타났다. 스타트업 이직 후 만족도를 물었을 때, 매우 만족(20.2%), 만족(50%), 보통(25.5%)으로 나타났으며, 불만족(2.2%) 혹은 매우 불만족(2.1%)을 선택한 이들은 소수에 그쳤다. 이처럼 스타트업 직장생활 만족도가 높게 나타난 이유는 '자기 주도적 업무 스타일'에 대한 스타트업 종사자들의 높은 선호도가 반영됐기 때문으로 해석할 수 있다. 전체 응답자의 절반 가까운 이들이 스타트업 이직 후 가장 좋은 점으로 자기 주도적인 업무 추진 가능(45.3%)을 꼽았다. 이어 업무 수행 과정에서의 수평적인 조직문화(23.2%), 자유로운 조직문화(11.6%), 자기계발 기회 확대(6.3%) 등으로 나타났다. 스타트업으로 이직한 주요 이유 또한 같은 맥락을 보였다. 스타트업으로 이직한 이유를 물었을 때 가장 많은 응답자가 자기주도적 업무의 어려움(34.9%)을 꼽았고, 이어 하나의 아이디어를 실현하기 위해서는 많은 보고 단계를 거쳐야 하는 등의 수직적인 조직문화(12.7%)라고 답했다. 그 뒤로는 야근·휴일 근무 등의 업무 과중(9.5%), 자기계발 기회 부족(6.3%), 전공·적성이 맞지 않음(4.5%) 순으로 나타났다. 기타 의견으로는 개인 사업 추진, 회사의 낮은 발전 가능성 등이 있었다. 한편 응답자들의 전 직장은 S사, H사, L사 등 대기업이 가장 많았고 다음으로 중소·중견기업 (28.4%), 스타트업(21.1%), 기타(21%)가 뒤를 이었다. 기타에는 공기업, 외국계 회사 등이 포함됐다.

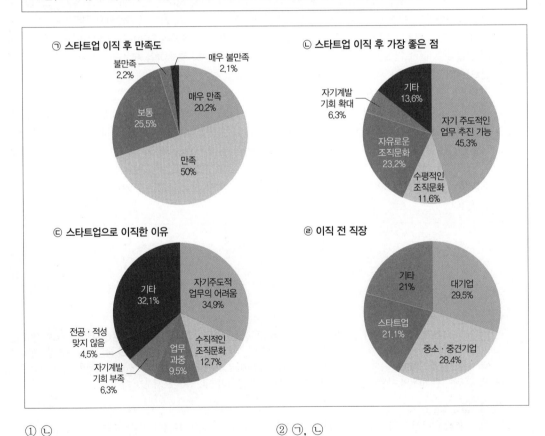

① ㉡
② ㉠, ㉡
③ ㉠, ㉢
④ ㉢, ㉣
⑤ ㉠, ㉢, ㉣

오답 분석

ⓒ 수평적인 조직문화(23.2%), 자유로운 조직문화(11.6%)의 수치가 바뀌어 표기되었다. 바르게 수정한 그래프는 다음과 같다.

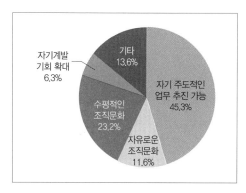

01 문서 작성 시 주의해야 할 사항으로 옳지 않은 것은?

① 문서의 작성 시기는 중요하지 않다.

② 문서의 첨부자료는 반드시 필요한 자료 외에는 첨부하지 않도록 한다.

③ 문서 작성 후 반드시 다시 한 번 내용을 검토해야 한다.

④ 문서 내용 중 금액, 수량, 일자 등이 정확히 기재되어야 한다.

⑤ 개인의 사고력과 표현력을 총동원하여 작성하도록 한다.

02 다음 중 띄어쓰기가 바르지 않은 문장은?

① 별도 아닌 일 가지고 잘난 체하지 마.

② 그 밖에도 해야 할 일이 많이 있었다.

③ 무엇이든지 아는 만큼 보이기 마련이다.

④ 도중에 사고는 나지 않았는지 걱정될 뿐이다.

⑤ 임진왜란은 1592년 경 발발하여 약 7년간 이어졌다.

03 다음 중 문서 작성 시 고려사항으로 적절하지 않은 것은?

① 대상   ② 목적

③ 시기   ④ 기대효과

⑤ 개인의 감정

04 다음 중 명령이나 지시가 필요한 경우 문서 작성 방법으로 옳은 것은?

① 상황에 적합하지만 모호한 내용을 작성해도 된다.

② 단순한 요청이나 자발적인 협조를 구하는 차원의 사안이다.

③ 즉각적인 업무 추진이 실행될 수 있도록 해야 한다.

④ 관련 부서나 외부기관, 단체 등에 명령이나 지시를 내려야 하는 경우는 거의 없다.

⑤ 명령이나 지시가 필요한 경우 작성하는 문서의 대표적인 예시로 보고서가 있다.

05 다음 〈공문서 작성 원칙〉을 참고할 때, 밑줄 친 ㉠~㉤ 중 적절하지 않게 쓰인 곳은?

〈공문서 작성 원칙〉

1. 본문은 왼쪽 처음부터 시작하여 작성한다.
2. 본문 내용을 둘 이상의 항목으로 구분할 때 번호 순서는 1., 가., 1), 가), (1), (가)를 따른다.
3. 하위 항목은 상위 항목의 위치로부터 1자(2타)씩 오른쪽에서 시작한다.
4. 쌍점(:)의 왼쪽은 붙이고 오른쪽은 한 칸을 띄운다.
5. 문서에 금액을 표시할 때는 '금' 표시 후 아라비아 숫자로 쓰되, 숫자 다음에 괄호를 하고 한글로 적는다.
6. 본문이 끝나면 1자를 띄우고 '끝.' 표시를 한다. 단, 첨부물(붙임)이 있는 경우, 첨부 표시문 끝에 1자를 띄우고 '끝.' 표시를 한다.
7. 붙임 다음에는 쌍점을 찍지 않고, 붙임 다음에 1자를 띄운다.

○○구

수신 : 내부결재
제목 : ○○구민 체육대회 운영 보조금 지원

---

1. ○○구민의 삶의 질 향상을 위한 생활체육 활성화를 도모하기 위하여 ······ ㉠
　　가. 시행 목적: 구민 개개인의 건강증진과 건전한 여가 시간 활용을 위한 다양한 생활 체육 활동이 요구되고 있어 구민의 개인적 생활영역 안에서 각자의 취미와 여건 및 환경에 따라 여가 시간을 이용한 자발적 체육활동을 권장하고 지원함으로써 구민의 체력증진과 건전한 사회 분위기를 조성하고자 함
　　나. 시행 근거: 국민체육진흥법 제3조 및 제4조와 국민생활체육회 정관 제41조 및 제42조의 근거에 따라 ○○구민 체육대회 운영 결정

2. 2024 ○○구민 체육대회 개최에 따른 ○○구민 체육대회 운영 보조금을 다음과 같이 지원하고자 합니다.
　　가. 행사 개요 ······ ㉡
　　　　1) 대회명: 2024 ○○구민 체육대회 ······ ㉢
　　　　2) 일자: 2024. 2. 15. (목)
　　　　3) 장소: ○○체육관
　　나. 금회 집행 예정액: 금 2,050,800원 ······ ㉣
붙임 ○○구청 체육대회 운영회 명단 1부. 끝. ······ ㉤

○○구청 행정지원과장 주××　　　　　　　　　　　　　　　　행정지원국장 양××
시행 총무과 (2024. 11. 15.)
우 00001 ○○도 ○○시 XX로 58
전화 02-0000-0000 / 전송 02-0000-0000

---

① ㉠
② ㉡
③ ㉢
④ ㉣
⑤ ㉤

06 다음은 문서작성능력 중 상황에 따른 문서 작성 방법에 대한 내용이다. ㉠, ㉡에 들어갈 것으로 적절한 것은?

> (㉠)인 경우, 관련 부서나 외부기관, 단체 등에 명령이나 지시를 내려야 하는 경우가 있으므로, 상황에 적합하고 명확한 내용을 작성할 수 있어야 한다. 단순한 요청이나 자발적인 협조를 구하는 차원의 사안이 아니므로 즉각적인 업무 추진이 실행될 수 있도록 해야 한다. 이 문서의 예시로는 (㉡)가 있다.

	㉠	㉡
①	명령이나 지시가 필요한 상황	업무 지시서
②	요청이나 확인을 부탁하는 상황	업무 지시서
③	요청이나 확인을 부탁하는 상황	기획서
④	정보 제공을 위한 상황	추천서
⑤	명령이나 지시가 필요한 상황	제안서

07 다음과 같은 문서를 작성할 때의 유의사항으로 적절하지 않은 것은?

> **△△회사 20주년 맞이 워크샵 기획안**
>
> 일시 : 202×.11.10.
> 작성자 : 최×× 대리
>
> 1. 워크샵 장소 및 기간
>   가. 워크샵 장소 : ○○콘도 지하 1층
>   나. 워크샵 기간 : 202×년 12월 15일~202×년 12월 16일(1박 2일)
> 2. 실시목적 및 기대효과
>   가. 목적 : 내년도 사업계획안 발표 겸 임직원 친목 도모
>   나. 기대효과
>   − 새로운 사업계획안 발표 및 전년 대비 사업 성과를 보고하여 임직원에게 보람을 갖게 함
>   − 임직원이 회사의 비전과 목표에 관해 일체감을 느낄 수 있도록 함
>   − 임직원 간 친목 도모를 통해 한 해 동안 각자 업무 분야에서 최선을 다한 노고를 치하함
>   − 상호 간 커뮤니케이션을 통해 문제점 혹은 갈등을 해소하는 기회를 만들며, 대화의 장을 마련함
> 3. 워크샵 상세 일정 : 별첨1, 2

① 목적을 달성할 수 있는 핵심 사항을 정확하게 기재했는지 확인해야 한다.
② 상대에게 어필하여 채택하게끔 설득력을 갖춰야 하므로, 상대가 요구하는 것이 무엇인지 고려하여 작성해야 한다.
③ 한눈에 내용을 파악할 수 있도록 체계적으로 목차를 구성해야 한다.
④ 자료를 인용하였다면 인용한 자료의 출처가 정확한지 확인해야 한다.
⑤ 내용에 대한 예상 질문을 사전에 추출해 보고, 그에 대한 답을 미리 준비해야 한다.

08 다음은 문서별 작성 시 유의사항을 설명한 글이다. (가)~(라)에 들어갈 내용으로 옳은 것은?

> (가) 작성 시 회사 외부로 전달되는 문서이므로 '누가, 언제, 어디서, 무엇을, 어떻게, 왜'의 육하원칙이 정확하게 드러나도록 작성하는 문서
>
> (나) 개인의 능력을 평가하는 기본요인이므로, 제출 전 반드시 최종검토를 진행해야 하는 문서
>
> (다) 작성 전 상대에게 어필하여 채택하게끔 설득력을 갖춰야 하므로, 상대가 요구하는 것이 무엇인지 고려하여 작성하는 문서
>
> (라) 내용 작성 시 문서 목적에 맞춰 정확한 내용 전달을 위해 간결하게 작성해야 하는 문서

	(가)	(나)	(다)	(라)
①	공문서	설명서	보고서	기획서
②	공문서	보고서	기획서	설명서
③	보고서	설명서	기안서	공문서
④	보고서	보고서	기획서	설명서
⑤	기획서	기안서	설명서	공문서

[09~10] 다음 문서를 바탕으로 이어지는 물음에 답하시오.

> **출장보고서**
>
> 1. 출장 개요
>   - 기간 : 4월 2일~4월 10일(8박 9일, 이동 소요 4일 포함)
>   - 출장지 : 미국 샌프란시스코 인근, 보스턴(케임브리지)
>   - 출장자 : 이○○ 연구원, 김×× 책임연구자
> 2. 출장 목적
>   - 통계 심리학 관련 연구 분석 및 수행을 위한 설문항목 공동작업
>   - 대표공동과제 통계심리학 연구 수행을 위한 설문, 관련 전문가 자문
>   - 분석 도구별 검사 결과에 대한 연구동향 청취 및 한국 맥락에 부합하는 연구설계 자문
>   - 스탠포드, MIT 학자들과의 교류 및 최신 연구 동향 청취
> 3. 주요 방문기관 및 내용
>   - Stanford University : 통계 심리 관련 연구 설문문항에 대해 공동작업
>   - Massachusetts Institute of Technology : 통계 심리 관련 연구내용 및 최신 연구동향 논의
> 4. 첨부 자료 : 출장비 내역서, 연구 동향 보고서

09 위와 같은 문서를 작성할 때의 유의사항으로 적절하지 않은 것은?

① 복잡한 내용이나 수치 등은 도표나 그림을 활용한다.

② 이해하기 어려운 전문용어의 사용을 지양하고 쉬운 말로 대체한다.

③ 업무상 상사에게 제출하는 문서이므로 궁금한 점을 질문 받을 것에 대비한다.

④ 동일한 내용이나 단어가 중복되지 않도록 간결하게 작성한다.

⑤ 읽는 사람이 읽기 용이하도록 표준화된 양식을 사용한다.

10 〈보기〉에서 위 문서를 통해 알 수 없는 것을 모두 고르면?

> **보기**
>
> ㉠ 출장지는 미국 샌프란시스코 인근이며 대학교 두 곳을 방문했다.
> ㉡ 8박 9일간 출장 후 복귀한 다음 날 보고서를 작성하였다.
> ㉢ 출장 목적은 통계 심리학 연구 관련 설문항목 공동작업이었다.
> ㉣ 공동작업한 설문 항목은 첨부 자료에서 확인할 수 있다.

① ㉠, ㉡   ② ㉠, ㉢
③ ㉠, ㉣   ④ ㉡, ㉢
⑤ ㉡, ㉣

11 다음 중 공문서 작성 시 유의사항으로 적절하지 않은 것은?

① 한 장에 담아내는 것이 원칙이다.
② 마지막엔 반드시 '끝'자로 마무리한다.
③ 복잡한 내용은 항목별로 구분한다.
④ 대외문서이며 장기간 보관되는 문서이므로 정확하게 기술한다.
⑤ 날짜 다음에 괄호를 사용할 경우에는 마침표를 찍는다.

12 정보 제공을 위한 문서작성방법으로 옳은 것은?

① 적절한 시각자료를 활용한다.
② 명령문으로 작성한다.
③ 정보 제공을 위해 최대한 세세하게 작성한다.
④ 동일한 문장을 반복하여 사용해서 강조한다.
⑤ 인용한 자료의 출처가 명확하지 않아도 사용한다.

13 인사팀 홍 대리는 다음과 같이 행사 보고서를 작성하였다. 이를 본 팀장의 지적 사항으로 적절하지 않은 것은?

- 일시 및 장소
  2024.12.4.(월)~12.5.(화), 연수원 회의실(103호)
- 주요 내용 및 목적
  조직 혁신 방안 및 자긍심 제고 방안 발표 및 토론
- 토론 내용
  - 신설된 부처라는 관점에서 새로운 업무방식에 대한 고민 필요
  - 가족 사랑의 날 준수, 연가보상비 공제제도 재검토, 불필요한 회의 감소 등
  - 상사들의 더 많은 관심 필요, 학습동아리 지원
  - 혁신을 성공케 하는 밑거름으로서 조직문화 개선, 출근하고 싶은 조직 만들기, 직원 사기 진작 방안 모색
  - 내부 인원 학습 역량 강화, 태블릿PC 제공 등
- 향후 일정
  - 소관 조직별 발전방안 보완(~12월 둘째 주)
  - 본부장님 주재 워크숍 개최(12.18.~12.19.)
- 참석 인원
  휴가 중인 박 대리 1명 외, 인사팀 전 직원 13명
- 발표 내용
  - 인사 혁신 방안
    - 역량과 성과중심, 예측 가능한 열린 인사
  - 조직 혁신 방안(일하는 방식 개선 및 조직구조 재설계)
  - 내부 소통 활성화 방안(학습동아리, 설문조사, '팀장님께 바란다' 등)
  - 활력 및 자긍심 제고 방안(비품 보완, 휴게실 개선 등)

---

① 별도의 세부 자료를 통해 시간대별 활동 내역을 표로 만들어 첨부하는 것이 바람직하다.
② '참석 인원'은 '일시 및 장소' 등과 함께 보고서의 맨 처음에 작성해야 하는 항목이다.
③ '토론 내용'을 먼저 기재하고, 바로 다음에 항목별로 해당하는 '발표 내용'을 기재한다.
④ '향후 일정'은 맨 마지막에 추가하는 것이 바람직하다.
⑤ '주요 내용 및 목적'은 '일시 및 장소', '참석 인원'의 다음에 기재한다.

14 귀하는 한자어를 잘 아는 직원으로 사내에 소문이 나 있다. 어느 날 기획부서에서 근무하는 동기가 찾아와 "공문서의 어려운 표현을 고쳤는데, 잘 고쳤는지 봐 달라."고 부탁한다. 다음 중 귀하가 재차 바로잡아 줘야 하는 표현은 무엇인가?

① 수정 전 : 양지하여 → 수정 후 : 고려하여
② 수정 전 : ~에 의거하여 → 수정 후 : ~에 따라
③ 수정 전 : 적의 조치 → 수정 후 : 적법한 조치
④ 수정 전 : ~의 일환으로 → 수정 후 : ~의 하나로
⑤ 수정 전 : 만전 당부 → 수정 후 : 협조 요청

15 다음 문서를 보고 지적한 수정 사항으로 적절하지 않은 것은?

4차 산업혁명과 에너지의 만남 대국민 아이디어 공모전

여러분들의 머릿속에 맴도는 4차 산업혁명에 대한 아이디어가 있으신가요? 4차 산업혁명 시대를 맞아 창의적 기술 혁신을 통해 가치를 보다 향상시킬 수 있는 '아이디어 공모전'을 개최합니다. 관심 있는 분들의 많은 참여를 부탁드립니다.

1. 공모전 개요
　가. 공모전명 : 4차 산업혁명과 에너지와의 만남 대국민 아이디어 공모전
　나. 공모 기간 : 2024. 2. 15(수)~3. 14(화), 1개월간
　다. 목적 : 4차 산업혁명의 기술혁신을 활용, 회사 발전에 적용 가능한 아이디어 발굴
　라. 혜택

구분	최우수상	우수상	장려상	비고
금액	200만 원	100만 원	20만 원	온누리상품권 지급

2. 접수 방법 및 제출 서류
　가. 접수 방법 : 이메일 접수
　나. 제출 서류
　　　1) 아이디어 요약서[3장 내외/첨부 양식 활용]
　　　　※당사 홈페이지(고객지원 → 공지사항)에서 다운로드
　　　2) 참가자 자기 소개서[1장 내외/자유양식]
　다. 문의처 : 당사 기술기획부
※ 첨부 : 아이디어 요약서(양식) 1부

---

① 이메일로 접수받기 위한 이메일 주소를 안내하지 않았다.
② '문의처'에 담당자와 연락 방법이 누락되었다.
③ 공모 안내문의 도입부에 공식 문서로서 가벼워 보일 만한 문장을 사용하였다.
④ 무엇을 공모하는 것인지 공모의 대상을 알 수 없다.
⑤ 최우수상, 우수상, 장려상이 각각 몇 명에게 수여되는지에 대해 공개하지 않았다.

의사표현능력

1. 의사표현능력

(1) 의사표현

의사소통의 중요한 수단으로서 특히 말하는 이의 의도 또는 목적을 가지고 그 목적을 달성하는 데 효과가 있다고 생각하는 말하기를 의미

(2) 의사표현의 중요성

말을 통해 우리의 이미지가 형상화되므로 이러한 말을 바꿈으로써 자기 자신의 이미지도 바꿀 수 있음

(3) 의사표현의 종류

공식적 말하기	연설	화자가 혼자 여러 사람을 대상으로 자기의 사상이나 감정에 관하여 일방적으로 말하기
	토의	여러 사람이 모여서 공통의 문제에 대하여 가장 좋은 해답을 얻기 위해 협의하는 말하기
	토론	어떤 논제에 관하여 찬성자와 반대자가 각자 논리적인 근거를 발표하고, 상대방의 논거가 부당하다는 것을 명백하게 하는 말하기
의례적 말하기		정치적 · 문화적 행사에서와 같이 의례 절차에 따른 말하기 ⑩ 식사, 주례, 회의 등
친교적 말하기		매우 친근한 사람들 사이의 가장 자연스러운 상태에서 떠오르는 대로 주고받는 말하기

(4) 의사표현의 방해요인과 제거 방법

① 연단공포증

㉠ 연단에 섰을 때 가슴이 두근거리고 입술이 타며 식은땀이 나는 생리적 현상

㉡ 소수인의 심리 상태가 아닌, 90% 이상의 사람들이 호소하는 불안

㉢ 완벽한 준비와 청자 분석, 충분한 심호흡 등을 통해 극복 가능

② 말

㉠ 간결하고 상황에 적절한 말을 사용하는 것이 중요

㉡ 장단, 고저, 발음, 속도, 쉼, 띄어 말하기 등이 말의 중요한 요인

㉢ 올바른 자세를 하고 온몸의 근육을 이완시킨 후 짧은 문장을 크게 읽는 연습이 필요

③ 음성
　　㉠ 메시지의 전달 수단이자 동시에 화자의 인상을 반영하는 것
　　㉡ 음정과 고저, 명료도, 쉼, 감정 이입, 완급, 색깔, 온도 등이 주요 요인
　　㉢ 숨을 깊게 들이마시고 입을 크게 벌리며 말하는 것이 음성을 좋게 만드는 데 도움이 됨

④ 몸짓
　　㉠ 대화에 있어 대표적인 비언어적 요소로 외모, 동작 등이 대표적
　　㉡ 지나치게 경직된 자세를 피하고 시선을 대화 내용과 일치시키면 자연스러운 몸짓에 도움이 됨

⑤ 유머
　　㉠ 청자가 지루한 감정을 느끼지 않도록 하는 장치
　　㉡ 흥미로운 이야기나 과장된 표현, 권위에 대한 도전, 예기치 못한 방향 전환 등
　　㉢ 평소 일상생활을 통해 유머 감각을 훈련하여야 자연스러운 유머 구사가 가능

(5) 논리적이고 설득력 있는 20가지 의사표현 지침

① 'Yes'를 유도하여 미리 설득 분위기를 조성하라.
② 대비 효과로 분발심을 불러일으켜라.
③ 침묵을 지키는 사람의 참여도를 높여라.
④ 여운을 남기는 말로 상대방의 감정을 누그러뜨려라.
⑤ 하던 말을 갑자기 멈춤으로써 상대방의 주의를 끌어라.
⑥ 호칭을 바꿔서 심리적 간격을 좁혀라.
⑦ 끄집어 말하여 자존심을 건드려라.
⑧ 정보전달 공식을 이용하여 설득하라.
⑨ 상대방의 불평이 가져올 결과를 강조하라.
⑩ 권위 있는 사람의 말이나 작품을 인용하라.
⑪ 약점을 보여주어 심리적 거리를 좁혀라.
⑫ 이상과 현실의 구체적 차이를 확인시켜라.
⑬ 자신의 잘못도 솔직하게 인정하라.
⑭ 집단의 요구를 거절하려면 개개인의 의견을 물어라.
⑮ 동조 심리를 이용하여 설득하라.
⑯ 지금까지의 노고를 치하한 뒤 새로운 요구를 하라.
⑰ 담당자가 대변자 역할을 하도록 하여 윗사람을 설득하게 하라.
⑱ 겉치레 양보로 기선을 제압하라.
⑲ 변명의 여지를 만들어 주고 설득하라.
⑳ 혼자 말하는 척하면서 상대의 잘못을 지적하라.

(6) 효과적인 의사표현 방법

① 화자는 자신이 전달하고 싶은 의도, 생각, 감정이 무엇인지 분명하게 인식해야 함
② 전달하고자 하는 내용을 적절한 메시지로 바꾸어야 함
③ 메시지를 전달하는 매체와 경로를 신중하게 선택해야 함
④ 청자가 자신의 메시지를 어떻게 받아들였는지 피드백을 받는 것이 중요함
⑤ 효과적인 의사표현을 위해서는 비언어적 방식을 활용하는 것이 좋음
⑥ 확실한 의사표현을 위해서는 반복적인 전달이 필요함

(7) 상황과 대상에 따른 의사표현 방법

상황	의사표현 방법
상대방의 잘못을 지적할 때	• 질책은 샌드위치 화법*을 사용하면 듣는 사람이 반발하지 않고 부드럽게 받아들일 수 있음 • 충고는 주로 예를 들거나 비유법을 사용하는 것이 효과적이며, 가급적 최후의 수단으로 은유적인 표현을 사용하는 것을 추천함
상대방을 칭찬할 때	• 칭찬은 상대방을 기분 좋게 만드는 의사표현 전략임 • 상대에게 정말 칭찬해 주고 싶은 중요한 내용을 칭찬하거나, 대화 서두에 분위기 전환 용도로 간단한 칭찬을 사용하는 것이 좋음
상대방에게 요구해야 할 때	• 부탁해야 하는 경우에는 상대방의 사정을 듣고 상대가 들어줄 수 있는 상황인지 확인하는 태도를 보여준 후, 응하기 쉽게 구체적으로 부탁해야 함. 물론 이때 거절을 당해도 싫은 내색을 해서는 안 됨 • 업무상 지시와 같은 명령을 해야 할 때는 '○○을 이렇게 해라!'라는 식의 강압적 표현보다는 '○○을 이렇게 해주는 것이 어떻겠습니까'와 같은 청유식 표현이 훨씬 효과적
상대방의 요구를 거절해야 할 때	• 먼저 요구를 거절하는 것에 대한 사과를 한 다음, 요구에 응해줄 수 없는 이유를 설명 • 요구를 들어주는 것이 불가능하다고 여겨질 때는 모호한 태도를 보이는 것보다 단호하게 거절하는 것이 좋음
상대방을 설득해야 할 때	설득은 상대방에게 나의 태도와 의견을 받아들이고 그의 태도와 의견을 바꾸도록 하는 과정으로 일방적인 강요는 금물

※ 샌드위치 화법 : '칭찬의 말', '질책의 말', '격려의 말'의 순서로, 질책을 가운데 두고 칭찬을 먼저 한 다음 마지막에 격려의 말을 하는 것

2. 경청능력

(1) 경청

① 다른 사람의 말을 주의 깊게 들으며 공감하는 능력
② 대화의 과정에서 신뢰를 쌓을 수 있는 최고의 방법
③ **경청의 종류**

적극적 경청	소극적 경청
• 상대방의 이야기에 집중하고 있음을 행동을 통해 표현하며 듣는 것을 의미함 예 들으며 손뼉을 치는 행위 • 상대방의 말 중 이해가 안 되는 부분을 질문하거나 자신이 이해한 내용을 확인하기도 하고, 때로는 상대의 발언 내용과 감정에 대해 공감할 수도 있음	• 상대방의 이야기에 특별한 반응을 표현하지 않고 수동적으로 듣는 것을 의미함 • 상대방이 하는 말을 중간에 자르거나 다른 화제로 돌리지 않고 상대의 이야기를 수동적으로 따라가는 것을 의미함

(2) 경청의 방법

① 혼자서 대화를 독점하지 않을 것
② 상대방의 말을 가로채지 않을 것
③ 이야기를 가로막지 않을 것
④ 의견이 다르더라도 일단 수용할 것
⑤ 말하는 순서를 지킬 것
⑥ 논쟁 시 먼저 상대방의 주장을 들을 것
⑦ 시선을 맞출 것
⑧ 귀로만 듣지 말고 오감을 동원해 적극적으로 들을 것

(3) 경청을 방해하는 10가지 요인

짐작하기	• 상대방의 말을 듣고 받아들이기보다 자신의 생각에 들어맞는 단서들을 찾아 확인하는 것 • 상대방이 하는 말의 내용은 무시하고 자신의 생각이 옳다는 것만 확인하려 함
대답할 말 준비하기	• 상대방의 말을 듣고 곧 자신이 다음에 할 말을 생각하는 데 집중해 상대방이 말하는 것을 잘 듣지 않는 것 • 결국, 자기 생각에 빠져서 상대방의 말에 제대로 반응할 수가 없게 됨
걸러내기	• 상대의 말을 듣기는 하지만 상대방의 메시지를 온전하게 받아들이는 것이 아니라 듣고 싶지 않은 메시지는 회피하는 것 • 상대방이 분노나 슬픔, 불안을 토로해도 상대방의 감정을 받아들이고 싶지 않을 때 상대방에게 아무 문제도 없다고 생각해버림
대화 중 다른 생각하기	대화 도중에 상대방에게 관심을 기울이는 것이 어려워지고 상대방이 말하는 동안에 자꾸 다른 생각을 하게 된다면, 이는 지금의 대화나 상황을 회피하고 있다는 위험한 신호
판단하기	상대방에 대한 부정적인 선입견 때문에, 또는 상대방을 비판하기 위해 상대방의 말을 듣지 않는 것
조언하기	• 어떤 사람들은 지나치게 다른 사람의 문제를 본인이 해결해 주고자 함 • 상대가 원하는 것이 조언일 때도 있지만, 상대가 원하는 것이 공감과 위로였을 경우에 조언은 오히려 독이 될 수 있음 • 이러한 대화가 매번 반복된다면 상대방은 무시당하고 이해받지 못한다고 느끼게 되어 마음의 문을 닫아버리게 됨
언쟁하기	• 언쟁은 단지 논쟁을 위해서 상대방의 말에 귀를 기울이는 것 • 언쟁은 상호 문제가 있는 관계에서 드러나는 전형적인 의사소통 패턴. 상대방이 무슨 주제를 꺼내든지 말을 무시하고 자신의 생각만을 늘어놓거나 지나치게 논쟁적인 사람은 상대방의 말을 경청할 수 없음

자존심 세우기	자존심이 강한 사람은 자신의 자존심에 상처를 입힐 수 있는 내용에 대해 거부감이 강하기 때문에 자신의 부족한 점과 관련된 상대방의 이야기를 듣지 않음
슬쩍 넘어가기	• 대화가 너무 사적이거나 위협적이면 주제를 바꾸거나 농담으로 넘기려 함 • 문제를 회피하려 하거나 상대방의 부정적 감정을 회피하기 위해서 유머를 사용하여 상대방의 진정한 고민을 놓치게 됨
비위 맞추기	• 상대방을 위로하기 위해서 혹은 비위를 맞추기 위해서 너무 빨리 동의하는 것 • 의도는 좋지만, 상대방이 걱정이나 불안을 말하자마자 "그래, 당신 말이 맞아", "미안해, 앞으로는 안 할게"라고 말하면 상대방에게 자신의 생각이나 감정을 충분히 표현할 시간을 주지 못하게 됨

PART 01
PART 02
PART 03
PART 04
PART 05
PART 06
PART 07
PART 08
PART 09

(4) 효과적인 경청 방법

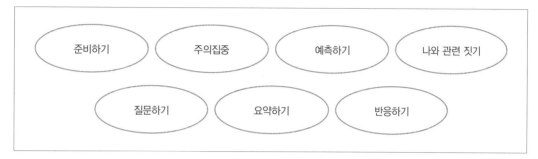

(5) 경청 훈련
① **주의 기울이기** : 상대의 표정, 몸의 움직임 자세까지 주의하여 관찰하고 말의 어조와 억양, 소리의 고저까지 귀 기울이는 것
② **인정 · 요청하기** : 상대의 경험이 무엇인지 인지하고 인정하는 것, 그리고 부드러운 지시나 진술, 질문의 형태로 더 많은 정보를 요청하는 것
③ **요약하기** : 상대방의 요점에 대해서 들은 것을 자신의 말로 반복하거나 그를 명료화하기 위한 질문을 해 보는 것
④ **개방적인 질문하기** : 단답형 답변을 이끌어내는 질문이 아니라 다양한 생각을 이끌어냄으로써 더 많은 정보를 얻을 수 있는 개방적인 질문을 하는 것
⑤ **'왜?'라는 질문 피하기** : '왜?'라는 표현은 보통 진술을 가장한 부정적 · 추궁적 · 강압적 표현이므로 가능한 사용하지 않도록 함

(6) 공감적 반응
① **공감** : 상대방의 마음을 깊게 이해하고 느끼는 것을 의미. 즉, 상대방이 하는 말을 상대방의 관점에서 이해하고 그의 감정을 느끼는 것
② **공감적 반응을 위한 노력**
  ㉠ 상대방의 이야기를 자신의 관점이 아닌 그의 관점에서 이해하려는 태도를 보여야 함
  ㉡ 공감을 위해서는 상대방의 말 속에 담겨 있는 감정과 생각에 민감하게 반응해야 함
  ㉢ 공감할 때는 대화를 통해 자신이 느낀 상대방의 감정을 전달해 주어야 함

3. 기초외국어능력

(1) 기초외국어능력

① 외국어로 된 간단한 자료 이해

② 외국인과의 전화 응대와 간단한 대화

③ 외국인의 의사표현을 이해하고 자신의 의사를 외국어로 표현할 수 있는 능력

(2) 기초외국어가 필요한 상황

① 외국인과의 의사소통 상황(전화 응대, 안내 등)

② 새로 들어온 기계의 작동 매뉴얼 확인

③ 외국으로 보낼 서류를 작성하거나 외국에서 온 서류를 이해한 후 업무를 추진해야 하는 상황

(3) 기초외국어 활용 시 필요한 능력

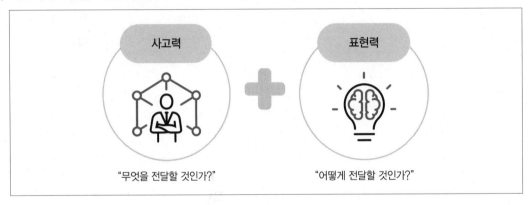

01 다음은 아래 기사를 읽은 ○○사 직원들의 대화이다. E가 발언할 내용으로 가장 적절한 것은?

[안전보건공단]

△△일보

드론은 무선파로 조종할 수 있는 무인항공기다. '드론'이라는 영어는 벌이 웅웅거리는 소리를 뜻하는데, 작은 항공기가 소리를 내며 비행하는 모습에서 이러한 명칭이 붙은 것이다. 초창기 드론은 공군의 미사일 폭격 연습 대상으로 쓰였는데 점차 정찰기와 공격기로 그 용도가 확장되었다. 군사용으로 만들어져 활용되고 있지만 최근에는 고공 촬영, 배달, 범인 추적 등 용도가 확대되고 있다. 카메라, 센서, 통신시스템 등을 탑재할 수 있음은 물론이고, 25g부터 1.2kg까지 무게와 부피도 다양해졌으며, 농약을 살포하거나 공기의 질을 측정하는 등 다방면에 활용되고 있다. 특히 추락이나 약품 중독 등 사고 발생 위험이 높았던 작업들을 대체하는 데 우선적으로 투입되어 긍정적 평가를 받고 있다.

A : 드론이 처음에는 군사용으로 제작되었지만, 현재 기업이나 미디어에서 활용되는 것은 물론 개인용 제품도 생산된다고 하네.

B : 하지만 드론의 사용처를 살펴보면 여전히 군사용 드론의 비중이 높은 것 같아.

C : 현재는 그렇지만 다양한 분야에 적용할 수 있으니까, 드론의 활용 가능성은 더 커질 거야. 대중화되면서 비용도 저렴해졌고.

D : 농약 살포나 다리 하부 점검, 화재 현장에서 발화지점을 체크하는 일에도 활용된다고 해.

E : (　　　　　　　　　　　　　　　　　)

---

① 맞아. 오락용 드론의 판매량이 높아지고 있다던데, 나도 마트 완구 코너에서 드론을 파는 걸 봤었어.

② 맞아. 사람이 수행하기엔 위험한 일들을 드론이 처리해줘서 사고 위험이 줄어든다는 건 참 다행스러워.

③ 맞아. 드론은 인공 비행물의 경우 그 기체를 조종하는 사람이 반드시 탑승해야 한다는 편견을 깨뜨려줬어.

④ 맞아. 드론의 대중화로 인해 비용이 꽤 낮아졌어. 그래서 아마존은 드론으로 배송할 경우 배송비가 무료이고 제작·운용비만 광고비로 충당한다고 해.

⑤ 맞아. 내 지인 중에도 드론 조종 능력을 인증하는 자격증을 취득한 사람이 있어.

정답 찾기

①~⑤ 모두 이전 발언에 동조하는 표현으로 시작된다. 따라서 D의 발언과 자연스럽게 이어지는지를 기준 삼아 E의 발언으로 적절한 내용을 선택해야 한다.

D는 살포 중 살포하는 사람이 농약에 오염될 위험이 있는 농약 살포 작업, 점검하는 사람의 추락 가능성이 있는 다리 하부 점검 작업, 화상 및 유해가스 흡입 위험이 있는 화재 현장의 발화지점 체크 작업 등을 언급하고 있다. 따라서 드론이 이러한 작업을 대체할 경우 사고 위험이 감소한다는 내용으로 D의 발언을 보완하는 의사 표현이 적절하다.

정답 | ②

02 ○○사에서는 기능성 화장품 시리즈로 트러블케어 토너를 론칭하였다. 하지만 판매 실적이 만족스럽지 않아 홍보 방향을 수정하기로 하고 현장 인터뷰 이벤트를 진행하였다. 이벤트에 참여한 고객들의 의견이 다음과 같을 때 응대한 직원 A~E 중 경청능력이 가장 부족한 직원은?

[인천항만공사]

의견 1 : 트러블케어 기능이 중요하지만 그렇다고 향이 거북한 건 곤란해요. 일반 토너에 비해 트러블케어 제품은 향이 독해서 사용하기가 꺼려져요.

A   : 세안 후 토너를 바를 때 향이 좋지 않으면 너무 불쾌하죠. 트러블케어 제품들을 보면 기능성에 치중하느라 향을 신경쓰지 못하는 것 같아요. 하지만 저희 제품은 머스크 향을 함유하고 있는데 한 번 시향해보시겠어요?

의견 2 : 요즘 화장품들은 대부분 유리병에 들어 있는데, 저는 트러블케어 제품은 세안 직후에 바르거든요. 욕실에서 유리병을 깨뜨려서 다칠 뻔한 적이 있었어요. 깨지지 않는 케이스로 제작해줬으면 좋겠어요.

B   : 위험한 상황이었네요. 다치지 않으셨다니 다행입니다. 화장품 용기를 유리로 제작하면 고급스러워 보이긴 하지만 무겁고, 단가도 높아지는 데다 고객님의 경우처럼 사고 위험도 있죠. 그래서 저희는 포장 용기보다 토너 자체의 품질을 위해 많이 투자하고 있습니다.

의견 3 : 트러블케어 화장품들을 보면 기초케어 이후에는 색조 메이크업을 한다는 걸 고려하지 않는 것 같아요. 트러블케어 화장품을 바르고 나서 색조 메이크업을 하면 대체로 들떠서 난감하더라고요.

C   : 색조 메이크업은 발색력이 중요한데 어떤 메이크업 제품을 쓰고 계시나요? 아이섀도나 립 제품의 경우 피부톤과 잘 매치될 때 가장 자연스러워 보이는데 고객님은 피부가 건강하고 하얗기 때문에 이런 색상들이 잘 어울릴 것 같아요.

의견 4 : ○○사 제품들을 좋아하긴 하는데 오프라인 매장이 많지 않아서 구입하기가 어려웠어요. 저는 화장품을 살 때 반드시 테스트를 먼저 해보거든요. 그런데 ○○사 제품은 테스트가 가능한 오프라인 매장이 너무 멀어요.

D   : 화장품은 구입 전 테스트가 필수적이라는 데 동의합니다. 내 피부와 맞지 않는다면 아무리 유명하고 비싼 제품이라 해도 쓸모가 없죠. 고객님의 불편을 충분히 이해하기 때문에 오프라인 매장을 확대하는 데 총력을 다하고 있습니다. 실제로 지난 한 달 동안 전국 약 10개 지역에 신규 매장이 생겼습니다.

의견 5 : 트러블케어 화장품들이 주로 알코올 성분을 함유하고 있다고 들었는데, 그래서인지 그런 화장품을 쓰면 바른 부위가 따가워요.

E   : 직접적인 통증이 느껴지면 그 제품을 사용하기 망설여지죠. 저도 알코올 성분 때문에 트러블케어 제품을 꾸준히 사용할 수 없었던 적이 있어요. 그래서 이번에 제품을 개발할 때는 피부 자극을 일으킬 수 있는 성분을 배제하면서도 효과는 떨어지지 않도록 신경썼습니다.

---

① A

② B

③ C

④ D

⑤ E

정답 찾기

고객은 기초제품 사용 후 색조 메이크업이 들뜨는 불편에 대해 설명하지만, C직원은 고객의 피부색과 어울리는 색상의 메이크업 제품을 추천하는 방향으로 응대하고 있다. 이는 고객의 의견을 경청하지 못한 결과로 볼 수 있다.

정답 | ③

03 외국인과의 의사소통에서 비언어적인 의사소통에 대한 설명으로 옳지 않은 것은?

① 눈을 마주 쳐다보는 것은 흥미와 관심이 있음을 나타낸다.
② 어조가 높으면 만족과 안심을 나타낸다.
③ 말씨가 매우 빠르거나 짧게 얘기하면 공포나 노여움을 나타내는 것이다.
④ 자주 말을 중지하면 결정적인 의견이 없음을 의미하거나 긴장 또는 저항을 의미한다.
⑤ 대화하기 전 상대방의 이름을 불러도 되는지 물어본다.

정답 찾기

눈을 마주 쳐다보는 것은 흥미와 관심이 있음을 나타내며, 말씨가 매우 빠르거나 짧게 얘기하면 공포나 노여움을 나타낼 수 있으므로 주의해야 한다. 자주 말을 중지하면 결정적인 의견이 없음을 의미하거나 긴장 또는 저항을 의미한다.

오답 분석

보통 의사소통에서 어조가 높다는 것은 만족과 안심의 상태가 아니라 흥분과 적대감을 나타내는 것이므로 주의해야 한다.

정답 | ②

04 상황과 대상에 따른 의사표현법의 설명으로 옳지 않은 것은?

① 상대방에게 부탁해야 할 때는 기간, 비용, 순서 등을 명확하게 제시해야 한다.
② 상대방의 잘못을 지적할 때는 확실하게 말하기보다는 돌려서 말해 준다.
③ 상대방의 요구를 거절해야 할 때는 정색을 하면서 '안 된다'고 말하기보다는 먼저 사과를 한 후에, 이유를 설명한다.
④ 설득해야 할 때는 자신이 변해야 상대방도 변한다는 사실부터 받아들여야 한다.
⑤ 상대방에게 칭찬할 때 상대방을 기분 좋게 만드는 의사표현 전략으로, 대화 서두에 분위기 전환 용도로 간단하게 칭찬하는 것이 좋다.

정답 찾기

상대방의 잘못을 지적할 때는 상대방이 알 수 있도록 확실하게 지적한다. 모호한 표현은 설득력을 약화시킨다. 상대방의 잘못을 지적할 때는 지금 당장 꾸짖고 있는 내용에만 한정해야지 여러 가지를 함께 꾸짖으면 효과가 없다.

정답 | ②

PART 01
PART 02
PART 03
PART 04
PART 05
PART 06
PART 07
PART 08
PART 09

05 경청에 대한 설명으로 옳지 않은 것은?

① 경청이란 다른 사람의 말을 주의 깊게 들으며, 공감하는 능력이다.

② 우리가 경청하면 상대는 본능적으로 안도감을 느끼고, 경청하는 우리에게 무의식적인 믿음을 갖게 된다.

③ 상대방의 말을 듣고 끄덕이거나 작게 반응하는 것은 소극적 경청에 해당한다.

④ 경청을 하면 상대방은 매우 편안해져서, 말과 메시지, 감정을 매우 효과적으로 전달하게 된다.

⑤ 상대방의 말을 귀로만 듣지 말고 오감을 동원해 적극적으로 들어주는 것이 좋다.

정답 찾기

고개를 끄덕이거나 작게 반응하는 것은 상대방의 이야기에 집중하고 있음을 행동을 통해 표현하는 것이다. 이는 적극적 경청에 해당한다.

정답 | ③

01 다음 대화에서 파악할 수 있는 경청 방해 요인은?

> A : 사실 오늘 아침에 동생이랑 싸웠어.
> B : 언니라면 동생한테 져줄 줄도 알아야지. 안 그래?
> A : 아니야. 오늘은 동생이 먼저…
> B : 동생은 늘 너한테 져주는 편이잖아. 혹시 네 태도가 잘못이었던 건 아닐까?

① 조언하기   ② 비위 맞추기
③ 언쟁하기   ④ 자존심 세우기
⑤ 대답할 말 준비하기

02 다음 중 효과적인 경청 방법이 아닌 것은?

① 상대방의 이야기에 주의를 집중한다.
② 나와 관련지어 생각해 본다.
③ 상대방의 대화에 적절히 반응한다.
④ 상대방의 말을 적당히 걸러내며 듣는다.
⑤ 상대방의 말을 요약하며 자신이 들은 것이 맞는지 확인하며 듣는다.

03 의사표현에 대한 설명으로 옳지 않은 것은?

① 의사표현이란 한마디로 말하기이다.
② 의사표현에는 음성으로 표현하는 것과 신체로 표현하는 것이 있다.
③ 의사표현은 현대사회에서 자신을 표현하는 첫 번째 수단으로 매우 중요한 능력이다.
④ 의사표현의 종류에는 공식적인 말하기와 의례적인 말하기가 있고, 친구들끼리의 사적인 대화는 포함되지 않는다.
⑤ 의사표현을 통해 우리의 이미지가 형상화되므로 이러한 말을 바꿈으로써 자기 자신의 이미지도 바꿀 수 있다.

PART 01
PART 02
PART 03
PART 04
PART 05
PART 06
PART 07
PART 08
PART 09

04 다음은 아래 글을 읽고 토론한 내용이다. 갑~무의 발언 중 적절하지 않은 것은?

경상수지란 다른 나라와의 상품·서비스거래와 해외 투자 대가로 벌어들이는 배당금·이자 등의 소득 거래 및 이전거래의 수지차를 의미한다. 이를 통해 소득, 고용, 통화량 등과 우리나라 경제의 상관관계를 파악할 수 있다.

경상수지는 크게 상품수지, 서비스수지, 소득수지, 경상이전수지 4개 항목으로 구분된다. 상품수지와 서비스수지는 각각 상품·서비스 수출과 수입의 차이를 말한다. 소득수지는 비거주자 노동자에게 지급되는 급료, 대외금융과 관련된 투자소득이 포함되고, 경상이전수지는 개인 송금, 국제기구 출연금, 무상원조 등이 포함된다. 상품이나 서비스를 외국에 수출하면 그만큼 수요가 증가하므로 생산 확대를 일으켜 일자리와 소득 증대가 발생한다. 따라서 상품 및 서비스수지가 우리 경제에 미치는 영향이 가장 크다.

경상수지가 흑자일 경우 외국에 판매한 재화와 서비스가 구매한 것보다 많으므로 소득과 일자리가 증가한다. 또한 외화를 벌어들인 만큼 외채 감소 효과를 얻을 수 있고, 물가상승 압력이 있을 때도 무리 없이 수입을 늘릴 수 있어 더 쉽게 물가를 안정시킬 수 있다. 경상수지 적자 상황이 되면 소득이 줄어들고 실업이 늘어나며, 외채 증가로 원금상환과 이자부담이 증가한다. 다만 경상수지 흑자는 국내통화량을 증가시켜 통화관리에 어려움을 발생시킬 수 있고, 대외 수출품에 대한 수입규제를 유발하는 원인으로도 작용할 수 있다.

갑 : 경상수지는 결국 대외거래에서 발생하는 금액 차를 말하는 거구나.
을 : 맞아, 쉽게 말해서 우리나라가 외국에서 벌어들인 돈과 외국에 지급한 돈의 차이를 나타내는 거지.
병 : 응, 그중에서도 실제 경제활동과 밀접한 상품수지와 서비스수지의 중요도가 높네.
정 : 경상수지가 흑자를 보이면 소득과 일자리가 증가하는 효과를 거둘 수 있구나.
무 : 그렇지, 경상수지 흑자는 경제정책에도 유리하게 활용할 수 있으므로 긍정적인 면만을 가지고 있어

① 갑
② 을
③ 병
④ 정
⑤ 무

05 다음 중 경청 훈련에 관한 내용으로 적절하지 않은 것은?

① 상대방의 얼굴과 몸의 움직임뿐만 아니라 호흡하는 자세까지도 주의하여 관찰하기
② 상대방의 경험을 인정하고 더 많은 정보 요청하기
③ 상대방에게 더 많은 정보 요청하기
④ 서로에 대한 이해도를 높이기 위해 단답형의 대답으로 반응하기
⑤ '왜?'라는 질문은 피하도록 하기

06 다음에서 파악할 수 있는 경청의 방해요인으로 옳은 것은?

> 상대방의 말을 듣고 곧 자신이 다음에 할 말을 생각하는 데 집중해 상대방이 말하는 것을 잘 듣지 않는 것이다. 이런 행동은 결국 자기 생각에 빠져서 상대방의 말에 제대로 반응할 수가 없게 된다. 상대방의 말을 듣지 않아 뒤늦게 반응하거나, 생각에 빠져 흐름과 전혀 다른 대답을 할 수도 있다.

① 대화 중 다른 생각하기   ② 짐작하기
③ 대답할 말 준비하기   ④ 판단하기
⑤ 자존심 세우기

07 기초외국어능력에 관한 내용으로 옳지 않은 것은?

① 전화, 메일 등 의사소통을 위해 외국어를 사용하는 경우 필요한 능력이다.
② 매뉴얼, 서류 등 외국어 문서를 이해해야 하는 경우 필요하다.
③ 외국어로 된 간단한 자료를 이해할 수 있는 능력이다.
④ 외국인의 의사표현을 이해하고 자신의 의사를 외국어로 표현할 수 있는 능력을 의미한다.
⑤ 외국인과 업무제휴가 잦은 특정 직군의 사람에게만 필요한 능력이다.

08 다음 대화를 읽고 B가 A에게 조언한 내용으로 옳은 것은?

> A : I really appreciate you taking the time to listen to my presentation practice. What did you think of it?
> B : Well, I thought your presentation was great. It seems like you really prepared well. But I think you should change something.
> A : Oh, what's the problem? The topic is boring, isn't it?
> B : No, not at all. It was very interesting. It's just that when you talk, you start speaking too softly and sometimes you don't stress enough the important parts. If you control that point, you would make a great speech.

① 발표의 주제를 바꾸기   ② 통계적인 자료를 추가하기
③ 중요 부분을 강조하기   ④ 발표 시간을 줄이기
⑤ 결론을 요약하기

PART 01
PART 02
PART 03
PART 04
PART 05
PART 06
PART 07
PART 08
PART 09

09 효과적인 의사표현을 위해 고려해야 할 사항으로 옳지 않은 것은?

① 말
② 몸짓
③ 음성
④ 현란한 언어구사력
⑤ 적절한 유머

10 ○○ 국제박람회에 참석한 외국인과 대화를 나누는 A~E 중 행동이 바람직한 사람은?

① A : 대화에 집중하지 않고 다리를 흔들거나 펜을 돌린다.
② B : 상대방의 눈을 쳐다보지 않고 자료만 본다.
③ C : 상대방과 눈을 맞추며 흥미와 관심이 있음을 나타낸다.
④ D : 상대방의 말을 끊지 않기 위해 맞장구를 치지 않는다.
⑤ E : 오래 대화를 나누기 위해 편안한 자세로 의자에 기대어 앉는다.

PART 01
PART 02
PART 03
PART 04
PART 05
PART 06
PART 07
PART 08
PART 09

응용이론

SECTION 01 | **핵심이론**

1. 동의어&유의어

- 가평(苛評)－혹평(酷評) : 가혹하게 비평함, 또는 그러한 비평
- 각축(角逐)－추축(追逐) : 서로 이기려고 다투며 덤벼듦
- 간헐(間歇)－산발(散發) : 얼마 동안의 시간 간격을 두고 되풀이하여 일어남
- 갈음－교체(交替) : 사람이나 사물을 다른 것으로 바꾸어 대신함
- 견지(堅持)－견집(堅執) : 의견을 바꾸거나 고치지 않고 버팀
- 고초(苦楚)－고난(苦難) : 괴로움과 어려움을 아울러 이르는 말
- 구휼(救恤)－구호(救護) : 재난을 당해 어려움에 처한 사람을 도와 보호함
- 궁벽함－으슥함 : 매우 후미지고 으슥함
- 근원(根源)－기원(起源) : 사물이 처음 생겨나는 근본이나 원인
- 기치(棄置)－방치(放置) : 내버려 둠
- 나태(懶怠)－태만(怠慢) : 행동이나 성격이 열심히 하려는 마음 없이 게으름
- 단송(斷送)－허송(虛送) : 하는 일 없이 시간을 헛되이 보냄
- 당착(撞着)－모순(矛盾) : 말이나 행동 따위의 앞뒤가 맞지 않음
- 독전(獨專)－전단(專斷) : 남과 상의하지 않고 혼자서 판단·결정함
- 면구함－민망함 : 낯을 들고 대하기가 부끄러움
- 묘계(妙計)－묘책(妙策) : 매우 교묘한 꾀
- 박멸(撲滅)－섬멸(殲滅) : 모조리 잡아 없앰
- 방관(傍觀)－좌시(坐視) : 직접 나서 관여하지 않고 곁에서 보기만 함
- 번성(蕃盛)－번연(蕃衍) : 한창 성하게 일어나 퍼짐
- 비호(庇護)－두둔(斗頓) : 편들어 감싸 주고 보호함

2. 반의어

- 가결(可決)－부결(否決)
- 각하(却下)－승인(承認)
- 결핍(缺乏)－초과(超過)
- 고결(高潔)－비루(鄙陋)
- 가중(加重)－경감(輕減)
- 거시(巨視)－미시(微視)
- 경망(輕妄)－침착(沈着)
- 공유(公有)－사유(私有)

- 급진(急進) – 점진(漸進)
- 내림(來臨) – 왕방(往訪)
- 능숙(能熟) – 미숙(未熟)
- 단결(團結) – 분열(分裂)
- 달변(達辯) – 눌변(訥辯)
- 독점(獨占) – 공유(共有)
- 등장(登場) – 잠적(潛跡)
- 만조(滿潮) – 간조(干潮)
- 밀집(密集) – 산개(散開)

- 낙관(樂觀) – 염세(厭世)
- 농색(濃色) – 담색(淡色)
- 능모(凌侮) – 추앙(推仰)
- 단축(短縮) – 연장(延長)
- 대별(大別) – 세분(細分)
- 돈후(敦厚) – 각박(刻薄)
- 등용(登用) – 해임(解任)
- 매도(賣渡) – 매수(買收)
- 미천(微賤) – 존귀(尊貴)

3. 사자성어

(1) 주제별 사자성어

① 성품

- 공명정대(公明正大) : 마음이 공평하고 사심이 없으며 밝고 큼
- 동분서주(東奔西走) : 사방으로 이리저리 바삐 돌아다님
- 마부위침(磨斧爲針) : '도끼를 갈아 바늘을 만든다'는 뜻으로, 아무리 이루기 힘든 일도 끊임없는 노력과 끈기 있는 인내로 성공하고 만다는 뜻
- 만고불역(萬古不易) : 오랜 세월을 두고 바뀌지 않음
- 멸사봉공(滅私奉公) : 사(私)를 버리고 공(公)을 위하여 힘써 일함
- 명심불망(銘心不忘) : 마음에 새기어 오래오래 잊지 아니함
- 분골쇄신(粉骨碎身) : '뼈가 가루가 되고 몸이 부서진다'는 뜻으로, 있는 힘을 다해 노력함. 또는 남을 위하여 수고를 아끼지 않음
- 불요불굴(不撓不屈) : '휘지도 않고 굽히지도 않는다'는 뜻으로, 어떤 난관도 꿋꿋이 견디어 나감을 이르는 말

② 관계

- 각골통한(刻骨痛恨) : 뼈에 사무치도록 마음속 깊이 맺힌 원한
- 견리망의(見利忘義) : 눈앞의 이익을 보면 탐내어 의리를 저버림
- 군신유의(君臣有義) : 임금과 신하 사이에 의리가 있어야 함
- 권토중래(捲土重來) : '흙먼지를 날리며 다시 온다'는 뜻으로, 한 번의 실패에 굴하지 않고 몇 번이고 다시 일어남
- 난형난제(難兄難弟) : '누구를 형이고 아우라 하기 어렵다'는 뜻으로, 사물의 우열이 없다는 말, 즉 비슷하다는 말
- 동고동락(同苦同樂) : '괴로움과 즐거움을 함께한다'는 뜻으로, 같이 고생하고 같이 즐김
- 망은배의(忘恩背義) : 은혜를 잊고 의리를 배반함
- 배은망덕(背恩忘德) : 남에게 입은 은덕을 잊고 배반함

③ **언행**
- 각주구검(刻舟求劍) : '칼을 강물에 떨어뜨리자 뱃전에 그 자리를 표시했다가 나중에 그 칼을 찾으려 한다'는 뜻으로, 판단력이 둔하여 융통성이 없고 어리석다는 뜻
- 교각살우(矯角殺牛) : '쇠뿔 바로잡으려다 소를 죽인다'는 뜻으로, 결점이나 흠을 고치려다 수단이 지나쳐 도리어 일을 그르침
- 과유불급(過猶不及) : 모든 사물이 정도를 지나치면 미치지 못한 것과 같다는 뜻으로, 중용이 중요함을 가리키는 말
- 다기망양(多岐亡羊) : '달아난 양을 찾다가 여러 갈래 길에 이르러 길을 잃었다'는 뜻으로, 방침이 많아, 할 바를 모르게 됨
- 만시지탄(晚時之歎) : '때늦은 한탄'이라는 뜻으로, 시기가 늦어 기회를 놓친 것이 원통해 탄식함
- 망자계치(亡子計齒) : '죽은 자식 나이 세기'라는 뜻으로, 이미 지나간 쓸데없는 일을 생각하며 애석하게 여김
- 사가망처(徙家忘妻) : '이사하면서 아내를 잊어버린다'는 뜻으로, 건망증이 심한 사람이나 의리를 분별하지 못하는 어리석은 사람을 비유해 이르는 말

④ **은혜**
- 각골난망(刻骨難忘) : 입은 은혜에 대한 고마운 마음이 뼈에까지 사무쳐 잊히지 아니함
- 결초보은(結草報恩) : '풀을 묶어서 은혜를 갚는다'는 뜻으로, 죽어 혼이 되더라도 입은 은혜를 잊지 않고 갚음
- 반포지효(反哺之孝) : '까마귀 새끼가 자란 뒤에 늙은 어미에게 먹이를 물어다 주는 효성'이라는 뜻으로, 자식이 자라서 부모를 봉양함
- 생사골육(生死骨肉) : '죽은 자를 살려 백골에 살을 붙인다'는 뜻으로, 큰 은혜를 베풂을 이르는 말

⑤ **횡포**
- 지록위마(指鹿爲馬) : '사슴을 가리켜 말이라고 한다'라는 뜻으로, 사실이 아닌 것을 사실로 만들어 강압으로 인정하게 함
- 호가호위(狐假虎威) : '여우가 호랑이의 위세를 빌려 호기를 부린다'는 뜻으로, 남의 세를 빌어 위세를 부림
- 가렴주구(苛斂誅求) : 가혹하게 세금을 거두거나 백성의 재물을 억지로 빼앗음

⑥ **교훈**
- 살신성인(殺身成仁) : '자신의 몸을 죽여 인을 이룬다'는 뜻으로, 자신을 희생하여 옳은 도리를 행함
- 읍참마속(泣斬馬謖) : '눈물을 머금고 마속의 목을 벤다'는 뜻으로, 사랑하는 신하를 법대로 처단하여 질서를 바로잡음을 이르는 말
- 일벌백계(一罰百戒) : 한 사람을 벌줌으로써 여러 사람의 경각심을 불러 일으킴

⑦ 위기
- 건곤일척(乾坤一擲) : '하늘이냐 땅이냐를 한 번 던져서 결정한다'는 뜻으로, 운명과 흥망을 걸고 단판으로 승부나 성패를 겨룸
- 명재경각(命在頃刻) : '목숨이 경각에 달렸다'는 뜻으로, 숨이 곧 끊어질 지경에 이름. 거의 죽게 됨
- 배수지진(背水之陣) : '물을 등지고 진을 친다'는 뜻으로, 물러설 곳이 없어 목숨을 걸고 싸울 수밖에 없는 지경을 이르는 말

⑧ 가난
- 가도벽립(家徒壁立) : '빈한한 집안이라서 아무것도 없고 네 벽만 서 있다'는 뜻으로, 살림이 심히 구차함을 이르는 말
- 단사표음(簞食瓢飮) : '대그릇의 밥과 표주박의 물'이라는 뜻으로, 좋지 못한 적은 음식
- 삼순구식(三旬九食) : '삼순, 곧 한 달에 아홉 번 밥을 먹는다'는 뜻으로, 집안이 가난하여 먹을 것이 없어 굶주린다는 말
- 삼간초가(三間草家) : '세 칸짜리 초가'라는 뜻으로, 아주 보잘것없는 초가를 이르는 말
- 폐포파립(敝袍破笠) : '해진 옷과 부러진 갓'이란 뜻으로, 너절하고 구차한 차림새를 말함

(2) 속담과 관련된 사자성어
- 갈이천정(渴而穿井) : 목마른 놈이 우물 판다.
- 감탄고토(甘呑苦吐) : 달면 삼키고 쓰면 뱉는다.
- 견문발검(見蚊拔劍) : 닭 잡는 데 소 잡는 칼 쓴다.
- 경전하사(鯨戰蝦死) : 고래 싸움에 새우 등 터진다.
- 고장난명(孤掌難鳴) : 두 손뼉이 맞아야 소리가 난다.
- 고진감래(苦盡甘來) : 고생 끝에 낙이 온다.
- 근묵자흑(近墨者黑) : 먹을 가까이하면 검어진다.
- 낭중지추(囊中之錐) : 주머니 속의 송곳
- 당구풍월(堂狗風月) : 서당 개 삼 년에 풍월을 읊는다.
- 당랑거철(螳螂拒轍) : 하룻강아지 범 무서운 줄 모른다.
- 동가홍상(同價紅裳) : 같은 값이면 다홍치마
- 동족방뇨(凍足放尿) : 언 발에 오줌 누기
- 등하불명(燈下不明) : 등잔 밑이 어둡다.
- 망우보뢰(亡牛補牢) : 소 잃고 외양간 고친다.
- 목불식정(目不識丁) : 낫 놓고 기역 자도 모른다.
- 묘두현령(猫頭縣鈴) : 고양이 목에 방울 달기
- 설상가상(雪上加霜) : 눈 위에 서리 친다.
- 소중유검(笑中有劍) : 웃음 속에 칼이 들어 있다.

4. 신체 관련 관용어 표현

(1) 가슴

- 가슴에 새기다 : 잊지 않게 단단히 마음에 기억하다.
- 가슴에 손을 얹다 : 양심에 근거를 두다.
- 가슴을 열다 : 속마음을 털어놓거나 받아들이다.
- 가슴을 헤쳐 놓다 : 마음속의 생각이나 말을 거리낌 없이 그대로 다 털어놓다.
- 가슴을 앓다 : 안달하여 마음의 고통을 느끼다.
- 가슴을 저미다 : 생각이나 느낌이 매우 심각하고 간절해 가슴을 칼로 베는 듯한 아픔을 느끼게 하다.
- 가슴을 치다 : 마음에 큰 충격을 받다.

(2) 간

- 간도 쓸개도 없다 : 용기나 줏대 없이 남에게 굽히다.
- 간에 기별도 안 가다 : 먹은 것이 너무 적어 먹으나 마나 하다.
- 간에 바람 들다 : 하는 행동이 실없다.
- 간을 꺼내 주다 : 비위를 맞추기 위해 중요한 것을 아낌없이 주다.
- 간을 빼 먹다 : 겉으로는 비위를 맞추며 좋게 대하는 척하면서 요긴한 것을 다 빼앗다.
- 간을 졸이다 : 매우 걱정되고 불안하여 마음을 놓지 못하다.
- 간이 크다 : 겁이 없고 매우 대담하다.

(3) 귀

- 귀가 따갑다 : 너무 여러 번 들어서 듣기가 싫다.
- 귀가 번쩍 뜨이다 : 들리는 말에 선뜻 마음이 끌리다.
- 귀가 얇다 : 남의 말을 쉽게 받아들인다.
- 귀를 세우다 : 듣기 위해 신경을 곤두세우다.
- 귀에 들어가다 : 누구에게 알려지다.
- 귀에 못이 박히다 : 같은 말을 여러 번 듣다.
- 귀에 익다 : 들은 기억이 있다.

(4) 눈

- 눈 밖에 나다 : 신임을 잃고 미움을 받게 되다.
- 눈도 깜짝 안 하다 : 조금도 놀라지 않고 태연하다.
- 눈에 띄다 : 두드러지게 드러나다.
- 눈에 밟히다 : 잊히지 않고 자꾸 눈에 떠오르다.
- 눈에 보이는 것이 없다 : 사리 분별을 못하다.
- 눈에 불을 켜다 : 화가 나서 눈을 부릅뜨다.
- 눈에 차다 : 흡족하게 마음에 들다.
- 눈에 어리다 : 어떤 모습이 잊히지 않고 뚜렷하게 떠오르다.
- 눈을 뒤집다 : (주로 좋지 않은 일에) 열중하여 제정신을 잃다.
- 눈을 똑바로 뜨다 : 정신을 차리고 주의를 기울이다.

PART 01
PART 02
PART 03
PART 04
PART 05
PART 06
PART 07
PART 08
PART 09

(5) 머리

- 머리 위에 앉다 : 상대방의 생각이나 행동을 꿰뚫다.
- 머리가 굳다 : 기억력 따위가 무뎌지다.
- 머리가 세다 : 복잡하거나 안타까운 일에 너무 골몰하거나 걱정하다.
- 머리가 크다 : 어른처럼 생각하거나 판단하게 되다.
- 머리를 굴리다 : 머리를 써서 해결방안을 생각해 내다.
- 머리를 굽히다 : 굴복하거나 저자세를 보이다.
- 머리를 들다 : 눌려 있거나 숨겨 온 생각·세력 따위가 겉으로 나타나다.
- 머리를 맞대다 : 어떤 일을 의논하거나 결정하기 위하여 서로 마주 대하다.

(6) 발

- 발에 채다 : 여기저기 흔하게 널려 있다.
- 발을 구르다 : 매우 안타까워하거나 다급해하다.
- 발을 끊다 : 오가지 않거나 관계를 끊다.
- 발을 디딜 틈이 없다 : 복작거려 혼잡하다.
- 발을 빼다 : 어떤 일에서 관계를 완전히 끊고 물러나다.
- 발을 뻗다 : 걱정되거나 애쓰던 일이 끝나 마음을 놓다.
- 발이 넓다 : 사귀어 아는 사람이 많아 활동하는 범위가 넓다.

(7) 배

- 배가 아프다 : 남이 잘되어 심술이 나다.
- 배를 내밀다 : 남의 요구에 응하지 않고 버티다.
- 배를 불리다 : 재물이나 이득을 많이 차지하여 사리사욕을 채우다.
- 배를 앓다 : 남 잘되는 것에 심술이 나서 속을 태우다.

(8) 손

- 손을 거치다 : 어떤 사람의 노력으로 손질되다.
- 손을 걸다 : 서로 약속하다.
- 손을 끊다 : 교제나 거래 따위를 중단하다.
- 손을 나누다 : 일을 여럿이 나누어 하다.
- 손을 놓다 : 하던 일을 그만두거나 잠시 멈추다.
- 손을 늦추다 : 긴장을 풀고 일을 더디게 하다.
- 손을 떼다 : 하던 일을 끝마치고 다시 손대지 않다.
- 손을 맞잡다 : 서로 뜻을 같이하여 긴밀하게 협력하다.
- 손을 멈추다 : 하던 동작을 잠깐 그만두다.
- 손을 벌리다 : 무엇을 달라고 요구하거나 구걸하다.
- 손을 씻다 : 부정적인 일이나 찜찜한 일에 대하여 관계를 청산하다.

(9) 얼굴

- 얼굴을 고치다 : 사람을 대할 때 마음가짐이나 태도를 바꾸다.
- 얼굴을 내밀다 : 모임 따위에 모습을 나타내다.
- 얼굴을 보다 : 체면을 고려하다.
- 얼굴이 넓다 : 사귀어 아는 사람이 많다.
- 얼굴이 두껍다 : 부끄러움을 모르고 염치가 없다.

(10) 엉덩이

- 엉덩이가 가볍다 : 어느 한자리에 오래 머물지 못하고 바로 자리를 뜨다.
- 엉덩이가 구리다 : 부정이나 잘못을 저지른 장본인 같다.
- 엉덩이가 근질근질하다 : 한군데 가만히 앉아 있지 못하고 자꾸 일어나 움직이고 싶어하다.
- 엉덩이가 무겁다 : 한번 자리를 잡고 앉으면 좀처럼 일어나지 아니하다.

(11) 입

- 입 밖에 내다 : 어떤 생각이나 사실을 말로 드러내다.
- 입만 살다 : 말에 따르는 행동은 없으면서 말만 그럴듯하게 잘하다.
- 입에 발린 소리 : 마음에도 없이 겉치레로 하는 말
- 입에 붙다 : 아주 익숙하여 버릇되다.
- 입에 자물쇠를 채우다 : 말하지 않다.
- 입에 풀칠하다 : 근근이 살아가다.
- 입을 다물다 : 말을 하지 않거나 하던 말을 그치다.

(12) 코

- 코 묻은 돈 : 어린아이가 가진 적은 돈
- 코가 꿰이다 : 약점이 잡히다.
- 코가 납작해지다 : 몹시 무안을 당하거나 기가 죽어 위신이 뚝 떨어지다.
- 코가 높다 : 잘난 체하고 뽐내는 기세가 있다.
- 코가 땅에 닿다 : 머리를 깊이 숙이다.
- 코가 빠지다 : 근심에 싸여 기가 죽고 맥이 빠지다.
- 코가 삐뚤어지게 : 몹시 취할 정도로

PART 01
PART 02
PART 03
PART 04
PART 05
PART 06
PART 07
PART 08
PART 09

5. 혼동하기 쉬운 한글 맞춤법

(1) 사이시옷

사이시옷은 다음과 같은 경우에 받쳐 적는다.

① 순우리말로 된 합성어로서 앞말이 모음으로 끝난 경우

ㄱ 뒷말의 첫소리가 된소리로 나는 것

고랫재	귓밥	나룻배	댓가지	뒷갈망	맷돌	머릿기름	바닷가
부싯돌	선짓국	아랫집	잇자국	잿더미	쳇바퀴	햇볕	

ㄴ 된말의 첫소리 'ㄴ, ㅁ' 앞에서 'ㄴ' 소리가 덧나는 것

아랫니	텃마당	뒷머리	잇몸	냇물

ㄷ 뒷말의 첫소리 모음 앞에서 'ㄴㄴ'소리가 덧나는 것

두렛일	뒷일	베갯잇	깻잎	나뭇잎

② 순우리말과 한자어로 된 합성어로서 앞말이 모음으로 끝난 경우

ㄱ 뒷말의 첫소리가 된소리로 나는 것

귓병	머릿방	샛강	자릿세	전셋집	찻잔	탯줄	텃세	핏기	햇수

ㄴ 뒷말의 첫소리 'ㄴ, ㅁ' 앞에서 'ㄴ' 소리가 덧나는 것

곗날	제삿날	훗날	툇마루	양칫물

ㄷ 뒷말의 첫소리 모음 앞에서 'ㄴㄴ'소리가 덧나는 것

가욋일	사삿일	예삿일	훗일

③ 두 음절로 된 한자어

곳간(庫間)	셋방(貰房)	숫자(數字)
찻간(車間)	툇간(退間)	횟수(回數)

(2) '–이'와 '–히'

'–이'와 '–히'로 끝나는 부사의 맞춤법을 혼동하는 경우가 많음. 다음 6가지는 '이'로 적어야 하는 경우이며, 이에 해당하지 않는 것은 '히'로 적음

① '–하다'가 붙는 어근의 끝소리가 'ㅅ'인 경우 **예** 깨끗이, 느긋이, 버젓이 등

② '–하다'가 붙는 어근의 끝소리가 'ㄱ'인 경우 **예** 깊숙이, 고즈넉이, 끔찍이, 멀찍이 등

③ '–하다'가 붙지 않는 용언 어간 뒤 **예** 같이, 굳이, 깊이, 높이, 많이, 헛되이 등

④ 'ㅂ' 불규칙 용언의 어간 뒤 **예** 가까이, 기꺼이, 너그러이, 번거로이 등

⑤ 첩어 또는 준첩어인 명사 뒤 **예** 겹겹이, 곳곳이, 나날이, 번번이, 틈틈이 등

⑥ 부사 뒤 **예** 곰곰이, 더욱이, 일찍이 등

(3) 'ㅂ' 소리나 'ㅎ' 소리가 덧나는 경우

두 말이 어울릴 때 'ㅂ' 소리나 'ㅎ' 소리가 덧나는 것은 소리 나는 대로 적음

① 'ㅂ' 소리가 덧나는 경우

멥쌀(메ㅂ쌀)	볍씨(벼ㅂ씨)	입때(이ㅂ때)
입쌀(이ㅂ쌀)	좁쌀(조ㅂ쌀)	햅쌀(해ㅂ쌀)

② 'ㅎ' 소리가 덧나는 경우

머리카락(머리ㅎ가락)	살코기(살ㅎ고기)	수캐(수ㅎ개)
안팎(안ㅎ밖)	암컷(암ㅎ것)	암탉(암ㅎ닭)

(4) 띄어쓰기

① 의존명사와 단위를 나타내는 명사, 열거하는 말 등

ㄱ 의존명사는 띄어 씀

아는 것이 힘이다.	먹을 만큼 먹어라.
떠난 지 오래이다.	뜻한 바를 알겠다.

ㄴ 단위를 나타내는 명사는 띄어 씀

한 개	소 한 마리	스무 살	조기 한 손

※ 단, 순서를 나타낼 때나 숫자와 어울려 쓰는 경우 붙여 쓸 수 있음 예 세시 오십분 사초, 육학년, 160미터, 506호

ㄷ 수를 적을 때는 만 단위로 띄어 씀

삼십억	오천육백이십사만	육천육백삼십일	33억 5,578만 6,825

ㄹ 두 말을 이어 주거나 열거할 때 쓰는 말은 띄어 씀

극장 겸 회의실	청군 대 백군	학생 및 학부모
사과, 배, 귤 등	아홉 내지 여덟	서울, 인천 등지

ㅁ 단음절로 된 단어가 연이어 나타날 경우 붙여 쓸 수 있음

그때	그곳	이말	저말	한잎	두잎

② **보조 용언** : 보조 용언은 띄어 쓰는 것을 원칙으로 하되, 경우에 따라 붙여 쓰는 것도 허용함

원칙	허용
불이 꺼져 간다.	불이 꺼져간다.
전깃불이 나가 버렸다.	전깃불이 나가버렸다.
비가 올 듯하다.	비가 올듯하다.
이 정도는 할 만하다.	이 정도는 할만하다.

PART 01

PART 02

PART 03

PART 04

PART 05

PART 06

PART 07

PART 08

PART 09

01 다음 제시문의 내용과 가장 관련이 깊은 사자성어를 고르면? [한국중부발전]

> 충무공 이순신은 명량 해전을 앞두고 임금에게 글을 올려 "신에게는 아직 배가 열두 척이 남아 있고 신은 아직 죽지 않았습니다."라고 했다. 또한 충무공은 부하들에게 "반드시 죽고자 하면 살고, 반드시 살고자 하면 죽을 것이라며 한 사람이 길목을 지키면 천 명도 두렵게 할 수 있다."라고 격려하였다.

① 파부침선(破釜沈船)　　　　　　　　② 혼정신성(昏定晨省)
③ 조령모개(朝令暮改)　　　　　　　　④ 교왕과직(矯枉過直)
⑤ 풍전등화(風前燈火)

정답 찾기

파부침선(破釜沈船)은 '솥을 깨뜨려 다시 밥을 짓지 아니하며 배를 가라앉혀 강을 건너 돌아가지 아니한다'는 뜻으로, 죽을 각오로 싸움에 임함을 비유적으로 이르는 말이다.

오답 분석

② 혼정신성(昏定晨省) : '밤에는 부모의 잠자리를 보아 드리고 이른 아침에는 부모의 밤새 안부를 묻는다'는 뜻으로, 부모를 잘 섬기고 효성을 다함을 이르는 말이다.
③ 조령모개(朝令暮改) : '아침에 명령을 내렸다가 저녁에 다시 고친다'는 뜻으로, 법령을 자꾸 고쳐서 갈피를 잡기가 어려움을 이르는 말이다.
④ 교왕과직(矯枉過直) : '굽은 것을 바로잡으려다가 정도에 지나치게 곧게 한다'는 뜻으로, 잘못된 것을 바로잡으려다가 너무 지나쳐서 오히려 나쁘게 됨을 이르는 말이다.
⑤ 풍전등화(風前燈火) : '바람 앞의 등불'이라는 뜻으로, 곧 들이닥칠 바람에 의해 언제 꺼질지 모르는 촛불같이 위태로운 상황을 뜻한다.

정답 | ①

02 다음 밑줄 친 단어를 대체할 수 있는 것은? [한국철도공사]

> 바빌로니아와 아시리아 멸망 후 터키와 시리아, 이란 일대는 메디아 왕국의 아스티아게스 왕이 장악했다. 어느 날 아스티아게스는 딸 만다네의 오줌이 아시아 전역을 잠기게 하는 꿈을 꿨는데, 점술가는 만다네가 낳을 아들이 메디아 왕국을 삼키는 꿈이라고 해몽했다. 이에 아스티아게스는 즉시 딸을 수도에서 떨어진 궁벽한 시골로 시집 보내고, 아들을 낳으면 죽이라고 명령하였다.

① 소슬한　　　　　　　　　　② 가난한
③ 쓸쓸한　　　　　　　　　　④ 후미진
⑤ 처량한

정답 찾기

'수도에서 떨어진'이라는 수식어와 함께, '시골'을 꾸며준다. 따라서 '구석진'과 유사한 의미임을 유추할 수 있다. '궁벽하다'는 '매우 후미지고 으슥하다'라는 의미이고, '후미지다'는 '아주 구석지고 으슥하다'라는 의미이다. 따라서 '궁벽한'을 대체할 수 있는 단어는 '후미진'이다.

PART 01

PART 02

PART 03

PART 04

PART 05

PART 06

PART 07

PART 08

PART 09

오답 분석

① 소슬하다 : 으스스하고 쓸쓸하다.
② 가난하다 : 살림살이가 넉넉하지 못하여 몸과 마음이 괴로운 상태에 있다.
③ 쓸쓸하다 : 외롭고 적적하다.
⑤ 처량하다 : 마음이 구슬퍼질 정도로 외롭거나 쓸쓸하다. 초라하고 가엾다.

정답 | ④

03 다음 글의 주제와 의미가 상통하는 한자어는? [한국중부발전]

> 바둑 1인자라 불리던 K씨는 세계 최연소인 9세에 입단해, 무려 150여 회의 타이틀을 획득할 정도로 '바둑
> 황제'라는 호칭이 잘 어울리는 선수였습니다. K씨는 제자를 받지 않는 사람으로 유명했는데 어느 날 유일
> 한 제자로 L씨를 받아들였습니다. 당시 어린 L씨는 K씨의 집에 들어가서 합숙을 하며 훈련을 했지만 두각
> 을 나타내지는 못했습니다. 하지만 시간이 지날수록 실력이 크게 향상되었고 스승인 K씨를 넘어서기에 이
> 르렀습니다. 이에 K씨는 요즘 L씨에 대해서 어떻게 생각하냐는 기자의 물음에 '이제는 L이 나보다 낫다'며
> 농담을 하기도 했습니다.

① 과유불급(過猶不及)   ② 반포지효(反哺之孝)
③ 서리지탄(黍離之歎)   ④ 청출어람(靑出於藍)
⑤ 타산지석(他山之石)

정답 찾기

주어진 글은 '시간이 지나 제자 L씨의 실력은 스승 K씨의 실력을 뛰어넘었다'라는 내용의 글이다. 청출어람(靑出於藍)
은 쪽에서 뽑아낸 푸른 물감이 쪽보다 더 푸르다는 뜻으로, 제자나 후배가 스승이나 선배보다 나음을 비유적으로 이
르는 말이다.

오답 분석

① 과유불급(過猶不及) : 지나친 것은 미치지 못한 것과 같다는 말
② 반포지효(反哺之孝) : 까마귀 새끼가 자라서 늙은 어미에게 먹이를 물어다 주는 효(孝)라는 뜻으로, 자식이 자란 후
  에 어버이의 은혜를 갚는 효성을 이르는 말
③ 서리지탄(黍離之歎) : 세상의 영고성쇠(인생이나 사물의 번성함과 쇠락함이 서로 바뀜)가 무상함을 탄식하며 이르
  는 말
⑤ 타산지석(他山之石) : 다른 산의 나쁜 돌이라도 자기 산의 옥돌을 가는 데에 쓸 수 있다는 말

정답 | ④

04 빈칸에 들어갈 사자성어로 가장 적절한 것은?

> 최근 아날로그 감성을 담은 필름 카메라, LP 레코드판 등이 재등장하면서 "옛것을 익히고 이를 바탕으로 새것을 안다"는 뜻의 마케팅으로 50년 이상의 역사를 가진 장수기업들이 브랜드의 가치를 살리면서 트렌드를 반영한 제품을 내놓고 있다.

① 草綠同色   ② 溫故知新
③ 換腐作新   ④ 起死回生
⑤ 附和雷同

정답 찾기

옛것을 익히고 이를 바탕으로 새것을 안다는 뜻의 사자성어는 '溫故知新(온고지신)'이다.

오답 분석

① 草綠同色(초록동색) : 같은 처지의 사람들끼리 어울림
③ 換腐作新(환부작신) : 낡은 것을 바꾸어 새것으로 만듦
④ 起死回生(기사회생) : 거의 죽을 뻔하다가 도로 살아남
⑤ 附和雷同(부화뇌동) : 자기 소신이나 주장 없이 다른 사람들의 행동을 따라 함

정답 | ②

05 밑줄 친 단어와 의미가 같거나 유사한 것을 모두 고르면?

> 며칠째 집안일을 방치하였더니 집안 곳곳이 엉망이다.

보기

㉠ 포기하다   ㉡ 좌시하다
㉢ 방출하다   ㉣ 대기하다
㉤ 내팽개치다

① ㉠, ㉣   ② ㉡, ㉢
③ ㉢, ㉣   ④ ㉠, ㉤
⑤ ㉡, ㉤

정답 찾기

'방치하다'는 '내버려두다'를 뜻한다. 이와 비슷한 단어로 참견하지 않고 앉아서 보기만 하다를 뜻하는 '좌시하다'와 돌보지 않고 버려두다 또는 일 따위에서 손을 놓다를 뜻하는 '내팽개치다'를 들 수 있다.

오답 분석

㉠ 포기하다 : 하려던 일을 도중에 그만두어 버리다.
㉢ 방출하다 : 비축하여 놓은 것을 내놓다.
㉣ 대기하다 : 때나 기회를 기다리다.

정답 | ⑤

01 다음 중 문법에 맞지 않는 문장을 모두 고르면?

> ㉠ 그 집을 한 번 바라다본 순간 나는 견딜 수 없는 침울한 감정이었다.
> ㉡ 이 사람에게 도대체 어떻게 응대를 해야 하는지 도무지 갈피가 안 잡혔다.
> ㉢ 서럽고 원통하다는 생각이 차츰 원망으로 변해져 갔다.
> ㉣ 인간은 자연을 지배하기도 하고 복종하기도 한다.
> ㉤ 정부에서는 각계의 의견을 수렴하여 정책을 수립하기로 하였다.

① ㉠, ㉡, ㉢ 　　　　　　　　　② ㉠, ㉢, ㉣
③ ㉠, ㉣, ㉤ 　　　　　　　　　④ ㉡, ㉢, ㉣
⑤ ㉡, ㉣, ㉤

02 밑줄 친 부분의 맞춤법이 바르지 않은 것은?

① 이번 대회에서 <u>내로라하는</u> 선수들이 조기에 탈락하는 이변이 속출하였다.
② 그가 난데없이 들어와 <u>파투를 놓는</u> 바람에 모두 어안이 벙벙하였다.
③ 그의 무례함에 저절로 <u>눈살이 찌푸려졌다</u>.
④ 세상의 편견을 <u>깨트리기</u> 위해 끊임없이 노력하였다.
⑤ <u>생떼같은</u> 자식을 잃은 부모의 마음을 어찌 헤아릴 수 있을까.

03 〈보기〉에서 밑줄 친 단어와 같은 의미로 사용된 것은?

> **보기**
>
> K구는 수입물품의 원산지 정보를 표시해 국민 건강과 안전 및 국내 산업을 보호하고 건전한 유통거래 질서를 확립하는 차원에서 수입 공산품 원산지 표시 이행 실태 점검을 실시한다. 주요 점검내용은 원산지 미표시, 원산지 허위 표시 및 오인 표시 여부, 원산지 표시 손상 및 변경 행위 여부, 원산지 표시 방법의 적정성 여부 등이며, 지도ㆍ교육도 병행할 예정이다. 구 관계자는 "원산지표시 지도ㆍ점검을 통해 원산지 둔갑 판매 등을 사전에 예방하여 소비자가 <u>안심하고</u> 제품을 구입할 수 있도록 하겠다"고 말했다.

① 방념하고 　　　　　　　　　② 부각하고
③ 확립하고 　　　　　　　　　④ 소비하고
⑤ 감응하고

04 〈보기〉는 ㉠~㉏의 의미를 맥락에 맞게 풀이한 것이다. 옳지 않은 것을 모두 고르면?

"18년 동안 호랑이를 탔으니, 또한 이미 족하다." 태종이 즉위한 지 18년 된 해 8월, 충녕대군에게 ㉠국보를 건넨다. 고려를 무너뜨려 새 나라를 세우고 형제의 피를 흘리며 등극한 태종이 재위 기간에 왕권의 기반을 닦고 셋째 아들인 이도, 즉 충녕대군에게 1418년 8월 10일 왕의 자리를 넘긴 것은 대군의 나이 스물두 살 때였다. 어린 시절부터 ㉡성군의 ㉢자질이 넘치는 이였다. 일단 조선 선비에게 가장 중요한 가치인 학문에서 ㉣당대를 넘어 조선 시대 전체를 통틀어 ㉤비견할 만한 이가 드물 정도다. 학자 이긍익이 쓴 〈연려실 기술〉에는 몸이 아파도 독서를 고집하는 아들이 걱정스러워 태종이 책을 압수한 사태를 전한다. 세종이 병풍 사이에 남은 책 한 권을 발견해 1,100번을 읽었다는 후문이다. 호기심과 공부는 그의 세계를 무한히 넓혔다. 법제를 정비하고 공학, 철학, 경제, 천문, 지리, 의학, 음악, 군사, 외교, 언어, 농사, 인쇄까지 세종이 손대지 않은 분야가 없었다. 높은 경지의 학문은 물론 자체로 목적이 되지만, 그는 배워서 백성을 줬다. 스스로 공부하고, 집현전에 젊은 학자를 모아 놓고 함께 연구해 백성의 생활을 이롭게 했다. 세종 시대에 조선 독자적으로 천문을 관측하기 시작해 이에 맞는 농법을 실시함으로써 수확량이 증가했고, 시계를 제작해 백성과 양반이 ㉥시각을 공유했다. 불쌍히 여기는 마음이 낳은 최대 업적은 한글 창제다. 백성이 말하고 싶어도 그 뜻을 펴지 못함을 불쌍히 여겨 새로 만든 스물여덟 글자다. 글자를 몰라 불이익을 당하지 않기를, 누구나 자기 생각을 자기 손으로 표현하기를 바라는 마음이 담긴 한글은 쉽고 아름다운 우리말이자 인류의 ㉦유산이다.

┌─ 보기
│ ㉠ 국보(國寶) : 나라에서 지정하여 법률로 보호하는 문화재
│ ㉡ 성군(聖君) : 어질고 덕이 뛰어난 임금
│ ㉢ 자질(子姪) : 자손
│ ㉣ 당대(唐代) : 당나라 시대
│ ㉤ 비견(鄙見) : 자신의 의견을 겸손하게 이르는 말
│ ㉥ 시각(視角) : 사물을 관찰하고 파악하는 기본적인 자세
│ ㉦ 유산(遺産) : 죽은 사람이 남겨놓은 재산

① ㉠, ㉡, ㉣

② ㉢, ㉤, ㉥

③ ㉢, ㉣, ㉤, ㉥

④ ㉠, ㉢, ㉣, ㉤, ㉥, ㉦

⑤ ㉠, ㉡, ㉢, ㉣, ㉤, ㉥, ㉦

05 다음 중 밑줄 친 부분의 맞춤법이 올바르게 사용된 문장은?

① 사람들은 구령에 맞춰 일사분란하게 움직이며 모를 심고 있었다.

② 그는 조용히 서서는 한 눈을 감고 다른 한 눈으로 목표물을 가늠해 보았다.

③ 시덥잖은 소리 하지 마. 배상금 같은 거 안 받을 거야.

④ 나는 집에 들어가자마자 괭이를 한쪽 구석에 쳐박아 두었다.

⑤ 새참을 배불리 먹고 나니 친구들 모두 사기충전해 있었다.

06 밑줄 친 부분 중 맞춤법이 잘못 쓰인 것은?

① 틈틈이 사들인 책이 어느새 삼천 권을 헤아리게 되었다.

② 그녀의 수첩에는 깨알 같은 글씨가 빽빽이 적혀 있었다.

③ 우리는 세미나 발표 자료를 꼼꼼히 챙겼다.

④ 그는 묵직히 한마디 해 놓고 좌중을 매서운 눈으로 돌아보았다.

⑤ 그녀는 손톱을 깨끗이 손질하고 있었다.

07 다음 주어진 속담과 유사한 의미를 가진 속담을 고른 것은?

> 입추의 여지도 없다.

① 봄비에 얼음 녹듯 한다.

② 우물에서 숭늉 찾는다.

③ 발 들여놓을 틈도 없다.

④ 칠 년 가뭄에 하루 쓸 날 없다.

⑤ 자다가 얻은 병이 이각을 못한다.

08 다음 중 밑줄 친 사자성어와 의미가 유사한 것은?

> 이 세상에서 변하지 않는 것은 없다. 불패의 태양도 수명이 있기 마련이다. 보통 인생무상(人生無常)을 '삶이 허무하다'는 뜻으로 많이 사용하지만, 본래 의미는 '인생은 항상 같지 않고 덧없다'라는 뜻이다.

① 상전벽해(桑田碧海)

② 무위도식(無爲徒食)

③ 견강부회(牽强附會)

④ 일장춘몽(一場春夢)

⑤ 사가망처(徙家忘妻)

PART 01
PART 02
PART 03
PART 04
PART 05
PART 06
PART 07
PART 08
PART 09

09 다음 사례와 가장 관련이 깊은 사자성어로 적절한 것은?

'갑(甲)보다 무서운 을(乙)', '을(乙) 중의 갑(甲)'으로 대표되는 일부 대기업 협력사들의 파행은 중견기업 스스로 고쳐야 할 부분이다. 대기업 고객사의 위세를 등에 업고 2차 이하 협력사들에 횡포를 부리는 중견 1차 협력사들의 사례는 최근 들어 특히 심해지고 있다. 범국가적으로 불고 있는 경제민주화 바람에 대기업들이 '상생'을 앞세우며, 자세를 낮추고 있는 것과 대조적이다. 경남 김해 소재 자동차부품 2차 협력사 C사 대표는 "대기업이 1차 협력사에 현금으로 결제해줘도 2차 이하 협력사들이 손에 쥐는 건 어음"이라며 "1차 협력사인 중견기업들에 대한 감시와 견제가 필요하다"고 말했다

① 공명지조(共命之鳥)
② 호가호위(狐假虎威)
③ 전후불계(前後不計)
④ 면종복배(面從腹背)
⑤ 각골난망(刻骨難忘)

10 다음 기사를 보고 연상할 수 있는 한자성어로 가장 적절한 것은?

일본의 최대 가상화폐 거래소 중 하나인 코인체크는 지난 27일 기자회견을 열어 "시스템에 공인받지 않은 외부인이 접속해 580억 엔(한화 약 5,648억 원) 상당의 NEM 코인을 가져갔다"고 밝혔다. 이는 피해자 수만 26만 명에 달하는 등 사상 최대의 해킹 사건이지만 수사는 오리무중에 빠져 있고, 여기에 거래소 측의 부실 보안관리 사실까지 드러나 피해자들의 원망이 커지고 있다. 일본 금융청은 자국 내 모든 가상화폐 거래소 운영회사에 보안 관련 시스템의 재정비 및 점검을 지시하는 문서를 보내는 한편 관련 규정 보완 등을 논의하고 있으나 '소 잃고 외양간 고치기' 식의 대처라는 비판이 이어지고 있다.

① 일촉즉발(一觸卽發)
② 상산구어(上山求魚)
③ 오리무중(五里霧中)
④ 망우보뢰(亡牛補牢)
⑤ 우공이산(愚公移山)

자원관리능력

CHAPTER 01 자원·시간관리능력

SECTION 01　핵심이론

1. 자원관리능력

(1) 기업의 자원

　① 기업 활동을 위해 사용되는 기업 내의 모든 시간, 예산, 물적 · 인적자원을 의미

　② **유한성** : 자원이 가진 공통적인 특징으로, 자원의 효과적인 확보 · 유지 · 활용이 매우 중요함

(2) 자원 낭비 요인

　① 비계획적 행동

　② 편리성 추구

　③ 자원에 대한 인식 부재

　④ 노하우 부족

(3) 효과적인 자원관리 과정

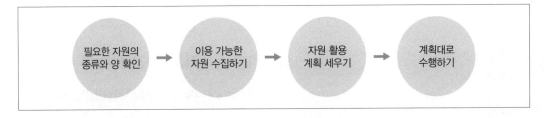

필요한 자원의 종류와 양 확인 → 이용 가능한 자원 수집하기 → 자원 활용 계획 세우기 → 계획대로 수행하기

2. 시간관리능력

(1) 시간관리능력의 의미

기업 활동에서 필요한 시간자원을 파악하여 사용할 수 있는 시간자원을 최대한 확보하여 실제 업무에 어떻게 활용할 것인지에 대한 시간계획을 수립하고, 이에 따라 시간을 효율적으로 활용하여 관리하는 능력

(2) 시간관리의 의미와 이유

① **시간관리** : 사회생활을 하는 데 있어서 각자의 습관이나 개성, 삶의 목표에 맞는 일정을 만들고 그에 따라 시간을 유용하게 사용하여 좋은 결과를 거두는 기술

② **시간관리의 목적** : 스트레스 관리, 균형적인 삶, 생산성 향상, 목표 성취 등 삶의 여러 가지 문제를 개선하는 데 그 목적이 있음

(3) 시간 감축의 효과

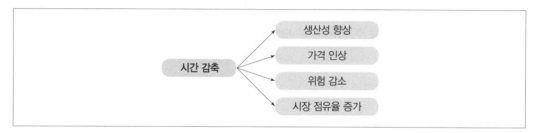

(4) 시간낭비 요인

① **외적 시간낭비** : 동료, 가족, 세일즈맨, 고객, 문서, 교통 혼잡 등

② **내적 시간낭비** : 일정 연기, 사회활동, 계획 부족, 혼란된 생각, 거절을 못 하는 우유부단함 등

(5) 효과적인 시간 계획 절차

명확한 목표 설정 → 일의 우선순위 정하기 → 예상 소요 시간 결정 → 시간 계획서 작성

[01~02]　다음은 그리니치 평균시(GMT)를 기준으로 도시별 시각을 나타낸 것이다. 자료를 바탕으로 물음에 답하시오. [국민건강보험공단]

구분	시카고*	런던*	두바이	서울
GMT	−6	0	+4	+9

※ 표시된 지역은 서머타임(3~10월) 제도가 적용되며, 실제 시각은 GMT+1로 계산한다. 예를 들어 그리니치 평균시가 AM 01:00일 때, 런던은 AM 02:00이다.

01 P사는 시카고, 런던, 두바이, 서울에 지사를 두고 있으며, 각 지사의 근무 시간은 현지 시각 기준 오전 9시부터 오후 6시까지이다. 5월 중 서울 기준 오후 5시에 화상회의를 진행할 때 근무 시간 내에 회의에 참여할 수 있는 곳을 모두 고르면?

① 두바이
② 두바이, 런던
③ 두바이, 시카고
④ 런던, 시카고
⑤ 두바이, 시카고, 런던

정답 찾기

서울지사 근무 시간 기준 타 도시의 시각을 도표로 나타내어 비교한다.

서울	9	10	11	12	13	14	15	16	17
두바이	4	5	6	7	8	9	10	11	12
런던*	1	2	3	4	5	6	7	8	9
시카고*	19	20	21	22	23	0	1	2	3

따라서 근무 시간 중 회의에 참여할 수 있는 곳은 두바이와 런던이다.

정답 | ②

02 K연구원은 시카고에서 열리는 세미나에 참여할 계획이다. 서울에서 10월 5일 오전 8시에 출발하며 비행시간은 13시간일 때, 현지 시각 기준 도착 시각으로 옳은 것은?

① 10월 4일 오후 10시
② 10월 5일 오전 7시
③ 10월 5일 오전 8시
④ 10월 6일 오전 10시
⑤ 10월 6일 오전 11시

정답 찾기

비행시간이 13시간이므로 서울 기준 10월 5일 오후 9시에 도착한다. 서울과 시카고의 시차는 본래 15시간이나 서머타임 적용으로 14시간이다. 따라서 시카고 기준 10월 5일 오전 7시에 도착한다.

정답 | ②

03 강 팀장, 윤 대리, 서 주임, 임 사원, 안 사원 5명으로 구성된 홍보팀은 8월 휴가 일정을 조정하고 있다. 다음 〈조건〉을 따를 때 강 팀장이 휴가를 쓸 날로 가장 적절한 날짜는? [한국철도공사]

PART 01 PART 02 PART 03 PART 04 PART 05 PART 06 PART 07 PART 08 PART 09

〈조건〉

- 8월 1일은 목요일이며, 8월은 31일까지 있다.
- 8월 15일 광복절은 공휴일이다.
- 휴가는 3일간 연이어 쓰며, 토요일, 일요일, 공휴일과 연결하거나 이를 포함할 수 있다.
- 8월 21~22일에는 대외행사 일정이 잡혀 있어 팀 전원이 휴가를 쓸 수 없다.
- 매월 첫째 주 월요일은 팀장급 회의가 있으며, 팀장은 반드시 참석해야 한다.
- 매월 마지막 주 월요일은 월간회의로 팀 전원이 참석해야 한다.
- 강 팀장은 8월 7일, 윤 대리는 8월 28일 출장이 예정되어 있다.
- 조직 관리를 위해 팀장과 대리는 휴가 및 외부 일정이 겹쳐서는 안 된다.
- 강 팀장을 제외한 나머지 팀원의 휴가일은 다음과 같다.

윤 대리	서 주임	임 사원	안 사원
14일, 16일, 19일	2일, 5일, 6일	9일, 12일, 13일	27일, 28일, 29일

① 1일, 2일, 5일
② 8일, 9일, 12일
③ 19일, 20일, 21일
④ 23일, 26일, 27일
⑤ 28일, 29일, 30일

정답 찾기

〈조건〉을 달력에 직접 표시하면 다음과 같이 정리할 수 있다.

일	월	화	수	목	금	토
				1	2 서 休	3
4	5 서 休 팀장급 회의	6 서 休	7 강 팀장 출장	8	9 임 休	10
11	12 임 休	13 임 休	14 윤 休	15 광복절	16 윤 休	17
18	19 윤 休	20	21 대외행사	22 대외행사	23	24
25	26 월간회의	27 안 休	28 안 休 윤 대리 출장	29 안 休	30	31

따라서 강 팀장은 8일, 9일, 12일에 휴가를 쓸 것이다.

오답 분석

① 팀장은 매월 첫째 주 월요일에 있는 팀장급 회의에 반드시 참석해야 한다.
③ 팀장과 대리는 휴가 혹은 외부 일정이 겹쳐서는 안 되며, 21일은 대외행사로 팀 전원이 휴가를 쓸 수 없다.
④ 매월 마지막 주 월요일에 진행되는 월간회의는 팀원 전체가 참석해야 한다.
⑤ 팀장과 대리는 휴가 혹은 외부 일정이 겹쳐서는 안 된다.

정답 | ②

04 다음은 두바이로 출장을 가게 된 K과장의 비행기 티켓 예약 내역이다. 빈칸에 들어갈 내용으로 옳은 것은?

[구간 1] 인천(ICN) → 두바이(DXB)

출발 시각	도착 시각	비행 시간
08/19(수) 13:30	8/19(수) 18:30	10:00

[구간 2] 두바이(DXB) → 인천(ICN)

출발 시각	도착 시각	비행 시간
08/24(월) 10:55	( )	08:35

※ 출발 시각과 도착 시각은 모두 현지 기준임

① 08/24(월) 14:30   ② 08/24(월) 19:30
③ 08/24(월) 20:55   ④ 08/25(화) 00:30
⑤ 08/25(화) 02:55

정답 찾기

• [구간 1]의 출발 시각~도착 시각과 비행 시간 비교
  인천에서 두바이까지 비행 시간은 10시간이다. 그런데 인천에서 오후 1시 30분에 출발하여 두바이에 오후 6시 30분에 도착했으므로 인천과 두바이의 시차는 5시간임을 알 수 있다.
• [구간 2]의 출발 시각과 비행 시간에 시차 더하기
  두바이에서 8/24(월) 오전 10시 55분에 출발하여 8시간 35분 뒤 인천에 도착했다면 두바이 기준 오후 7시 30분에 인천에 도착한다. 여기에 시차를 적용하면 인천에는 8/25(화) 오전 12시 30분에 도착한다.

정답 | ④

05 시간낭비의 요인 중 외적인 시간낭비 요인으로만 볼 수 있는 것을 〈보기〉에서 모두 고르면?

보기

㉠ 교통 혼잡   ㉡ 고객의 방문으로 인한 면담
㉢ 거절하지 못하는 우유부단함   ㉣ 충분히 소화할 수 있는 일정의 연기
㉤ 계획의 부족

① ㉠, ㉡   ② ㉠, ㉢, ㉤
③ ㉡, ㉣   ④ ㉠, ㉡, ㉢
⑤ ㉢, ㉣, ㉤

정답 찾기

외적인 시간낭비 요인은 외부인이나 외부에서 일어나는 사건에 의한 것으로 ㉠과 ㉡이 이에 해당된다. 즉, 동료, 가족, 세일즈맨, 고객들, 문서, 교통 혼잡 등에 의한 것으로, 이러한 측면은 본인 스스로 조절할 수 없다.

정답 | ①

01 시간을 효과적으로 관리함으로써 얻을 수 있는 효과로 적절한 것을 〈보기〉에서 모두 고르면?

> 보기
> ㉠ 스트레스 감소   ㉡ 균형적인 삶
> ㉢ 목표 달성   ㉣ 일 중독
> ㉤ 시간 파괴

① ㉠   ② ㉠, ㉡
③ ㉠, ㉡, ㉢   ④ ㉡, ㉢, ㉣
⑤ ㉢, ㉣, ㉤

02 다음은 시간계획의 기본원리를 나타낸 것이다. 관련 설명으로 옳지 않은 것은?

계획된 행동 (60%)	계획 외의 행동 (20%)	자발적 행동 (20%)
◄-------------------------------- 총 시간 --------------------------------►		

① 계획 외의 행동은 예정 외의 행동에 대비한 시간이다.
② 자발적 행동은 창조성을 발휘하는 시간이라고 볼 수 있다.
③ 자신에게 주어진 시간 중 60%는 계획된 행동을 하여야 한다는 것을 의미한다.
④ 자신에게 주어진 모든 시간을 계획적으로 사용하는 것은 충분히 가능한 일임을 알 수 있다.
⑤ 개인적으로 흥미를 가지는 것과 개인적인 일에 대응할 수 있도록 계획한다.

03 〈보기〉는 자원을 효과적으로 활용하기 위한 일반적인 과정을 나열한 것이다. 순서대로 바르게 나열한 것은?

> 보기
> ㉠ 실제 이용 가능한 자원 수집 및 확보   ㉡ 자원 활용계획에 따라 확보한 자원 활용
> ㉢ 확보한 자원에 대한 활용계획 수립   ㉣ 요구되는 자원의 종류와 양 확인

① ㉠ → ㉢ → ㉡ → ㉣   ② ㉡ → ㉠ → ㉣ → ㉢
③ ㉢ → ㉡ → ㉠ → ㉣   ④ ㉣ → ㉠ → ㉢ → ㉡
⑤ ㉣ → ㉢ → ㉡ → ㉠

04 ○○관광에서는 자사의 패키지를 이용해 해외여행을 다녀온 고객들을 위해 인천공항에서 서울역까지 운행하는 셔틀버스를 운영하려고 한다. 비용 문제로 1시간 30분 동안 제한적으로 운영할 수 있을 때, 다음 〈비행 스케줄〉과 〈시차 정보〉를 참고하여 가장 효과적인 운영이 가능한 시간을 찾으면?

〈비행 스케줄〉

항공편	출발 시각(현지 기준)	비행 소요 시간
모스크바 → 서울	9월 15일 22:45	9시간 30분
자카르타 → 서울	9월 15일 23:35	12시간 20분
시드니 → 서울	9월 16일 04:05	10시간 15분

〈시차 정보〉

구분	런던	모스크바	자카르타	서울	시드니
시차	GMT 0	GMT +3	GMT +7	GMT +9	GMT +10

※ 서울의 GMT +9는 런던(그리니치)이 오전 0시일 때 서울이 오전 9시임을 의미한다.

① 12:00~13:30
② 12:30~14:00
③ 13:00~14:30
④ 13:30~15:00
⑤ 14:00~15:30

05 각기 다른 팀 소속인 갑~정은 프로젝트를 진행하고 있다. 업무 일정을 고려하여 1시간의 회의 스케줄을 잡을 때, 가장 적절한 시간대는? (단, 회의는 업무 시간인 09:00~18:00에 이루어져야 하고, 점심시간인 12:00~13:00에는 회의를 진행하지 않는다.)

- 갑 : 저는 오전 9시부터 10시 사이에 팀 회의가 예정되어 있어요. 오후 4시부터는 과장급 회의에 참석해야 하고요.
- 을 : 저는 점심시간 직후 2시간 동안 외부업체 미팅이 잡혀 있습니다.
- 병 : 저는 오전 서울 지사에 들렸다가 점심시간 끝날 때 복귀합니다. 오후 시간에는 시장 조사, 재고 점검 등이 잡혀 있으나 이 부분은 일정 조정 가능합니다.
- 정 : 저는 오전 10시부터 1시간가량 서버 점검을 실시해야 하고, 오후 5시 이후부터 통신장비 교체 작업이 예정되어 있습니다.

① 11:00~12:00
② 13:00~14:00
③ 14:00~15:00
④ 15:00~16:00
⑤ 16:00~17:00

06 연구 · 개발부 E대리는 유명 브랜드가 참여하는 해외 산업 박람회에 다녀오고자 한다. 〈박람회 정보〉를 참고할 때, 다음 중 E대리가 박람회 시작 시간에 늦지 않게 도착할 수 있는 비행기편 중 가장 저렴한 것은?

〈박람회 정보〉

- 박람회 시작 시간 : 런던 현지 시각으로 2024년 6월 10일 오전 10:00
- E대리의 이동 경로 : 히드로 공항 도착 후 숙소로 이동, 짐을 풀고 즉시 박람회장으로 이동
- 런던 내에서의 소요 시간
  - 히드로 공항 체크아웃 : 30분
  - 히드로 공항 → 숙소 : 1시간 20분
  - 숙소 → 박람회장 : 35분
  ※ 상기 소요 시간 외에 추가적인 시간 소요는 없다.
- 시차

런던	서울
GMT 0	GMT +9

〈항공편 정보〉

항공편명	출발 시각	총 비행 시간	운임
A0181	6월 10일 오전 1시 40분	15시간	65만 원
B0942	6월 10일 오전 2시	14시간 30분	75만 원
C1073	6월 10일 오전 0시 10분	16시간 20분	55만 원
D4804	6월 9일 오후 11시 20분	17시간	60만 원
E0035	6월 9일 오후 11시 55분	16시간 45분	50만 원

---

① A0181
② B0942
③ C1073
④ D4804
⑤ E0035

PART 01
PART 02
PART 03
PART 04
PART 05
PART 06
PART 07
PART 08
PART 09

[07~08] 매년 중국 광저우에서는 대규모 수출입박람회인 캔톤 페어가 개최된다. 가구 회사에 재직 중인 K씨는 올해 추계 캔톤 페어를 참관하기 위한 출장을 계획 중이다. 자료를 바탕으로 이어지는 물음에 답하시오.

〈124th China Import and Export Fair(Canton Fair)〉

■ 일시 및 장소

제1기	제2기	제3기
2024.10.15.~2024.10.19.	2024.10.23.~2024.10.27.	2024.10.31.~2024.11.04.

 – 개방시간 : 기간 중 09:30~18:00
 – 장소 : 중국 광저우 수출입상품교역회 전시관

■ 품목 범위

제1기	제2기	제3기
전자 · 전기제품, 기계, 조명, 건축자재, 차량 및 부품, 화학제품, 신소재	생활용품, 인테리어 자재, 가구, 주방용품, 장난감, 반려동물 물품	섬유 및 의류, 구두, 사무용품, 가방, 식품, 의약품 및 의료 · 건강기기

07 캔톤 페어는 품목에 따라 3기로 나누어 진행된다. K씨가 4박 5일 일정으로 출장을 계획할 때, 참관할 기수와 출장지 도착일로 가장 적절한 것은?

① 제1기, 2024년 10월 15일
② 제2기, 2024년 10월 22일
③ 제2기, 2024년 10월 27일
④ 제3기, 2024년 10월 29일
⑤ 제3기, 2024년 10월 31일

08 캔톤 페어가 열리는 중국수출입상품교역회 전시관은 Pazhou역과 연결된다. K씨가 머무는 호텔이 Tianhe Sport Center역에서 도보로 5분 거리일 때, 박람회 개장시간에 맞춰 도착하려면 늦어도 몇 시에 호텔에서 출발해야 하는가? (단, Line 1은 역간 3분이 소요되고, 나머지 노선은 역간 2분이 소요되며, 환승에는 5분이 걸린다. 그 외의 시간은 고려하지 않는다.)

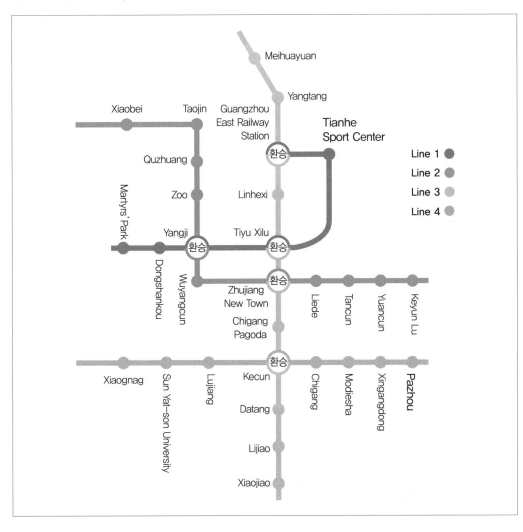

① 08:48   ② 08:53
③ 08:58   ④ 09:03
⑤ 09:08

[09~10] 다음은 N사 본사와 지사 간 연결거리를 나타낸 것이다. 이어지는 물음에 답하시오.

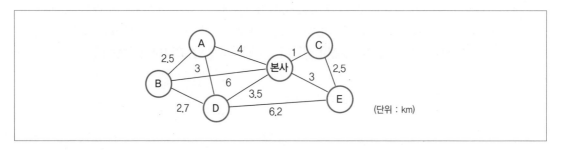

09 본사에서 출발하여 A~E지사에 모두 들른 뒤 다시 본사로 돌아올 때, 가장 짧은 경로로 이동한다면 총 거리는 몇 km인가?

① 18.2km   ② 18.9km
③ 19.2km   ④ 20.7km
⑤ 21.5km

10 9번 문제의 최단경로로 이동했을 때, 본사에서 오후 1시 10분에 출발하여 각 지사에서 40분씩 머무른다면 다시 본사에 돌아오는 시간은 언제인가? (단, 이동할 때는 30km/h의 속도로 이동하며, 초 단위는 절사한다.)

① 오후 4시 42분   ② 오후 4시 57분
③ 오후 5시 2분   ④ 오후 5시 7분
⑤ 오후 5시 17분

11 다음은 자원의 낭비요인 중 어느 것에 속하는가?

• 습관적인 일회용품 사용
• 할 일 미루기
• 주위 사람들과 약속 지키지 않기

① 노하우 부족   ② 비계획적 행동
③ 편리성 추구   ④ 자원에 대한 인식 부재
⑤ 생산성 하락

12 다음은 지방 출장을 간 D부장으로부터 온 업무 지시 메일이다. K주임이 해야 할 일 중 그 순서가 다섯 번째인 것은?

발신인	D○○ ⟨d_blahblah@○○company.com⟩
수신인	K○○ ⟨k_momo@○○company.com⟩
제목	2024년 02월 10일 업무 지사건

K주임, D부장입니다. 어제 저녁 급작스럽게 지방 출장이 잡혀서, 아침부터 부랴부랴 내려가는 중입니다. 몇 가지 부탁할 일이 있어서 메일로 전달합니다. 퇴근할 때 부탁한 사항들 한 번만 체크해서 메일로 처리 여부 알려주고, 특이사항이 있으면 바로 연락주세요. 우선 오늘 오후 2시에 사무실에서 중요한 미팅이 있습니다. K주임은 참여하지 않고 L대리가 전담해서 처리할 텐데, L대리도 오전에 외부 일정으로 정신이 없을 거예요. K주임이 미팅 1시간 전에 회의실 대여 신청하고 나랑 L대리한테 문자로 알려줘요. 미팅 30분 전까지 간단하게 회의실 정리도 좀 해주고. 아, 그리고 다음 달 초에 농업 기술 전수 지원 나가는 것 알죠? 희망자를 우선으로 뽑는다고 했으니까, 지원단 모집 공고 메일을 사무실 전체 인원 대상으로 보내주세요. 아마 공고문은 5시 30분쯤 나올 거예요. 받으면 내 컨펌 없이 바로 발송하도록 해요. 아참, 내가 오늘 급히 출발하느라 사무실에 있는 거래처 자료를 미처 못 가지고 나왔는데, 10시까지 그 자료 스캔해서 내 메일로 보내주세요. 내 책상 위에 바로 있을 거예요. 그리고 오늘 3시쯤 사무실에 영농장비 브로슈어가 도착할 거예요. 신입 2명하고 같이 회의실에서 브로슈어 확인하고 다음 지원 사업 때 쓸 수 있을 만한 장비 몇 가지만 추려서 내 메일로 간단히 보고해줘요. L대리가 진행하는 미팅은 길어도 두 시간이면 끝난다고 했으니 장소는 문제없을 겁니다. 마지막으로 이건 개인적인 부탁인데, 거래처 분들하고 식사할 만한 장소 좀 찾아주겠어요? 여기는 12시 30분부터 점심시간이라고 하니까, 점심시간 30분 전까지만 부탁해요.

① 회의실 대여 신청 후 공지
② 미팅 진행
③ 농업 기술 전수 지원단 모집 공고 메일 발송
④ 영농장비 브로슈어 확인 및 후보 제품군 보고
⑤ 거래처 자료 스캔 및 전달

예산·물적자원관리능력

1. 예산관리능력

(1) 예산관리능력의 의미

이용 가능한 예산을 확인하고 어떻게 사용할 것인지 계획한 다음 계획대로 사용하고, 최소의 비용으로 최대의 효과를 얻기 위해 요구되는 능력

(2) 예산관리의 의미와 효과

① 예산관리에는 활동이나 사업에 소요되는 비용을 산정하고 예산을 편성하는 것뿐만 아니라 통제하는 것까지 포함됨

② 예산 책정의 효과

(3) 예산의 구성요소

① **직접비용** : 제품 생산 또는 서비스를 창출하기 위해 직접 소비된 것으로 여겨지는 비용

재료비	제품의 제조를 위해 구매된 재료에 대하여 지출된 비용
원료와 장비	제품을 제조하는 과정에서 소모된 원료나 필요한 장비에 지출된 비용
시설비	제품을 효과적으로 제조하기 위한 목적으로 건설되거나 구매된 시설에 지출된 비용
출장 및 잡비	제품 생산 또는 서비스를 창출하기 위해 출장이나 타 지역으로의 이동이 필요한 경우와 기타 과제 수행상에서 발생하는 다양한 비용
인건비	제품 생산 또는 서비스 창출을 위한 업무를 수행하는 사람들에게 지급되는 비용

② **간접비용** : 제품 생산 또는 서비스 창출을 위해 소비된 비용 중에서 직접비용을 제외한 비용. 보험료, 건물관리비, 광고비, 통신비, 사무비품비, 각종 공과금 등이 해당

(4) 예산 수립 절차

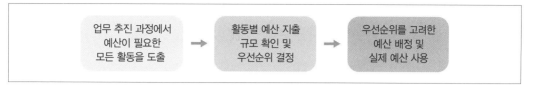

(5) 예산 관리

① **예산 집행 실적 작성** : 월 단위로 실행예산 대비 사용 실적을 작성

② 예산 집행 내역과 계획을 지속적으로 비교·검토

2. 물적자원관리능력

(1) 물적자원관리능력의 의미

기업활동에서 필요한 물적자원을 파악하고, 사용할 수 있는 물적자원을 최대한 확보하여 실제 업무에 어떻게 활용할 것인지에 대한 계획을 수립하고, 이에 따른 물적자원을 효율적으로 활용하여 관리하는 능력

(2) 물적자원의 범위와 관리

① **물적자원의 종류**

㉠ 자연자원 : 석탄, 석유 등 자연 상태 그대로의 자원

㉡ 인공자원 : 사람들이 인위적으로 가공하여 만든 자원으로 시설이나 장비 등이 해당됨

② **물적자원의 관리 효과**

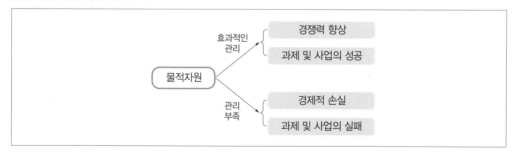

(3) 물적자원 활용의 방해요인

① **보관 장소를 파악하지 못하는 경우** : 물적자원이 필요한 상황에 적시에 공급되지 않고 시간이 지체되면 자원의 효과를 거둘 수 없음

② **훼손된 경우** : 물품을 활용하고자 할 때 훼손되어 활용할 수 없다면 난관에 봉착하게 되고, 새로 구입해야 하는 경제적 손실을 입을 수 있음

③ **분실한 경우** : 다시 구입하지 않으면 활용할 수 없으므로 훼손된 경우와 마찬가지로 경제적인 손실을 가져올 수 있음

(4) 효과적인 물품 관리

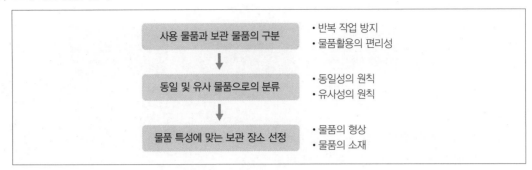

01 다음 글과 〈필요 물품 목록〉을 근거로 판단할 때, T부 대외 사업에서 허용되는 사업비 지출 품목 만을 모두 고르면?

> T부에서 실시하는 대외 사업의 사업비는 사용목적이 '사업 운영'인 경우에만 지출하는 것이 원칙이나, 다음 중 어느 하나에 해당할 경우 예외적으로 허용된다. 첫째, 품목당 단가가 10만 원 이하로 사용목적이 '서비스 제공'인 경우에 지출할 수 있다. 둘째, 사용연한이 1년 이내인 경우에 지출할 수 있다.

〈필요 물품 목록〉

품목	단가(원)	사용목적	사용연한
교구	150,000	사업 운영	2년
미니 빔 대여	200,000	서비스 제공	6개월
의자	120,000	서비스 제공	5년
컴퓨터	700,000	보고서 작성	3년
클리어파일	1,000	상담일지 보관	2년
블라인드	90,000	서비스 제공	5년

① 미니 빔 대여, 의자
② 컴퓨터, 클리어파일
③ 클리어파일, 블라인드
④ 교구, 미니 빔 대여, 블라인드
⑤ 교구, 의자, 컴퓨터

정답 찾기

원칙적으로 사업비는 사용목적이 '사업 운영'일 때만 가능한데, 이에 해당하는 품목은 '교구'이다. 또한 '서비스 제공'을 목적으로 하면서 품목당 단가가 10만 원 이하로, 예외 조건 1에 해당하는 품목은 '블라인드'이고, 사용연한이 1년 이내인 경우로 예외 조건 2에 해당하는 품목은 '미니 빔 대여'이다.

정답 | ④

[02~03] 다음은 Y대리가 작성한 H사 워크숍 예산안이다. 내용을 바탕으로 이어지는 물음에 답하시오. [코레일]

항목		예산(원)	비고
숙소	1박(5인 1실)	50,000×17	방 1개 여유
차량	45인승	200,000×2	왕복 요금
식대	중식	5,000×90	도시락 주문(여유분 포함)
	석식	1,500,000	바비큐
	조식	6,000×80	숙소 내 식당 이용
	음료	500,000	물, 주류 등
시설 대여	회의실	300,000	2시간 대관료
	장비	100,000	빔프로젝터, 마이크
출력물	현수막	100,000	–
기타	기념품	800,000	–

02 H사 워크숍 예산 총액은 얼마인가?

① 4,860,000원
② 5,220,000원
③ 5,480,000원
④ 5,740,000원
⑤ 5,900,000원

정답 찾기

5만×17+20만×2+5천×90+150만+6천×80+50만+30만+10만+10만+80만=5,480,000원이다. 선지를 보면 마지막 자릿수가 다르다. 숙소와 중식, 조식값을 더했을 때 마지막이 80,000원으로 떨어지므로 전체 금액을 계산할 것 없이 빠르게 답을 찾을 수 있다.

정답 | ③

03 워크숍 진행 후 지출 내역이 다음과 같을 때 지출 실비는 예산의 약 몇 %를 차지하며, 예산과의 차액은 얼마인가? (단, 비율 계산 시 소수 첫째 자리에서 반올림한다.)

지출결의서

결재	부장	상무	전무	사장

내역		단가	수량	총액
숙소	4인 1실	40,000	20	800,000
차량	45인승	150,000	2	300,000
식대	중식	5,000	90	450,000
	석식(총액)	1,250,000	1	1,250,000
	조식	6,000	80	480,000
음료	물	500	60	30,000
	주류	2,000	100	200,000
	주스	2,000	30	60,000
회의실 대관		300,000	1	300,000
현수막		50,000	1	50,000
기념품		10,000	80	800,000
합계				( )원

① 82%, 980,000원
② 86%, 760,000원
③ 92%, 450,000원
④ 96%, 120,000원
⑤ 102%, 120,000원

정답 찾기

지출결의서 내역상 총액은 4,720,000원이고, 이는 기존 예산 5,480,000원의 약 86%에 해당한다. 예산과의 차액은 760,000원이다.

정답 | ②

PART 01
PART 02
PART 03
PART 04
PART 05
PART 06
PART 07
PART 08
PART 09

04 〈출장여비 지급 기준〉과 7월 출장 내역을 볼 때, K사원이 지급받을 출장여비 총액은?

〈출장여비 지급 기준〉

출장여비는 수당과 교통비로 구분되며, 그 지급 기준은 다음과 같다.

- 수당
  - S시내 지역 : 2만 원
  - S시외 지역 : 3만 원
- 교통비 : 2만 원

※ 4시간 이내 출장의 경우 수당은 그 절반만 지급한다.
※ 법인차량을 이용하는 경우 교통비는 별도로 지급하지 않는다.

〈K사원 7월 출장 내역〉

일시	지역	비고
2024.07.08. 09:00~15:00	S시 K구	대중교통 이용
2024.07.23. 10:00~18:00	N시 W구	법인차량 이용
2024.07.26. 14:00~17:00	S시 J구	택시 이용

① 90,000원
② 100,000원
③ 110,000원
④ 120,000원
⑤ 130,000원

정답 찾기

- 7월 8일 : 시내 출장이므로 수당 20,000원과 교통비 20,000원을 합한 40,000원이 지급된다.
- 7월 23일 : 시외 출장이므로 수당 30,000원이 지급되며, 법인차량을 이용하여 교통비는 지급되지 않는다.
- 7월 26일 : 시내 출장인데 4시간 이내이므로 수당 10,000원과 교통비 20,000원을 합한 30,000원이 지급된다.

따라서 K사원이 지급받을 출장여비 총액은 100,000원이다.

정답 | ②

05 J사는 ⓐ∼ⓔ 중 한 곳으로 공장을 이전할 계획이다. J사는 가 지역으로부터 원료를 공급받아 공장에서 생산 후 나 지역에 위치한 물류센터로 운송한다. 〈그림〉을 참고할 때, 공장을 이전할 곳으로 가장 적절한 지역은? (단, 공장 이전 부지는 운송료만을 고려한다.)

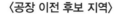

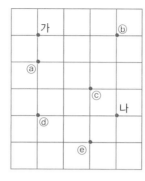

※ 한 칸의 거리는 상하좌우 1km로 동일하다.
※ 원료 운송 시 1km당 5,000원의 비용이 들고, 생산품 운송 시 1km당 3,000원의 비용이 든다.

① ⓐ
② ⓑ
③ ⓒ
④ ⓓ
⑤ ⓔ

정답 찾기

원료와 생산품 운송비를 고려하여 공장 이전 부지를 결정한다.
ⓐ 5,000×1+3,000×5=20,000원
ⓑ 5,000×3+3,000×3=24,000원
ⓒ 5,000×4+3,000×2=26,000원
ⓓ 5,000×3+3,000×3=24,000원
ⓔ 5,000×6+3,000×2=36,000원
따라서 공장을 이전하기에 가장 적절한 곳은 ⓐ이다.

정답 | ①

01 다음은 과제나 프로젝트 수행 시 예산을 관리하기 위한 예산 집행 실적 워크시트이다. ⑦×ⓒ의 값으로 옳은 것은?

예산 집행 실적						
항목	배정액	당월 지출액	누적 지출액	잔액	사용률(%)	비고
당월 시재	200,000		50,000	㉠	㉡	

① 37,000

② 37,500

③ 38,000

④ 38,500

⑤ 39,000

02 다음 중 직접비용에 해당하는 것만을 〈보기〉에서 모두 고르면?

보기
㉠ 컴퓨터 구입비 　　　　　 ㉡ 보험료
㉢ 건물관리비 　　　　　 ㉣ 광고비
㉤ 통신비 　　　　　 ㉥ 빔프로젝터 대여료
㉦ 인건비 　　　　　 ㉧ 출장 교통비

① ㉠, ㉢, ㉤

② ㉡, ㉣, ㉧

③ ㉠, ㉥, ㉦, ㉧

④ ㉡, ㉢, ㉣, ㉤

⑤ ㉠, ㉤, ㉥, ㉦, ㉧

03 K차장은 신축 농산물 유통센터의 부지를 확보하기 위해 후보지를 둘러보고 있다. 다음 〈농산물 유통 센터 부지 조건〉과 〈후보지 정보〉를 참고했을 때, 최종 부지로 확정될 가능성이 가장 높은 곳은?

PART 01
PART 02
PART 03
PART 04
PART 05
PART 06
PART 07
PART 08
PART 09

〈농산물 유통센터 부지 조건〉

"이번 신축 농산물 유통센터는 새로운 물류 허브로서의 역할을 기대하는 곳인 만큼 여러 가지 조건을 살펴보고 최상의 입지를 선정해야 합니다. 최대한 많은 물량을 커버할 수 있도록 대규모 자본을 투입하는 만큼 부지는 가능한 한 넓어야 합니다. 같은 조건이라면 부지가 넓은 곳을 우선적으로 고려해주세요. 그리고 연교차가 작아야 농산물을 보관하는 데 더 용이할 것입니다. 또, 농산물은 유통기한이 짧은 만큼 빠른 소비가 중요하므로 인근에 대도시가 많을수록 좋습니다. 많은 물량이 오고 가는 만큼 인접한 도로로 이동 가능한 차량 대수도 많아야 하고요. 다만 이미 평균 교통량이 많은 곳은 차량 정체로 인한 어려움이 있을 수 있으니 도로 혼잡률이 낮은 곳을 고려할 필요가 있겠습니다. 마지막으로 대규모 유통센터인 만큼 근로자들의 접근성도 중요합니다. 이용 가능한 대중교통이 많다면 근로자분들의 출퇴근에 큰 도움이 될 겁니다. 이 모든 조건이 다 중요하므로 후보지들을 잘 살펴주십시오."

〈후보지 정보〉

구분	A	B	C	D	E
부지 넓이	47,000m²	51,000m²	45,000m²	43,000m²	49,000m²
연교차	28°	29°	26°	30°	27°
인근 대도시 수	2곳	1곳	3곳	4곳	5곳
이동 가능 차량 대수	130,000대	150,000대	210,000대	170,000대	180,000대
도로 혼잡률	80%	75%	85%	70%	90%
이용 가능 대중교통 수	5종	3종	1종	2종	3종

① A
② B
③ C
④ D
⑤ E

[04~05] 다음은 한 레스토랑의 식자재 보관 창고 내 식자재 보관 현황을 나타낸 표이다. 다음을 바탕으로 이어지는 물음에 답하시오.

물품명	구분	재고 수량(개)	입고단가(원)
돼지고기(120g)	12JMAHT	42	2,900
무염 버터(300g)	65MYBTS	35	2,600
홀토마토	33PRGEC	27	1,400
생크림(200ml)	78SWHOC	48	2,300
연어 필렛(400g)	02FRUVL	37	3,100
파프리카	62PFKLA	29	900
소고기(120g)	49FSMON	36	3,600
참치(200g)	21LCSIB	22	3,300
브로콜리(1상자)	08PORAK	38	1,100
카놀라유(500ml)	84ZKSHF	41	1,300
양파(중 1망)	27AECKT	19	1,900
닭고기(생닭 6호)	52SAIDO	55	800
밀가루(300g)	93RHAVY	33	600
치킨 스톡(500g)	71SCHTP	14	1,200
코코넛 밀크(200ml)	95ZHSJT	26	1,700

04 물품 번호에 따라 재고를 분류·관리하려고 한다. 01~20으로 시작하는 식자재는 A구역, 21~40으로 시작하는 식자재는 B구역, 41~60으로 시작하는 식자재는 C구역, 61~80으로 시작하는 식자재는 D구역, 81~99로 시작하는 식자재는 E구역에 보관한다면, 다음 중 식자재를 잘못 보관하고 있는 구역은?

A구역	돼지고기, 연어 필렛, 브로콜리
B구역	참치, 양파, 홀토마토
C구역	소고기, 닭고기, 파프리카
D구역	무염 버터, 생크림, 치킨 스톡
E구역	카놀라유, 밀가루, 코코넛 밀크

① A구역
② B구역
③ C구역
④ D구역
⑤ E구역

05 이번 주말 영업 대비를 위해 도매시장에 방문하여 부족한 식자재를 보충해 두려고 한다. 오늘은 D구역에 보관할 식자재를 구매할 예정인데, D구역의 경우 적정 재고는 품목당 40개씩이다. 총 구매 비용으로 옳은 것은? (단, 모든 식자재는 올바른 구역에 분류되어 보관되고 있다.)

① 48,200원
② 51,600원
③ 53,700원
④ 54,100원
⑤ 56,200원

06 △△기획에서는 거래처에 배포할 브로슈어를 제작하려고 한다. 인쇄소에 문의한 결과 예상 견적이 다음과 같을 때, 사원 간의 대화를 참고하여 예상 금액으로 적절한 것을 고르면?

PART 01
PART 02
PART 03
PART 04
PART 05
PART 06
PART 07
PART 08
PART 09

〈브로슈어 인쇄 견적서〉

지류	가격(페이지당)
100g 백색	35원
100g 미색	32원
80g 백색	24원
80g 미색	21원

제본 방식	가격(권당)
무선 제본	300원
와이어 제본	1,100원

※ 배송 비용은 50권당 2만 원입니다.
※ 100부 이상 인쇄 시 배송료를 제외한 전체 금액에서 3%가 할인됩니다.

김 대리 : 이번에 만들 브로슈어는 총 몇 페이지 정도 분량이죠?
최 주임 : 페이지 수는 64페이지로 그렇게 많은 분량은 아닙니다.
김 대리 : 그러면 종이가 조금 두꺼운 편이 좋겠군요?
박 사원 : 네. 그리고 제품 안내용으로 제작되는 만큼 컬러 인쇄가 필요하고, 그러면 색도 미색보다는 백색이 나을 듯합니다.
김 대리 : 종이 가격이 조금 많이 나오겠군요. 그래도 필요한 사항이니 그렇게 진행하고, 대신 제본 방식은 굳이 크게 신경 쓰지 말고 저렴한 가격으로 합시다.
최 주임 : 네. 부수는 50부 단위가 가능하다고 해서 100부나 150부를 생각하고 있습니다만, 어떻게 할까요?
김 대리 : 우리 거래처가 거의 80곳 정도 되고, 각 거래처의 협력사에도 전달할 분량이 필요하니 두 배 정도가 좋겠네요.
최 주임 : 그러면 그렇게 진행하도록 하겠습니다.

① 381,000원
② 369,570원
③ 427,770원
④ 429,570원
⑤ 485,970원

[07~08] 다음은 과채류 적정 저장온도와 에틸렌 생성 및 민감성을 정리한 자료이다. 이어지는 물음에 답하시오.

품목	저장온도(℃)	에틸렌 생성	에틸렌 민감성
사과	-1~4	매우 많음	중간
포도	-1~0	매우 적음	낮음
감귤	3~5	매우 적음	중간
딸기	0~5	적음	낮음
참외	5~7	중간	중간
자두	0~1	중간	중간
멜론	2~5	많음	중간
토마토	8~10	많음	낮음
파프리카	7~10	적음	낮음
무	0~2	매우 적음	낮음
감자	0	매우 적음	높음
당근	5~8	매우 적음	중간
상추	0~5	매우 적음	높음

07 온도를 4℃로 맞춘 저장고에 보관하기에 적합한 것으로만 묶인 것은?

① 사과, 포도, 멜론, 토마토, 무
② 감귤, 딸기, 참외, 자두, 파프리카
③ 사과, 참외, 자두, 당근, 감자, 상추
④ 딸기, 멜론, 토마토, 당근, 파프리카
⑤ 사과, 감귤, 딸기, 멜론, 상추

08 일반적으로 에틸렌에 민감한 품목은 에틸렌을 많이 생성하는 품목과 함께 저장하지 않는 것이 좋다. 다음 중 함께 보관하기에 적절하지 않은 조합은?

① 사과-무
② 감귤-당근
③ 포도-멜론
④ 토마토-상추
⑤ 참외-파프리카

[09~10] 다음은 ○○사의 사내 임금 규정 중 일부이다. 이를 참고하여 이어지는 물음에 답하시오.

〈수당 지급 규정〉

수당	급여 방식	비고
정근수당	연차에 따라 지급	해당 연차에 1회 지급
명절 쥬비금	월 기본 수당의 1/3 지급	2월, 9월 지급
야간 · 휴일 근무수당	기본 수당 기준 150% 지급	시간당 지급
교통 보조비	기본 수당의 5% 지급	매월 지급

〈기본 수당 규정〉

직급	기본 수당(1달 기준)
1급	550만 원
2급	490만 원
3급	430만 원
4급	360만 원
5급	320만 원
6급	280만 원

〈정근수당 지급 규정〉

지급 연차	기본 수당(1달 기준)
10년	해당 직급 1년 기본급 총액의 80%
7년	해당 직급 1년 기본급 총액의 60%
5년	해당 직급 1년 기본급 총액의 40%
3년	해당 직급 1년 기본급 총액의 20%

09 3급 사원이며 올해로 7년 차인 B팀장의 올해 연봉으로 옳은 것은? (단, 금액 계산 시 천 원 단위 이하는 버린다.)

① 5,698만 원 ② 6,119만 원
③ 8,794만 원 ④ 9,116만 원
⑤ 10,256만 원

10 W는 올해 2년 차인 5급 사원이다. 지난 9월 한 달 동안 23시간의 야간 근무와 16시간의 휴일 근무를 했을 때, W의 9월 월급으로 옳은 것은? (단, 금액 계산 시 천 원 단위 이하는 버린다.)

① 434만 원 ② 453만 원
③ 495만 원 ④ 520만 원
⑤ 559만 원

PART 01
PART 02
PART 03
PART 04
PART 05
PART 06
PART 07
PART 08
PART 09

[11~12] 다음은 외부 강사 수당 및 원고료 지급 기준이다. 내용을 바탕으로 이어지는 물음에 답하시오.

1. 강사 수당 지급액

구분	대상	지급기준	지급액(천 원)
특별강사	• 전 · 현직 장 · 차관(급) • 전 · 현직 대학총장(급) • 전 · 현직 국회의원 • 대기업 총수(회장) • 국영기업체장	1시간	200
		초과(매시간)	150
일반 I	• 대학 조교수 이상 • 인간문화재, 유명 예술인 및 종교인 • 정부출연 연구기관장 • 기업 · 기관 · 단체의 임원, 중역 • 판 · 검사, 변호사, 변리사, 회계사, 공인감정사, 의사, 한의사 • 전 · 현직 3급 및 4급 이상 공무원	1시간	150
		초과(매시간)	100
일반 II	• 대학 전임강사 및 전문대학 조교수 • 전 · 현직 5급 이하 공무원 • 중소기업체 임원급 • 기업 · 기관 · 단체의 부장급 • 체육, 레크리에이션 등 강사 • 인간문화재, 유명예술인 등 보조출연자 • 통계이론, SAS, SPSS 강사 • 박사학위 소지 강사	1시간	100
		초과(매시간)	70
일반 III	• 외국어, 전산 등 학원 강사 • 체육, 레크리에이션 등 보조강사 • 기타 회장이 인정하는 자	1시간	70
		초과(매시간)	50

2. 원고료 지급액

• 금융정보지 : 기고 1회 기준 200,000원
• 강의 원고 및 교육 책자 : A4용지 1p 기준 12,000원
• 외국어 원고 : A4용지 1p 기준 15,000원
• 파워포인트용 원고 : 슬라이드 5장당 12,000원
※ 목차, 표지, 간지, 참고문헌, 부록 등은 원고료 산정에서 제외한다.

11 H사는 빅데이터 실무 활용도를 높이기 위한 교육을 실시하려 한다. 이번 특강에 초청한 강사의 이력이 다음과 같고, 특강은 오후 2시부터 6시까지 진행될 때, 지급될 강사 수당은 얼마인가?

성명	김○○		생년월일	197×.05.28
소속	○○ 대학교		직위	정교수
연락처	010-××××-××××		이메일	kimxx@xxu.ac.kr
학력	2000.02	○○ 대학교 공과대학 졸업		
	2002.02	○○ 대학교 경영공학대학원 석사 졸업		
	2007.08	○○ 주립대 산업공학대학원 박사 졸업		
경력	2007~2010	○○ 대학교 전임강사		
	2010~2015	○○ 대학교 조교수		
	2015~2020	○○ 대학교 부교수		
	2020~	○○ 대학교 정교수		

① 310,000원

② 400,000원

③ 450,000원

④ 600,000원

⑤ 650,000원

12 11번 문제의 강사가 강의에 활용하기 위해 다음과 같은 자료를 준비하였다. 이때 지급될 총 원고료는?

- 강의 원고 : 표지(4p), 목차(1p) 포함 A4용지 28p
- 파워포인트용 원고 : 총 45장

① 354,000원

② 368,000원

③ 376,000원

④ 384,000원

⑤ 391,000원

CHAPTER 03 인적자원관리능력

SECTION 01 **핵심이론**

1. 인적자원관리능력

(1) 인적자원관리능력의 의미

기업활동에서 필요한 인적자원을 파악하고, 동원할 수 있는 인적자원을 최대한 확보하여 실제 업무에 어떻게 배치할 것인지에 대한 예산계획을 수립하고, 이에 따른 인적자원을 효율적으로 배치하여 관리하는 능력

(2) 효율적인 인사관리 원칙

적재적소 배치의 원칙	해당 직무 수행에 가장 적합한 인재를 배치
공정 보상의 원칙	근로자의 인권을 존중하고 공헌도에 따라 노동의 대가를 공정하게 지급
공정 인사의 원칙	직무 배당, 승진, 상벌, 근무 성적의 평가, 임금 등을 공정하게 처리
종업원 안정의 원칙	직장에서 신분이 보장되고 계속해서 근무할 수 있다는 믿음을 갖게 하여 근로자가 안정된 회사 생활을 할 수 있도록 함
창의력 계발의 원칙	근로자가 창의력을 발휘할 수 있도록 새로운 제안, 건의 등의 기회를 마련하고, 적절한 보상을 하여 인센티브를 제공
단결의 원칙	직장 내에서 구성원들이 소외감을 갖지 않도록 배려하고, 서로 유대감을 가지고 협동, 단결하는 체제를 이루도록 함

(3) 인적자원의 특성

① **능동성** : 인적자원의 욕구와 동기, 태도와 행동 그리고 만족감이 어느 정도냐에 따라 성과가 결정되므로 능동적이고 반응적인 성격을 지님

② **개발가능성** : 인적자원은 자연적인 성장과 성숙은 물론, 오랜 기간 동안에 걸쳐서 개발될 수 있는 많은 잠재능력과 자질을 보유하므로 환경변화에 따른 조직변화가 심할수록 그 중요성이 더욱 커짐

③ **전략적 중요성** : 조직의 성과는 효과적인 자원 활용에 달려 있는데, 자원을 활용하는 것이 바로 사람이므로 어느 자원보다도 중요함

(4) 개인차원의 인적자원관리

① **인맥관리** : 자신과 직접적인 관계에 놓인 핵심 인맥과 파생 인맥에 대한 관리

② **인맥관리의 중요성**

ⓒ 각종 정보 획득과 해결책 도출

ⓒ 유사시 필요한 도움

ⓒ 취업, 승진, 창업, 고객확보 차원에서 결정적 역할

③ **인맥관리 방법** : 명함관리, 인맥관리카드

> **Tip**
>
> **명함의 가치**
> • 자신의 신분을 증명한다.
> • 자신을 PR하는 도구로 사용할 수 있다.
> • 개인의 정보를 전달한다.
> • 개인의 정보를 얻을 수 있다.
> • 대화의 실마리를 제공할 수 있다.
> • 후속 교류를 위한 도구로 사용할 수 있다.

(5) 효과적인 인력관리

① **인력 배치 원칙**

ⓒ 적재적소주의 : 팀의 효율성을 높이기 위해 팀원의 능력이나 성격 등을 고려해 가장 적합한 위치에 배치하여 개개인의 능력을 최대로 발휘해 줄 것을 기대함

ⓒ 능력주의 : 개인에게 능력을 발휘할 수 있는 기회와 장소를 부여하고, 그 성과를 평가하며, 평가된 능력과 실적에 대해 그에 상응하는 보상을 줌

ⓒ 균형주의 : 팀 전체의 적재적소를 고려하여 전체와 개체가 균형을 이루도록 함

② **인력 배치 유형** : 양적 배치, 질적 배치, 적성 배치

③ **과업세부도** : 할당된 과업에 따른 책임자와 참여자를 명시하여 관리함으로써 업무 추진에 차질이 생기는 것을 막을 수 있음

PART 01
PART 02
PART 03
PART 04
PART 05
PART 06
PART 07
PART 08
PART 09

01 다음 H레스토랑의 근무자 정보를 참고할 때, 해당 날짜에 휴가를 사용할 수 없는 직원은? (단, H레스토랑은 매주 월요일 휴무이며, 영역별로 1명 이상씩 담당자가 있어야 한다.) [근로복지공단]

〈H레스토랑 근무자 정보〉

직원	근무일	담당 가능 영역
A	화, 수, 목, 금, 토	정리/조리
B	금, 토, 일	조리/계산
C	수, 목, 금, 토, 일	계산
D	화, 수, 목	정리
E	화, 목, 금, 토	정리/계산
F	화, 수, 일	조리

〈20××년 8월 달력〉

일	월	화	수	목	금	토
			1	2	3	4
5	6	7	8	9	10	11
12	13	14	15	16	17	18
19	20	21	22	23	24	25
26	27	28	29	30	31	

① 8월 2일-A
② 8월 8일-F
③ 8월 18일-C
④ 8월 25일-E
⑤ 8월 28일-D

정답 찾기

별도의 휴가를 사용하지 않을 경우 매주 근무하는 직원을 정리하면 다음과 같다.

일	월	화	수	목	금	토
B, C, F	휴무	A, D, E, F	A, C, D, F	A, C, D, E	A, B, C, E	A, B, C, E

요일별 근무자들의 담당 가능 영역을 참고하여 휴가 사용 가능 여부를 확인한다. 8월 2일(목요일)의 경우 A를 제외한 나머지 C와 D, E 중 조리를 담당할 수 있는 사람이 없으므로 A는 휴가를 사용할 수 없다.

오답 분석

② 8월 8일(수요일)-F : A가 조리, C가 계산, D가 정리를 담당할 수 있으므로 휴가 사용이 가능하다.
③ 8월 18일(토요일)-C : B와 E 중 한 명이 계산을 담당할 수 있으므로 휴가 사용이 가능하다.
④ 8월 25일(토요일)-E : A가 정리, B가 조리, C가 계산을 담당할 수 있으므로 휴가 사용이 가능하다.
⑤ 8월 28일(화요일)-D : A가 정리, E가 계산, F가 조리를 담당할 수 있으므로 휴가 사용이 가능하다.

정답 | ①

02 다음 직원들의 프로필을 참고하여 파견 직원과 파견 지역을 짝지은 것으로 가장 적절한 것은?

[한국남동발전]

직원	근무부서	어학 능력	비고
A	개발부	중국어, 일본어	–
B	개발부	프랑스어	프랑스 파견 근무 경험 有
C	마케팅부	영어	–
D	관리부	독일어	독일 유학생활 경험 有

① A – 베트남
② A – 미국
③ B – 미국
④ C – 프랑스
⑤ D – 독일

정답 찾기

D는 독일어를 할 수 있고, 독일 유학생활 경험이 있으므로 독일로 파견 가는 것이 적절하다. A는 중국어와 일본어를 할 수 있으므로 중국이나 일본으로, B는 프랑스어를 할 수 있고, 프랑스에서 파견 근무를 한 경험이 있으므로 프랑스로 파견 가는 것이 적절하다. 또한 C는 영어를 할 수 있으므로 미국으로 파견 가는 것이 적절하다.

정답 | ⑤

PART 01
PART 02
PART 03
PART 04
PART 05
PART 06
PART 07
PART 08
PART 09

[03~04] 다음은 K공단에 채용된 신입사원 A~H의 입사 성적, 전공, 희망 부서 정보이다. 자료를 바탕으로 이어지는 물음에 답하시오.

〈신입사원 입사 성적, 전공, 희망 부서〉

신입사원	필기시험 점수	면접 점수	전공	희망 부서
A	85	90	법학	기획조정실
B	81	91	법학	법무지원실
C	89	86	경영학	경영지원실
D	82	91	행정학	기획조정실
E	86	92	법학	법무지원실
F	90	89	경영학	기획조정실
G	84	90	행정학	경영지원실
H	87	88	행정학	법무지원실

03 부서별 충원 인원은 다음과 같다. 입사 성적이 높은 순서대로 희망 부서에 배치할 때, 희망 부서가 아닌 부서에 배치되는 사람은?

기획조정실	법무지원실	경영지원실
2명	2명	4명

① A, C
② B, D
③ E, G
④ D, H
⑤ F, H

정답 찾기

신입사원의 입사 성적 합계와 희망부서는 다음과 같다.

신입사원	필기시험 점수	면접 점수	합계	희망 부서
A	85	90	175	기획조정실
B	81	91	172	법무지원실
C	89	86	175	경영지원실
D	82	91	173	기획조정실
E	86	92	178	법무지원실
F	90	89	179	기획조정실
G	84	90	174	경영지원실
H	87	88	175	법무지원실

기획조정실 희망자 중 점수가 가장 낮은 D와 법무지원실 희망자 중 점수가 가장 낮은 B는 경영지원실에 배치된다. 부서별 충원 요청 인원과 신입사원의 희망 부서를 비교할 때 경영지원실은 요청 인원보다 희망 인원이 적으므로 경영지원실을 희망하는 C와 G는 점수에 상관없이 희망 부서에 배치된다.

정답 | ②

04 업무 효율을 높이기 위해 지원자의 전공과 부서 적합도를 추가하여 배치하기로 했다. 지원자의 희망 부서 기준으로 변환한 전공 적합 점수와 입사 성적을 합산한 총점이 높은 순서대로 희망 부서에 우선 배치할 때 옳지 않은 것은?

〈전공 적합 점수 변환표〉

구분	경영	법학	행정
기획조정실	95	90	100
법무지원실	90	100	95
경영지원실	100	95	90

① 기획조정실에 2명이 배치된다면 A는 타 부서에 배치된다.
② 법무지원실의 충원 요청 인원이 2명이라면 B는 타 부서에 배치된다.
③ 전공 적합 점수와 입사 성적을 합산한 총점이 가장 높은 신입사원은 E이다.
④ 경영지원실 희망자 중 C는 같은 부서를 희망한 다른 지원자에 비해 우선 배치된다.
⑤ 전공 적합 점수가 만점인 사람은 총 4명이다.

정답 찾기

희망 부서가 법무지원실인 신입사원 B, E, H 중 전공 적합 점수와 입사성적을 합산한 총점이 높은 순서는 E → B → H이다. 따라서 법무지원실에 2명이 충원된다면 E와 B가 배치되고, H는 타 부서에 배치된다.

신입사원	입사 성적	전공	합계	희망 부서
A	175	90	265	기획조정실
B	172	100	272	법무지원실
C	175	100	275	경영지원실
D	173	100	273	기획조정실
E	178	100	278	법무지원실
F	179	95	274	기획조정실
G	174	90	264	경영지원실
H	175	95	270	법무지원실

오답 분석

① 희망 부서가 기획조정실인 신입사원 A, D, F 중 전공 적합 점수와 입사 성적을 합산한 총점이 가장 낮은 신입사원은 A이므로, 기획조정실에 2명이 배치된다면 A는 타 부서에 배치된다.
③ 신입사원 E는 전공 적합 점수와 입사 성적을 합산한 총점이 278점으로 가장 높다.
④ 희망 부서가 경영지원실인 신입사원 C와 G 중 전공 적합 점수와 입사 성적을 합산한 총점이 더 높은 사원은 C이므로 G보다 우선 배치된다.
⑤ 전공 적합 점수가 만점인 사원은 B, C, D, E로 총 4명이다.

정답 | ②

CHAPTER 03 인적자원관리능력 **119**

05 다음은 직원 A~M의 업무달성도, 업무지식, 책임감, 근무태도를 평가한 〈업무평가 결과〉이다. 〈업무평가 결과〉의 총합이 90점 이상이면 승진 대상자이다. 다음 중 승진 대상자가 있는 부서를 모두 고른 것은?

〈업무평가 결과〉

(단위 : 점)

직원	부서	업무달성도	업무지식	책임감	근무태도
A	인사부	23	20	22	15
B	총무부	21	18	17	25
C	영업부	19	20	25	20
D	영업부	15	20	21	24
E	인사부	18	19	21	14
F	인사부	25	18	19	15
G	경영지원부	19	22	14	13
H	마케팅부	25	23	20	25
I	경영지원부	24	24	18	23
J	총무부	22	23	19	25
K	마케팅부	19	21	24	15
L	전산부	18	16	23	16
M	마케팅부	19	15	9	16

※ 항목별 25점 만점

① 인사부
② 마케팅부
③ 인사부, 경영지원부
④ 총무부, 마케팅부
⑤ 인사부, 총무부, 경영지원부

정답 찾기

직원들의 〈업무평가 결과〉의 총합을 구하면 다음과 같다.

(단위 : 점)

직원	부서	업무달성도	업무지식	책임감	근무태도	총점
A	인사부	23	20	22	15	80
B	총무부	21	18	17	25	81
C	영업부	19	20	25	20	84
D	영업부	15	20	21	24	80
E	인사부	18	19	21	14	72
F	인사부	25	18	19	15	77
G	경영지원부	19	22	14	13	68
H	마케팅부	25	23	20	25	93
I	경영지원부	24	24	18	23	89
J	총무부	22	23	19	25	89
K	마케팅부	19	21	24	15	79
L	전산부	18	16	23	16	73
M	마케팅부	19	15	9	16	59

따라서 총점이 90점 이상인 직원은 마케팅부의 H뿐이다. 따라서 승진 대상자가 있는 부서는 마케팅부이다.

정답 | ②

PART 01

PART 02

PART 03

PART 04

PART 05

PART 06

PART 07

PART 08

PART 09

01 다음 설명에 해당하는 자원의 종류는?

> 기업 경영 목적을 달성하기 위한 조직의 구성원으로, 기업 경영은 조직 구성원들의 역량과 직무 수행에 기초하여 이루어지기 때문에 이 자원의 선발, 배치 및 활용이 중요하다.

① 시간　　　　　　　　　　　　　　② 예산
③ 물적자원　　　　　　　　　　　　④ 인적자원
⑤ 태도

02 인적자원관리에 대한 설명 중 옳지 않은 것은?

① 필요한 인적자원을 파악하고 구체적으로 확인해야 한다.
② 인적자원은 최소한으로 확보하여 예산계획을 수립한다.
③ 인적자원을 효율적으로 배치하여 관리하는 능력이다.
④ 자연적인 성장과 성숙이 이루어진다.
⑤ 많은 잠재능력과 자질을 보유하고 있다.

03 효율적이고 합리적인 인사 관리를 위한 원칙 중 〈보기〉의 ㉠과 ㉡에 해당하는 것으로 바르게 연결된 것은?

> 보기
>
> ㉠ 직장에서 신분이 보장되고 계속해서 근무할 수 있다는 믿음을 갖게 하여 근로자가 안정된 회사 생활을 할 수 있도록 함
> ㉡ 근로자의 인권을 존중하고 공헌도에 따라 노동의 대가를 공정하게 지급함

	㉠	㉡
①	단결의 원칙	공정 인사의 원칙
②	종업원 안정의 원칙	공정 보상의 원칙
③	공정 인사의 원칙	종업원 안정의 원칙
④	종업원 안정의 원칙	공정 인사의 원칙
⑤	공정 인사의 원칙	단결의 원칙

04 다음은 생일파티를 계획하고 준비하는 단계를 나타낸 그림이다. 이에 대한 설명으로 옳은 것을 〈보기〉에서 모두 고르면?

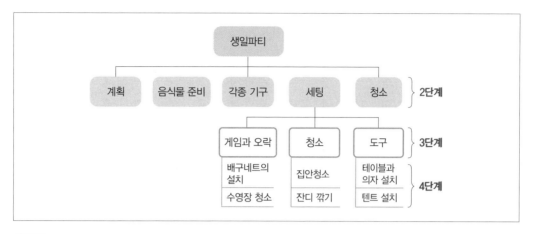

보기

㉠ 위와 같은 그림을 과업세부도라고 한다.
㉡ 구체성에 따라 2단계, 3단계, 4단계 등으로 구분한다.
㉢ 과제 및 활동의 계획을 수립하는 데 있어서 가장 기본적인 수단으로 활용된다.
㉣ 과제를 수행함에 있어서 필요한 모든 일들을 중요한 범주에 따라 체계화시켜 구분한다.

① ㉠, ㉢
② ㉡, ㉢
③ ㉠, ㉢, ㉣
④ ㉡, ㉢, ㉣
⑤ ㉠, ㉡, ㉢, ㉣

[05~06] 한 기업에서 4조 2교대에서 4조 3교대로 근무 방식을 변화시키려 한다. 다음 2주 동안의 근무 배정표를 바탕으로 이어지는 물음에 답하시오.

구분		1	2	3	4	5	6	7	8	9	10	11	12	13	14
2교대	A조	주	주	야	야	휴	휴	휴	휴	주	주	야	야	휴	휴
	B조	휴	휴	휴	휴	주	주	야	야	휴	휴	휴	휴	주	주
	C조	야	야	휴	휴	휴	휴	주	주	야	야	휴	휴	휴	휴
	D조	휴	휴	주	주	야	야	휴	휴	휴	휴	주	주	야	야
3교대	A조	휴	오	오	오	오	오	휴	야	야	야	야	야	휴	휴
	B조	아						㉠							
	C조	야		㉡											
	D조	오											㉢		

※ 주 : 주간 / 야 : 야간 / 휴 : 휴일 / 아 : 아침 / 오 : 오후

05 변경되는 근무는 5일씩 아침-오후-야간 근무를 번갈아 하되, 근무시간이 바뀌는 시점에 휴무일을 배정한다. 이때, 오후-야간으로 바뀔 때는 하루를 쉬고 아침-오후, 야간-아침으로 바뀔 때는 이틀을 쉰다. 이 규칙을 따를 때 ㉠, ㉡, ㉢에 해당하는 근무 편성으로 옳은 것은? (단, 3교대 근무 시 근무가 서로 겹쳐서는 안 된다.)

	㉠	㉡	㉢
①	야간	휴일	아침
②	아침	야간	휴일
③	오후	휴일	아침
④	야간	아침	휴일
⑤	아침	야간	오후

06 3교대 근무 특성상 연차를 사용하는 경우 해당 날짜에 휴무인 조에서 대체 인원을 배정해야 한다. 다음 중 대체 인원 배정이 적절하지 않은 것은?

	연차일	휴무자 소속 조	대체자 소속 조
①	2일	B조	D조
②	4일	B조	C조
③	6일	C조	B조
④	8일	A조	B조
⑤	12일	C조	B조

[07~08] 다음은 해외파견 근무자 선발을 위한 심사 기준과 지원자들의 평가 결과이다. 심사는 서류와 면접 2단계로 진행되며, 서류와 면접 점수를 합산하여 최종 선발한다. 단, 서류심사에서 80점 미만을 획득한 경우 면접심사에서 만점을 받지 않는 이상 최종 선발에서 제외된다. 이어지는 물음에 답하시오.

• 심사 기준

심사 항목	평가 사항	비고
서류	㉠ 영어 능력(50점) ㉡ 해외근무 적합성(50점)	파견지역 언어 특기자인 경우 가산점 5점
면접	㉢ 기본역량(40점) ㉣ 파견 적합성(30점) ㉤ 외국어 능력(30점)	

※ 동점자 발생 시 서류심사 고득점자순으로 결정

• 평가 결과

구분		A	B	C	D	E	F	G	H	I
서류 점수	㉠	38	42	37	36	43	47	40	36	34
	㉡	35	37	45	32	42	31	44	39	42
	가산점	○	×	○	○	×	○	×	×	○
면접 점수	㉢	29	31	30	27	32	35	34	39	37
	㉣	28	19	25	25	21	19	28	25	23
	㉤	23	27	21	24	25	23	21	26	21

07 서류심사에서 80점 이상 획득한 사람을 모두 고르면?

① A, C, G, I
② C, E, F, G
③ A, B, D, E, F
④ C, E, F, G, I
⑤ B, C, E, F, G, I

08 해외파견 근무자를 2명 선발하고자 할 때 최종 선발될 2인으로 바르게 짝지은 것은?

① A, D
② B, I
③ C, G
④ F, H
⑤ E, G

다음은 2주 동안의 3교대 근무일정과 조별 구성이다. M은 오전 근무, E는 오후 근무, N은 야간 근무를 의미하며, 휴는 휴무일이다.

구분	1	2	3	4	5	6	7
A조	M	M	M	휴	N	N	N
B조	E	E	휴	M	M	M	M
C조	휴	휴	E	E	E	E	휴
D조	–	–	–	–	–	–	–

구분	8	9	10	11	12	13	14
A조	N	휴	휴	E	E	E	E
B조	휴	N	N	N	N	휴	휴
C조	M	M	M	M	휴	N	N
D조	–	–	–	–	–	–	–

A조	B조	C조	D조
김은성, 조은아, 임유진	박채윤, 장석원, 이영재	오아름, 정승연, 김보라	차현수, 공지환, 우혜정

※ 다른 조와 근무 편성이 겹치면 안 된다.

09 다음 각 일정별 D조의 근무 편성으로 옳은 것은?

① 2일 – 오후 근무
② 5일 – 오전 근무
③ 8일 – 야간 근무
④ 11일 – 휴무
⑤ 14일 – 오후 근무

10 기간 중 몇몇 직원이 연차를 제출하였다. 다음 중 해당 일에 근무를 대체할 수 없는 사람은? (단, 같은 조에 속한 직원은 근무를 대체할 수 없으며, 휴무일 또는 다음날 휴무인 직원만 대체 가능하다.)

	날짜	연차 신청자	대체자
①	3일	조은아	장석원
②	6일	이영재	공지환
③	9일	정승연	임유진
④	10일	박채윤	우혜정
⑤	12일	차현수	김은성

조직이해능력

CHAPTER 01 조직이해능력

SECTION 01 핵심이론

1. 조직이해능력

(1) 조직과 기업

① **조직**

   ㉠ 두 사람 이상이 공동의 목표를 달성하기 위해 의식적으로 구성된 상호작용과 조정을 행하는 행동의 집합체

   ㉡ 목적과 구조를 가지며, 목적을 달성하기 위해 구성원들이 서로 협동하고, 외부 환경과 긴밀한 관계를 가짐

② **기업** : 직장생활을 하는 대표적인 조직. 노동, 자본, 물자, 기술 등을 투입하여 제품이 서비스를 산출하는 기관이며, 이윤을 극대화하기 위해 만들어진 조직

(2) 조직의 유형과 구분

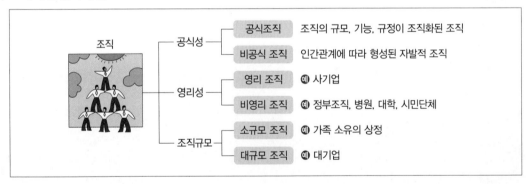

(3) 조직이해능력 하위 영역

① **경영이해능력** : 직업인이 조직의 한 구성원으로서 자신이 속한 조직이 어떻게 운영되고 있으며, 현재 운영체제의 문제는 무엇이고 생산성을 높이기 위해 어떻게 개선되어야 하는지 등을 이해하고 자신의 업무에 적용하는 것

② **체제이해능력** : 직업인이 한 조직의 구성원으로서 조직의 구조와 목적, 체제 구성요소, 규칙, 규정 등 자신이 속한 조직의 체제를 이해하는 것

③ **업무이해능력** : 직업인이 자신에게 주어진 업무의 성격과 내용을 알고 그에 필요한 지식, 기술, 행동을 확인하는 것

④ **국제감각** : 직업인들이 다른 나라의 문화와 국제적인 동향을 이해하며 이를 업무에 활용하는 것

(4) 경영

① **의미** : 조직의 목적을 달성하기 위한 전략, 관리, 운영활동

② **구성요소**

경영목적	조직의 목적을 달성하기 위한 방법이나 과정
인적자원	조직의 구성원. 인적자원의 배치와 활용
자금	경영활동에 요구되는 돈. 경영의 방향과 범위 한정
경영전략	변화하는 환경에 적응하기 위한 경영활동 체계화

③ **경영자의 분류와 역할**

　㉠ 수직적 체계에 따른 분류

최고경영자	조직의 최상위층으로 조직의 혁신 기능과 의사결정 기능을 조직 전체의 수준에서 담당
중간경영자	재무관리, 생산관리, 인사관리 등과 같이 경영 부문별로 최고경영층이 설정한 목표나 정책을 집행하기 위한 제반활동 수행
하부경영자	현장에서 실제로 작업하는 근로자를 직접 지휘 · 감독

　㉡ 민츠버그의 분류

대인적 역할	정보적 역할	의사결정적 역할
• 조직의 대표자 • 조직의 리더 • 상징자, 지도자	• 외부환경 모니터 • 변화 전달 • 정보전달자	• 문제 조정 • 대외적 협상 주도 • 분쟁조정자, 자원배분자, 협상가

(5) 조직체제 구성요소

① **조직목표** : 조직이 달성하려는 장래의 상태로 조직이 존재하는 정당성과 합법성을 제공

② **조직구조** : 조직 내의 부문 사이에 형성된 관계로 조직목표를 달성하기 위한 조직 구성원들의 상호작용을 명시

③ **조직문화** : 조직구성원들 간 생활양식이나 가치를 공유하는 것으로 조직구성원들의 사고와 행동에 영향을 끼치며, 일체감과 정체성 부여

④ **규칙 및 규정** : 조직의 목표나 전략에 따라 수립되며, 조직구성원들의 활동범위를 제약하고 일관성 부여

(6) 조직과 환경의 관계

① **정치적 · 법적 환경** : 정치체제의 구조와 과정, 조직과 관련된 법적 규범체제

② **경제적 환경** : 조직이 속해있는 경제체제의 상태

③ **문화적 환경** : 조직구성원들의 가치와 신념을 결정하게 되어 조직의 설계와 형태, 조직문화에 영향을 미침

(7) 조직변화 과정

2. 경영이해능력

(1) 경영의 과정

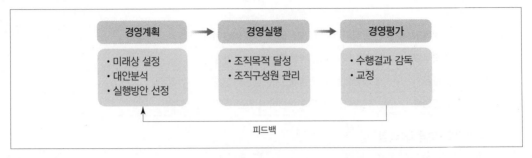

(2) 의사결정 과정

① **확인 단계** : 의사결정이 필요한 문제를 인식하고 이를 진단하는 단계
② **개발 단계** : 확인된 문제에 대하여 해결방안을 모색하는 단계
③ **선택 단계** : 실행 가능한 해결안을 선택하는 단계

(3) 경영전략의 추진

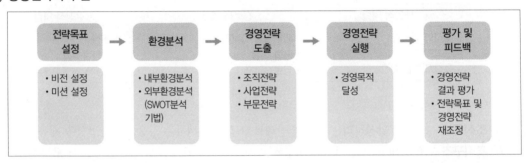

(4) 경영전략의 유형

① **원가우위 전략** : 원가절감을 통해 해당 산업에서 우위를 점하는 전략
② **차별화 전략** : 조직이 생산품이나 서비스를 차별화하여 고객에게 가치가 있고 독특하게 인식되도록 하는 전략
③ **집중화 전략** : 특정 시장이나 고객에게 한정된 전략으로, 특정 산업을 대상으로 함

3. 체제이해능력

(1) 조직목표의 기능

① 조직이 존재하는 정당성과 합법성 제공
② 조직이 나아갈 방향 제시
③ 조직구성원 의사결정의 기준
④ 조직구성원 행동수행의 동기유발
⑤ 수행평가 기준
⑥ 조직설계의 기준

(2) 조직목표의 특징

① 공식적 목표와 실제적 목표가 다를 수 있음

② 다수의 조직목표 추구 가능

③ 조직목표 간 위계적 관계가 있음

④ 가변적 속성

⑤ 조직의 구성요소와 상호관계를 가짐

(3) 조직구조의 결정요인

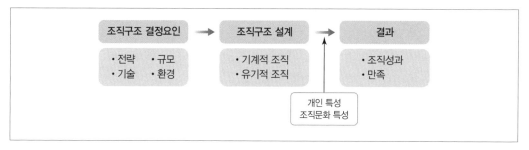

(4) 조직구조의 형태

① 구성원들의 임무, 수행하는 과업, 일하는 장소 등 일하는 방식과 체계를 알 수 있음

② 대부분의 조직은 조직의 CEO가 최상층에 있고, 조직구성원들이 단계적으로 배열

③ 사업별 조직구조는 개별 제품, 서비스, 제품그룹, 주요 프로젝트나 프로그램 등에 따라 조직화

(5) 조직문화의 기능

① 조직구성원들에게 일체감과 정체성 부여

② 조직몰입 향상

③ **조직구성원들의 행동지침** : 사회화 및 일탈행동 통제

④ **조직의 안정성 유지**

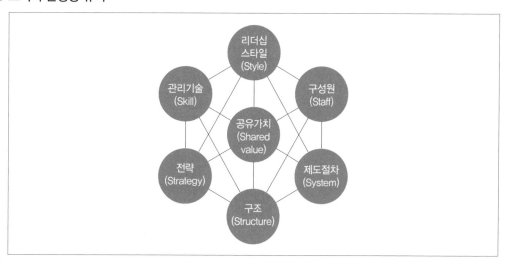

(6) 집단의 유형

① **공식적인 집단**

    ㉠ 조직의 공식적인 목표를 추구하기 위해 조직에서 의도적으로 만든 집단

    ㉡ 상설 혹은 임시위원회, 임무수행을 위한 작업팀 등

② **비공식적인 집단**

    ㉠ 조직구성원들의 요구에 따라 자발적으로 형성된 집단

    ㉡ 자발적으로 형성된 스터디 모임, 봉사활동 동아리, 각종 친목회 등

01 다음은 B가 재직 중인 회사의 조직도를 나타낸 것이다. 다음 〈조직도〉와 〈업무 지시 메일〉을 참고했을 때, 〈보기〉에서 K가 방문해야 하는 부서를 모두 고르면? [부산교통공사]

〈조직도〉

이사회 — 사장 — 감사팀
비서실
재무팀 · 인사팀 · 생산팀 · 영업팀 · 홍보팀 · 총무팀

〈업무 지시 메일〉

일시	2024.08.14.	발신인	A부장 〈t_theboss@○○○.co.kr〉
제목	금일 업무 지시 관련	수신인	B주임 〈k_follower@○○○.co.kr〉

창립 기념 행사가 얼마 남지 않아서 바쁜 시기입니다. 몇 가지 부탁할 사항이 있으니 오늘 중으로 마무리해 주세요. 우선 지난주에 신청했던 마케팅 관련 예산은 어떻게 처리되었는지, 가능하면 예산 규모와 투입 시기를 대략적으로라도 알 수 있었으면 해요. 보고서는 필요 없고, 확인하고 알려만 주세요. 그리고 다음 달에 진행할 신입사원 채용과 관련한 일정 확인해서 보고해 주고요. 또, 내일 거래처 방문할 때 우리가 초기 물량을 얼마나 공급할 수 있는지 알아야 협의를 할 수 있으니까 그 부분도 확인해 주세요. 이 건은 간단하게 보고서로 작성해서 가져오도록 해요. 갈 때 지난주에 정리했던 비품 구입 목록도 전달해 주고요.

보기

ㄱ 감사팀   ㄴ 비서실
ㄷ 재무팀   ㄹ 인사팀
ㅁ 생산팀   ㅂ 영업팀
ㅅ 홍보팀   ㅇ 총무팀

① ㄱ, ㄷ, ㄹ, ㅅ   ② ㄴ, ㄷ, ㄹ, ㅇ
③ ㄷ, ㄹ, ㅁ, ㅇ   ④ ㄷ, ㄹ, ㅂ, ㅅ
⑤ ㅁ, ㅂ, ㅅ, ㅇ

정답 찾기

B는 예산을 담당하는 재무팀과 직원의 채용·인사고과 등을 담당하는 인사팀, 상품의 생산을 담당하는 생산팀, 회사의 자산을 관리하는 총무팀 총 네 곳을 들러야 한다.

정답 | ③

02 ○○사 HR부서의 K팀장은 하반기 신입사원 교육에서 조직의 구조 관련 강의를 담당하게 되었다. 다음 자료를 바탕으로 작성한 강의안을 최종 검토할 계획이다. ㉠~㉤ 중 K팀장이 수정해야 하는 부분은? [부산교통공사]

조직구조는 의사결정 권한의 집중 정도, 명령계통, 최고경영자의 통제, 규칙과 규제의 정도 등에 따라 기계적 조직과 유기적 조직으로 구분할 수 있다. 기계적 조직은 구성원들의 업무가 분명하게 정의되고 많은 규칙과 규제들이 있으며, 상하 간 의사소통이 공식적인 경로를 통해 이루어지고 엄격한 위계질서가 존재한다. 반면에, 유기적 조직은 의사결정 권한이 조직의 하부구성원들에게 많이 위임되어 있으며 업무도 고정되지 않아 공유 가능한 조직이다. 유기적 조직에서는 비공식적인 상호 의사소통이 원활히 이루어지며, 규제나 통제의 정도가 낮아 변화에 따라 쉽게 대응할 수 있는 특징을 가진다. 조직구조는 조직의 전략, 규모, 기술, 환경 등에 따라 다양하게 이루어지며, 조직목표의 효과적 달성에 영향을 미친다. 조직구조를 결정하는 요인 중 하나인 조직전략은 조직의 목적을 달성하기 위하여 수립한 계획으로 조직이 자원을 배분하고 경쟁적 우위를 달성하기 위한 주요 방침이다. 따라서 조직의 전략이 바뀌게 되면 구조가 바뀌게 된다. 조직은 규모에 따라서도 구분된다. 대규모 조직은 소규모 조직에 비해 업무가 전문화·분업화되어 있고 많은 규칙과 규정이 존재하게 된다. 기술은 조직이 투입요소를 산출물로 전환시키는 지식, 기계, 절차 등을 의미하며, 소량생산기술을 가진 조직은 유기적 조직구조를, 대량생산기술을 가진 조직은 기계적 조직구조를 보인다. 조직은 환경의 변화에 적절하게 대응해야 하므로 환경에 따라 조직의 구조가 달라진다. 안정적이고 확실한 환경에서는 기계적 조직이 적합하고, 급변하는 환경에서는 유기적 조직이 적합하다.

〈○○사 신입사원 교육 강의안〉

교육 담당 : HR부서 K팀장

1. 교육 주제 : 조직구조의 종류와 결정 요인
2. 교육 내용
   1) 조직구조의 분류
      - 조직구조 분류 기준 : ㉠의사결정 권한의 집중정도, 명령계통, 최고경영자의 통제, 규칙과 규제의 정도 등에 따라 분류됨
      - 유기적 조직의 특성 : 의사결정 권한이 조직의 하부구성원들에게 많이 위임됨. 고정적이 지 않고 공유 가능한 업무 성격
      - 기계적 조직의 특성 : 구성원들의 업무가 분명하고 규칙과 규제가 많음. ㉡상하 간 의사소통이 공식 경로를 통해 이루어짐
   2) 조직구조의 결정 요인
      - 조직의 전략 : 조직의 목적 달성을 위해 수립한 계획. 조직의 전략이 수정되면 구조도 수정됨
      - 조직의 규모 : ㉢대규모 조직은 소규모 조직에 비해 업무가 전문화·분업화되고 많은 규칙과 규정이 따름. 조직의 규모가 변화하면 구조도 변화함
      - 조직의 기술 : 투입요소를 산출물로 전환시키는 지식, 기계, 절차 등. ㉣소량생산기술을 보유한 경우 유기적 조직, 대량생산기술을 보유한 경우 기계적 조직이 적합함
      - 조직의 환경 : ㉤급변하는 환경의 경우 기계적 조직, 안정적인 환경의 경우 유기적 조직이 적합함

① ㉠

② ㉡

③ ㉢

④ ㉣

⑤ ㉤

조직은 환경의 변화에 적절하게 대응해야 하므로 환경에 따라 조직의 구조가 달라지는데, 안정적이고 확실한 환경에서는 기계적 조직이 적합하고, 급변하는 환경에서는 유기적 조직이 적합하다.

정답 | ⑤

03 다음 조직도와 〈상황〉을 참고했을 때, Y가 근무하고 있는 부서로 가장 적절한 것은?

〈상황〉

최근 은행권의 보안과 관련된 각종 사고 등이 발생하고 있어 Y는 격무에 시달리고 있다. 실제 Y가 근무하고 있는 회사에서는 관련 사고가 발생하지 않았지만 불안에 휩싸인 고객들이 자신들의 예금은 괜찮은지, 해킹 등 사고가 발생했는데도 숨기고 있는 것은 아닌지 끊임없이 문의해 와서 담당자에게 답변을 전달해야 하는 데다, 곧 보안 서버에 대한 정부의 대대적인 점검까지 예정되어 있기 때문이다. Y는 자사 서버 보안의 기술적 완성도를 정리한 자료를 담당자에게 전달하고, 팀장 K와 함께 서버의 부하를 분산시키기 위한 예비용 서버를 구축한 뒤 새로운 부하 분산 방식을 설정하여 그 테스트 보고서를 상부에 전달하였다.

① 대외영업부
② 경영기획부
③ 인사 · 교육부
④ IT · 개발부
⑤ 정책연구부

보안 관련 고객 문의에 대해 답변을 전달해야 했다고 했으므로 대외영업부에서 근무하고 있다고 생각할 수도 있으나, 고객을 직접 상대하는 것이 아니라 '담당자에게 전달'했다고 하였으므로 대외영업부에 협조하는 타부서라고 볼 수 있다. 따라서 자사의 서버 부하 분산을 위한 추가 서버 설치 및 분산 방식 설정 · 테스트는 IT · 개발부의 고유한 업무이다.

정답 | ④

[04~05] 다음은 한 회사의 조직도이다. 이어지는 물음에 답하시오.

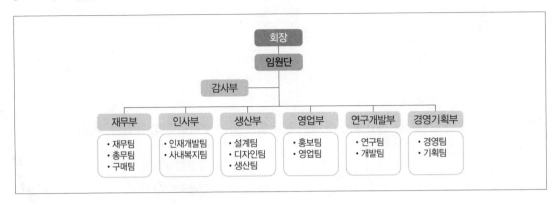

04 K는 부장으로부터 다음과 같은 업무지시를 받았다. K가 업무 순서에 따라 방문해야 하는 부서를 순서대로 바르게 나열한 것은?

> "이번 금요일에 납품 거래처 방문 예정 있는 거 알고 있지요? 거래처에 제시할 자료가 있어야 합니다. 우선 이번 하반기부터 내년 상반기까지 출시될 제품 목록을 받아주시고, 이번 분기에 출시될 제품들의 공개용 도면을 받아주세요. 그리고 해당 제품들의 생산 일자와 물량을 확인한 뒤에 실제 마케팅은 어떻게 이루어질 것인지 계획을 간략하게 정리해 줘요. 마지막으로 이번에 방문할 곳이 지방에 소재한 곳인데, 여비는 어떻게 지급되는지도 확인 부탁해요."

① 경영기획부 → 생산부 → 영업부 → 재무부
② 생산부 → 연구개발부 → 영업부 → 재무부
③ 연구개발부 → 생산부 → 경영기획부 → 영업부
④ 경영기획부 → 재무부 → 생산부 → 영업부
⑤ 생산부 → 경영기획부 → 영업부 → 인사부

정답 찾기

향후 출시될 제품들의 목록 등은 기획팀에서 담당하여 최종 결정하는 사안이므로 경영기획부를 가장 먼저 방문한다. 그리고 출시될 제품의 도면은 설계팀이 가지고 있을 것이며 생산 일자와 물량 역시 생산팀을 방문해 확인할 수 있다. 따라서 생산부를 찾아가야 한다. 마케팅의 경우 홍보팀에서 담당할 것이므로 영업부를 방문해야 하고, 마지막 여비 지급건은 재무부의 재무팀에 방문하여 확인할 수 있다. 따라서 경영기획부 → 생산부 → 영업부 → 재무부 순으로 방문해야 한다.

정답 | ①

05 Y는 최근 지인과의 만남에서 "무슨 일을 하냐"는 질문에 "그냥 회장이나 이사님들, 아니면 사내 부서에서 업무상 불법적으로 일을 처리하거나 개인적인 이득을 취하는 일이 있는지 찾아서 징계위로 보내고, 내부고발자가 있으면 보호해 주기도 해"라고 답하였다. Y가 소속된 곳은?

① 인재개발팀   ② 경영팀
③ 감사부   ④ 임원단
⑤ 총무팀

정답 찾기

법인의 재산상황을 감시하거나 재산상황 또는 업무의 집행 등에 관하여 부정한 것이 있을 때 이를 총회나 주무관청에 보고하는 일은 감사부의 업무이다. 최근에는 내부고발자를 보호하는 역할을 하기도 한다.

정답 | ③

PART 01
PART 02
PART 03
PART 04
PART 05
PART 06
PART 07
PART 08
PART 09

01 조직 내 의사결정 과정에 대한 설명으로 옳지 않은 것은?

① 확인단계는 문제의 심각성에 따라서 체계적 혹은 비공식적으로 이루어진다.

② 개발단계는 확인된 문제에 대하여 해결방안을 모색하는 단계이다.

③ 설계단계에서는 조직 내의 기존 해결방법을 검토한다.

④ 실행 가능한 해결안의 선택은 의사결정권자의 판단, 분석적 방법 활용, 토의와 교섭으로 이루어 질 수 있다.

⑤ 의사결정이 필요한 문제를 인식하는 것은 의사결정 과정 중 첫 번째 단계에 해당한다.

02 다음 〈보기〉 중 조직목표의 개념 및 특징에 대한 설명으로 옳은 것을 모두 고르면?

> **보기**
>
> ㉠ 조직목표는 조직구성원들의 의사결정 기준이 된다.
> ㉡ 조직구성원들이 자신의 업무를 성실하게 수행하면 전체 조직목표는 자연스럽게 달성된다.
> ㉢ 조직목표는 환경이나 조직 내의 다양한 원인들에 의해 변동되거나 없어지기도 한다.
> ㉣ 조직은 한 개의 목표를 추구하는 것이 좋다.
> ㉤ 조직목표 중 공식적인 목표인 사명은 측정 가능한 형태로 기술되는 단기적인 목표이다.

① ㉠, ㉢　　　　　　　　　　② ㉣, ㉤

③ ㉠, ㉢, ㉤　　　　　　　　④ ㉡, ㉢, ㉣

⑤ ㉠, ㉡, ㉢, ㉣

03 Y는 지사 내 각 부서의 부장급 이상이 참여하는 중역회의에서 회의록을 작성하는 업무를 맡게 되었다. 다음 회의록을 참고했을 때, 회의에 참여하지 않았을 가능성이 가장 높은 부서는?

일시	2024.04.03. 수요일 10:30~12:00
장소	3층 대회의실(304호)
참석자	L사장, K부장, M부장, T부장, R부장
회의록 작성자	Y주임

〈내용〉

1. 2024년 1/4분기 매출 보고
   - 2024년 1/4분기 손익 보고 및 전년 동기 대비 매출 증감률 분석 보고
   - 당기 순수익/순비용 분석 및 수익에 따른 재무상태 변화 보고
   - 당기 마케팅 진행 상황 및 결과 보고
2. 2024년 2/4분기 기획 발표
   - 기존 주력 상품인 간편식의 저칼로리 상품 출시
   - 신규 진입 분야인 건강보조식품 마케팅 기획 발표
3. 상반기 신입사원 채용 관련
   - 채용 일정 발표 및 채용 후 교육 사항 논의
     - 5월 중순 신입사원 채용 완료
     - 5월 마지막 주 신입사원 교육 진행
   ※ 세부 교육 사항은 부서별 필요 사항 취합 후 담당 부서에 전달

① 기획부
② 인사부
③ 영업부
④ 회계부
⑤ 생산부

PART 01
PART 02
PART 03
PART 04
PART 05
PART 06
PART 07
PART 08
PART 09

04 부서 조직도를 참고할 때, 다음 상황에서 K씨가 연락을 취할 부서로 가장 적절한 것은?

개인고객본부	개인고객지원부, 개인영업추진부, PB사업부, 개인금융지원실
기업고객본부	기업고객지원부, 여신심사부, 기업서비스센터
종합금융본부	종합금융지원부, 투자금융부
자금본부	자금부, 자금시장부, 증권운용부, 자금결제실
신탁본부	신탁부
IT본부	정보시스템부, IT지원실, 금융개발실, 정보개발실
부행장	기획부, 미래전략실, 리스크관리실, 신용기획부, 여신감리실, 여신관리부, 전자금융부, 인사부, 인력개발실, 직원만족센터, 총무부, 시너지영업추진부, 상품개발실, 외환업무실, 콜센터, 홍보실, 고객만족센터, 비서실, 안전관리실

〈상황〉

K씨는 은행의 자금결제실에 근무하고 있다. 그런데 최근에 넘어온 결제 건에서 금액 계산 오류를 발견하였다. 이것은 새롭게 시행되는 개인고객의 정보보호 강화와 관련된 시스템 구축 건이었다. K씨는 상사에게 보고하기 전에 급하게 담당자와 통화를 하여 무사히 오류를 해결할 수 있었다.

① 개인고객본부　　　　　　　② 기업고객본부
③ 종합금융본부　　　　　　　④ IT본부
⑤ 부행장

05 각 부서의 주요 직무를 참고할 때, 다음 중 소속팀의 담당 업무에 부합하지 않는 경우는?

부서	주요 직무
경영관리본부	경영 개선, 인사, 재무회계, 총무, 구매, 전산
생산본부	생산 관리, 물류 관리, 품질 관리, 임대 관리
개발본부	제품 기획, 홍보 기획, 등록 관리
영업본부	영업, 영업 지원, 특수 영업, 필드마케팅
연구본부	연구 기획, 연구 지원

① 품질관리팀 K대리 : 제품 원재료의 정량 검사를 실시하고, 이를 분석하여 품질개선 방안을 수립한다.
② 인사자금팀 T사원 : 인력채용 관련 공고 및 문의 답변과 업무역량 강화를 위한 사내교육 훈련을 실시한다.
③ 필드마케팅팀 Y주임 : 제품별 · 지역별 · 유통경로별 마케팅 전략을 수립하고 시행함으로써 제품의 시장지위를 향상시킨다.
④ 개발본부 P대리 : 신제품 및 개발 프로세스를 기획하고, 경쟁력 있는 신사업 창출을 모색한다.
⑤ 연구관리팀 G사원 : 제품의 신규시장을 개척하고, 제품에 대한 소비자의 반응을 파악하여 피드백한다.

[06~07] 다음은 사내 결재 규정 중 일부이다. 이어지는 물음에 답하시오.

- '전결'이라 함은 기업의 경영활동이나 관리활동의 수행에 있어 의사결정이나 판단을 요하는 일에 대해 최고결재권자의 결재를 생략하고 자신의 책임하에 최종적으로 의사결정이나 판단하는 행위를 말한다.
- 표시 내용 : 결재를 올리는 자는 최고결재권자로부터 전결사항을 위임받은 자가 있는 경우 결재란에 '전결'이라고 표시하고 최종결재권자란에 위임받은 자를 표시한다.
- 최고결재권자로부터 위임된 전결사항은 다음을 따른다.

구분	내용	금액	제출 서류	과장	부장	사장
복리후생비	사내행사비	–	• 지출결의서 • 기안서	●	■	
	직원 경조사비	–	지출결의서	●		
	식대(시간 외)	1인 1회 8천 원 이하	지출결의서	●		
	부서운영비	1인당 월 5만 원 이하	지출결의서		●	
	기타 운영비	30만 원 이하	• 지출결의서(월간) • 기안서	●■		
		50만 원 이하			●■	
		50만 원 초과				●■
교육 · 훈련비	사내 교육비	10만 원 이하	지출결의서	●		
		10만 원 초과	• 지출결의서 • 기안서	●	■	
	사외 교육비	30만 원 이하	• 지출결의서 • 기안서	●■		
		30만 원 초과			●■	
교통비	유류비, 주차료, 통행료	20만 원 이하	지출결의서	●		
		20만 원 이하			●	
여비	국내 출장비	30만 원 이하	• 지출결의서 • 출장계획서 • 출장비 신청서	●■		
		50만 원 이하		●	■	
		50만 원 초과			●	■
	국외 출장비	–				●■
운반비	택배 및 퀵서비스	15만 원 이하	지출결의서	●		
		15만 원 초과	• 지출결의서 • 기안서	●	■	
접대비 및 행사비	거래처 식비	20만 원 이하	• 지출결의서(월간) • 접대비 신청서	●■		
		20만 원 초과			●■	
	축의금, 조의금 등	30만 원 이하	지출결의서	●		
		30만 원 초과			●	

※ 전결 구분
  ● : 지출결의서
  ■ : 기안서, 각종 계획서 및 신청서

06 T대리는 국내 출장비로 465,000원을 지불하였다. 이때 T대리가 작성한 서류의 결재 양식으로 옳은 것은?

①

지출결의서				
결재	담당	과장	부장	최종 결재
	T	전결	전결	부장

②

지출결의서				
결재	담당	과장	부장	최종 결재
	T	전결		과장

③

지출결의서				
결재	담당	과장	부장	최종 결재
	T		전결	부장

④

지출결의서				
결재	담당	과장	부장	최종 결재
	T	전결		과장

⑤

지출결의서				
결재	담당	과장	부장	최종 결재
	T			사장

07 다음 중 전결 규정에 부합하지 않게 작성된 서류는?

① 거래처에 시제품을 보내기 위해 80,000원의 퀵서비스를 이용한 K

지출결의서				
결재	담당	과장	부장	최종 결재
	K	전결		과장

② 일주일간 외부 기관에서 특강을 받고 특강료로 330,000원을 지불한 S

기안서				
결재	담당	과장	부장	최종 결재
	S		전결	부장

③ 팀 내 부하 직원이 결혼해 부서 이름으로 20만 원의 축의금을 보낸 L

지출결의서				
결재	담당	과장	부장	최종 결재
	L	전결		과장

④ 거래처 관계자들과의 저녁 식사 비용으로 265,000원을 사용한 A

접대비 신청서				
결재	담당	과장	부장	최종 결재
	A	전결		과장

⑤ 부서 사무기기 · 용품 보충으로 530,000원을 사용한 P

기안서				
결재	담당	과장	부장	최종 결재
	P			사장

08 다음은 스마트폰 제조업체 종사자들을 위한 익명 게시판에 올라온 게시물이다. 본문과 댓글 등을 참고하였을 때, 동일한 부서에 속했을 가능성이 가장 높은 이들은?

제목	이번 분기 신제품 출시 때문에 죽겠네요. 정말…		
작성자	익명의 오소리	날짜	2024-03-16

출시 일정 얼마 안 남을 때까지 아무 이야기도 없다가 갑자기 대형 이벤트를 하는 걸로 말을 해 버려서요. 며칠 사이에 장소 섭외하고 보도자료 만들어서 뿌리고 난리도 아닙니다. 저희 쪽도 카피나 배포할 이미지 만들려면 시간이 필요한데 이렇게 막무가내로 진행해 버리니까 화가 나네요. 행사 하나 진행하려면 인력이 얼마나 많이 들어가는데…

    └ 익명의 코뿔소
        아마 그분들도 자의로 그런 건 아닐지도 몰라요. 저희도 직전 분기 매출이 생각보다 낮으면 그 직후에 매출 올려야 한다고 압박이 들어와서 예정에 없던 행사나 서브 아이템을 급하게 준비할 때가 있는데, 그러면 저희도 매일같이 야근이라 스트레스죠.

    └ 익명의 카라칼
        남 일 같지가 않네요. 그런 대형 행사를 갑자기 진행하면 인력 수급 계획 하나도 안 잡혀 있고, 그럼 100% 나중에 아르바이트들 임금 지급할 때 문제 터져서 한 명씩 닭 잡히듯이 깨지는데… 어우, 생각만 해도 소름이…

    └ 익명의 아르마딜로
        진짜 가끔 보면 무슨 심부름센터 직원 정도로 생각하는 것 같아요. 오죽하면 사내 교육이나 행사를 진행할 때 모집 메일에 쓸 이미지 같은 것도 만들어 달라고 한다니까요. 아니 사내 행사는 각 부서에서 알아서 진행해야지, 체육대회 날 먹을 저녁 메뉴를 무슨 선호도 조사까지 시키고 있냐고!! 이럴 때면 꼭 고객 상대하는 기분이라니까요!

    └ 익명의 천산갑
        신제품 출시 때는 다들 죽어나죠 뭐. 저희도 납품 기일 맞춰서 물량 뽑아내려면 다들 쉴 틈도 없이 굴려야 턱걸이 수준입니다. 겨울 시즌에는 며칠 동안 햇빛을 못 봐요 거의.

① 오소리 – 아르마딜로   ② 카라칼 – 천산갑
③ 오소리 – 코뿔소   ④ 코뿔소 – 카라칼
⑤ 아르마딜로 – 천산갑

구분	사무 내용	차장	국장	과장	계장	실무
행정정보화 중장기 계획	중장기 발전계획의 수립	○		□		
	중장기 발전계획의 시행		○			□
정보화인력 교육	교육계획 수립		○			□
	계획에 따른 세부업무 진행			○		□
전산보안	전산보안업무지침 및 보안대책 수립		○		□	
	연간보안감사계획 수립 및 감사결과 보고		○			
	보안감사계획의 조정			○		□
	전산보안시스템 운영 및 유지관리			○		□
	기타 전산보안 업무에 관한 사항			○		□
정보화예산 편성 및 집행	정보화예산 편성계획 수립 및 주요사업 배정		○			□
	세부항목의 편성			○		□
	정보화예산의 집행			○		□
전산장비 도입 설치	전산장비 도입에 관한 사항	○		□		
	전산장비 설치에 관한 사항		○			□
	전산장비 유지 · 보수에 관한 사항			○		□
정보화사업 계약 체결	예정가격 3억 원 이상 사업의 계약 체결		○			□
	예정가격 3억 원 미만 사업의 계약 체결			○		□

※ 기안자 : □ / 전결권자 : ○

09 다음 중 기안자와 전결권자가 동일한 기안으로만 묶인 것은?

① 교육계획에 따른 세부업무 진행, 전산장비 설치
② 중장기 발전계획 시행, 전산보안시스템 유지관리
③ 정보화예산 편성계획 수립, 3억 원 이상의 정보화사업 계약 체결
④ 정보화인력 교육계획 수립, 전산장비 도입
⑤ 전산보안 연간보안감사계획 수립, 정보화예산 집행

10 행정정보화 중장기 발전계획 시행에 관한 기안서 작성 시 결재 양식으로 옳은 것은?

①

계장	과장	국장	차장	최종 결재
	전결			과장

②

계장	과장	국장	차장	최종 결재
	전결			국장

③

계장	과장	국장	차장	최종 결재
		전결		국장

④

계장	과장	국장	차장	최종 결재
		전결		차장

⑤

계장	과장	국장	차장	최종 결재
			전결	차장

SECTION 01 **핵심이론**

1. 업무이해능력

(1) 업무의 종류

부서	업무(예)
총무부	주주총회 및 이사회 개최 관련 업무, 의전 및 비서 업무, 집기비품 및 소모품의 구입과 관리, 사무실 임차 및 관리, 차량 및 통신시설의 운영, 국내외 출장 업무 협조, 복리후생 업무, 법률자문과 소송관리, 사내외 홍보 광고업무
인사부	조직기구의 개편 및 조정, 업무분장 및 조정, 인력수급계획 및 관리, 직무 및 정원의 조정 종합, 노사관리, 평가관리, 상벌관리, 인사발령, 교육체계 수립 및 관리, 임금제도, 복리후생제도 및 지원업무, 복무관리, 퇴직관리
기획부	경영계획 및 전략 수립, 전사기획업무 종합 및 조정, 중장기 사업계획의 종합 및 조정, 경영정보 조사 및 기획보고, 경영진단업무, 종합예산수립 및 실적관리, 단기사업계획 종합 및 조정, 사업계획, 손익추정, 실적관리 및 분석
회계부	회계제도의 유지 및 관리, 재무상태 및 경영실적 보고, 결산 관련 업무, 재무제표 분석 및 보고, 법인세·부가가치세·국세·지방세 업무자문 및 지원, 보험가입 및 보상업무, 고정자산 관련 업무
영업부	판매 계획, 판매예산의 편성, 시장조사, 광고 선전, 견적 및 계약, 제조지시서의 발행, 외상매출금의 청구 및 회수, 제품의 재고 조절, 거래처 불만 처리, 제품의 애프터서비스, 판매원가 및 판매가격의 조사 검토

(2) 업무의 특성

① 공통된 조직의 목적 지향
② 요구되는 지식, 기술, 도구의 다양성
③ 다른 업무와의 관계, 독립성
④ 업무수행의 자율성, 재량권

(3) 업무수행 절차

① **간트 차트** : 미국의 간트(Henry Laurence Gantt)가 1919년에 창안한 작업진도 도표로, 단계별로 업무를 시작해서 끝나는데 걸리는 시간을 바(bar) 형식으로 표시한 것
② **워크플로 시트** : 일의 흐름을 동적으로 보여주는데 효과적인 방법으로, 도형을 다르게 표현함으로써 주된 작업과 부차적인 작업 등을 구분해서 표현
③ **체크리스트** : 업무의 각 단계를 효과적으로 수행했는지를 스스로 점검해볼 수 있는 도구

(4) 업무수행 시 방해요인

① **방문, 인터넷, 전화, 메신저** : 시간을 정해놓고 통제
② **갈등관리** : 갈등상황을 받아들이고 객관적으로 평가. 충분한 해결시간을 가지고 서서히 접근
③ **스트레스** : 적정 수준의 스트레스는 개인의 능력을 개선하므로 잘 활용해야 함

2. 국제감각

(1) 타문화 이해

① 문화충격

㉠ 한 문화권에 속한 사람이 다른 문화를 접하게 되었을 때 체험하는 충격
㉡ 다른 문화에 개방적인 태도를 견지하고, 새로운 것을 경험하는 데 적극적 자세를 취함

② 이문화 커뮤니케이션

㉠ 국가 간의 커뮤니케이션으로 문화배경을 달리하는 사람과 커뮤니케이션하는 것
㉡ 언어적 커뮤니케이션＋비언어적 커뮤니케이션

(2) 국제동향 파악

① 관련 분야 해외사이트를 방문하여 최신 이슈 확인
② 매일 신문의 국제면 읽기
③ 업무와 관련된 국제잡지를 정기 구독
④ 노동부, 한국산업인력공단, 산업자원부, 중소기업청, 상공회의소, 산업별 인적자원개발협의체 등의 사이트를 방문해 국제동향 확인
⑤ 국제학술대회 참석
⑥ 업무와 관련된 주요 용어의 외국어를 알아둠
⑦ 해외서점 사이트를 방문해 최신 서적 목록과 주요 내용 파악
⑧ 외국인 친구를 사귀고 대화를 자주 나눔

(3) 인사법

① 영미권에서 악수는 일어서서 상대방 눈을 보며 오른손으로 상대방 손을 잠시 힘주어 잡았다가 놓음
② 미국에서는 이름이나 호칭을 어떻게 부를지 먼저 물어봄
③ 러시아와 라틴아메리카는 친밀함의 표현으로 포옹을 함

(4) 명함 교환

① 악수를 한 후 교환함

② 아랫사람이나 손님이 먼저 꺼내 오른손으로 상대방에게 주고, 받는 사람은 두 손으로 받음

③ 받은 명함은 한 번 보고나서 탁자 위에 보이게 놓은 채로 대화하거나 명함지갑에 넣음

④ 명함을 구기거나 계속 만지지 않도록 함

(5) 시간 약속

① 미국인은 시간엄수를 매우 중요하게 생각함

② 라틴아메리카, 동유럽, 아랍권에서 시간 약속은 형식일 뿐이므로 기다림

(6) 서양요리 식사 예절

① 스프는 소리내어 먹지 않으며, 뜨거운 스프는 입으로 불지 않고 숟가락으로 식힘

② 몸의 바깥쪽에서부터 포크나 나이프를 사용함

③ 빵은 손으로 떼어 먹으며 스프를 먹고 난 후부터 먹음

④ 생선요리는 뒤집어 먹지 않고, 스테이크는 잘라가면서 먹음

01 다음은 한 치킨 프랜차이즈의 SWOT 분석이다. 분석 결과에 따른 적절한 전략으로 옳지 않은 것은? [한국산업인력공단, 한국남동발전, 한국중부발전]

강점 (Strength)	• 경쟁사 대비 높은 가격 경쟁력 • 다양한 주류 품목 취급 • 농축산인 직거래를 통한 원재료 공급 안정성
약점 (Weakness)	• 후발 주자로서 낮은 시장 점유율 • 명확한 특징이 잡히지 않은 브랜드 이미지 • 경쟁사 대비 적은 수의 가맹점 점포 수
기회 (Opportunity)	• 월드컵, 아시안 게임 등 국제 스포츠 이벤트 다수 개최 • '치맥' 등 안주로서의 치킨에 대한 긍정적 이미지 확산 • 음식 배달 어플 사용자 증가로 인한 배달음식 소비 확산
위협 (Threat)	• 시장 포화로 인한 경쟁 심화 • 원재료 가격 및 인건비 상승으로 인한 수익률 악화 • 일부 프랜차이즈 본사의 '갑질' 이슈로 인한 프랜차이즈 거부감

구분	S(강점)	W(약점)
O(기회)	① 월드컵 특별 할인 등 스포츠 응원전을 대상으로 한 할인 행사 시행 ② '찰떡궁합의 치킨&맥주 조합' 등 취급 주류와 연계된 마케팅	③ 배달 어플과의 제휴를 통해 부족한 점포 수를 보완 • '치맥'을 키워드로 한 B급 감성의 SNS 광고
T(위협)	④ 본사와 가맹점 간 인건비 분담 정책으로 '착한 기업' 이미지 확보 • 원재료 상승으로 인한 가격 인상 흐름에 불참, 판매가 동결을 통한 가격 경쟁력 강화	⑤ 무리한 매장 수의 확대보다는 기존 가맹점의 수익률 향상에 집중해 '상생 기업'으로서 미디어에 노출

정답 찾기

본사와 가맹점 간 인건비 분담 정책을 펴는 것은 '원재료 및 인건비 상승'이라는 위협에 대응하는 방안은 맞으나, 이를 통해 '착한 기업'이라는 브랜드 이미지를 확보하는 것은 기존의 강점을 강화하는 것이 아니라 약점(불명확한 브랜드 이미지)을 회피하는 것으로 WT 전략에 가깝다.

정답 | ④

PART 01
PART 02
PART 03
PART 04
PART 05
PART 06
PART 07
PART 08
PART 09

02 다음은 해외 출장을 앞둔 ○○사 무역부서 직원들이 나눈 대화 내용이다. A~E 중 국제감각을 충분히 갖추지 못한 직원은? [한국산업인력공단]

> A : 첫 해외 출장이라서 긴장되네. 요즘 신문의 국제면을 유심히 읽고 있는데, 단편적인 내용들을 종합적으로 이해하기가 힘들어서 우리 업무랑 연관되는 국제잡지를 구독할까 고민 중이야.
>
> B : 나도 우리 팀 업무와 관련된 분야의 해외 사이트를 계속 살펴보고 있어. 대사관 홈페이지에서 소개하는 법규정, 특수 문화 등을 찾아보는 것도 도움이 되더라.
>
> C : 우리 팀은 미국으로 출장가는데 상대방을 만났을 때 이름부터 부르지 말고 어떻게 불러주면 좋은지를 먼저 질문하는 게 좋대. 아무래도 스프, 빵, 스테이크 위주인 식사가 준비될 테니 빵은 되도록 손으로 떼어 먹고 스테이크는 미리 다 잘라놓지 않는 게 좋고.
>
> D : 나도 미국으로 가. 몇 달 전 라틴아메리카에 갔었는데 포옹이나 입을 맞추는 인사법에 자연스럽게 응하기가 어려웠어. 이번에는 인사할 때 먼저 가까이 다가가서 그 나라 스타일의 인사를 미리 준비하고 있으려고.
>
> E : 라틴아메리카에 다녀왔었구나. 내 이번 출장지도 라틴아메리카야. 그곳에서의 미팅은 상대방이 약속 시각을 맞추어 나오지 않을 것을 미리 예상하고 충분히 기다려야 한다더라고. 인내심을 갖고 무례하게 행동하지 않도록 주의해야겠어.

① A   ② B
③ C   ④ D
⑤ E

정답 찾기

라틴아메리카의 인사법과 다르게 미국에서는 인사하거나 이야기할 때 너무 다가가서 말하지 말고 상대방의 개인공간 (personal space)을 지켜주어어 한다.

정답 | ④

01 세계화와 국제감각에 대한 설명으로 옳지 않은 것은?

① 세계화가 진행됨에 따라 직업인들은 직·간접적으로 영향을 받게 된다.

② 세계화 시대에 업무를 효과적으로 수행하기 위해서는 국제동향을 파악해야 한다.

③ 이문화 이해는 다른 문화를 자기 문화 중심으로 이해하는 것이다.

④ 직업인이 외국인과 함께 일을 하기 위해서는 국제매너를 갖춰야 한다.

⑤ 업무 관련 국제 법 규정을 숙지하는 등 국제적 상황 변화에 능동적으로 대처하는 능력을 함양해야 한다.

02 다음은 세계적인 기업인 G사의 사례이다. 이 사례에서 나타나는 경영 전략을 〈보기〉에서 모두 고르면?

> G사는 세계에서 가장 큰 다원화된 회사로 우수한 기술력의 소비재를 제공한다. 뛰어난 CEO로 평가받는 J는 노동자들이 자신의 일에 대해 더 잘 알고 있다고 생각하여, 직원들과 중간관리자들에게도 정책 결정에 참여할 수 있는 기회를 제공하였다.
>
> G사의 기업문화를 대표하는 것 가운데 하나가 바로 의사소통이다. 위에서 아래로, 아래에서 위로의 수직적인 대화와 동료들 간의 수평적 대화도 원활하게 이루어지고 있다. 또한 의사소통의 경계를 없애고 공식적인 의사소통 외에 비공식적인 의사소통 문화를 이룩하였다. 그는 회 사의 직원들과 가족 같은 관계를 유지하기 위해 노력하며, 직원들과 이야기하는 데 하루의 절반을 쓴다.
>
> G사는 다원화 기업으로 하나의 전략을 통일적으로 적용하기 어려웠기 때문에 목표를 간단하게 '1등 혹은 2등'으로 정하였다. 이러한 목표에 따라 J는 G사에 속하는 모든 기업들이 업계에서 1등이나 2등을 차지하도록 노력했고 그렇지 않으면 매각해 버렸다. 이를 통해 경쟁력 있는 분야에 자원을 집중하고 강력한 경쟁우위를 점할 수 있었다.

> 보기
> ㉠ 전 직원 정책 참여   ㉡ 저렴한 가격 방침
> ㉢ 관리자와 직원 간 동반자 관계   ㉣ 원활한 의사소통
> ㉤ 1등과 2등 전략

① ㉠, ㉢

② ㉡, ㉤

③ ㉠, ㉢, ㉣

④ ㉠, ㉣, ㉤

⑤ ㉡, ㉢, ㉣, ㉤

03 3C 분석은 마케팅에서 상황 분석을 할 때 주로 사용되는 경영 기법 중 하나로, 현재 상황을 자사(Company), 경쟁사(Competitor), 고객(Customer)의 관점에서 분석하는 것을 말한다. 다음 중 한 커피 전문점에 대한 3C 분석으로 옳지 않은 것은?

---

1. 자사 분석
   ㄱ. 강점
      • 동종 업계 중 가맹점 점포 수 최다 1위
      ① 높은 가격 경쟁력과 차별화된 마일리지 제도
      ② 고급 스페셜티 커피에 대한 수요 증가
   ㄴ. 약점
      • '저가형 브랜드'로 인식된 브랜드 이미지
      ③ 직원 교육 시스템 미흡으로 숙련된 직원 수급이 불안정함

2. 경쟁사(○○커피) 분석
   ㄱ. 강점
      • '공정무역 커피 사용'을 내세워 '착한 커피' 이미지 구축
      • 강한 특색의 메뉴로 입소문, 점포 수가 빠르게 증가 중
   ㄴ. 약점
      ④ 젊은 층에 한정된 브랜드 인식률
      • 디저트류 상품의 다양성에 비해 커피 본연의 맛은 떨어진다는 평가

3. 고객 분석
   ⑤ 소위 '인스타용' 매장의 인기 증가 등 음료 외적인 요인에 대한 주목도 증가
   • 경기 침체로 커피 가격에 대한 민감도 증가

---

04 다음은 SNS 인플루언서의 SWOT 분석 내용이다. 분석 결과에 대응하는 적절한 전략이 아닌 것은?

강점 (Strength)	• 콘텐츠 창작 및 큐레이션 능력 우수함 • 팔로워 다수. 2년 이상된 콘텐츠 구독자 다수 • 팔로워들의 성향이 피드백에 적극적이고 상호 소통이 원활함
약점 (Weakness)	• 투자 자본 부족 • 상품 기획 · 제작 · 검수 및 사업체 경영 관련 경험 부족 • 비전문가 이미지
기회 (Opportunity)	• 생산 대행 공장 증가에 따라 생산 원가 절감 • 신속하고 저렴한 전국적 운송망 • NS 소개 상품에 대한 구입 요청 증가
위협 (Threat)	• 일부 부정적 경영 사례가 이슈화되어 인플루언서 소셜 마켓에 대한 안티 강화 • 저품질 · 훼손 상품에 대한 소비자 고소 및 대규모 보이콧 증가 • 경쟁자 증가

구분	강점(Strength)	약점(Weakness)
기회 (Opportunity)	• 소구력을 자극하는 콘텐츠 지속적 업로드 ① 다수의 팔로워들의 제작 요청을 토대로 기획한 상품을 생산 대행 공장에 발주	② SNS 소개 상품 중 투자비용이 적은 상품의 판매 행사 기획 ③ 상품 훼손율이 낮고 배송 속도가 빠른 배송업체 결정
위협 (Threat)	• 지속적 소통으로 신뢰도를 높여 진정성 있는 이미지 확보 및 경쟁력 강화 ④ 충성 팔로워들의 적극적 피드백을 통해 상품 관련 불만 파악 및 대응	• 상거래 관련 컨설팅 문의 및 판매상품 관련 전문성을 어필하는 콘텐츠 게시 ⑤ 판매상품 검수 기준 강화 및 불량상품 보상 기준 완화를 통한 불만 해소

05 경영은 '계획 → 실행 → 평가'의 과정을 거쳐 이루어진다. 다음 중 실행 과정에서 이루어지는 것은?

① 대안 분석
② 실행방안 선정
③ 조직목적 달성
④ 교정 및 피드백
⑤ 미래상 설정

National Competency Standards

정보능력

PART 04

CHAPTER 01 컴퓨터활용능력

SECTION 01 핵심이론

1. 정보능력 개요

(1) 정보, 자료 및 지식

① 자료/정보/정보처리/지식

㉠ 자료(Data) : 정보 작성을 위하여 필요한 데이터를 말하는 것으로, 이는 '아직 특정의 목적에 대하여 평가되지 않은 상태의 숫자나 문자들의 단순한 나열을 의미

㉡ 정보(Information) : 자료를 일정한 프로그램에 따라 컴퓨터가 처리·가공함으로써 '특정한 목적을 달성하는데 필요하거나 특정한 의미를 가진 것으로 다시 생산된 것'을 의미

㉢ 정보처리(Information Processing) : 자료를 가공하여 이용 가능한 정보로 만드는 과정, 자료처리(Data processing)라고도 하며 일반적으로 컴퓨터가 담당

㉣ 지식(Knowledge) : '어떤 특정의 목적을 달성하기 위해 과학적 또는 이론적으로 추상화되거나 정립되어 있는 일반화된 정보'를 뜻하는 것으로, 어떤 대상에 대하여 원리적·통일적으로 조직되어 객관적 타당성을 요구할 수 있는 판단의 체계를 제시

② 정보의 가치

㉠ 정보의 가치는 우리의 요구, 사용 목적, 활용되는 시기와 장소에 따라서 다르게 평가됨

㉡ 정보는 우리가 원하는 시간에 제공되어야 함

㉢ 정보는 공개 정보와 비공개 정보를 적절히 구성함으로써 경제성과 경쟁성을 동시에 추구해야 함

(2) 정보화 · 미래 사회

① 정보화 사회

㉠ 정보가 중심이 되는 사회로서 컴퓨터와 정보통신 기술을 활용하여 사회 각 분야에서 필요로 하는 가치 있는 정보를 창출하고, 보다 유익하고 윤택한 생활을 영위하는 사회로 발전시켜 나가는 것

㉡ 필수적으로 해야 할 일 : 정보검색, 정보관리, 정보전파

② 미래 사회

㉠ 부가가치 창출 요인이 토지, 자본, 노동에서 지식 및 정보 생산 요소로 전환 : 미래 사회의 6T(IT, BI, NT, ET, CT, ST)

㉡ 세계화의 진전

㉢ 지식의 폭발적인 증가

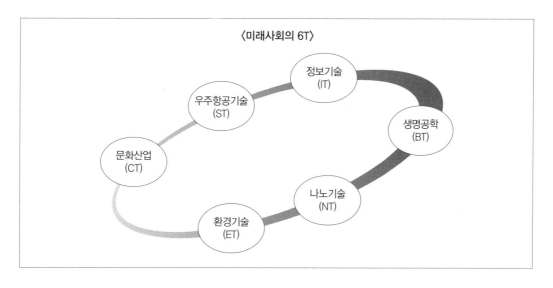

〈미래사회의 6T〉

정보기술 (IT)

우주항공기술 (ST)

생명공학 (BT)

문화산업 (CT)

나노기술 (NT)

환경기술 (ET)

PART 01
PART 02
PART 03
PART 04
PART 05
PART 06
PART 07
PART 08
PART 09

(3) 컴퓨터 활용 분야

① 기업 경영 분야에서의 활용

- ㉠ 생산에서부터 판매, 회계, 재무, 인사 및 조직관리는 물론 금융 업무까지도 컴퓨터를 널리 활용
- ㉡ 경영정보시스템(MIS) 또는 의사결정지원시스템(DSS) 등 : 기업경영에 필요한 정보를 효과적으로 활용할 수 있도록 지원해 주어 경영자가 신속한 의사결정을 할 수 있도록 해줌
- ㉢ 사무 자동화(OA ; Office Automation) : 문서 작성과 보관은 물론 컴퓨터로 업무를 결재하는 전자 결재 시스템이 도입되어 업무 처리의 효율을 높임
- ㉣ 전자 상거래(EC ; Electronic Commerce) : 전자 상거래가 활성화되어 기업은 물류비용을 줄이고, 소비자는 값싸고 질 좋은 제품을 집에서 구매할 수 있어 소비자와 기업 모두에게 이익을 줌

② 행정 분야에서의 활용

- ㉠ 사무 자동화(OA ; Office Automation) : 모든 민원서류를 정보 통신망을 이용하여 원격지에서 발급받을 수 있을 뿐만 아니라 가까운 은행에서도 세금과 공과금 납부 가능
- ㉡ 전자 주민 카드가 실용화되면 신분 확인 수단뿐만 아니라 향후 신용카드를 대신하여 물품 구매부터 지하철 개찰까지 대신하게 될 것임

③ 산업 분야에서의 활용

- ㉠ 제품의 수주, 설계, 제조, 검사, 출하에 이르기까지 모든 제품 공정을 자동화하여 생산성 향상과 원가 절감, 불량품 감소 등으로 제품의 경쟁력을 높이고 있음
- ㉡ 상품의 판매 시점관리(POS ; Point Of Sales) 시스템을 이용한 매출액 계산, 원가 및 재고관리 등에 활용되고 있음
- ㉢ 산업용 로봇으로 산업 현장에서 사람이 하기 힘든 위험한 일이나 비위생적인 작업, 정교한 일 등에 이용하고 있음
- ㉣ 재배나 사육시설에서 농작물과 가축이 잘 자랄 수 있도록 온도, 습도, 이산화탄소 농도 및 일조 시간 등을 조절하는 데 이용하고 있음

ⓜ 농산물을 가공하는 공장의 자동화를 통한 식품 가공 산업의 발전에도 이용하고 있음

ⓗ 생체 공학 및 유전자 공학 기술, 작물이나 품종의 개량, 농가에서 기상 정보, 병충해 방제 정보, 시장 정보 등 농업 정보를 얻는 데에도 이용되고 있음

ⓢ 전파를 발사하여 어류의 이동 상황 등을 분석하여 어로를 개척하고 양식장의 환경 제어, 수산 가공 등에 이용되고 있음

ⓞ 배의 운항 일정과 항로 등을 자동으로 제어하는 안전 관리 시스템 등에 이용되고 있음

④ **기타 분야에서의 활용**

㉠ 교육에서의 이용

컴퓨터 보조 교육 (CAI ; Computer Assisted Instruction)	강의나 학습에 컴퓨터를 이용하는 것으로, 학습자가 프로그램을 이용하여 개인차에 따라 학습 속도와 학습 시간을 조절하여 학습하는 방식
컴퓨터 관리 교육 (CMI ; Computer Managed Instruction)	학습 지도 자료의 정리, 성적 관리, 진로 지도, 교육 계획 등에 활용

㉡ 연구소에서의 이용 : 복잡한 계산이나 정밀한 분석 및 실험 등

㉢ 출판에서의 이용 : 개인용 컴퓨터를 통한 많은 작가들의 저술, 인터넷을 통한 책 분배 등

㉣ 가정에서의 이용 : 보안, 냉·난방 조절, 생활 정보 검색, 홈뱅킹과 홈쇼핑 등

㉤ 도서관에서의 이용

㉥ 예술 분야에서의 이용

(4) 업무수행을 위한 정보처리과정

기획 → 수집 → 관리 → 활용

① **정보의 전략적 기획** : 정보활동의 가장 첫 단계로서 정보관리의 가장 중요한 단계이며 보통은 5W2H에 의해 기획함

〈5W2H〉
- WHAT(무엇을?) : 정보의 입수대상을 명확히 한다.
- WHERE(어디에서?) : 정보의 소스(정보원)를 파악한다.
- WHEN(언제까지?) : 정보의 요구(수집)시점을 고려한다.
- WHY(왜?) : 정보의 필요목적을 염두에 둔다.
- WHO(누가?) : 정보활동의 주체를 확정한다.
- HOW(어떻게?) : 정보의 수집방법을 검토한다.
- HOW MUCH(얼마나?) : 정보수집의 비용성(효용성)을 중시한다.

② **정보의 수집** : 다양한 정보원으로부터 목적에 적합한 정보를 입수하는 것으로, 목적은 장래가 어떻게 될까를 '예측'하기 위함임

③ **정보의 관리** : 수집된 다양한 형태의 정보를 어떤 문제해결이나 결론도출에 사용하기 쉬운 형태로 바꾸는 일

<정보관리의 3원칙>
- 목적성 : 사용목적을 명확히 설명해야 한다.
- 용이성 : 쉽게 작업할 수 있어야 한다.
- 유용성 : 즉시 사용할 수 있어야 한다.

④ **정보의 활용**
  ㉠ 정보기기에 대한 이해나 최신 정보기술이 제공하는 주요 기능
  ㉡ 특성에 대한 지식을 아는 능력만 포함되는 것이 아니라 정보가 필요하다는 문제 상황을 인지
   할 수 있는 능력
  ㉢ 문제 해결에 적합한 정보를 찾고 선택할 수 있는 능력
  ㉣ 찾은 정보를 문제해결에 적용할 수 있는 능력
  ㉤ 윤리의식을 가지고 합법적으로 정보를 활용할 수 있는 능력

(5) 인터넷의 역기능
① 불건전 정보의 유통
② 개인 정보 유출
③ 사이버 성폭력
④ 사이버 언어폭력
⑤ 언어 훼손
⑥ 인터넷 중독
⑦ 컴퓨터 바이러스 감염
⑧ 저작권 침해

(6) 컴퓨터 바이러스 예방법
① 출처가 불분명한 전자 우편의 첨부파일은 백신 프로그램으로 바이러스 검사 후 사용
② 실시간 감시 기능이 있는 백신 프로그램을 설치하고 정기적으로 업데이트
③ 바이러스가 활동하는 날에는 시스템을 사전에 검사
④ 정품 소프트웨어를 구입하여 사용하는 습관을 가짐
⑤ 중요한 파일은 습관적으로 별도의 보조 기억 장치에 미리 백업을 해놓음
⑥ 프로그램을 복사할 때는 바이러스 감염 여부 확인

2. 컴퓨터활용능력

(1) 다양한 인터넷 서비스
① **전자우편(E-mail) 서비스** : 정보 통신망을 이용하여 다른 사용자들과 편지나 여러 정보를 주고
   받는 통신 방법
② **인터넷 디스크/웹 하드** : 인터넷 디스크(Internet Harddisk), 웹 디스크(Web-disk), 웹 하드
   (Web Hard), 파일 박스, 피디 박스 등을 뜻하며, 현재 네티즌들 사이에서 가장 많이 사용하는
   용어는 웹 하드(Web Hard)와 웹 디스크임

③ **메신저** : 인터넷에서 실시간으로 메시지와 데이터를 주고받을 수 있는 소프트웨어

④ **클라우드 컴퓨팅** : 사용자들이 복잡한 정보를 보관하기 위해 별도의 데이터 센터를 구축하지 않고도, 인터넷을 통해 제공되는 서버를 활용해 정보를 보관하고 있다가 필요할 때 꺼내 쓰는 기술

⑤ **SNS(Social Network Service)** : 온라인 인맥 구축을 목적으로 개설된 커뮤니티형 웹사이트

⑥ **전자상거래** : 좁은 뜻으로 인터넷이라는 전자적인 매체를 통하여 상품을 사고팔거나, 재화나 용역을 거래하는 사이버 비즈니스이며, 넓은 뜻으로는 소비자와의 거래뿐만 아니라 거래와 관련된 공급자, 금융기관, 정부기관, 운송기관 등과 같이 거래에 관련되는 모든 기관과의 관련행위 포함

(2) 정보검색

① **정보검색 단계**

검색주제 선정 → 정보원 선택 → 검색식 작성 → 결과 출력

② **검색엔진의 유형**

㉠ 키워드 검색 방식

㉡ 주제별 검색 방식

㉢ 자연어 검색 방식

㉣ 통합형 검색 방식

③ **정보검색 연산자**

기호	연산자	검색 조건
*, &	AND	두 단어가 모두 포함된 문서를 검색 예 인공위성 and 자동차, 인공위성 * 자동차
|	OR	두 단어가 모두 포함되거나, 두 단어 중에서 하나만 포함된 문서를 검색 예 인공위성 or 자동차, 인공위성 | 자동차
-, !	NOT	'-'기호나 '!'기호 다음에 오는 단어를 포함하지 않는 문서를 검색 예 인공위성 not 자동차, 인공위성 ! 자동차
~, near	인접검색	앞/뒤의 단어가 가깝게 인접해 있는 문서를 검색 예 인공위성 near 자동차

④ **검색엔진의 종류**

㉠ 네이버(Naver) : http://www.naver.com/

㉡ 다음(Daum) : http://www.daum.net/

㉢ 구글(Google) : http://www.google.co.kr/

㉣ 외국 검색엔진 : 영문, 일본어, 중국어, 인도어, 프랑스어 등

(3) 업무에 필요한 소프트웨어

① **워드프로세서**

    ㉠ 여러 형태의 문서를 작성, 편집, 저장, 인쇄할 수 있는 프로그램

    ㉡ 주요 기능

구분	내용
입력기능	키보드나 마우스를 통하여 한글, 영문, 한자 등 각국의 언어, 숫자, 특수문자, 그림, 사진, 도형 등을 입력할 수 있는 기능
표시기능	입력한 내용을 표시 장치를 통해 화면에 나타내주는 기능
저장기능	입력된 내용을 저장하여 필요할 때 사용할 수 있는 기능
편집기능	문서의 내용이나 형태 등을 변경해 새롭게 문서를 꾸미는 기능
인쇄기능	작성된 문서를 프린터로 출력하는 기능

② **스프레드시트**

    ㉠ 전자 계산표 또는 표 계산 프로그램

    ㉡ 구성단위 : 셀, 열, 행, 영역 등 4가지

    ㉢ 기술

        • 파일을 서로 연결시켜 내용의 복사, 이동, 연산이 가능함

        • 메모리가 허용하는 한도의 파일을 동시에 불러들여 한꺼번에 볼 수 있음

        • 2차원과 3차원 그래프 등 다양한 형태의 그래프 작성 가능

    ㉣ 대표적인 프로그램 : 엑셀

③ **프리젠테이션**

    ㉠ 컴퓨터나 기타 멀티미디어를 이용하여 그 속에 담겨 있는 각종 정보를 사용자 또는 대상자에게 전달하는 행위

    ㉡ 활용 : 보고, 회의, 상담, 교육 등에서 정보를 전달하는 데 널리 활용되며, 파워포인트, 프리랜스 그래픽스 등이 있음

④ **데이터베이스**

    ㉠ 대량의 자료를 관리하고 내용을 구조화하여 검색이나 자료 관리를 효과적으로 실행하는 프로그램

    ㉡ 기능 : 테이블, 질의, 폼, 보고서 등을 작성 가능

    ㉢ 대표적인 프로그램 : 오라클(Oracle), 액세스(Access) 등

⑤ **그래픽 소프트웨어**

    ㉠ 새로운 그림을 그리거나 그림 또는 사진 파일을 불러와 편집하는 프로그램

    ㉡ 기능 : 그림 확대, 그림 축소, 필터

    ㉢ 대표적인 프로그램 : 포토샵(PhotoShop), 3DS MAX, 코렐드로우(Coredraw) 등

⑥ **유틸리티 프로그램** : 사용자가 컴퓨터를 사용하면서 처리하게 되는 여러 가지 작업, 예를 들면 압축 해제, 바이러스 치료, 텍스트 편집, 이미지 편집 등을 편리하게 할 수 있도록 도와주는 소프트웨어

PART 01
PART 02
PART 03
PART 04
PART 05
PART 06
PART 07
PART 08
PART 09

종류	특징
파일 압축 유틸리티	• 파일의 크기를 압축 가능 • 파일 압축 시 디스크의 저장 공간을 넓혀줌 • 파일 전송 또는 다운로드 시간 단축 가능 예 ALzip, 밤톨이, Winzip 등
바이러스 백신 프로그램	컴퓨터 바이러스를 찾아내고 기능을 정지시키거나 제거하여 손상된 파일을 치료하는 기능을 가진 소프트웨어 예 V3, V3+Neo, 다잡아, 터보백신, 바이로봇, 안티바이러스 등
화면 캡처 프로그램	모니터 화면에 나타나는 영상을 사용자가 원하는 크기, 모양 등을 선택하여 이미지 파일로 만들어 주는 프로그램 예 스내그잇(snagit), 캡순이, 안카메라 등
이미지 뷰어 프로그램	그림 파일이나 디지털 카메라로 찍은 이미지 파일들을 볼 수 있도록 도와주는 유틸리티 프로그램 예 bmp, jpg, tif, gif, wmf 등의 확장자를 가진 파일을 열어볼 수 있음
동영상 재생 프로그램	각종 영화나 애니메이션을 감상하거나 음악을 즐길 수 있는 유틸리티 프로그램

(4) 데이터베이스 구축의 필요성

① **데이터베이스** : 여러 개의 서로 연관된 파일

② **데이터베이스의 필요성**

  ㉠ 데이터의 중복을 줄임

  ㉡ 데이터의 무결성을 높임

  ㉢ 검색을 쉽게 해줌

  ㉣ 데이터의 안정성을 높임

  ㉤ 프로그램의 개발기간을 단축함

③ **데이터베이스의 기능**

  ㉠ 입력 기능

  ㉡ 데이터의 검색 기능

  ㉢ 데이터의 일괄 관리

  ㉣ 보고서 기능

④ **데이터베이스의 작업 순서**

시작 → 데이터베이스 → 자료 입력 → 저장 → 자료 검색 → 보고서 인쇄 → 종료

01 다음은 엑셀에서 사용하는 단축키에 대한 설명이다. 단축키와 실행 내용이 바르게 연결되지 않은 것은? [한국지역난방공사]

① Ctrl + ~ : 입력된 수식을 봄
② Shift + F2 : 셀을 선택하여 메모를 입력함
③ Ctrl + * : 데이터 목록 전체를 선택함
④ Ctrl + PgUp, Ctrl + PgDn : 현재 시트의 앞, 뒤 시트로 이동함
⑤ Ctrl + F1 : 선택한 기능을 리본 메뉴에 추가함

정답 찾기

Ctrl + F1을 누르면 리본 메뉴가 감춰지거나 표시된다.

정답 | ⑤

02 검색엔진을 사용하여 인터넷에서 조선 중기의 유학자 이율곡의 어머니가 누구인지 알아보려고 한다. 키워드 검색방법을 사용할 때 가장 적절한 검색식은 무엇인가? (단, 사용하려는 검색엔진은 AND 연산자로 '&', OR 연산자로 '+', NOT 연산자로 '!'를 사용한다.)

① 유학자&이율곡
② 유학자!어머니
③ 조선 중기+이율곡
④ 이율곡&어머니
⑤ 이율곡!어머니

정답 찾기

유학자 이율곡의 어머니를 검색하는 것이므로 여러 어머니 중에서 이율곡과 어머니가 동시에 들어있는 웹문서를 검색한다. 따라서 AND 연산자를 사용하면 '이율곡&어머니'가 가장 적절하다.

정답 | ④

03 다음 중 아래 시트에서 [B1:F2] 영역을 참조하여 [B4]셀의 점수 값에 해당하는 학점을 [B5]셀에 구하기 위한 함수식으로 옳은 것은? [한국전력공사]

◢	A	B	C	D	E	F
1	점수	60	70	80	90	100
2	학점	E	D	C	B	A
3						
4	점수	85				
5	학점					

① =HLOOKUP(B4, B1:F2, 2, TRUE)

② =HLOOKUP(B4, B1:F2, 2, FALSE)

③ =HLOOKUP(B4, B1:F2, 1, FALSE)

④ =VLOOKUP(B4, B1:F2, 2, TRUE)

⑤ =VLOOKUP(B4, B1:F2, 2, FALSE)

정답 찾기

찾는 값은 85점(B4)이고, 찾을 범위는 B1:F2, 참조 범위에서 1행은 점수, 2행은 학점을 의미하므로 행 번호는 '2'이다. 찾는 값인 '85'점은 숫자이므로, TRUE 입력을 이용한다.

- HLOOKUP
  - 함수 : 가로 방향으로 데이터 검색 후 검색한 데이터의 위치 행에서 필요한 정보를 찾는 함수이다.
  - 형태 : HLOOKUP(찾는 값, 찾을 범위, 행 번호, 옵션)
- VLOOKUP
  - 함수 : 세로 방향으로 데이터 검색 후 검색한 데이터의 위치 열에서 필요한 정보를 찾는 함수이다.
  - 형태 : VLOOKUP(찾는 값, 찾을 범위, 열 번호, 옵션)
- ※ VLOOKUP과 HLOOKUP 함수의 옵션
  - TRUE : 찾는 값과 근사한 값을 찾음, 찾는 값이 숫자인 경우 사용
  - FALSE : 정확하게 일치하는 값을 찾음, 찾는 값이 문자인 경우 사용

정답 | ①

01 다음 설명과 관련된 것은 무엇인가?

> 과거에 슈퍼마켓 등에서 물건을 살 때, 주인은 탁상용 계산기를 두드려 손님에게 물건값을 받았으나 지금
> 은 바코드를 읽어 재빨리 계산을 한다. 판매가 이루어지는 시점의 데이터를 메인 컴퓨터에 보내면 매장의
> 현재 재고가 얼마나 되는지, 새로 구입해야 할 물건은 무엇인지를 금방 알아낼 수 있다.

① POS　　　　　　　　　　　　② CAD
③ CAM　　　　　　　　　　　　④ MIS
⑤ GPS

02 데이터베이스의 필요성에 관한 옳은 설명만을 〈보기〉에서 모두 고르면?

> 보기
> ㉠ 데이터의 중복을 줄이고 안정성을 높인다.
> ㉡ 데이터의 양이 많아 검색이 어려워진다.
> ㉢ 프로그램의 개발이 쉽고 개발기간도 단축된다.
> ㉣ 데이터가 한곳에만 기록되어 있어 결함 없는 데이터를 유지하기 어려워졌다.

① ㉠, ㉡　　　　　　　　　　　② ㉠, ㉢
③ ㉡, ㉣　　　　　　　　　　　④ ㉡. ㉢
⑤ ㉢, ㉣

03 전자상거래(Electronic Commerce)에 관한 설명으로 옳은 것을 〈보기〉에서 모두 고르면?

> 보기
> ㉠ 나의 경험담도 전자상거래 상품이 될 수 있다.
> ㉡ 인터넷 서점, 홈쇼핑, 홈뱅킹 등도 전자상거래 유형이다.
> ㉢ 개인이 아닌 공공기관이나 정부는 전자상거래를 할 수 없다.
> ㉣ 팩스나 전자우편 등을 이용하는 거래는 전자상거래가 아니다.

① ㉠, ㉡　　　　　　　　　　　② ㉠, ㉢
③ ㉡, ㉢　　　　　　　　　　　④ ㉡, ㉣
⑤ ㉢, ㉣

04 다음은 한글 Windows에서 사용하는 단축키에 대한 설명이다. 단축키와 실행 내용이 바르게 연결된 것은?

① Alt + Tab : 실행 중인 프로그램들을 순서대로 전환

② Alt + F4 : 실행 중인 프로그램들의 목록을 화면 중앙에 나타냄

③ Ctrl + A : 바탕화면의 아이콘 크기 변경

④ Ctrl + Shift + Esc : 바로 가기 메뉴 표시

⑤ Ctrl + Esc : 시작 메뉴 표시

05 한글 Windows의 사용자 계정 관련 설명으로 옳지 않은 것은?

① 사용자 계정 이름에 암호를 부여하면 사용자 지정 설정, 컴퓨터 프로그램, 시스템 리소스를 보다 안전하게 이용할 수 있다.

② 사용자 계정의 암호에 힌트를 지정할 경우 힌트의 내용은 컴퓨터를 사용하는 사용자 전체에게 노출된다.

③ 개인 파일, 즐겨 찾는 웹 사이트 목록, 최근 방문한 웹 페이지 목록의 사용자별 관리가 가능하다.

④ 사용자별로 로그온하여 작성된 문서는 같은 위치의 폴더에 저장된다.

⑤ 관리자 계정을 가진 사용자가 다른 사용자의 암호를 임의로 변경해도 해당 사용자의 개인 인증서는 보존된다.

06 부분합에 대한 설명으로 옳지 않은 것은?

① 부분합은 많은 양의 데이터 목록을 그룹별로 분류하고, 그룹별로 계산을 수행하는 데이터 분석 도구이다.

② 부분합을 작성하려면 첫 행에는 열 이름표가 있어야 하며, 그룹화할 항목을 기준으로 정렬해야 제대로 된 결과를 얻을 수 있다.

③ 부분합을 작성하면 워크시트 왼쪽에 부분합을 계산한 하위 그룹 단위로 윤곽이 설정되고 윤곽 기호가 나타난다.

④ 부분합을 제거하면 부분합과 함께 표에 삽입된 윤곽 및 페이지 나누기도 모두 제거된다.

⑤ 그룹화를 위해 데이터를 정렬할 때 오름차순과 내림차순을 다르게 하면 그룹별 부분합의 결과도 다르게 나온다.

07 다음 중 컴퓨터 운영체제에 대한 설명으로 옳지 않은 것은?

① 운영체제는 컴퓨터가 동작하는 동안 하드디스크에 위치하며 프로세스, 기억장치, 입·출력장치, 파일 등을 관리한다.

② 운영체제의 방식에는 일괄 처리, 실시간 처리, 분산 처리 등이 있다.

③ 운영체제의 구성요소인 제어 프로그램에는 감시 프로그램, 작업 관리 프로그램, 데이터 관리 프로그램 등이 있다.

④ 운영체제는 키보드, 모니터, 디스크 드라이브 등의 필수적인 주변 장치들을 관리하는 BIOS를 포함한다.

⑤ 운영체제는 사용자가 응용프로그램을 편리하게 사용하고, 하드웨어의 성능을 최적화할 수 있도록 한다.

08 다음 중 Windows의 휴지통 기능에 대한 설명으로 옳지 않은 것은?

① 휴지통에 지정된 용량이 초과되면 가장 오래전에 삭제한 파일부터 자동으로 지워진다.

② 휴지통에 보관된 실행 파일의 경우 복원 후 실행은 가능하지만 휴지통 내에서 실행하거나 이름을 변경할 수는 없다.

③ 휴지통 속성에서 파일이나 폴더가 삭제될 때 삭제 여부 확인 대화상자가 표시되지 않도록 설정할 수 있다.

④ 휴지통의 파일이 실제 저장된 폴더 위치는 일반적으로 'C:$Recycle.Bin'이다.

⑤ 바탕 화면에 있는 해당 파일을 선택한 후에 Shift와 Delete를 눌러 휴지통에 넣으면 빈 휴지통 아이콘이 가득 찬 휴지통 아이콘으로 바뀐다.

09 다음 중 컴퓨터 바이러스의 예방과 치료에 대한 설명으로 옳지 않은 것은?

① 다운로드한 파일이나 외부에서 가져온 파일은 반드시 바이러스 검사를 수행한 후 사용한다.

② 네트워크를 통한 감염을 방지하기 위해 공유 폴더의 속성을 숨김으로 설정한다.

③ 전자우편을 통해 감염될 수 있으므로 발신자가 불분명한 전자우편은 열어보지 않고 삭제한다.

④ 백신 프로그램의 업데이트를 통해 주기적으로 바이러스 검사를 수행한다.

⑤ 바이러스 예방 프로그램을 램(RAM)에 상주시킨다.

10 다음 중 시스템 보안과 관련한 불법에 대한 설명으로 옳지 않은 것은?

① 피싱(Phishing)은 거짓 메일을 보내서 가짜 금융기관 등의 가짜 웹사이트로 유인하여 정보를 빼내는 행위이다.

② 스푸핑(Spoofing)은 검증된 사람이 네트워크를 통해 데이터를 보낸 것처럼 데이터를 변조하여 접속을 시도하는 행위이다.

③ 분산 서비스 거부 공격(DDOS)은 마이크로소프트사의 MS-DOS를 운영체제로 사용하는 컴퓨터에 네트워크를 통해 불법적으로 접속하는 행위이다.

④ 해킹(Hacking)은 컴퓨터 시스템에 불법적으로 접근, 침투하여 시스템과 데이터를 파괴하는 행위이다.

⑤ 스니핑(Sniffing)은 네트워크 주변을 지나다니는 패킷을 엿보면서 계정과 패스워드를 알아내는 행위이다.

11 다음 중 엑셀 수식에서 발생하는 오류의 원인으로 옳지 않은 것은?

① #NULL! : 배열 수식이 들어 있는 범위와 행 또는 열 수가 같지 않은 배열 수식의 인수를 사용하는 경우

② #VALUE! : 수식에서 잘못된 인수나 피연산자를 사용한 경우

③ #NUM! : 수식이나 함수에 잘못된 숫자 값이 포함된 경우

④ #NAME? : 인식할 수 없는 혹은 틀린 글자를 수식에 사용한 경우

⑤ ##### : 셀에 셀 너비보다 큰 숫자, 날짜 또는 시간이 있거나 셀에 계산 결과가 음수인 날짜와 시간이 있는 경우

12 다음 중 용어에 대한 설명으로 옳지 않은 것은?

① Ubiquitous : 시간과 장소에 상관없이 자유롭게 네트워크에 접속할 수 있는 정보 통신 환경

② Wibro : 고정된 장소에서 초고속 인터넷을 이용할 수 있는 무선 휴대 인터넷 서비스

③ VoIP : 음성 데이터를 인터넷 프로토콜 데이터 패킷으로 변환하여 일반 데이터망에서 통화를 가능하게 해 주는 통신 서비스 기술

④ RFID : 전파를 이용해 정보를 인식하는 기술로 출입 관리, 주차 관리에 주로 사용된다.

⑤ Tethering : 인터넷에 연결된 기기를 이용하여 다른 기기도 인터넷 사용이 가능하도록 해 주는 기술로, 노트북과 같은 IT 기기를 휴대폰에 연결하여 무선 인터넷을 사용하게 해 준다.

13 다음 중 엑셀의 함수 관련 설명으로 옳지 않은 것은?

① INSTR( ) : 문자열에서 특정한 문자 또는 문자열이 존재하는 위치를 구해 준다.

② DSUM( ) : 지정된 레코드 집합에서 해당 필드 값의 합계를 계산할 수 있다.

③ SUM( ) : 필드의 합계를 구한다.

④ MID( ) : 왼쪽에서 주어진 자릿수만큼 추출한다.

⑤ ROUND( ) : 인수로 입력한 숫자를 지정한 자리수로 반올림해 준다.

14 다음 중 피벗 테이블에 대한 설명으로 옳지 않은 것은?

① 피벗 차트는 피벗 테이블을 만들지 않고는 만들 수 없으며, 피벗 테이블과 피벗 차트를 함께 만든 후 피벗 테이블을 삭제하면 피벗 차트는 일반 차트로 변경된다.

② 피벗 테이블에서 필드 단추를 다른 열이나 행의 위치로 끌어다 놓으면 데이터 표시 형식이 달라진다.

③ 피벗 테이블에서는 엑셀에서 작성된 데이터를 대상으로 새로운 대화형 테이블을 만드는 데 사용하며 외부 액세스 데이터베이스에서 만들어진 데이터는 호환되지 않으므로 사용할 수 없다.

④ Microsoft Excel은 피벗 테이블 데이터에 대한 다양한 수준의 차트를 작성하며 피벗 테이블에서 항목을 숨기거나 자세히 나타내거나 필드를 재배열하면 차트가 변경된다.

⑤ 피벗 테이블을 이용하면 가장 유용하고 관심이 있는 하위 데이터 집합에 대해 필터, 정렬, 그룹 및 조건부 서식을 적용하여 원하는 정보만 강조할 수 있다.

15 다음 중 판정[F2:F5] 영역에 총점이 150 이상이면 '우수', 100 이상 150 미만이면 '보통', 100 미만이면 '노력'으로 입력하려고 한다. [F2]셀에 입력할 수식으로 옳은 것은?

	A	B	C	D	E	F
1	번호	이름	영어	수학	총점	판정
2	1	김민수	60	70	130	보통
3	2	이지은	50	45	95	노력
4	3	김철민	85	80	165	우수
5	4	박우정	95	75	170	우수

① =IF(E2>=150, IF(E2>=100, "우수", "보통", "노력"))

② =IF(E2>=150, "우수", IF(E2>=100, "보통", "노력"))

③ =IF(OR(E2>=160, "우수", IF(E2>=100, "보통", "노력"))

④ =IF(E2>=150, "우수", IF(E2>=100, "보통", IF(E2=100, "노력"))

⑤ =IF(E2>=150, E2>=100, "우수", "보통", "노력")

16 다음 워크시트에서 공장코드(A2:A7)의 마지막 두 글자가 'SE'인 공장의 판매량 합계를 구하는 수식은?

▲	A	B	C	D	E	
1	공장코드	공장장	입고량	판매량	재고량	
2	003SE	김정훈	500	470	30	
3	001BU	강나경	300	290	10	
4	005SE	송지현	300	280	20	
5	003BU	박경미	300	240	60	
6	001YE	김수혁	250	210	40	
7	002SE	박연주	250	220	30	

① {=SUM((RIGHT(A2:A7,2)="SE")*D2:D7)}

② {=SUM((LEFT(A2:A7,2="SE")*D2:D7))}

③ {=SUM((MID(A2:A7,2="SE")*D2:D7))}

④ ={SUM((RIGHT(A2:A7,2)="SE")D2:D7)}

⑤ ={SUM((LEFT(A2:A7,2="SE")*D2:D7))}

17 다음 중 워크시트에 숫자 '1358749'를 입력한 후 사용자 지정 표시 형식을 설정했을 때, 화면에 표시되는 결과로 옳지 않은 것은?

	형식	결과
①	#,##0.00	1,358,749.00
②	#,###,"천원"	1,358천원
③	0.00	1358749.00
④	#%	135874900%
⑤	#,##0,	1,359

18 다음 워크시트에서 '영업1팀'의 평균수량을 배열 수식을 통해 계산하였다면 [D10]셀의 수식으로 옳은 것은?

	A	B	C	D	
1	사번	소속	직위	수량	
2	A001	영업1팀	부장	150	
3	A002	영업2팀	과장	135	
4	A003	영업3팀	대리	105	
5	A004	영업1팀	과장	130	
6	A005	영업2팀	대리	115	
7	A006	영업3팀	부장	138	
8	A007	영업1팀	대리	119	
9					
10	영업1팀의 평균수량 :			133	
11					

① {=IF(AVERAGE(C2:D8="영업1팀", D2:D8))}

② {=IF(AVERAGE(B2:B8=A10, D2:D8))}

③ {=AVERAGE(IF(C2:D8="영업1팀", D2:D8))}

④ {=AVERAGE(IF(B2:B8=LEFT(A10,4), D2:D8))}

⑤ {=AVERAGE(IF(B2:B8=RIGHT(A10,4), D2:D8))}

19 다음 중 함수식에 대한 결과로 옳지 않은 것은?

① =MOD(5, 2) → 1

② =COLUMN(B4) → 4

③ =TRUNC(7.55) → 7

④ =POWER(4, 3) → 64

⑤ =FLOOR(141, 5) → 140

20 다음은 ○○사 취재팀의 회의 기록 중 일부이다. 밑줄 친 '결재서'에 기재될 모델은?

<회의록>

(전략)

A : 이번에 입사한 신입직원 모두에게 외부 취재용 노트북을 지급하라는 지시가 있었습니다. 외부 취재에 필요한 기능들을 말씀해주시면 반영해서 구입 모델을 선정하겠습니다.

B : 무게가 가장 중요할 것 같습니다. 화면이 클수록 무거워진다면 화면이 작은 모델을 선택하는 게 낫습니다. 2kg는 넘지 않는 모델이어야 해요.

C : 외부 취재 시 전원 확보가 생각보다 어렵습니다. 그리고 요즘 자료는 텍스트가 아니라 영상으로 저장되고 교류되는 경우가 많아서 배터리 소진 속도가 꽤 빨라요. 배터리 지속 시간을 꼭 체크해주십시오.

D : 동영상 자료의 일부만을 제출하거나 공유할 때 편집 프로그램을 사용하지만, 게임이나 디자인 프로그램처럼 무거운 프로그램은 아니라서 메모리를 확장할 필요까지는 없어 보입니다.

A : 야간 취재 시 키보드 백라이트 기능도 요긴하지 않나요?

C : 야간 취재를 여러 곳 다녀왔지만 그 기능이 크게 필요하다고 느끼지는 못했습니다.

B : 가격 차이가 크지 않다면 지문인식 기능이 있어서 취재 내용의 유출 위험을 최소화했으면 합니다.

A : 알겠습니다. 말씀해 주신 조건들을 최대한 충족하는 모델을 선택해서 결재서를 올리겠습니다.

구분	㉠	㉡	㉢	㉣	㉤
운영체제	Windows 10 Home(64비트)	Windows 10 Home(64비트)	Windows 10 Home(64비트)	Windows 10 Home(64비트)	Windows 10 Home(64비트)
LED 크기	33.7cm	35.5cm	39.6cm	43.1cm	35.5cm
메모리 용량	4GB	8GB	4GB	8GB	8GB
메모리 종류	8GB×1 +확장슬롯 1	8GB×1	8GB×1 +확장슬롯1	4GB×1	8GB×1
키보드	일반 키보드	일반 키보드	백라이트 키보드	백라이트 키보드	일반 키보드
크기	306×212mm	323×212mm	358×228mm	380×265mm	323×212mm
무게	1.1kg	1.6kg	2.1kg	2.8kg	1.7kg
배터리 지속시간	6시간	20시간	8시간	16시간	12시간
색상	화이트	실버	화이트	실버	블랙
보안 시스템	–	지문인식	–	지문인식	지문인식
가격	140만 원	160만 원	145만 원	190만 원	150만 원

① ㉠   ② ㉡

③ ㉢   ④ ㉣

⑤ ㉤

정보처리능력

SECTION 01 핵심이론

1. 정보의 수집

① **정보원** : 정보를 발생하는 근원을 의미. 정보를 수집하는 사람의 입장에서 공개된 것은 물론이고 비공개된 것도 포함

1차 자료	• 의미 : 원래의 연구 성과가 기록된 자료 • 수집 경로 : 단행본, 학술지와 학술논문, 학술회의자료, 연구보고서, 학위논문, 특허정보, 표준 및 규격 자료, 레터, 출판 전 배포자료, 신문, 잡지, 웹 정보자원 등
2차 자료	• 의미 : 1차 자료를 효과적으로 찾아보기 위한 자료 혹은 1차 자료에 포함되어 있는 정보를 압축·정리해서 읽기 쉬운 형태로 제공하는 자료 • 수집 경로 : 사전, 백과사전, 편람, 연감, 서지 데이터베이스 등

② **정보를 수집하는 효과적인 방법**

㉠ 중요한 정보를 수집하기 위해서는 우선적으로 다른 사람과의 신뢰관계가 매우 중요함

㉡ 단순한 인포메이션(information)뿐만 아니라 직접적으로 도움을 줄 수 있는 인텔리전스 (intelligence)도 수집할 필요가 있음

㉢ 변화가 심한 시대일수록 빠른 정보수집이 필요함

㉣ 자신에게 맞는 방법을 찾아 정보를 정리해 놓을 필요가 있으며, 지금 당장은 유용하지 않은 정보일지라도 향후 유용한 정보가 될 수 있는 것들은 물리적인 하드웨어를 활용하여 수집하는 것이 필요함

2. 정보의 분석

① **정보 분석** : 여러 정보를 상호 관련지어 새로운 정보를 생성해 내는 활동

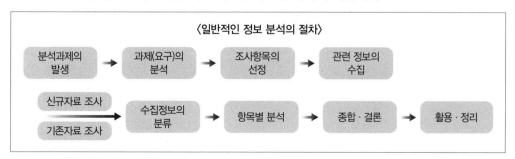

〈일반적인 정보 분석의 절차〉

② 정보의 서열화 및 구조화

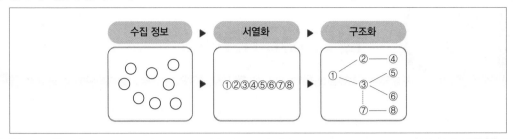

3. 정보의 관리

분류	내용
목록을 이용한 정보관리	• 정보목록은 정보에서 중요한 항목을 찾아 기술한 후 정리하면서 만들어짐 • 대부분의 소프트웨어가 검색기능을 제공하므로, 목록을 디지털 파일로 저장할 수 있음
색인을 이용한 정보관리	• 주요 키워드나 주제어를 가지고 소장하고 있는 정보원(sources)을 관리하는 방식 • 목록은 한 정보원에 하나만 만드는 것이지만, 색인은 한 정보원에 여러 색인어 부여 가능 • 색인은 정보를 찾을 때 쓸 수 있는 키워드인 색인어와 색인어의 출처인 위치정보로 구성됨
분류를 이용한 정보관리	• 개인이 가지고 있는 정보를 유사한 것끼리 모아 체계화하여 정리해 두면 나중에 저장해 놓은 정보를 찾을 때 검색시간을 단축할 수 있고 관련 정보를 한 번에 찾을 수 있음 • 대표적 사례 : 컴퓨터 폴더 생성을 통한 디렉토리 만들기, 웹 브라우저를 통한 즐겨찾기 만들기

4. 정보의 활용 방식

① 수집한 정보를 그대로 활용
② 수집한 정보를 그대로 활용하되 일정한 형태로 표현하여 활용
③ 수집한 정보를 정리, 분석, 가공하여 활용
④ 수집한 정보를 정리, 가공하여 활용하되 일정한 형태로 표현하여 활용
⑤ 생산된 정보를 일정한 형태로 재표현하여 활용
⑥ 일정한 형태로 표현한 정보, 한번 이용한 정보를 보존·정리하여 장래에 활용

01 정보원(sources)은 크게 1차 자료와 2차 자료로 구분된다. 1차 자료를 〈보기〉에서 모두 고른 것은?

> **보기**
> ㉠ 편람　　　　　　　　　　　　㉡ 단행본
> ㉢ 학술지　　　　　　　　　　　　㉣ 학위논문

① ㉠, ㉡

② ㉡, ㉢

③ ㉠, ㉡, ㉢

④ ㉡, ㉢, ㉣

⑤ ㉠, ㉡, ㉢, ㉣

정답 찾기

1차 자료로는 단행본, 학술지와 학술지 논문, 학술회의자료, 연구보고서, 학위논문, 특허정보, 표준 및 규격자료, 레터, 출판 전 배포자료, 신문, 잡지, 웹 정보자원 등이 있다.

정답 | ④

PART 01
PART 02
PART 03
PART 04
PART 05
PART 06
PART 07
PART 08
PART 09

02 다음 시리얼 넘버 생성표를 참고했을 때 〈보기〉의 제품코드를 잘못 해석한 것은? [국민건강보험공단]

생산연도	생산공장코드				제품종류코드				제품생산번호
					기본 종류		세부 종류		
2024년 11월 : 24011 2024년 12월 : 24012 2025년 1월 : 25001 2025년 2월 : 25002	1	용인	01	A생산라인	A	제과	11	스낵	생산 순서대로 0001부터 시작
			02	B생산라인			22	비스킷	
	2	평택	01	A생산라인			33	쿠키	
			02	B생산라인	B	과자	11	사탕	
			03	C생산라인			22	젤리	
			04	D생산라인			33	캐러멜	
	3	서산	01	A생산라인			44	초코바	
			02	B생산라인			55	껌	
			03	C생산라인	C	디저트	11	파이	
							22	머핀	
							33	스콘	
							44	케이크	

> **보기**
>
> 24003 – 303 – B33 – 0614

① 2024년 3월에 생산된 제품이다.
② 서산 공장의 C생산라인에서 생산되었다.
③ 해당 제품은 디저트로 분류된다.
④ 제품은 해당 생산월에 해당 생산라인에서 614번째로 생산되었다.
⑤ 제품의 세부 종류는 캐러멜이다.

정답 찾기

〈보기〉의 코드를 정보 단위로 구분하여 의미를 파악하면 다음과 같다.
· 24003 : 2024년 3월 생산함
· 03 : 서산 공장 C생산라인에서 생산함
· 33 : 제품은 과자 중 캐러멜 종류임
· 614 : 614번째로 생산함
해당 제품은 디저트가 아니라 과자로 분류되는 제품이므로 ③은 틀린 내용이다.

정답 | ③

01 다음은 어느 회사의 시리얼 넘버 생성표이다. 2024년 12월 태국의 제3공장에서 7233번째로 만든 크로스백의 시리얼 넘버는? (시리얼 넘버는 '생산연도 – 생상공장코드 – 제품생산번호'와 같이 부여된다.)

생산연도	생산공장코드				제품종류코드				제품생산번호
					기본 종류		세부 종류		
2024년 3월 : 4032	1	중국	A	제1공장	001	모자	011	버킷햇	생산된 순서대로 000001부터 시작
			B	제2공장			022	베레모	
			C	제3공장			033	페도라	
2024년 6월 : 4062	2	베트남	D	제1공장	002	가방	044	헌팅캡	
			E	제2공장			011	백팩	
2024년 9월 : 4092			F	제3공장			022	클러치	
	3	태국	G	제1공장			033	토드백	
2024년 12월 : 4122			H	제2공장			044	크로스백	
			I	제3공장	003	신발	011	샌들	
	4	필리핀	J	제1공장			022	슬립온	
			K	제2공장			033	하이힐	
			L	제3공장			044	부츠	

> 예 2024년 3월에 중국 제1공장에서 3333번째로 만든 버킷햇
> 4032 – 1A – 001011 – 003333

① 4122 – 3I – 003022 – 723300
② 4122 – 3I – 002044 – 007233
③ 2412 – 3H – 002044 – 007233
④ 2412 – 4I – 002044 – 723311
⑤ 4122 – 3I – 002022 – 007233

02 다음은 도서 바코드 관련 부가기호 5자리를 생성하는 과정이다. 번호 부여의 업무를 담당한 대리 K씨는 □□출판사로부터 책 한 권의 바코드 신청서를 받았다. 보험 실무 관련 내용을 담고 있는 한 권의 단독 간행될 책이라면, 부여될 부가기호는?

[부가기호(5자리)]

독자대상기호 (제1행) + 발행형태기호 (제2행) + 내용분류기호 (제3~5행)

- **제1단계 : 독자대상기호(제1행)**

기호	대상독자	기호	대상독자
0	교양	5	학습참고서 1(중, 고교용)
1	실용	6	학습참고서 2(초등학생용)
2	여성	7	아동
4	청소년	9	전문

- **제2단계 : 발행형태기호(제2행)**

기호	형태	기호	형태
0	문고본	5	전자출판물
1	사전	6	도감
2	신서판	7	그림책, 만화
3	단행본	8	혼합자료, 점자자료, 마이크로자료
4	전집 · 총서 · 다권본 · 시리즈		

- **제3단계 : 내용분류기호(제3~5행)**
  - 제3행 : 세로줄에서 한자리 선택
  - 제4행 : 세로줄에서 선택한 주제의 세부분야를 가로줄에서 한자리 선택
  - 제5행 : 0으로 사용

기호	내용	간략분류						
		0	1	2	3	4	5	...
0	총류	⋮	⋮	⋮	⋮	⋮	⋮	⋮
1	철학, 심리학, 윤리학							
2	종교							
3	사회과학	통계학	경제학, 경영학, 회계학, 조세, 보험, 취업	사회학, 사회복지, 사회문제	정치학, 외교학, 선거, 입법, 통일, 남북관계	행정학, 경비 지도사, 경호, 경찰	법학	
4	자연과학	수학	물리학	화학	천문학	지구과학	광물학	⋮
5	기술과학	의학, 약학, 한의학, 보건학, 간호학,	농학, 수의학, 수산학, 임업, 조경	공학, 공업일반, 토목공학, 환경공학, 도시공학	건축공학, 건축재료 · 구조 · 설비 · 마감	기계공학, 군사공학, 원자핵공학, 자동차, 로봇	전기공학, 전자공학	

기호	내용	간략분류						
		0	1	2	3	4	5	...
6	예술	건축술, 건물 인테리어	조각 및 조형예술	공예, 장식미술	서예	회화, 도화, 판화	사진예술	
7	언어	한국어	중국어	일본어 및 기타 아시아어	영어	독일어 및 기타 게르만어	프랑스어	⋮
8	문학							
9	역사, 지리, 관광							

① 13310 ② 13320

③ 13330 ④ 13340

⑤ 13350

PART 01
PART 02
PART 03
PART 04
PART 05
PART 06
PART 07
PART 08
PART 09

03 다음은 바코드 구조에 관한 자료이다. 국내 한 제조회사인 K사에서 생산한 상품에 부여될 바코드로 옳은 것은?

[EAN-13의 바코드 구조]

국가식별코드 (2~3자리)	+	제조업체코드 (3~6자리)	+	상품품목코드 (3~6자리)	+	체크디지트 (1자리)

- **국가식별코드** : 각국에 지정한 국가식별코드로, 2자리 또는 3자리로 구성된다.
  - ※ 국가식별코드는 한국의 경우 '880', 중국의 경우 '690', 일본의 경우 '490'이다.
- **제조업체코드** : 제조원 또는 판매원에 부여하는 코드로 각 업체를 식별하는 코드이다.
- **상품품목코드** : 제조업체코드를 부여받은 업체에서 자사의 상품별로 식별하여 부여하는 코드이다.
- **체크디지트** : 바코드 일련번호 중 마지막 숫자를 의미하며, 첫째 자리 숫자부터 체크디지트 이전 숫자까지의 바코드 배열이 올바른가를 판단하는 오류 측정 확인 기능을 수행한다.
- **체크디지트 계산법**
  1) 체크디지트를 포함하여 우측에서 좌측으로 일련번호를 부여한다.
  2) 짝수 번째에 있는 숫자를 모두 더한다.
  3) 2단계의 결과치에 3을 곱한다.
  4) 나머지 숫자(체크디지트를 제외한 홀수 번째의 숫자)를 전부 더한다.
  5) 3)과 4)의 결과를 더한다.
  6) 5)의 결과에 10의 배수가 되도록 더해진 최소 수치('0' 이상의 양수)가 체크디지트이며, 5)의 결과가 10의 배수인 경우 체크디지트는 '0'이 된다.
- ⓔ 바코드 번호가 880103701230*이라면, 체크디지트(C/D)의 계산은 다음과 같다.

구분	8	8	0	1	0	3	7	0	1	2	3	0	*	C/D
1단계	13	12	11	10	9	8	7	6	5	4	3	2	1	
2단계		8	+	1	+	3	+	0	+	2	+	0	=	14
3단계										14	×	3	=	42
4단계	8	+	0	+	0	+	7	+	1	+	3		=	19
5단계										42	+	19	=	61
6단계										61	+	9	=	70

따라서 바코드는 8801037012309이다.

- K사 제조업체코드 : 5462
- 상품품목코드

A	B	C
80248	81254	81462

①

8 808125 454622

②

8 805462 802483

③

8 805462 814624

④

8 808146 254622

⑤

8 805462 812541

PART 01
PART 02
PART 03
PART 04
PART 05
PART 06
PART 07
PART 08
PART 09

[04~05] 다음은 A기업이 비품에 대해 고유 코드를 부여하는 방식과 비품을 관리하는 팀을 정리한 표이다. 물음에 답하시오.

구입시기	비품 분류		코드명	수량 코드
2024년 12월 → 202412	컴퓨터		CO	동일한 비품 분류에 대해서 00001부터 시작하여 번호를 매김
	노트북		NO	
	의자		CH	
	서랍		DR	
	모니터		MO	
	키보드/마우스		KM	

관리부서	1팀	2팀	3팀	4팀	5팀
코드명	MG10	MG20	MG30	MG40	MG50

예 2024년 6월에 구입한 의자이며 135번째 구입, 관리부서는 4팀임
202406CH00135MG40

04 물품코드 202410DR00038MG30에 대한 설명으로 옳지 않은 것은?

① 2024년 10월에 구입하였다.
② 해당 코드를 가진 물품은 서랍이다.
③ 이 물품을 구입하기 전 A기업은 해당 물품을 38개 구입하였다.
④ 이 물품을 구입하기 전 A기업은 해당 물품을 37개 구입하였다.
⑤ 관리부서는 3팀이다.

05 A회사에 2024년 3월에 입사한 신입사원이 출장 시 들고 다닐 노트북을 바로 구입하려고 한다. 관리부서 5팀의 담당자에게 물어보니 이전에 212대의 노트북을 구입하였다고 한다. 이때 신입 사원이 구입한 노트북에 부여할 코드는 무엇인가?

① 202403NO00212MG50
② 202403CO00213MG50
③ 202403NO00212MG40
④ 202403NO00213MG50
⑤ 202403NO00213MG40

기술능력

PART **05**

CHAPTER 01 기술이해·적용능력

1. 기술능력 개요

(1) 기술이란

① 기술

know-how	• 특허권을 수반 • 학자, 엔지니어 등이 가지고 있는 체화된 기술 • 경험적이고 반복적인 행위에 의해 얻어지는 것
know-why	• 어떻게 기술을 이용하는가에 관한 원리적 측면에 중심을 둔 개념 • 이론적인 지식으로서 과학적인 탐구에 의해 얻어짐

② 특징

　㉠ 하드웨어나 인간에 의해 만들어진 비자연적인 대상, 혹은 그 이상을 의미

　㉡ 기술은 '노하우(know-how)'를 포함함. 즉, 기술을 설계하고, 생산하고 사용하기 위해 필요한 정보, 기술, 절차를 갖는데 노하우(know-how)가 필요함

　㉢ 기술은 하드웨어를 생산하는 과정

　㉣ 기술은 인간의 능력을 확장시키기 위한 하드웨어와 그것의 활용을 뜻함

　㉤ 기술은 정의 가능한 문제를 해결하기 위해 순서화되고 이해 가능한 노력

(2) 기술능력

① **기술능력** : 직업에 종사하기 위해 모든 사람들이 필요로 하는 능력

② **기술능력이 뛰어난 사람의 특징**

　㉠ 실질적 해결을 필요로 하는 문제를 인식함

　㉡ 인식된 문제를 위해 다양한 해결책을 개발하고 평가함

　㉢ 실제적 문제를 해결하기 위해 지식이나 기타 자원을 선택, 최적화시키며 적용함

　㉣ 주어진 한계 속에서 제한된 자원을 가지고 일함

　㉤ 기술적 해결에 대한 효용성을 평가함

　㉥ 여러 상황 속에서 기술의 체계와 도구를 사용하고 배울 수 있음

(3) 기술능력의 습득 방법

습득 방법	특징
전문 연수원을 통한 기술과정 연수	• 전문적인 교육을 통해 양질의 인재양성 기회 제공 • 분야별 전문가들로 구성하여 이론을 겸한 실무 중심의 교육 실시 가능 • 다년간의 연수 분야 노하우로 체계적이고 현장과 밀착된 교육 가능 • 교육에 필요한 각종 부대시설 활용 • 산학협력연수 및 국내외 우수연수기관과 협력 가능 • 자체적인 교육에 비해 저렴하고 고용보험 환급이 가능하여 교육비 부담이 적음
e-learning을 활용한 기술교육	• 시간적 · 공간적으로 독립적 • 개별화, 맞춤화가 가능하여 학습자 스스로가 학습 조절 및 통제 가능 • 멀티미디어를 이용한 학습 가능 • 이메일, 자료실 등을 통해 의사교환과 상호작용이 자유로움 • 새로운 교육에의 요구나 내용을 신속 반영해 교육에 소요되는 비용을 절감 • 교수자와 동료들 간의 직접적 · 인간적 접촉이 상대적으로 적음 • 중도탈락률이 높음 • 현장중심의 교육이 힘듦
상급학교 진학을 통한 기술교육	• 학문적이면서 최신 기술의 흐름을 반영하고 있는 기술교육이 가능 • 실무 중심의 기술교육이 가능 • 관련 분야에서 종사하는 사람들과 교육받아 인적 네트워크 형성에 도움이 되고, 경쟁을 통하여 학습효과를 향상시킬 수 있음 • e-learning을 통한 교육과 달리 원하는 시간에 학습을 할 수 없고 일정 시간을 할애해야 하며, 학습자 스스로가 학습을 조절하거나 통제할 수 없음
OJT를 활용한 기술교육	• 교육자와 피교육자 사이에 친밀감을 조성하며 시간의 낭비가 적고 조직에 필요한 교육훈련이 가능 • 지도자의 높은 자질이 요구되며 교육훈련 내용의 체계화가 어려움

PART 01 PART 02 PART 03 PART 04 PART 05 PART 06 PART 07 PART 08 PART 09

(4) 지속 가능한 발전

① 지금 지구촌의 현재와 미래를 포괄하는 개념으로, 우리의 현재 욕구를 충족시키지만 동시에 후속 세대의 욕구 충족을 침해하지 않는 발전

② 경제적 활력, 사회적 평등, 환경의 보존을 동시에 충족시키는 발전

(5) 지속 가능한 기술의 특징

① 이용 가능한 자원과 에너지를 고려하는 기술

② 자원이 사용되고 그것이 재생산되는 비율의 조화를 추구하는 기술

③ 자원의 질을 생각하는 기술

④ 자원이 생산적인 방식으로 사용되는가에 주의를 기울이는 기술

2. 기술이해능력

(1) 기술 시스템

① **기술 시스템** : 인공물의 집합체만이 아니라 회사, 투자회사, 법적 제도, 정치, 과학, 자연자원을 모두 포함하며, 기술적인 것(the technical)과 사회적인 것(the social)이 결합해서 공존한다. 이러한 의미로 사회기술 시스템이라 불리기도 한다.

② **발전 단계**

1단계 발명, 개발, 혁신의 단계	2단계 기술 이전의 단계	3단계 기술 경쟁의 단계	4단계 기술 공고화 단계

(2) 기술 혁신

① **특성**
  ㉠ 그 과정 자체가 매우 불확실하고 장기간의 시간이 필요함
  ㉡ 지식 집약적인 활동
  ㉢ 혁신 과정의 불확실성과 모호함은 기업 내에서 많은 논쟁과 갈등을 유발할 수 있음
  ㉣ 조직의 경계를 넘나드는 특성을 갖고 있음

② **과정과 역할**

기술 혁신 과정	혁신 활동	필요한 자질과 능력
아이디어 창안 (idea generation)	• 아이디어를 창출하고 가능성을 검증 • 일을 수행하는 새로운 방법 고안 • 혁신적인 진보를 위한 탐색	• 각 분야의 전문지식 • 추상화와 개념화 능력 • 새로운 분야의 일을 즐김
챔피언 (entrepreneuring or championing)	• 아이디어의 전파 • 혁신을 위한 자원 확보 • 아이디어 실현을 위한 헌신	• 정력적이고 위험을 감수함 • 아이디어의 응용에 관심
프로젝트 관리 (project leading)	• 리더십 발휘 • 프로젝트의 기획 및 조직 • 프로젝트의 효과적인 진행 감독	• 의사결정 능력 • 업무 수행 방법에 대한 지식
정보 수문장 (gate keeping)	• 조직 외부의 정보를 내부 구성원들에게 전달 • 조직 내 정보원 기능	• 높은 수준의 기술적 역량 • 원만한 대인 관계 능력
후원 (sponsoring or coaching)	• 혁신에 대한 격려와 안내 • 불필요한 제약에서 프로젝트 보호 • 혁신에 대한 자원 획득을 지원	조직의 주요 의사결정에 대한 영향력

(3) 미래에 유망한 기술

① **전기전자정보공학분야** : 지능형 로봇
② **기계공학분야** : 친환경 자동차 기술 **예** 하이브리드 기술, 연료전지 기술
③ **건설환경공학분야** : 지속 가능한 건축 시스템 기술
④ **화학생명공학분야** : 무병장수의 의학 기술

3. 기술적용능력

(1) 기술적용

① 기술적용 형태

㉠ 선택한 기술을 그대로 적용하는 경우
- 장점 : 시간 절약, 쉽게 수용 후 적용 가능, 비용 절감 효과
- 단점 : 부적합한 경우 실패할 위험 부담이 큼

㉡ 선택한 기술을 그대로 적용하되, 불필요한 기술은 과감히 버리고 적용하는 경우
- 장점 : 비용 절감 효과, 프로세스의 효율성을 기할 수 있음
- 단점 : 부적절한 기술 선택 시 실패의 위험 부담 존재, 과감히 버린 기술에 대한 문제점 제기 가능성 존재

㉢ 선택한 기술을 분석하고, 가공하여 활용한 경우
- 장점 : 자신의 직장에 대한 여건과 환경 분석, 업무 프로세스의 효율성 최대화
- 단점 : 그대로 받아들여 적용하는 것보다 시간적 부담 존재

② 기술적용 시 고려 사항

㉠ 기술적용에 따른 비용이 많이 드는가?
㉡ 기술의 수명 주기는 어떻게 되는가?
㉢ 기술의 전략적 중요도는 어떻게 되는가?
㉣ 잠재적으로 응용 가능성이 있는가?

(2) 기술경영자와 기술관리자의 능력

① 기술경영자의 능력

㉠ 기술개발이 결과지향적으로 수행되도록 유도하는 능력
㉡ 기술개발 과제의 세부 사항까지 파악하는 능력
㉢ 기술개발 과제의 전 과정을 전체적으로 조망할 수 있는 능력
㉣ 기술을 기업의 전반적인 전략 목표에 통합시키는 능력
㉤ 빠르고 효과적으로 새로운 기술을 습득하고 기존의 기술에서 탈피하는 능력
㉥ 기술을 효과적으로 평가할 수 있는 능력
㉦ 기술 이전을 효과적으로 할 수 있는 능력
㉧ 새로운 제품개발 시간을 단축할 수 있는 능력
㉨ 크고 복잡하고 서로 다른 분야에 걸쳐 있는 프로젝트를 수행할 수 있는 능력
㉩ 조직 내의 기술 이용을 수행할 수 있는 능력
㉪ 기술 전문 인력을 운용할 수 있는 능력

② 기술관리자의 능력

㉠ 기술을 운용하거나 문제를 해결할 수 있는 능력
㉡ 기술직과 의사소통을 할 수 있는 능력
㉢ 혁신적인 환경을 조성할 수 있는 능력
㉣ 기술적 · 사업적 · 인간적인 능력을 통합할 수 있는 능력
㉤ 시스템적인 관점에서 인식하는 능력

ⓗ 공학적 도구나 지원방식에 대한 이해 능력

ⓢ 기술이나 추세에 대한 이해 능력

ⓞ 기술팀을 통합할 수 있는 능력

(3) 네트워크 혁명

① **네트워크 혁명** : 사람과 사람을 연결하는 방법, 정보를 교환하는 방법, 교환한 정보를 지식으로 만드는 방법, 가장 값싼 물건을 찾는 방법, 주문을 하는 방법, 새로운 거래선을 찾는 방법, 광고를 하고 소비자를 끄는 방법, 친구와 애인을 사귀는 방법 등에 혁명적인 변화가 생기고 있음을 의미하는 것

② **네트워크 혁명의 역기능**

ⓖ 정보화에 따른 실업 문제

ⓛ 인터넷 게임과 채팅 중독

ⓒ 디지털 격차

ⓡ 범죄 및 반사회적인 사이트의 활성화

(4) 기술융합

① **기술융합** : 「인간 활동의 향상을 위한 기술의 융합」이라는 보고서에서 4대 핵심기술, 곧 나노기술 (NT), 생명공학기술(BT), 정보기술(IT), 인지과학(Cognitive science)이 상호 의존적으로 결합되는 것(NBIC)을 융합기술(CT)이라 정의하고 기술융합으로 천명하였음

② **4대 핵심 기술의 융합**

ⓖ 제조, 건설, 교통, 의학, 과학기술 연구에서 사용되는 새로운 범주의 물질, 장치, 시스템

ⓛ 나노 규모의 부품과 공정의 시스템을 가진 물질 중에서 가장 복잡한 생물 세포

ⓒ 유비쿼터스 및 글로벌 네트워크 요소를 통합하는 컴퓨터 및 통신시스템의 기본 원리

ⓡ 사람의 뇌와 마음의 구조와 기능

③ **융합기술의 활용목적에 따른 유형**

활용목적	유형
원천기술창조형	이종 신기술 또는 신기술과 학문이 결합하여 새로운 기술을 창조하거나 융합기술을 촉진하는 유형
신산업창출형	경제 · 사회 · 문화적 수요에 따른 신산업 · 서비스 구현을 위해 이종 신기술과 제품/서비스가 결합하는 유형
산업고도화형	신기술과 기존 전통산업이 결합하여 현재의 시장 수요를 충족시킬 수 있는 산업 및 서비스를 고도화하는 유형

01 신입사원 K씨가 〈보기〉에서처럼 기술능력을 습득할 수 있는 방법으로 가장 적절한 것은?

> **보기**
> • 신입사원인 K씨는 본인의 직무와 관련한 장비에 대해 교육 훈련을 받을 필요가 있다.
> • K씨는 업무수행이 중단되는 일이 없이 업무수행에 필요한 지식 · 기술 · 능력 · 태도를 교육받을 수 있어야 한다.

① OJT　　　　　　　　　　② JIT
③ LMS　　　　　　　　　　④ e−learning
⑤ AI learning

정답 찾기

OJT(On the Job Training)란 조직 안에서 피교육자인 종업원이 직무에 종사하면서 받게 되는 교육훈련 방법으로 피교육자인 종업원이 '업무수행이 중단되는 일이 없이 업무수행에 필요한 지식 · 기술 · 능력 · 태도를 교육훈련 받는 것'을 말한다.

정답 | ①

02 〈보기〉의 네트워크 혁명 3대 법칙들이 바르게 연결된 것은?

> **보기**
> ㉠ 컴퓨터의 파워가 18개월마다 2배씩 증가한다.
> ㉡ 네트워크의 가치는 사용자 수의 제곱에 비례한다.
> ㉢ 창조성은 네트워크에 접속되어 있는 다양한 지수함수와 비례한다.

	무어의 법칙	메트칼프의 법칙	카오의 법칙
①	㉠	㉡	㉢
②	㉡	㉢	㉠
③	㉢	㉠	㉡
④	㉠	㉢	㉡
⑤	㉡	㉠	㉢

정답 찾기

네트워크 혁명의 3법칙은 무어의 법칙, 메트칼피의 법칙, 카오의 법칙이다.
• 무어의 법칙 : 컴퓨터의 파워가 18개월마다 2배씩 증가한다는 법칙
• 메트칼프의 법칙 : 네트워크의 가치는 사용자 수의 제곱에 비례한다는 법칙
• 카오의 법칙 : 창조성은 네트워크에 접속되어 있는 다양한 지수함수와 비례한다는 법칙으로 경영 컨설턴트 존 카오 (John Kao)가 주장한 법칙
따라서 ㉠은 무어의 법칙, ㉡은 메트칼프의 법칙, ㉢ 카오의 법칙이다.

정답 | ①

03 □□사 홍보팀 사무실은 장마철 실내 습도가 매우 높아 K사의 제습기를 구비했고 A주임이 제습기를 관리하기로 하였다. 사흘째 비가 내려 □□사 홍보팀 사무실 내부가 매우 습한데 A주임은 제습기가 흡수한 물의 양이 평소보다 훨씬 적은 것을 발견하였다. A주임이 해야 할 일로 〈보기〉 중 적절하지 않은 것만을 모두 고르면? [한전KPS]

증상	가능 원인	조치
전원 버튼을 눌러도 동작하지 않는 경우	물통이 바르게 꽂혀 있지 않음	물통을 다시 바르게 넣어 주십시오.
	물통의 물이 만수임	물을 비워 주십시오.
	희망 습도가 실내 습도보다 높음	희망 습도를 확인해 주십시오.
제습량이 적은 경우	방의 온도, 습도가 낮아짐	희망·현재 습도를 확인해 주십시오. 희망 습도보다 방의 습도가 낮은 경우 동작하지 않습니다.
	공기 흡입구나 공기 토출구가 막힘	장애물을 치워주십시오.
	압축기는 정지하고 송풍팬만 동작	냉각기에 생긴 성에를 제거하는 운전 중이므로 잠시 기다리면 성에 제거가 끝나고 압축기가 다시 동작하여 정상적인 제습운전이 됩니다.
소음이 나는 경우	바닥이 불안정함	평평한 곳에 설치해 주십시오.
	제품을 이동하여 물통이 이탈함	물통을 바르게 넣어 주십시오.
	필터가 막혀 있음	필터를 청소해 주십시오.
동작과 정지를 반복하는 경우	실내온도가 너무 낮거나(5℃) 너무 높음(35℃)	실내온도가 낮거나 높으면 제품 보호를 위해 동작과 정지가 반복됩니다.
물이 새는 경우	연속 배수 시 호스의 연결이 불완전하거나 호스가 빠져 있음	호스를 바르게 연결해 주십시오.
액정에 'E1 E3 E8'이라고 표시되는 경우	−	내부 부품에 잠시 이상이 발생한 것으로, 제품을 껐다 약 5분 후에 다시 켜주십시오. (그럼에도 문제가 발생하면 고객상담실로 연락해 주십시오.)
압축기가 동작하지 않는 경우	희망 습도보다 방의 습도가 낮음	희망 습도보다 방의 습도가 낮은 경우 동작하지 않습니다.

보기

㉠ 희망 습도와 현재 습도를 확인한다.
㉡ 필터가 막혔는지 확인 후 필터 안을 청소해 준다.
㉢ 압축기는 정지하고 송풍팬만 동작하는지 살펴본다.
㉣ 물통이 제대로 꽂혀 있는지 확인한다.
㉤ 공기 흡입구와 공기 토출구가 막혀 있는지 확인하고 장애물을 치운다.

① ㉠, ㉡
② ㉡, ㉢
③ ㉡, ㉣
④ ㉠, ㉣
⑤ ㉡, ㉣, ㉤

제습량이 적은 경우 원인으로 사무실의 온도 · 습도가 낮거나, 공기 흡입구 및 공기 토출구가 막혔거나, 성에 제거 운전 중인 경우를 짐작할 수 있다. 따라서 A주임은 희망 습도와 현재 습도를 확인하여 희망 습도가 더 높도록 조절하거나, 공기 흡입구 및 공기 토출구를 막은 장애물을 치우거나, 성에 제거 운전이 끝날 때까지 기다리는 등의 조치를 취할 수 있다.

©, @은 각각 소음이 나거나 전원 버튼을 눌러도 동작하지 않을 때 취하는 조치사항이다.

정답 | ③

01 다음은 지속 가능한 기술이 기업의 경제적 이익을 높여준 한 회사의 경영 사례이다. 이러한 기술의 특성으로 옳은 것만을 모두 고르면?

> A그룹은 우선 잉크, 도료, 코팅에 쓰이던 유기 용제를 물로 대체한 수용성 수지를 개발하였으며, 이는 휘발성 유기화합물의 배출이 없어 대기오염 물질을 줄이는 친환경 제품으로 평가받았다. 또한, 2010년부터 소각 처리해야 했던 석유화학 옥탄올 공정을 변경, 폐수처리로 전환, 공정 최적화하여 총 질소의 양을 원천 감소시키는 혁신을 이뤄 연간 4천 톤의 오염 물질 발생량을 줄이고 60억 원에 달하는 원가도 절감했다.

보기
- ⊙ 고갈되는 자원과 에너지를 활용한다.
- ⓒ 자원이 사용되고 그것이 재생산되는 비율의 조화를 추구하며, 자원의 질을 생각한다.
- ⓒ 자원이 생산적인 방식으로 사용되는가에 주의를 기울인다.
- ② 기술적 효용만을 추구한다.

① ⊙
② ⓒ, ⓒ
③ ⓒ, ⓒ, ②
④ ⓒ, ②
⑤ ⓒ, ②

02 최고기술경영자(CTO ; Chief Technology Officer)는 회사의 이윤 창출을 위해, 한 회사의 기술 관련 업무를 총 책임지는 역할을 한다. 이와 같이 기술경영자로서 갖춰야 하는 능력 중 적절하지 않은 것은?

① 기술개발이 결과지향적으로 수행되도록 유도하는 능력
② 공학적 도구나 지원방식에 대한 이해 능력
③ 기술개발 과제의 세부 사항까지 파악하는 치밀함과 전 과정을 전체적으로 조망할 수 있는 능력
④ 기술을 기업의 전반적인 전략 목표에 통합시키는 능력
⑤ 빠르고 효과적으로 새로운 기술을 습득하고 기존의 기술에서 탈피하는 능력

03 다음은 냉장고의 사용설명서에 있는 〈고장 신고 전 확인 사항〉과 고장 의심 증언이다. 자료를 참고하였을 때, A/S 센터에 고장 수리 신고 접수를 해야 할 증언으로 가장 적절한 것은?

PART 01
PART 02
PART 03
PART 04
PART 05
PART 06
PART 07
PART 08
PART 09

〈고장 신고 전 확인 사항〉

증상	예상 원인	해결 방법
소음이 발생할 때	딱딱한 바닥 혹은 목재 벽면과의 접촉	벽과 약간의 공간이 생기도록 냉장고를 이동해 주시고, 바닥과 닿는 부분에 스펀지 등 충격을 완화하는 소재를 덧대어 주세요.
	냉장고 수평 불균형	냉장고 하단 높이 조절 나사를 조정하여 수평을 맞춰 주세요.
내부에 성에가 낄 때	냉장고의 문을 자주 여닫는 경우	습기가 많은 외부 공기가 유입되지 않도록 냉장고 문을 너무 자주 여닫지 않도록 하고, 문은 항상 잘 닫혔는지 확인해 주세요.
	냉장고에 식품이 빽빽이 들어간 경우	식품 간 적당한 간격을 두도록 위치를 조절해 주세요.
	공기 입구 혹은 출구가 막힌 경우	냉장고 내 공기의 순환이 잘 이루어지도록 공기 입구나 출구가 막히지 않게 음식물 위치를 조절해 주세요.
이슬이 맺힐 때	뜨거운 음식을 식히지 않고 넣은 경우	뜨거운 음식을 식히지 않고 넣으면 내부에 이슬이 맺히고 내부의 냉장이 제대로 이루어지지 않을 수 있으므로 반드시 식혀서 넣어 주세요.
외부에 이슬이 맺힐 때	설치 공간의 습도가 높은 경우	발생한 이슬은 마른 수건 등으로 닦아주고, 설치 공간의 습도를 제습기 등을 이용해 조절해 주세요.
냉장실 식품이 얼 때	온도 조절 스위치가 '강'으로 되어 있는 경우	온도 조절 스위치를 '중' 이하로 조절해 주세요.
	수분이 많고 얼기 쉬운 식품을 냉기가 나오는 입구 부분에 넣은 경우	수분이 많고 얼기 쉬운 식품은 선반의 바깥쪽에 위치하도록 넣어 주세요.
LED 램프가 켜지지 않을 때	LED 램프의 수명이 다한 경우	LED 램프는 반영구적 제품이나 수명이 다한 경우 직접 교환이 어려우므로 서비스 센터로 연락주세요.
냉장고 문이 잘 닫히지 않을 때	냉장고가 앞쪽으로 기울어진 경우	냉장고 하단 높이 조절 나사를 조정하여 냉장고 앞쪽을 약간 높게 조절해 주세요.
냉장고에서 냄새가 날 때	자극성 음식물을 보관하는 경우	냄새 등 자극성이 높은 음식물은 별도의 밀폐용기에 담아 보관해 주세요.
	온도 조절 스위치가 '약'으로 되어 있는 경우	온도 조절 스위치를 '중' 이상으로 조절해 주세요.

① A : "어제 먹던 수박을 냉장실에 넣어 뒀는데, 오늘 꺼내 보니까 전부 얼어 버렸어요."
② B : "며칠 냉장고 확인을 안 했는데, 오늘 아침에 냉장고를 열었더니 성에가 끼었더라구요."
③ C : "냉장고 모터가 돌 때마다 아래쪽에서 뭔가 부딪히는 듯한 소리가 나요."
④ D : "차가운 캔 음료만 보관하는 냉장고인데, 어느 날부터 안쪽에 이슬이 맺혀서 이상이 있는 건 아닌지 불안해요."
⑤ E : "며칠 내내 냉장고에서 김치 냄새와 카레 냄새가 나요. 랩을 씌워서 보관해도 똑같아요."

04 산업 재해의 기본 원인 중 〈보기〉와 직결되는 것은?

> **보기**
> • 안전 지식의 불충분
> • 유해 위험 작업 교육 불충분
> • 작업관리자의 작업 방법 교육 불충분

① 교육적 원인　　　　　　　　　② 윤리적 원인
③ 기술적 원인　　　　　　　　　④ 불안전한 상태
⑤ 작업 관리상 원인

05 K사 기술팀에서는 건널목에서 사람과 열차의 충돌 사고를 예방하기 위한 '열화상카메라를 이용한 철도건널목 위험방지시스템' 제안과 관련하여 발표를 진행하였다. P과장의 발표 내용을 토대로 ⊙~㉡에 들어갈 내용을 보기에서 골라 바르게 나열한 것은?

안녕하십니까.

저는 K사 기술팀의 P과장입니다.

다들 아시다시피 열차와 건널목 보행자의 충돌 사고가 종종 발생합니다. 건널목 보행 차단기나 경고등으로는 사고 예방에 한계가 있어, 건널목에 카메라를 설치하고 영상을 실시간 기관사에게 송수신하는 방식을 실행 중이나 열차를 운행 중인 기관사가 동시에 육안으로 영상을 실시간 파악하는 데서 발생하는 집중력 분산 문제 또한 위험을 유발하는 실정이었습니다. 이에 저희 팀에서는 열화상카메라를 이용한 건널목 위험방지 시스템을 제안하고자 합니다.

제안하는 시스템은 다음과 같습니다. 열화상카메라가 촬영한 영상에는 열을 함유하고 있는 물체와 함유하지 않은 물체가 분리되어 표시됩니다. 물체의 온도와 크기를 계산하여 물체가 사람인 경우만을 돌발상황으로 인식하여 경고발생을 지시합니다.

본 제안의 주요 구성은 감시구역인 건널목을 촬영하는 열화상카메라, 촬영영상을 제공받아 분석하는 영상분석부, 영상분석을 통해 돌발상황이 감지되면 경보신호를 발생시키는 경보발생부, 경보신호를 종합사령실과 열차에 전송하는 무선전송부, 돌발상황이 감지된 구역을 사고 없이 열차가 통과했을 경우 경보 종료를 지시하는 관리센터, 그리고 열차의 수신부입니다. 해당 시스템은 건널목 보행 차단기가 내려진 후부터 열차가 건널목을 무사히 지나가서 열차감지센서를 통과할 때까지의 상황에서만 경보를 발생시키며 차단기가 올려져 있고 보행이 자유로운 상황에서는 사람이 감지되어도 경보를 발생시키지 않습니다.

(중략)

질문 있으십니까?

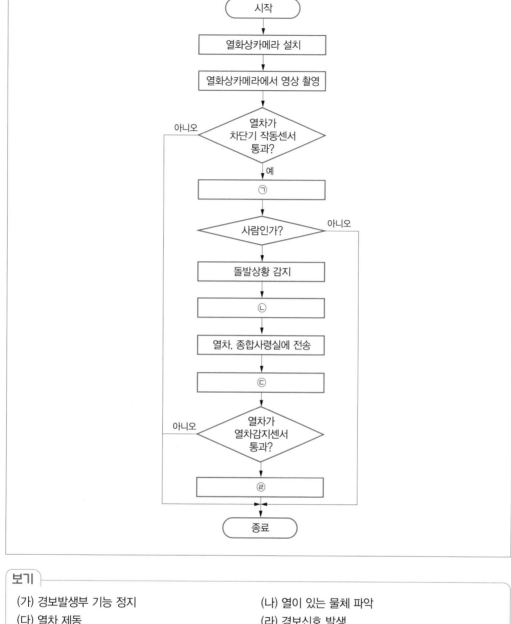

PART 01
PART 02
PART 03
PART 04
PART 05
PART 06
PART 07
PART 08
PART 09

보기

(가) 경보발생부 기능 정지   (나) 열이 있는 물체 파악
(다) 열차 제동   (라) 경보신호 발생

	㉠	㉡	㉢	㉣
①	(가)	(라)	(다)	(나)
②	(나)	(가)	(라)	(다)
③	(나)	(다)	(라)	(가)
④	(나)	(라)	(다)	(가)
⑤	(다)	(라)	(가)	(나)

[06~08] 다음은 J대리가 근무 중 사용하는 프린터의 사용설명서 일부이다. 이어지는 물음에 답하시오.

〈문제 해결〉

프린터에 문제가 있는 경우 이 문제 해결 팁을 참조하십시오. 문제가 지속되면 서비스 센터에 문의하십시오.

- **인쇄**
  1. 인쇄할 수 없습니다.
     - 프린터가 켜져 있는지 확인합니다.
     - 용지 및 잉크 카세트가 올바르게 삽입되어 있는지 확인합니다.
     - 잉크 시트가 느슨하지 않은지 확인합니다.
     - 프린터 전용 용지를 사용하고 있는지 확인합니다.
     - 필요한 경우 잉크 카세트를 교체하고 용지 카세트를 리필합니다.
     - 올바른 용지, 용지 카세트, 잉크 카세트를 사용하고 있는지 확인합니다.
     - 특정 온도를 넘으면 프린터가 일시적으로 인쇄를 중지할 수 있습니다. 이는 오작동이 아니며, 프린터의 열이 식을 때까지 기다리십시오. 연속으로 인쇄하는 경우, 고온의 환경에서 또는 후면의 통풍구가 막혀 프린터의 내부 온도가 높아지는 경우에는 프린터가 일시적으로 인쇄를 중지하여 인쇄에 시간이 더 오래 걸릴 수 있습니다.
  2. 메모리 카드나 USB 플래시 드라이브의 이미지를 표시하거나 인쇄할 수 없습니다.
     - 메모리 카드가 올바른 슬롯에 라벨 쪽이 위로 향하도록 완전히 삽입되었는지 확인합니다.
     - SB 플래시 드라이브가 올바른 방향으로 완전히 삽입되었는지 확인합니다.
     - 지원되는 이미지 포맷인지 확인합니다.
     - 어댑터를 필요로 하는 메모리 카드를 어댑터를 사용하지 않고 삽입하지 않았는지 확인합니다.
  3. 카메라에서 인쇄할 수 없습니다.
     - 카메라가 PictBridge를 지원하는지 확인합니다.
     - 프린터와 카메라가 올바르게 연결되었는지 확인합니다.
     - 카메라 배터리에 충분한 전원이 남았는지 확인합니다. 배터리가 소모되었다면 완전히 충전된 배터리 또는 새 배터리로 교체하십시오.
  4. 인쇄 품질이 떨어집니다.
     - 잉크 시트와 용지에 먼지가 없는지 확인합니다.
     - 프린터 내부에 먼지가 없는지 확인합니다.
     - 프린터에 응결이 발생하지 않았는지 확인합니다.
     - 프린터가 전자파 또는 강한 자기장을 발생시키는 장비 근처에 있지 않은지 확인합니다.

- **용지**
  1. 용지 공급에 문제가 있거나 용지 걸림이 자주 발생합니다.
     - 용지 및 잉크 카세트가 올바르게 삽입되어 있는지 확인합니다.
     - 카세트에 19매 미만의 용지가 있는지 확인합니다.
     - 용지 카세트에 19매 이상의 용지가 배출되지 않았는지 확인합니다.
     - 프린터 전용 용지를 사용하고 있는지 확인합니다.
  2. 용지 걸림
     용지가 용지 배출 슬롯의 앞쪽 또는 뒤쪽에서 튀어나오면 주의하여 꺼냅니다. 용지를 살짝 잡아당겨서 제거할 수 없다면 강제로 꺼내지 마시고 프린터의 전원을 끈 후 다시 켜 주십시오. 용지가 나올 때까지 반복하십시오. 전원을 실수로 끈 경우 전원을 다시 켜고 용지가 나올 때까지 기다리십시오. 그 후에도 문제가 해결되지 않는다면 대리점이나 가까운 서비스 센터로 문의하십시오. 걸린 용지를 강제로 제거하면 프린터가 손상될 수 있습니다.

06 J대리는 회의하기 전 회의 참석 구성원에게 기획서를 공유하고자 인쇄 버튼을 눌렀으나 인쇄 오류로 결국 뽑지 못했다. J대리가 확인해 볼 만한 사항으로 가장 적절하지 않은 것은?

① 프린터의 전원이 On인지를 확인해 본다.

② 잉크 카세트나 용지 카세트의 교체 또는 리필 시기를 확인해 본다.

③ 프린터 사용에 적합한 용지를 넣은 상태인지 확인해 본다.

④ 용지나 잉크 카세트가 바르게 놓여 있는지 확인해 본다.

⑤ 프린터에 응결이 발생한 것은 아닌지 확인해 본다.

07 J대리는 출력한 문서의 인쇄 상태가 좋지 않아 프린터 내부의 먼지를 걸러냈지만, 여전히 출력 물의 내용을 알아보기 어려웠다. J대리가 취할 가장 적절한 조치는?

① 잉크 시트가 느슨한 상태인지를 확인한다.

② 전자파가 의심되는 장비와 프린터가 가까이에 놓여 있지는 않은지 확인한다.

③ 배터리 전원이 충분한지를 확인한 후 소모 시 새 배터리로 교체한다.

④ 카세트에 19매 미만의 용지가 있는지 확인하도록 한다.

⑤ 메모리 카드의 라벨이 위를 향해 넣어져 있는지 확인한다.

08 작업물을 인쇄하는 도중 용지가 걸려 인쇄되지 않는 문제가 발생했다. 해당 문제의 해결 과정 으로 가장 적절한 것은?

① 배출된 용지가 슬롯의 앞쪽 또는 뒤쪽으로 나와 있으면 힘 주어 잡아당긴다.

② 용지 걸림이 발생한 즉시 가까운 대리점으로 전화해서 문제를 해결하도록 한다.

③ 전원을 끄고 프린터 내부에 이물질이 끼어 있는지 확인 후 강제로 제거한다.

④ 용지가 나올 때까지 프린터의 전원 스위치 바꾸기를 반복한다.

⑤ 걸린 용지를 억지로 제거 시 프린터가 손상될 수 있으므로, 용지가 걸린 상태로 둔다.

[09~10] 다음은 블랙박스 사용 시 상황별로 확인해야 하는 사항과 제품에 대한 보증 기준이다. 이어지는 물음에 답하시오.

〈블랙박스 사용 시 주의 사항〉

- 운전 중 제품을 응시하거나 조작하는 행위는 사고의 위험이 있으니 반드시 정차한 후 작동하여 주시기 바랍니다.
- 제품의 렌즈 앞 이물질 또는 스티커 등이 시야를 가리는 경우, 영상이 제대로 촬영되지 않을 수 있으므로 차량 전면부 및 후면부의 청결상태를 항상 확인하여 주십시오.
- 본 제품은 카메라를 이용하는 장치이므로 터널 진출입 시와 같이 급격하게 밝기가 변하는 경우와 한낮에 역광이 아주 강한 경우 또는 한밤에 광원이 전혀 없는 극단적인 경우에는 녹화된 영상이 고르지 못할 수도 있습니다.
- 제품의 부착 위치를 변경할 경우 카메라 각도가 변경될 수 있으므로, 제품 부착 후 카메라 각도를 조절하시고 녹화된 영상을 확인하여 주십시오.
- 제품 설치 후에는 카메라 각도 조절 외 무리한 힘을 가하여 장치를 움직이거나 충격을 주지 않도록 하십시오.
- 차량의 과도한 선팅으로 인해 영상녹화가 제대로 되지 않을 수 있습니다.
- 일정한 충격 이상에서 발생한 사고영상은 녹화되지 않을 수 있습니다.
- 큰 사고로 인해 제품 자체가 파손되거나, 전원 연결이 끊어진 경우에는 사고영상은 녹화되지 않을 수 있습니다.
- 제품 구입 후 작동 여부 및 영상 녹화 상태를 반드시 확인 바랍니다.
- 블랙박스 동작 중 직사광선에 장시간 노출 시 차량 내부 온도가 상승하여 본 제품 전원이 OFF되어 영상이 저장되지 않을 수 있습니다.

〈제품 상세 품질 보증 기준〉

- 품질 보증기간 : 블랙박스 구입일 기준 1년
- 유상 서비스기간 : 품질 보증기간 경과 후로부터 1년

유형 구분		내용	
		품질 보증기간 이내	유상 서비스기간 이내 (품질 보증기간 경과 후)
정상적인 사용상태에서 발생한 성능 · 기능상 하자로 중요한 수리를 요할 때	구입 후 10일 이내 발생	무상 제품 교환	해당 없음
	구입 후 1개월 이내 발생	무상 제품 교환 또는 무상 수리	해당 없음
	하자 발생 시	무상 수리	유상 수리
	수리 불가능 시	무상 제품 교환	유상 제품 교환
	동일 부위 하자가 3회 발생 시	무상 제품 교환	유상 수리/유상 제품 교환
	다른 부위 하자가 5회 발생 시	무상 제품 교환	유상 수리/유상 제품 교환
	소비자가 수리 의뢰한 제품을 A/S센터가 분실 시	무상 제품 교환	무상 제품 교환
제품 구입 시 판매자의 운송 과정에서 발생한 피해		무상 제품 교환	해당 없음
판매자가 제품 설치 중 발생한 피해		무상 제품 교환	해당 없음

09 A기업에 입사한 P사원은 새 차를 사면서 블랙박스까지 함께 구매했다. P사원이 얼마 지나지 않아 영상이 제대로 녹화되지 않은 것을 확인했다면 의심해 볼 수 있는 원인으로 가장 적절하지 않은 것은?

① 블랙박스 렌즈 표면에 이물질이 붙어 있지는 않은지
② 제품의 사용온도를 벗어난 환경에서 사용하지는 않았는지
③ 사고나 기타 이유로 인하여 충격을 받아 블랙박스 부품의 일부가 파손되지는 않았는지
④ 제품의 부착 위치가 잘못되어 카메라 각도가 바뀌지는 않았는지
⑤ 과도한 자동차 선팅을 하진 않았는지

10 다음 중 블랙박스 품질 보증 기준에 의해 A/S를 요청했을 때 나머지 문제들과 다르게 해결될 상황은?

① 판매자가 블랙박스를 설치하는 과정에서 부품이 부러지는 피해가 발생하였고 품질 보증기간 이내에 수리 신청한 경우
② 1년 2개월 정도 정상적인 사용 중에 블랙박스의 터치 기능 문제로 3회 수리 신청한 경우
③ 블랙박스를 구매하고서 5일 후 바로 수령했으나 운송 중에 해당 물건이 파손되어 수리 신청한 경우
④ 유상 서비스기간이 3개월 남은 블랙박스를 정상적으로 사용하던 중 녹화 기능 이상으로 수리 신청했으나, A/S센터에서 관리를 잘못하여 의뢰 제품을 분실한 경우
⑤ 3주 전 구입 후 정상적인 사용 중에 갑자기 배터리가 방전되어 수리 신청한 경우

PART 01
PART 02
PART 03
PART 04
PART 05
PART 06
PART 07
PART 08
PART 09

[11~12] N사는 사내 특정 공간에 한하여 ○○사 CCTV를 사용하고 있다. 다음은 ○○사 CCTV의 주요 기능 중 일부에 대한 설명이다. 이어지는 물음에 답하시오.

〈○○사 CCTV 주요 기능 설명〉

기능	답변
녹화 시작 및 정지	리모콘의 '녹화 시작/정지' 버튼을 누르면, 화면 좌측상단에 빨간색 램프 점등과 함께 녹화 진행이 이루어집니다. 버튼을 다시 한번 누르면 비밀번호 입력 화면이 나오고 비밀번호를 입력하면 녹화가 정지되고 라이브 화면으로 출력됩니다.
데이터 백업	녹화기 본체의 CD 모양 버튼을 터치하면 백업이 진행됩니다. (일반 USB 메모리는 속도 및 용량의 제한으로 추천해 드리지 않으며, 외장 HDD로 백업하시는 것을 권장합니다.)
백업 파일을 일반 플레이어 프로그램으로 재생	홈페이지 프로그램 자료실에서 백업받은 CMS 파일을 일반 AVI 파일로 변환 가능한 프로그램을 다운받을 수 있습니다. 카메라별 파일이 별도로 생성되므로 원하는 카메라 채널을 선택하여 일반 플레이어 프로그램으로 재생할 수 있습니다.

〈서비스 의뢰 전 점검 사항〉

증상	조치방법
녹화영상 재생 시 영상이 끊어짐	녹화기에 따라 최대 프레임수 및 채널당 분배 가능한 프레임 수가 다르므로 제품 스펙 확인 후 프레임 설정을 확인해 보십시오. 한 채널당 30fps(Frame Per Second) 이상이어야 영상이 자연스럽게 느껴집니다.
VDR이 실행되지 않음	어댑터 램프와 녹화기 본체 램프가 점등되었는지 확인해 주십시오. 점등되지 않았다면 어댑터 연결 상황과 녹화기 전원버튼도 확인해 주십시오.
녹화영상이 화면에 나타나지 않음	녹화기 후면 영상출력단자에 케이블 연결이 정상적으로 되어 있는지, 전원이 켜져 있는지 확인해 주십시오. 사용 모니터가 PC용이 아니라 TV인 경우 단자가 음성단자인지 영상단자인지 확인해 주시고 영상단자에 연결하신 후 TV채널이 외부입력채널이 맞는지 확인해 주십시오.
별도 장착한 하드디스크가 인식되지 않음	SATA 방식으로 장착이 되었더라도 DVR 시스템에서 자체 포맷을 해주어야 인식됩니다. 디스크를 포맷하려면 우선 녹화를 정지한 후 포맷 설정에서 내부 하드디스크 버튼 → 시작 버튼 → 결정 버튼 → 엔터를 누르면 포맷이 진행됩니다.
녹화 화면이 깜빡거림	카메라가 강한 빛을 향하고 있는지 확인 후 방향을 바꾸어 주십시오.

11 어제 CCTV 설치 구역에서 작은 사고가 발생했고, CCTV 관리를 담당하는 K대리는 회사 밖에서 C과장을 만나 해당 영상을 보여주며 상황을 보고하기로 하였다. K대리가 사용할 수 있는 디바이스가 시중의 일반 플레이어 프로그램이 설치된 태블릿일 때 K대리가 해야 할 업무는?

① 녹화기 본체의 CD 모양 버튼을 터치하여 녹화 파일 전체를 백업한다.
② 기존의 하드디스크 대신 별도의 하드디스크를 연결한 후 포맷을 진행한다.
③ 리모콘의 '녹화 시작/정지' 버튼을 두 번 누른 후 비밀번호를 입력한다.
④ 백업 후 CMS 파일을 AVI 파일로 변환하여 태블릿으로 전송한다.
⑤ 녹화기 후면의 영상출력단자를 영상단자로 연결한 후 TV를 외부입력채널로 맞춘다.

12 다음 중 서비스 의뢰 전 점검을 통해 해결이 불가능하여 ○○사 고객센터에 문의할 사항으로 가장 적절한 것은?

① 채널당 프레임을 30fps 이하로 설정한 상태에서 영상이 끊기는 현상

② 어댑터 및 녹화기 본체 램프가 점등된 상태에서 VDR이 실행되지 않는 현상

③ 녹화기 영상출력단자를 TV 음성단자와 연결한 상태에서 영상이 재생되지 않는 현상

④ 하드디스크를 SATA 방식으로 별도 장착했으나 기기가 인식하지 못하는 현상

⑤ 설치된 카메라 주변에 밝은 조명이 많음에도 녹화 화면이 깜빡이는 현상

13 최근 많은 사람들이 빠르게 변하는 기술 변화에 적응하여 다양한 방법으로 새로운 기술을 습득하고자 하는 추세이다. 이에 여러 기관에서는 다양한 방법으로 기술 습득이 가능하도록 교육의 기회를 제공하고 있다. 방법별 특징 중 옳지 않은 것은?

습득방법	장점 및 단점
전문 연수원을 통한 기술과정 연수	① 다년간 쌓은 연수 노하우를 바탕으로 체계적이고 현장 밀착식 교육이 이뤄져 양질의 교육기회를 제공받을 수 있다. • 자체 교육보다 저렴한 연수비로 교육을 받을 수 있으며, 고용보험도 환급받을 수 있다. • 분야별 전문가로부터 이론과 실무 중심의 교육을 받을 수 있다.
e-learning을 활용한 기술교육	• 개별화·맞춤화된 학습을 통해 스스로 관리할 수 있다. ② 장소와 시간 구애 없이 컴퓨터 연결 문제만 이상 없다면 학습 가능하다. • 멀티미디어를 이용한 학습이 이뤄지며, 의사교환이 자유롭다. ③ 현장 중심의 교육이 힘들다.
상급학교 진학을 통한 기술교육	• 학문적이고 최신 기술의 흐름을 반영한 기술 교육을 받을 수 있다. • 실무 중심의 기술교육이 가능하다. • 관련 분야 종사자와 함께 함으로써 인적 네트워크 형성에 좋다. ④ e-learning 학습과 마찬가지로 스스로의 학습을 조절할 수 있다.
OJT를 활용한 기술교육	⑤ 교육자와 피교육자 사이에 친밀감이 조성된다. • 지도자의 자질이 높아야 하고, 교육 내용의 체계화가 어렵다.

PART 01
PART 02
PART 03
PART 04
PART 05
PART 06
PART 07
PART 08
PART 09

14 다음은 제품의 비정상적인 작동의 원인과 해결 방법에 관한 내용 중 일부이다. A사원은 창립기념일 행사에서 사은품으로 받은 커피머신을 사무실에 기부해서 직원들과 같이 사용하고 있다. 커피 추출 버튼을 눌렀으나 커피가 나오지 않는다는 것을 발견한 A사원이 취할 행동으로 가장 적절한 것은?

〈문제 원인 및 해결 방법〉

문제	원인	해결 방법
①를 눌렀을 때 디스플레이가 켜지지 않는 경우	마스터 스위치가 "0"을 향해 있음	마스터 스위치가 "ㅣ"를 향하게 만들어야 함
	플러그가 올바르지 않게 연결됨	소켓에 플러그를 제대로 연결하고 기기를 켜야 함
	커피메이커, 전력 공급, 다른 기기에 문제가 발생해서 메인 퓨즈가 작동됨	벽의 소켓을 끄고 플러그를 뽑거나 인증된 전기 기술자나 서비스센터에 연락해야 함
커피가 충분히 뜨겁지 않은 경우	컵이 예열되지 않음	컵의 크기가 작거나 두께가 두꺼운 경우 예열하는 것이 중요하므로, 컵을 예열해야 함
	혼합온도의 온도가 너무 낮음	혼합온도를 높게 설정해야 함
	혼합기의 필터가 막혀 있음	혼합기를 빼서 세척하거나 기름때를 제거해야 함
우유거품의 상태가 만족스럽지 않은 경우	우유가 차갑지 않음	우유의 온도를 확인 후 차가운 우유(10℃ 이하)로 만들어야 함
	우유파이프가 막힘	제공된 솔을 사용하여 우유거품 제조기와 연결된 분출구를 청소해야 함
크레마가 만족스럽지 못한 경우	분쇄기 설정이 올바르지 않음	분쇄 설정을 곱거나 굵게 조절해야 함
	혼합온도의 온도가 너무 높음	혼합온도를 낮게 설정해야 함
	원두가 너무 오래됨	신선한 원두를 넣어야 함
커피의 맛이 약한 경우 또는 커피 찌꺼기가 질퍽거리고 기름기가 많은 경우	충분한 양의 커피원두가 분쇄되지 않음	기름기가 많은 다크로스트 원두를 사용하는지 확인 후 원두통을 세척하거나 기름기가 덜한 원두를 사용해야 함
커피가 추출구에서 나오지 않거나 한쪽에서만 나온 경우	추출구가 막힘	"세척 및 관리 – 기기 헹굼"을 통해 내부관을 청소해야 함 ※ 여전히 커피가 나오지 않거나 한쪽으로만 나온다면, –중앙추출구를 분리 및 세척해야 함 –모든 부품들을 올바르게 장착해야 함
뜨거운 우유 또는 우유거품이 추출되지 않는 경우	우유관이 막힘	중앙분출구를 세척한 후 솔을 이용해 깨끗이 세척해야 함

① 막힌 혼합기의 필터를 뚫기 위해 혼합기를 꺼내어 세척하고 기름때를 제거하도록 한다.

② 우유파이프가 막힌 것으로 솔을 사용하여 제조기와 연결된 분출구를 청소하도록 한다.

③ 내부관을 청소한 후에도 커피가 나오지 않는다면 중앙추출구를 분리하여 세척하도록 한다.

④ 기름기가 덜한 원두로 바꾸고, 기름칠 된 원두통을 세척하도록 한다.

⑤ 막힌 우유관과 중앙분출구를 깨끗이 세척하도록 한다.

15 다음 에어컨의 설치점검 및 시운전 관련 안내 자료를 바탕으로 이해한 것으로 옳은 것은?

PART 01
PART 02
PART 03
PART 04
PART 05
PART 06
PART 07
PART 08
PART 09

〈설치점검 및 시운전〉

1. 설치 후 점검

확인 항목	발생 가능한 고장
제품이 튼튼하게 고정되었는가?	제품이 떨어지거나 흔들리거나 소음을 발생시킬 수 있습니다.
냉매 누설 테스트를 실시하였는가?	불충분한 냉방이 발생할 수 있습니다.
단열은 충분한가?	응결 현상이 발생할 수 있습니다.
배수는 원활하게 되고 있는가?	누수 현상이 발생할 수 있습니다.
전압은 명판에 표시된 정격 전압과 일치하는가?	전기 고장이 발생하거나 기기를 손상시킬 수 있습니다.
전기 배선 또는 배관이 바르고 안전하게 연결되었는가?	전기 고장이 발생하거나 부품을 손상시킬 수 있습니다.
기기는 안전하게 접지되었는가?	누전이 발생할 수 있습니다.
전원 코드는 사양에 맞는 것을 사용하는가?	전기 고장이 발생하거나 부품을 손상시킬 수 있습니다.
공기 흡입구 또는 배출구가 막히지 않았는가?	불충분한 냉방이 발생할 수 있습니다.
액정에 추가 냉매량이 표시되었는가?	찬바람이 약하거나, 시원하지 않습니다.

2. 시운전
(1) 시운전 전 주의사항
   ① 설치가 완전히 끝나기 전에 기기 전원을 켜지 마십시오.
   ② 전기 배선은 정확하고 안전하게 연결되어야 합니다.
   ③ 연결 파이프의 차단 밸브는 모두 엽니다.
   ④ 작업 후 발생한 쓰레기 및 파편과 같은 불순물은 기기로부터 완전히 제거합니다.
(2) 시운전 방법
   ① 운전을 시작하기 위해 기기 전원을 켜고 리모컨의 전원 버튼을 누릅니다.
   ② 운전이 정상인지 확인하기 위해 냉방 및 송풍 모드 버튼을 누릅니다.

① 냉방이 충분하지 않다면 냉매가 누설 중이거나 추가 냉매가 필요한 상황일 수 있다.
② 누수 현상이 발견된다면 기기가 바르게 접지되어 있지 않을 가능성이 있다.
③ 소음이 들린다면 공기의 흡입구 및 배출구가 막혀 있을 가능성이 있다.
④ 전기 배선 오류에 따른 사고를 막기 위해 시운전은 파이프 연결 밸브를 닫은 채 실시해야 한다.
⑤ 전기 고장이 발생하지 않도록 전압 일치 여부, 배선 연결, 전원 코드 사양, 단열 여부를 확인해야 한다.

CHAPTER 02 기술선택능력

1. 기술선택

① **정의** : 기업이 어떤 기술을 외부로부터 도입하거나 자체 개발하여 활용할 것인가를 결정

② **기술선택을 위한 의사결정**

상향식 기술선택	• 기업 전체 차원에서 필요한 기술에 대한 체계적인 분석이나 검토 없이 연구자나 엔지니어들이 자율적으로 기술을 선택하는 것 • 장점 : 기술 개발 실무를 담당하는 기술자들의 흥미 유발 · 그들의 창의적인 아이디어 활용 가능 • 단점 : 과학기술 전문 분야에 대한 지식과 흥미만을 고려하여 시장의 고객 요구가 반영되거나 서비스가 개발되는 과정에서 적합하지 않은 기술이 선택되는 경우, 경쟁기업과의 경쟁에서 승리하기 어려운 기술이 선택될 가능성 존재
하향식 기술선택	기술경영진과 기술기획담당자들에 의한 체계적인 분석을 통해 기업이 획득해야 하는 대상기술과 목표기술 수준을 결정하는 것

③ **기술선택을 위한 절차**

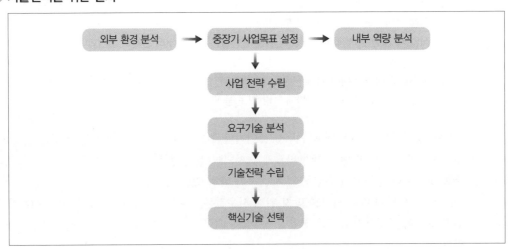

ⓐ 외부 환경 분석 : 수요 변화 및 경쟁자 변화, 기술 변화 등 분석

ⓑ 중장기 사업목표 설정 : 기업의 장기비전, 중장기 매출목표 및 이익목표 설정

ⓒ 내부 역량 분석 : 기술능력, 생산능력, 마케팅/영업능력, 재무능력 등 분석

ⓓ 사업 전략 수립 : 사업영역 결정, 경쟁 우위 확보 방안 수립

ⓔ 요구기술 분석 : 제품 설계/디자인 기술, 제품 생산공정, 원재료/부품 제조기술 분석

ⓕ 기술전략 수립 : 핵심기술의 선택, 기술 획득 방법 결정

④ **기술선택을 위한 우선순위 결정**
  ㉠ 제품의 성능이나 원가에 미치는 영향력이 큰 기술
  ㉡ 기술을 활용한 제품의 매출과 이익 창출 잠재력이 큰 기술
  ㉢ 쉽게 구할 수 없는 기술
  ㉣ 기업 간에 모방이 어려운 기술
  ㉤ 기업이 생산하는 제품 및 서비스에 보다 광범위하게 활용할 수 있는 기술
  ㉥ 최신 기술로 진부화될 가능성이 적은 기술

2. 벤치마킹

① **정의**
  ㉠ 특정 분야에서 뛰어난 업체나 상품, 기술, 경영 방식 등을 배워 합법적으로 응용하는 것
  ㉡ 단순한 모방과는 달리 우수한 기업이나 성공한 상품, 기술, 경영 방식 등의 장점을 충분히 배우고 익힌 후 자사의 환경에 맞추어 재창조하는 것
  ㉢ 쉽게 아이디어를 얻어 신상품을 개발하거나 조직 개선을 위한 새로운 출발점의 기법으로 많이 이용

② **종류**

비교대상에 따른 분류	내부 벤치마킹	같은 기업 내의 다른 지역, 타 부서, 국가 간의 유사한 활용을 비교대상으로 함 • 장점 : 자료 수집이 용이하며 다각화된 우량기업의 경우 효과가 큼 • 단점 : 관점이 제한적일 수 있고 편중된 내부 시각에 대한 우려가 있음
	경쟁적 벤치마킹	동일 업종에서 고객을 직접적으로 공유하는 경쟁기업을 대상으로 함 • 장점 : 경영 성과와 관련된 정보 입수가 가능하며, 업무/기술에 대한 비교가 가능함 • 단점 : 윤리적인 문제가 발생할 소지가 있으며, 대상의 적대적 태도로 인해 자료 수집이 어려움
	비경쟁적 벤치마킹	제품, 서비스 및 프로세스의 단위 분야에 있어 가장 우수한 실무를 보이는 비경쟁적 기업 내의 유사 분야를 대상으로 하는 방법 • 장점 : 혁신적인 아이디어의 창출 가능성은 높음 • 단점 : 다른 환경의 사례를 가공하지 않고 적용할 경우 효과를 보지 못할 가능성이 높음
	글로벌 벤치마킹	프로세스에 있어 최고로 우수한 성과를 보유한 동일 업종의 비경쟁적 기업을 대상으로 함 • 장점 : 접근 및 자료 수집이 용이하고 비교 가능한 업무/기술 습득이 상대적으로 용이함 • 단점 : 문화 및 제도적인 차이로 발생되는 효과에 대한 검토가 없을 경우, 잘못된 분석 결과의 발생 가능성이 높음

수행 방식에 따른 분류	직접적 벤치마킹	벤치마킹 대상을 직접 방문하여 수행하는 방법 • 장점 : 필요로 하는 정확한 자료의 입수 및 조사가 가능하며 Contact Point의 확보로 벤치마킹의 이후에도 계속적으로 자료의 입수 및 조사가 가능함 • 단점 : 벤치마킹 수행과 관련된 비용 및 시간이 많이 소요되며 적절한 대상 선정에 한계가 있음
	간접적 벤치마킹	인터넷 및 문서 형태의 자료를 통해서 수행하는 방법 • 장점 : 벤치마킹 대상의 수에 제한이 없고 다양하며, 비용 또는 시간적 측면에서 상대적으로 많이 절감할 수 있음 • 단점 : 벤치마킹 결과가 피상적이며 정확한 자료의 확보가 어렵고, 특히 핵심 자료의 수집이 상대적으로 어려움

③ 주요 단계

1단계 계획 단계	• 기업은 반드시 자사의 핵심 성공요인, 핵심 프로세스, 핵심 역량 등을 파악해야 하며, 벤치마킹되어야 할 프로세스는 문서화되어야 하고 특성이 기술되어야 함 • 벤치마킹 파트너 선정에 필요한 요구 조건도 작성되어야 함

⬇

2단계 자료 수집 단계	내부 데이터 수집, 자료 및 문헌조사, 외부 데이터 수집이 포함됨

⬇

3단계 분석 단계	• 데이터 분석, 근본 원인 분석, 결과 예측, 동인 판단 등의 업무를 수행하여야 함 • 목적은 벤치마킹 수행을 위해 개선 가능한 프로세스 동인들을 확인하기 위한 것

⬇

4단계 개선 단계	• 궁극적인 목표는 자사의 핵심 프로세스를 개선함으로써 벤치마킹 결과를 현실화시키자는 것 • 벤치마킹 연구를 통해 얻은 정보를 활용함으로써 향상된 프로세스를 조직에 적응시켜 지속적인 향상을 유도하여야 함

3. 매뉴얼

① **정의** : 어떤 기계의 조작 방법을 설명해놓은 사용 지침서로, 사전적 의미는 어떤 기계의 조작 방법을 설명해놓은 사용 지침서, 즉 '사용서', '설명서', '편람', '안내서'

② **종류**

제품 매뉴얼	• 사용자를 위해 제품의 특징이나 기능 설명, 사용방법과 고장 조치방법, 유지 보수 및 A/S, 폐기까지 제품에 관련된 모든 서비스에 대해 소비자가 알아야 할 모든 정보를 제공하는 것 • 제품 사용자의 유형과 사용 능력을 파악하고 혹시 모를 사용자의 오작동까지 고려하여 만들어져야 함 • 제품의 의도된 안전한 사용과 사용 중 해야 할 일 또는 하지 말아야 할 일까지 정의해야 함
업무 매뉴얼	어떤 일의 진행 방식, 지켜야 할 규칙, 관리상의 절차 등을 일관성 있게 여러 사람이 보고 따라 할 수 있도록 표준화하여 설명하는 지침서 예 프랜차이즈 점포의 경우 '편의점 운영 매뉴얼', '제품 진열 매뉴얼', 기업의 경우 '부서 운영 매뉴얼', '품질 경영 매뉴얼' 등 예 올림픽이나 스포츠의 경우 '올림픽 운영 매뉴얼', '경기 운영 매뉴얼' 등이 있으며, 재난 대비 매뉴얼인 '재난 대비 국민행동 매뉴얼' 등

③ **작성 시 주의사항**

    ㉠ 내용이 정확해야 함

    ㉡ 사용자가 알기 쉽게 쉬운 문장으로 써야 함

    ㉢ 사용자의 심리적 배려가 있어야 함

    ㉣ 사용자가 찾고자 하는 정보를 쉽게 찾을 수 있어야 함

    ㉤ 사용하기 쉬워야 함

4. 지식재산권과 산업재산권

① **지식재산권**

    ㉠ 국가 산업발전 및 경쟁력을 결정짓는 '산업자본'

    ㉡ 눈에 보이지 않는 무형의 재산

    ㉢ 지식재산권을 활용한 다국적기업화가 이루어지고 있음

    ㉣ 연쇄적인 기술개발을 촉진하는 계기를 마련해 주고 있음

② **산업재산권** : 특허권, 실용신안권, 의장권 및 상표권을 총칭. 산업활동과 관련된 사람의 정신적 창작물(연구 결과)이나 창작된 방법에 대해 인정하는 독점적 권리

    ㉠ 특허

- 발명한 사람이 본인이 발명한 기술을 독점적으로 사용할 수 있는 권리
- 목적 : 발명을 보호·장려하고 그 이용을 도모함으로써 기술의 발전을 촉진하여 산업발전에 이바지함
- 요건 : 발명 성립, 산업상 이용 가능, 새로운 것으로 진보적인 발명, 법적으로 특허를 받을 수 없는 사유에 해당되지 않아야 함
- 설정등록일 후 출원일로부터 20년간 권리를 인정받음

    ㉡ 실용신안

- 기술적 창작 수준이 소발명 정도인 실용적인 창작(고안)을 보호하기 위한 제도
- 발명처럼 고도하지 않은 것으로 물품의 형상, 구조 및 조합이 대상이 됨
- 실용신안권은 등록일로부터 출원 후 10년간 인정받음

    ㉢ 의장

- 심미성을 가진 고안으로서 물품의 외관에 미적인 감각을 느낄 수 있게 하는 것
- 물품 자체에 표현되는 것으로 물품을 떠나서는 존재할 수 없어, 물품이 다른 경우 동일 형상의 디자인이어도 별개의 의장이 됨
- 보호 기간 : 설정등록일로부터 15년

    ㉣ 상표

- 제조회사가 자사제품의 신용을 유지하기 위해 제품이나 포장 등에 표시하는 표장으로서의 상호나 마크를 말함
- 배타적 권리보장 기간 : 등록 후 10년

PART 01
PART 02
PART 03
PART 04
PART 05
PART 06
PART 07
PART 08
PART 09

01 A기업은 벤치마킹을 시도하고자 한다. 데밍에 의해 주창된 프로세스 관리를 위한 4단계 발전 절차를 활용한 벤치마킹 순서를 바르게 나열한 것은?

> **보기**
>
> ㉠ 자사의 핵심 성공요인, 핵심 프로세스, 핵심 역량 등을 파악한다.
> ㉡ 내부 데이터 수집, 자료 및 문헌조사, 외부 데이터 수집을 수행한다.
> ㉢ 데이터 분석, 근본 원인 분석, 결과 예측, 동인 판단 등을 한다.
> ㉣ 향상된 프로세스를 조직에 적응시켜 지속적인 향상을 유도하여야 한다.

① ㉠ → ㉡ → ㉢ → ㉣　　　　　　② ㉠ → ㉢ → ㉣ → ㉡
③ ㉡ → ㉢ → ㉣ → ㉠　　　　　　④ ㉢ → ㉣ → ㉠ → ㉡
⑤ ㉣ → ㉠ → ㉡ → ㉢

정답 찾기

벤치마킹의 주요 단계는 계획 단계, 자료 수집 단계, 분석 단계, 개선 단계의 순이다.
㉠은 계획 단계, ㉡은 자료 수집 단계, ㉢은 분석 단계, ㉣은 개선 단계이다.

정답 | ①

02 기업이 어떤 기술을 외부로부터 도입 또는 자체 개발하여 활용할지 결정하는 것을 기술선택이라 한다. 이러한 기술선택의 특성으로 가장 적절하지 않은 것은? [한국산업인력공단]

① 연구자 또는 엔지니어들이 전 기업 차원에서의 필요 기술에 대한 분석이나 검토 없이 기술을 선택하는 것은 상향식 기술선택이다.

② 제품 또는 서비스 개발 과정 중 시장의 고객 요구와 맞지 않고 기술자들의 지식과 흥미만을 고려한 기술선택이 이뤄지는 경우 경쟁력이 부족한 기술선택의 가능성에 노출된다.

③ 기업이 직면한 외부환경과 보유 자원에 대한 체계적 분석을 통해 확보해야 하는 기술과 목표기술에 대한 수준을 결정하는 것은 하향식 기술선택이다.

④ 중장기 사업목표가 설정되면 그에 맞는 전략을 수립한 후 요구되는 기술의 분석과 전략을 세워 핵심기술을 선택한다.

⑤ 기술선택 시 쉽게 구할 수 있고, 기업 간 기술 공유가 자유롭게 이뤄질 수 있는지 고려해야 한다.

정답 찾기

기술선택을 위한 우선순위에는 쉽게 구할 수 없고 기업 간 모방이 어려운 기술, 성능이나 원가에 미치는 영향력이 큰 기술, 기술 활용을 통해 제품의 매출과 이익 창출 잠재력이 큰 기술, 생산하는 제품 및 서비스에 광범위하게 활용 가능한 기술, 최신 기술로 진부화될 가능성이 적은 기술 등을 두어야 한다.

오답 분석

①, ②, ③ 기술을 선택하는 데 따른 의사결정은 크게 상향식과 하향식 기술선택의 방법으로 나뉜다.

상향식 기술선택	• 기업 전체 차원에서 필요한 기술에 대한 체계적인 분석 또는 검토 없이 연구자나 엔지니어들이 자율적으로 기술을 선택하는 것 • 기술자들이 자신들의 과학기술 전문 분야에 대한 지식과 흥미만을 고려한 기술선택을 하는 경우, 시장 고객들의 요구와 밀접하지 않은 제품 또는 서비스 개발 과정에서 부적합한 기술이 선택되거나 경쟁기업과의 경쟁에서 승리할 수 없는 기술이 선택될 수 있음
하향식 기술선택	기업이 기술경영진과 기술기획담당자들의 체계적인 분석을 통해 획득해야 하는 대상기술과 목표 기술 수준을 결정하는 것

④ 기술선택을 위한 절차는 '중장기 사업목표 설정 → 사업 전략 수립 → 요구기술 분석 → 기술전략 수립 → 핵심기술 선택'이다.

정답 | ⑤

PART 01
PART 02
PART 03
PART 04
PART 05
PART 06
PART 07
PART 08
PART 09

01 〈보기〉의 사례를 특허, 실용신안, 의장, 상표로 구분하여 바르게 연결한 것은?

보기

㉠ 미국의 조셉은 양이 장미넝쿨을 넘어가지 못하도록 철조망을 발명하였다.
㉡ 잉크펜의 중앙에 홈을 내고 구멍을 뚫어 자연스럽게 글을 쓸 수 있었다.
㉢ 반달형, 맥주병형 등 다양한 디자인의 성냥갑을 창안하였다.
㉣ 코카콜라 병의 빨간 글씨, 코닥필름 등의 노란색 등이 해당한다.

	특허	실용신안	의장	상표
①	㉠	㉡	㉢	㉣
②	㉠	㉡	㉣	㉢
③	㉡	㉠	㉣	㉢
④	㉢	㉠	㉡	㉣
⑤	㉢	㉣	㉠	㉡

02 〈보기〉 중 하향식 기술선택을 위한 전문가들의 회의에서 적절하지 않은 발언을 한 사람은?

보기

• 전문가 A : 체계적인 분석을 통해 기업이 획득해야 하는 대상기술과 목표기술 수준을 결정해야 합니다.
• 전문가 B : 중장기 사업목표 설정은 외부환경과 내부역량의 분석이 필요합니다.
• 전문가 C : 사업 전략을 수립한 다음에 요구되는 기술을 분석해야 합니다.
• 전문가 D : 핵심기술의 선택은 사업 전략을 수립하기 전에 구체화되어야 합니다.

① B   ② C
③ D   ④ A, C
⑤ C, D

03 〈보기〉의 목적과 역할을 달성하기 위해 기업에서 개발해 두어야 할 것은?

> **보기**
>
> • 기업에서 활동 기준이나 업무수속 등을 문서로 하여 명확화한 것으로, 경영의 의지결정 방법을 나타낸 규정서에서부터 안내서까지 있다.
> • 판매원 교육의 일환으로 표준화할 수 있는 일의 작업지시서를 말한다.
> • 작업의 수준, 방법 등 순서를 세워서 구체적으로 문서화한 것으로서, 순조로운 조직활동, 업무의 체계적 습득, 일정 수준의 작업 확보가 제작 목적이다.

① 약관   ② 정관
③ 증서   ④ 매뉴얼
⑤ 설명서

04 다음 중 산업재산권에 대한 설명으로 옳지 않은 것은?

① 산업재산권이란 사람의 정신적 창작물(연구 결과)이나 창작된 방법을 인정하는 독점적 권리이다.
② 특허는 발명을 보호, 장려하고 기술의 발전을 촉진하여 산업발전에 이바지함을 목적으로 설정등록일 후 출원일로부터 20년 간 권리를 인정받을 수 있다.
③ 실용신안은 소발명 정도인 실용적인 창작(고안)을 보호하기 위한 제도로서 보호 대상은 특허제도와 다소 다르나 전체적으로 특허제도와 유사하다.
④ 상표는 제조회사가 자사제품의 신용을 유지하기 위해 제품이나 포장 등에 표시하는 표장으로서의 상호나 마크로서 배타적 권리보장 기간은 등록 후 20년이다.
⑤ 의장은 물품 자체에 표현되는 것으로, 동일 형상의 디자인이어도 물품이 다른 경우 별개의 의장이 된다.

05 1865년 설립돼 150년 넘는 전통을 쌓아온 '노키아'는 핀란드 GDP의 약 25%에 해당할 정도의 공룡 기업이었다. 2011년까지 휴대폰 시장점유율 1위 자리를 지켰지만 2012년에는 그 자리를 삼성에 내어줬고 2013년에는 MS에 매각됐다. 2011~2013년의 몰락 과정을 참고할 때 다음 중 노키아에 부족했던 능력은?

노키아는 애플이 아이폰과 아이패드를 공개하기 이전부터 스마트폰 기술을 가지고 있었다. 1990년 후반부터 무선인터넷이 가능한 태블릿PC를 개발했고 2006년까지 노키아 스마트폰은 전 세계에 3,900만 대나 팔렸다. 애플이 아이폰을 출시할 때도 당시 최고경영자(CEO)였던 올리페카 칼라스부오는 스마트폰 사업부를 피처폰(일반휴대폰) 사업부로 통합하고 피처폰 강화 전략을 내세웠다. 칼라스부오는 아이폰에 대해 이해하기 어려운 제품이며, 절대 잘 팔리지 않을 것이라고 평가했다.

하지만 시장의 반응은 달랐고, 삼성전자 등 다른 휴대폰 제조업체들은 아이폰을 철저하게 분석하며 스마트폰 시장에 매달렸다. 노키아는 세계적 수준의 기술력을 보유하고 있었음에도 칼라스부오가 최고재무책임자(CFO) 출신답게 '원가 절감을 통한 수익 극대화 전략'을 펼치면서 스마트폰 기술 개발은 더욱 더디게 진행됐다.

결국 칼라스부오는 노키아의 고전을 책임지며 사임했고 MS 출신의 스티븐 엘롭이 새로운 CEO로 임명됐지만 노키아의 상황은 바뀌지 않았다. 당시 노키아 자체 개발 OS인 심비안을 버리고 고른 운영체제는 안드로이드라는 안정적인 모바일 운영체제가 아닌 윈도우였다.

결국 2012년 노키아의 주가는 20분의 1로 급락했고, 국제신용평가사 스탠다스앤푸어스(S&P)와 피치는 노키아 신용등급을 '정크(Junk : 투자부적격)'로 강등했다. 엘롭이 MS로 복귀하며 당시 MS CEO였던 스티브 발머에 노키아를 인수하라고 설득하면서 노키아는 MS에 매각됐다. 인수금액은 노키아의 명성에 비하면 헐값인 고작 7조 원이었다.

---

① 기술이해능력   ② 기술선택능력
③ 기술적용능력   ④ 기술육성능력
⑤ 기술분석능력

자기개발능력

CHAPTER 01 자기개발능력

1. 자기개발능력 개요

(1) 자기개발

① **정의** : 자신의 능력, 적성 및 특성 등에 있어서 강점과 약점을 찾고 확인하여 강점을 강화시키고, 약점을 관리하여 성장을 위한 기회로 활용하는 것

② **자기개발의 이유**
- ㉠ 효과적인 업무 처리
- ㉡ 변화하는 환경에 적응
- ㉢ 주변 사람들과 긍정적인 인간관계 형성
- ㉣ 자신이 달성하고자 하는 목표 성취
- ㉤ 보람된 삶 운영 및 삶의 질 향상

③ **자기개발의 특징**
- ㉠ 개발의 주체는 타인이 아니라 자기 자신이며, 일과 관련하여 평생에 걸쳐 이루어짐
- ㉡ 자기개발은 개별적인 과정이므로 자신에게 알맞은 방법을 선정하여야 함

④ **자기개발 방법**
- ㉠ 자아인식 : 자기개발의 첫 단계로 자신의 특성을 바르게 인식할 수 있어야 적절한 자기개발이 이루어질 수 있음
- ㉡ 자기관리 : 자신에 대한 이해를 바탕으로 비전과 목표를 수립하며, 이에 대한 과제를 발견하고 자신의 일정을 수립하고 조정하여 자기관리를 수행하며, 이를 반성하여 피드백하는 과정으로 이루어짐
- ㉢ 경력개발 : 자신과 상황을 인식하고 경력 관련 목표를 설정하여 그 목표를 달성하기 위한 과정으로, 경력계획을 준비하고 실행하며 피드백하는 경력관리로 이루어짐

⑤ **자기개발의 방해 요인** : 욕구와 감정, 제한적 사고, 문화적 장애, 자기개발 방법을 잘 모르는 경우 등

⑥ **자기개발 계획 수립**

자기개발 설계 전략	• 장단기 목표 수립 • 인간관계 고려 • 현재의 직무 고려 • 구체적인 방법으로 계획함

자기개발 계획 수립이 어려운 이유	• 자기정보의 부족 : 자신의 흥미, 장점, 가치, 라이프스타일을 충분히 이해하지 못함 • 내부 작업정보 부족 : 회사 내의 경력기회 및 직무 가능성에 대해 충분히 알지 못함 • 외부 작업정보 부족 : 다른 직업이나 회사 밖의 기회에 대해 충분히 알지 못함 • 의사결정 시 자신감의 부족 : 자기개발과 관련된 결정을 내릴 때 자신감 부족 • 일상생활의 요구사항 : 개인의 자기개발 목표와 일상생활(예 가정) 간 갈등 • 주변상황의 제약 : 재정적 문제, 연령, 시간 등

(2) 자신을 브랜드화하는 방법

① **자신의 브랜드화 전략** : 차별성

ⓐ 친근감 : 오랜 기간 관계를 유지한 브랜드에 대한 친숙한 느낌

ⓑ 열정 : 브랜드를 소유하거나 사용해 보고 싶다는 동기를 유발하는 욕구

ⓒ 책임감 : 소비자가 브랜드와 애정적 관계를 유지하도록 소비자에게 신뢰감을 주어 지속적인 소비가 가능하게 하는 것

② **자기 브랜드 PR 방법** : 소셜 네트워크 · 인적네트워크 활용, 자신만의 명함 제작, 경력 포트폴리오 제작 등

2. 자아인식능력

(1) 자아인식

① 자신의 가치, 신념, 상정, 태도 등을 아는 것을 넘어서 이것들이 자신의 행동에 어떻게 영향을 미치는지 아는 것

② 직업인으로서 자아인식은 직업생활에서 자신의 요구를 파악하고 자신의 능력 및 기술을 이해하여 자신의 가치를 확신하는 것으로 개인과 팀의 성과를 높이는 데도 필수적으로 요구됨

③ 올바른 자아인식은 자아정체감, 성장욕구 증가, 자기개발 방법 결정, 개인 · 팀의 성과 향상에 영향을 미침

(2) 자아 구성 요소

내면적 자아	• 자신의 내면을 구성하는 요소(적성, 흥미, 성격, 가치관 등) • 측정하기 어렵다는 특징을 가짐
외면적 자아	자신의 외면을 구성하는 요소(외모, 나이 등)

(3) 자아인식 방법

① **조해리의 창(Johari's Window)**

ⓐ 자신과 다른 사람이라는 두 관점을 통해 파악하는 자기인식 또는 자기 이해의 모델

	내가 아는 나	내가 모르는 나
타인이 아는 나	공개된 자아 Open Self	눈먼 자아 Blind Self
타인이 모르는 나	숨겨진 자아 Hidden Self	아무도 모르는 자아 Unknown Self

ⓛ 자신을 인식하는 방법으로는 자신을 살펴보고, 타인과의 커뮤니케이션을 하거나 표준화된 검사를 통하여 알 수 있음

② **내가 아는 나 확인하기**

㉠ 나의 성격이나 업무수행에 있어서 장단점은 무엇일까?

ⓛ 현재 내가 담당하는 업무를 수행하기에 부족한 능력은 무엇인가?

ⓒ 내가 관심을 가지고 열정적으로 하는 일은 어떤 것이 있을까?

ⓔ 나는 직장생활에서 어떤 목표를 가지고 있는가? 이것들은 가치가 있는가?

ⓜ 내가 생각하는 바람직한 상사, 동료 및 부하직원은 어떻게 행동하는가?

ⓗ 내가 오늘 하고 있는 일(직장, 학교 등)을 그만둔다면, 어떤 일을 새로 시작할까?

③ **타인과의 커뮤니케이션**

㉠ 자신이 보는 자기 모습을 주관적 자아, 남이 보는 자신의 모습을 객관적 자아로 분류하기도 함. 자신이 보는 자기와 남이 보는 모습이 일치할수록 의사소통이 쉬워지고 마찰이 적어져 안정된 성격을 유지할 수 있음

ⓛ 주변 사람들과의 대화는 내가 몰랐던 나 자신을 발견하는 중요한 수단이 되기도 함

④ **'타인이 파악하는 나'를 질문하기**

⑤ **표준화 검사 도구를 활용하기**

㉠ 표준화된 검사 도구는 객관적으로 자아특성을 타인과 비교해볼 수 있는 척도를 제공

ⓛ 각종 검사 도구를 활용하여 자신을 발견하는 일은 자신의 진로를 설계하고, 직업을 구하며, 자신에게 맞는 일을 찾아가는데 도움을 줄 수 있음

(4) 일과 관련된 자신의 특성을 파악하는 방법

① **마인드컨트롤** : 자신을 의식적으로 관리하는 방법을 깨닫게 되면 문제 상황을 해결할 수 있음

② **성취감 쌓기** : 일을 할 때 작은 단위로 나누어 수행. 작은 성공의 경험들이 축적되어 자신에 대한 믿음이 강화되면 보다 큰일을 할 수 있게 됨

③ **기업 문화 및 풍토 고려** : 흥미와 적성을 개발하기 위해 기업 문화 및 풍토를 잘 이해하고 활용할 필요가 있음

(5) 경험을 반성하는 방법

① **성찰의 이유**

㉠ 다른 일을 하는 데 필요한 노하우 축적

ⓛ 지속적인 성장의 기회 제공

ⓒ 신뢰감 형성의 원천 제공

ⓔ 창의적인 사고 능력 개발 기회 제공

② **성찰의 연습 방법** : 성찰노트 작성, 끊임없이 질문하기 등

3. 자기관리능력

(1) 단계별 자기관리 계획 수립

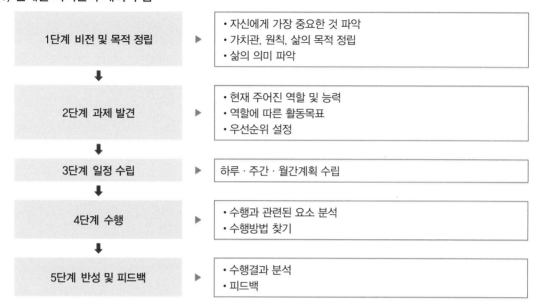

① **비전 및 목적 정립** : 자신의 비전과 목적을 정립하기 위하여 "나에게 가장 중요한 것과 내가 살아가는 원칙은?", "나의 가치관은?", "내 삶의 목적은 어디에 있는가?"와 같은 질문을 해볼 수 있다.

② **과제 발견**
　㉠ 비전과 목표가 정립되면 현재 자신의 역할 및 능력을 다음 질문을 통해 검토하고, 할 일을 조정하여 자신이 수행해야 할 역할들을 도출
　㉡ 역할들에 상응하는 활동목표를 설정한다. 활동목표가 너무 크거나 높은 경우 세부목표로 나누고, 실행 가능하도록 조정
　㉢ 수행할 역할들이 도출되고 이에 적합한 활동목표가 수립되면, 역할 및 활동목표별로 해야 할 일을 우선순위에 따라 구분

③ **일정 수립** : 우선순위에 따라 월간계획 → 주간계획 → 하루계획 순으로 작성
　㉠ 월간계획 : 보다 장기적인 관점에서 계획하고 준비해야 할 일 위주로 작성
　㉡ 주간계획 : 우선순위가 높은 일을 먼저 하도록 작성
　㉢ 하루계획 : 보다 자세하게 시간단위로 작성

④ **수행** : 구체적인 일정을 수립한 후 수행. 수행에는 시간, 능력, 돈, 물건, 감정, 대인관계, 건강 등의 요소들이 영향을 미침

⑤ **반성 및 피드백** : 수행 후 다음의 질문을 통해 결과를 분석하고, 피드백하여 다음 수행에 반영해야 함
　㉠ 어떤 목표를 성취하였는가?
　㉡ 일을 수행하는 동안 어떤 문제에 직면했는가?
　㉢ 어떻게 결정을 내리고 행동했는가?
　㉣ 우선순위, 일정에 따라 계획적으로 수행했는가?

(2) 내면 관리 방법

① 인내심 키우기

② 긍정적인 마음 가지기

(3) 업무 성과를 높이기 위한 행동전략

① **자기자본이익률(ROE) 향상** : 경영자가 기업에 투자된 주주의 자본을 사용해 어느 정도 이익을 올리고 있는가를 나타내는 지표로, 최근 대다수 회사 전략기획의 목적이기도 함

② 일을 미루지 않기

③ 업무를 묶어서 처리하기

④ 다른 사람과 다른 방식으로 일하기

⑤ 회사와 팀의 업무 지침을 따르기

⑥ 역할 모델을 설정하기

(4) 합리적 의사 결정

① **방법** : 자신의 목표를 정하여 몇 가지 대안을 찾아보고 가장 실행 가능한 최상의 방법을 선택하여 행동하는 것

② **과정** : 문제의 근원을 파악하고, 의사결정 기준과 가중치를 정하며, 의사결정에 필요한 정보를 수집 → 가능한 모든 대안을 탐색한 후 각 대안을 분석 및 평가하여 최적안을 선택 → 의사결정 결과를 평가하고 피드백

③ **거절의사 결정과 거절** : 거절의사 결정은 빠를수록 좋으며, 오래 지체될수록 상대방은 긍정의 대답을 기대하게 되고, 의사결정자는 거절하기 더욱 어려워짐. 또한 거절할 때에는 분명한 이유를 전달해야 하고, 대안을 제시해야 함

4. 경력개발능력

(1) 경력개발

① 경력개발은 일과 관련되어 일어나는 연속적인 과정

② 경력을 탐색하고, 자신에게 적합한 경력목표를 설정하며, 이에 따른 전략을 수립해서 실행하고, 평가하여 관리하는 단계로 이루어짐. 이러한 단계는 명확하게 구분되는 것은 아니며 중복적으로 이루어질 수도 있고, 실행 및 평가를 통해 수정될 수 있음

㉠ 직업 선택 : 자신에게 적합한 직업을 탐색·선택하고 필요한 능력을 키우는 단계

㉡ 조직 입사 : 일반적으로 학교를 졸업하고 자신이 선택한 경력분야에서 원하는 조직의 일자리를 얻으며, 직무를 선택하는 과정

㉢ 경력 초기 : 직무와 조직의 규칙을 배우게 됨. 특히 자신이 맡은 업무의 내용을 파악하고, 새로 들어간 조직의 규칙이나 규범, 분위기를 알고 적응하는 것이 중요함

㉣ 경력 중기 : 그동안 성취한 것을 재평가하고, 생산성을 유지하는 단계

㉤ 경력 말기 : 조직의 생산적인 기여자로 남기 위해 노력하며, 동시에 퇴직을 고려하게 됨

(2) 경력개발계획 수립

① **직무정보 탐색** : 관심 직무에서 요구하는 능력, 고용 또는 승진 전망, 직무만족도 등 해당 직무와 관련된 모든 정보를 알아내는 단계

② **자신과 환경 이해** : 자신의 능력, 흥미, 적성, 가치관 등을 파악하고, 직무와 관련된 주변 환경의 기회와 장애요인에 대하여 정확하게 분석

구분	탐색 방법
자기탐색	• 자기인식 관련 워크샵 참여 • 전문기관의 전문가 면담 • 표준화된 검사 • 일기 등을 통한 성찰
환경탐색	• 회사의 연간 보고서 • 특정 직무와 직업에 대한 설명자료 • 전직 및 경력 상담 회사 및 기관 방문 • 주변 지인과의 대화 • 직업 관련 홈페이지 탐색 : 각종 기관에서 운영하는 직업정보(Know), 자격정보(Q-net), 취업알선 정보(Work-net), 직업교육훈련정보(HRD-net) 등

③ **경력목표 설정**

목표	특징
단기목표	장기목표를 달성하기 위하여 어떤 경험을 축적하고 어떤 능력을 개발해야 하는지, 장애요소는 무엇인지를 중심으로 2~3년 사이의 목표를 수립하는 것
장기목표	자신이 어떤 직무, 활동, 보상, 책임 등을 원하는지를 파악하고, 자신이 선호하는 작업환경에서 향후 5~7년 정도를 예측하여 목표를 수립하는 것

④ **경력개발 전략 수립** : 현재 직무의 성공적 수행, 역량 강화, 인적 네트워크 강화를 위한 전략을 수립

⑤ **실행 및 평가** : 실행 과정을 통해 도출된 결과를 검토하고 수정하고, 경력목표를 달성하기에 충분한지 등을 검토. 환경이나 가치관의 예측하지 못한 변화에 의해 전략이 수정될 수 있음

(3) 경력개발 관련 이슈

① **평생학습사회** : 개인 각자가 자아실현, 생활 향상 또는 직업적 지식, 기술의 획득 등을 목적으로 생애에 걸쳐서 자주적·주체적으로 학습을 계속할 수 있는 평생학습사회가 도래

② **투잡스(two-jobs)** : 지속적인 경기불황에 따라 2개 혹은 그 이상의 직업을 가지는 사람들이 늘고 있으며, 주 5일제 시행으로 투잡은 더욱 확대되고 있음

③ **청년 실업** : 외환위기 이후 우리나라 노동시장에서 청년 실업은 매우 큰 문제로 부각되고 있음

④ **창업경력** : 인터넷 확산으로 공간·시간 제약 없이 창업이 쉬워지고, 여성의 창업도 증가

⑤ **소셜 네트워크 구인·구직** : 인사담당자들은 앞으로 취업시장의 핵심 키워드로 '소셜 네트워크 구인·구직 활동'을 꼽았으며, 현재 많은 기업들이 채용 SNS를 운영하고 있음

⑥ **일과 생활의 균형(WLB ; Work and Life Balance)** : 선진국에서는 WLB 프로그램이 보편화되었지만 우리나라에서는 일부 대기업이나 중견기업 정도가 WLB 프로그램을 도입했거나 검토 중임

01 다음은 자기관리 계획을 단계별로 수립하는 과정이다. 일을 수행한 후 분석한 결과를 다음 일을 수행하기 위해 반영하는 단계에서 접할 수 있는 질문으로 적절하지 않은 것은? [교통안전공단]

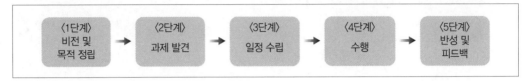

① 어떤 목표를 성취하였는가?

② 일을 수행하는 동안 어떤 문제에 직면했는가?

③ 어떻게 결정을 내리고 행동했는가?

④ 우선순위, 일정에 따라 계획적으로 수행했는가?

⑤ 역할들 간에 상충되는 것은 없는가?

정답 찾기

5단계인 '반성 및 피드백' 단계에서는 일을 수행한 후 ①~④와 같은 질문을 통해 결과를 분석 및 피드백하여 다음 일을 수행하는 데 반영한다.

⑤는 2단계 '과제 발견'에서 접할 수 있는 질문이다.

정답 | ⑤

02 입사일이 비슷한 A, B 신입사원은 어느 날 업무 지침을 따르지 않고 자신이 생각하는 방식대로 일을 처리하다가 실수를 저질렀다. 두 신입사원의 반응이 다음과 같았으며, 귀하가 발생한 문제에 대해 다시 되돌아보는 시간을 가진 신입사원에게 성찰하는 이유를 물어봤다면, 돌아올 답변으로 예상할 수 없는 것은? [인천항만공사]

> • A 신입사원 : '오늘은 상사한테 혼나고 운도 없네. 실수하면서 크는 거지.'하고는 퇴근하자마자 친구들을 만나 힘들다는 푸념만을 늘어놓았다.
> • B 신입사원 : '내가 실수한 부분이 어디인지, 다른 동료들은 어떻게 일했는지 참고해 봐야겠네. 알려주신 업무 지침도 다시 한번 확인해서 놓친 부분이 무엇인지 봐야겠어.'라고 생각하며 본인이 한 실수와 앞으로의 주의사항을 메모했다.

① "어떤 일을 마친 후 본인이 잘한 것과 개선할 점을 깊이 생각해보며 앞으로의 다른 업무를 해결하는 데 노하우를 축적할 수 있어요."

② "저의 부족한 부분이 무엇인지 알고 고치기 위해 노력하면 한 단계 성장할 수 있어요."

③ "실수의 원인을 파악하고 고치면 다시는 같은 실수를 하지 않아 저를 믿고 일을 맡겨주실 수 있잖아요."

④ "저를 되돌아봐야 팀의 체계를 정확히 파악할 수 있고, 기존 체계를 지킬 수 있어요."

⑤ "계속 사고하고 새로운 것에 대한 고민을 하면 지금보다 더 나은 결과물을 만들어낼 수 있잖아요."

B 신입사원은 같은 실수를 반복하지 않으려 이유를 파악하고 노트를 해둔 사례로, 팀의 체계에 대한 파악은 성찰하는 이유에 대한 답변으로 적절하지 않다.

※ 성찰해야 하는 이유
　• 다른 일을 하는 데 노하우가 축적된다.
　• 성장의 기회가 된다.
　• 신뢰감을 형성할 수 있다.
　• 창의적인 사고를 가능하게 한다.
　• 현재의 부족한 부분을 발견할 수 있다.

정답 | ④

03 K대리는 최근 "나는 성장하고 있는가?"에 대한 고민이 부쩍 늘면서 자신의 커리어 방향을 재점검하고, 전문성을 확보하고자 회사에서 모집 중인 경력개발프로그램을 신청했다. A사원은 이를 보고 K대리에게 왜 경력개발에 관심을 두는지 물어봤으며, 돌아온 답변은 다음과 같았다. 이 중 성격이 다른 것은? [한국산업인력공단]

① 빠른 속도로 변화하는 지식정보는 속한 조직과 관련 업무에 영향을 미쳐.
② 조직 내에서도 회사 경영 전략이 바뀔 수 있고 직무의 변화가 이뤄질 수 있어.
③ '워라밸'이란 단어가 나오는 등 삶의 질을 추구하는 사람이 많아지고 있어.
④ 갈수록 인력난이 심화되고 있기 때문이야.
⑤ 중견사원들의 이직률이 갈수록 높아지고 있어.

'직무환경의 변화'는 경력개발능력이 필요한 이유 중 '조직요구'에 해당한다. '지식정보의 빠른 변화, 인력난 심화, 삶의 질 추구, 중견사원 이직 증가'는 경력개발능력이 필요한 이유 중 '환경변화'에 해당한다.

※ 경력개발능력이 필요한 이유는 크게 환경변화, 조직요구, 개인요구로 나뉜다.

경력개발의 이유	내용
환경변화	지식 정보의 빠른 변화, 인력난 심화, 삶의 질 추구, 중견사원 이직 증가
조직요구	경영전략 변화, 승진적체, 직무환경 변화, 능력주의 문화
개인요구	발달단계에 따른 가치관·신념 변화, 전문성 축적 및 성장 요구 증가, 개인의 고용 가치 증대

정답 | ②

01 다음 〈보기〉 중 자기개발의 3요소에 해당하는 것은?

보기
　㉠ 자기관리　　　　　　　　　㉡ 목표수립
　㉢ 자아인식　　　　　　　　　㉣ 경력개발

① ㉠, ㉡　　　　　　　　　　　② ㉠, ㉢, ㉣
③ ㉡, ㉢　　　　　　　　　　　④ ㉡, ㉢, ㉣
⑤ ㉠, ㉡, ㉣

02 다음 중 자기개발의 특징에 대한 설명으로 옳은 것은?

① 사람들은 모두 자기개발에 있어서 지향하는 바가 비슷하다.
② 자기개발은 생활 가운데 이루어져야 한다.
③ 자기개발은 일시적으로 이루어지는 과정이다.
④ 자기개발은 승진이나 이직을 원하는 사람만 하는 것이다.
⑤ 자기개발의 주체는 자기 자신이 아닌 타인이다.

03 인내심과 긍정적인 마인드에 대한 설명으로 적절하지 않은 것은?

① 인내심을 가진 사람은 신뢰감을 줄 수 있다.
② 자신의 목표를 분명하게 정립하면 인내심을 키우는 데 도움이 된다.
③ 인내심을 키우기 위해서는 일관된 한 가지 시각으로 상황을 분석하는 것이 바람직하다.
④ 자기 스스로 운명을 통제할 수 있다고 믿는 사람은 그렇지 않은 사람보다 더 성공할 확률이 높다.
⑤ 갈등이 생겼을 때, 즉각적으로 반응하기보다는 한 걸음 물러서서 상황을 바라보는 인내심이 필요하다.

04 자기개발 계획을 수립하기 위한 전략에 대한 설명으로 옳은 것은?

① 장기목표는 단기목표를 수립하기 위한 기본단계가 된다.

② 장단기 목표 모두 반드시 구체적으로 작성한다.

③ 환경이나 가치관의 예측하지 못한 변화가 있어도 전략을 수정할 수 없다.

④ 미래에 대한 계획이므로 현재의 직무를 고려할 필요가 없다.

⑤ 인간관계는 자기개발 목표를 수립하는 데 고려할 사항인 동시에 하나의 자기개발 목표가 될 수 있다.

05 다음은 자기개발과 자기개발능력에 대한 설명이다. 빈칸 ㉠~㉢에 들어갈 용어를 순서대로 나열한 것은?

> 자기개발은 자신의 능력, 적성 및 특성 등에 있어서 (㉠)와/과 (㉡)을/를 찾고 확인하여 (㉠)을/를 강화시키고, (㉡)을/를 관리하여 성장을 위한 기회로 활용하는 것이다. 직업기초능력으로서 자기개발능력은 직업인으로서 자신의 능력, 적성, 특성 등의 객관적 이해에 기초하여 (㉢)을/를 스스로 수립하고 성취해 나가는 능력이다.

	㉠	㉡	㉢
①	기술	특기	발전 목표
②	강점	약점	발전 목표
③	장점	단점	능력 표준
④	기술	특기	능력 표준
⑤	강점	약점	능력 표준

06 자기개발의 필요성에 대한 설명으로 적절하지 않은 것은?

① 직장생활에서 효과적으로 업무를 처리하기 위함이다.

② 변화하는 환경에 적응하기 위해서 자기개발은 이루어진다.

③ 자기개발은 주변 사람과의 관계에서 우위에 서기 위해 필요하다.

④ 자신이 달성하고자 하는 목표를 성취하기 위해서 자기개발을 한다.

⑤ 보람된 삶을 운영하면서 삶의 질을 향상시키기 위함이다.

07 자기개발 설계 전략 중 적절하지 않은 것은?

① 보통 장기목표는 3~5년 정도의 목표를 의미한다.

② 장기목표는 자신의 욕구, 가치, 흥미, 적성 및 기대를 고려한다.

③ 다른 사람과의 관계를 발전시키는 것도 하나의 자기개발 목표가 될 수 있다.

④ 현재 직무를 담당하는데 필요한 능력과 자신이 수준, 적성 등을 고려한다.

⑤ 재정적 문제, 연령, 시간 등의 주변 상황을 고려하여 설계한다.

08 성찰과 관련된 설명으로 옳지 않은 것은?

① 성찰을 하면 현재의 부족한 부분을 알 수 있다.

② 성찰은 지속적으로 연습해야 몸에 익혀진다.

③ 성찰로 신뢰감을 형성할 수 있다.

④ 성찰을 통해 일을 하는 데 필요한 노하우를 축적할 수 있다.

⑤ 성찰을 하더라도 한 번 한 실수는 반복적으로 하게 되므로, 처음에 실수를 하지 않는 것이 중요하다.

09 자기관리가 이루어지는 단계를 〈보기〉에서 골라 순서대로 바르게 나열한 것은?

> **보기**
>
> ㉠ 수행   ㉡ 반성 및 피드백
> ㉢ 일정 수립   ㉣ 비전 및 목적 정립
> ㉤ 과제 발견

① ㉣-㉢-㉡-㉤-㉠   ② ㉣-㉤-㉢-㉠-㉡

③ ㉣-㉤-㉢-㉡-㉠   ④ ㉤-㉢-㉣-㉡-㉠

⑤ ㉤-㉣-㉢-㉠-㉡

10 업무수행 성과를 높이기 위한 방법으로 적절하지 않은 것은?

① 일을 미루지 않고 가장 중요한 일을 먼저 처리한다.

② 비슷한 업무를 묶어서 처리한다.

③ 회사와 팀의 업무 지침을 참고하지만, 성과를 위해 자신의 주관대로 수행한다.

④ 직장에서 일을 잘한다고 평가받는 사람을 찾아서 롤 모델로 설정한다.

⑤ 다른 사람과는 그에 맞는 다른 방식으로 일을 처리한다.

대인관계능력

CHAPTER 01 대인관계능력

SECTION 01 핵심이론

1. 대인관계능력

(1) 대인관계능력의 의미와 중요성

① **정의** : 직장생활에서 협조적인 관계를 유지하고 조직구성원들에게 도움을 줄 수 있으며, 조직 내부 및 외부의 갈등을 원만히 해결하고 고객의 요구를 충족시키는 능력

② **대인관계 형성 시 가장 중요한 요소** : 무엇을 말하느냐, 어떻게 행동하느냐보다는 우리의 사람됨이 중요함. 대인관계에 있어서 중요한 기법이나 기술은 독립적인 성품으로부터 자연스럽게 나오는 것이어야 함

(2) 대인관계 향상 방법

① **대인관계 향상** : 인간관계에서 구축하는 신뢰의 정도를 높이는 것을 의미. 다른 사람에게 공손하고 친절하며, 정직하고 약속을 지킨다면 신뢰를 높일 수 있음

② **대인관계를 향상시키는 방법** : 상대방에 대한 이해, 사소한 일에 대한 관심, 약속의 이행, 기대의 명확화, 언행일치, 진지한 사과 등

2. 팀워크능력

(1) 팀워크

① **정의** : 팀 구성원이 공동의 목적을 달성하기 위하여 상호관계성을 가지고 협력하여 업무를 수행하는 것

② **훌륭한 팀워크를 위해 팀원들이 갖추어야 할 기본요소**
  ㉠ 팀원 간에 공동의 목표의식과 강한 도전의식
  ㉡ 팀원 간 상호 신뢰 및 존중
  ㉢ 서로 협력하면서 각자의 역할과 책임을 다하기
  ㉣ 솔직한 대화로 서로를 이해하기
  ㉤ 강한 자신감으로 상대방의 사기를 드높이기

③ **팀워크를 저해하는 요소**
  ㉠ 조직에 대한 이해 부족
  ㉡ 자기중심적인 이기주의

ⓒ '내가'라는 자아의식의 과잉

ⓔ 질투나 시기로 인한 파벌주의

ⓜ 그릇된 우정과 인정

ⓗ 사고방식의 차이에 대한 무시

④ **팀워크의 유형** : 보통 세 가지 기제 즉, 협력, 통제, 자율을 통해 구분되는데, 조직이나 팀의 목적, 그리고 추구하는 사업 분야에 따라 서로 다른 유형의 팀워크를 필요로 함

(2) 효과적인 팀의 특성

① **효과적인 팀** : 팀 에너지를 최대로 활용하는 고성과 팀으로, 팀원들의 강점을 잘 인식하고 이들 강점을 잘 활용하여 팀 목표를 달성하는 자신감에 차 있음. 또한 효과적인 팀은 업무 지원과 피드백, 그리고 동기부여를 위해 구성원들이 서로 의존함

② **효과적인 팀의 핵심적인 특성**

ⓐ 팀의 사명과 목표를 명확하게 기술하고, 팀 자체의 효과성을 평가

ⓑ 창조적으로 운영

ⓒ 결과에 초점을 맞춤

ⓔ 역할과 책임을 명료화시킴

ⓜ 조직화가 잘 되어 있음

ⓗ 개인의 강점을 활용함

ⓢ 리더십 역량을 공유하며 구성원 상호 간에 지원을 아끼지 않음

ⓞ 팀의 풍토를 발전시킴

ⓩ 개방적으로 의사소통하며 의견의 불일치를 건설적으로 해결

ⓩ 객관적인 결정을 내림

③ **팀의 발전 과정**

ⓐ 1단계 형성기(forming) : 팀원들은 안전하고 예측 가능한 행동에 대한 안내와 지침이 필요하여 리더에게 의지하며, 심각한 주제들과 생각들에 대한 논의는 회피됨

ⓑ 2단계 격동기(storming) : 과제를 수행하기 위해 체계를 갖추게 되면서 필연적으로 마찰이 일어남. 팀원들이 시험과 검증의 자세에서 문제해결의 자세로 바뀔 수 있도록 효과적으로 경청하고 의사소통을 할 수 있는 능력이 필요

ⓒ 3단계 규범기(norming) : 인간관계에 더욱 응집력이 생기며, 팀원 전체의 기여에 대해 더 잘 이해하고 인정됨. 공동체 형성과 팀의 문제해결에 더욱 집중한다. 신뢰수준이 향상되어 단결력이 강화됨

ⓔ 4단계 성취기(performing) : 팀원들이 스스로 책임을 지게 되고, 전체의 인정을 받으려는 욕구는 중시되지 않음. 과제지향적 · 인간지향적 팀원들이 조화를 이루고 사기충천하며, 팀으로서의 충성심을 보여줌. 전체적인 목표는 문제해결과 일을 통한 생산성임

(3) 멤버십

조직의 구성원으로서의 자격과 지위를 갖는 것으로, 훌륭한 멤버십은 팔로워십의 역할을 충실하게 잘 수행하는 것

PART 01
PART 02
PART 03
PART 04
PART 05
PART 06
PART 07
PART 08
PART 09

(4) 팀워크 촉진 방법

팀에 문제가 있을 때 나타나는 징후	팀워크를 촉진시키는 방법
• 불평 · 불만 증가 • 팀원들 간의 적대감이나 갈등 • 할당된 임무와 관계에 대한 혼동 • 결정에 대한 오해나 결정 불이행 • 냉담과 전반적인 관심 부족 • 제안과 혁신 또는 효율적인 문제해결의 부재 • 비효율적인 회의 • 리더에 대한 높은 의존도	• 동료의 피드백 장려하기 • 갈등을 해결하기 • 창의력 조성을 위해 협력하기 • 참여적으로 의사결정하기

(5) 팀워크 강화 방법 – 개발의 3요소

① 신뢰 쌓기

② 참여하기

③ 성과 내기

3. 리더십능력

(1) 리더십

① **정의** : 조직의 공통된 목적을 달성하기 위하여 개인이 조직원들에게 영향을 미치는 과정

② **리더십에 대한 일반적인 정의 · 개념**

  ㉠ 조직성원들로 하여금 조직목표를 위해 자발적으로 노력하도록 영향을 주는 행위

  ㉡ 목표달성을 위하여 어떤 사람이 다른 사람에게 영향을 주는 행위

  ㉢ 주어진 상황 내에서 목표달성을 위해 개인 또는 집단에 영향력을 행사하는 과정

  ㉣ 자신의 주장을 소신 있게 나타내고 다른 사람들을 격려하는 힘

③ **리더와 관리자** : 리더와 관리자의 가장 큰 차이점은 비전이 있고 없음에 있음

리더	관리자
• 새로운 상황 창조자 • 혁신지향적 • 내일에 초점 • 사람의 마음에 불을 지핌 • 사람 중시 • 정신적 • 계산된 위험(Calculated risk)을 취함 • '무엇을 할까'를 생각함	• 상황에 수동적 • 유지지향적 • 오늘에 초점 • 사람을 관리함 • 체제나 기구 중시 • 기계적 • 위험(risk)을 회피 • '어떻게 할까'를 생각함

(2) 리더십 유형

① **독재자 유형** : 질문을 금하고 정보를 독점하며 실수를 용납하지 않음. 독재자 유형은 특히 집단이 통제가 없이 방만한 상태에 있을 때 혹은 가시적인 성과물이 보이지 않을 때 사용한다면 효과적일 수 있음

② **민주주의에 근접한 유형** : 독재자 유형의 리더십보다 관대한 편으로, 구성원의 참여와 토론을 장려하고, 이 유형의 리더들이 민주주의적이긴 하지만 최종 결정권은 리더에게만 있음

③ **파트너십 유형** : 리더는 조직구성원 중 한 명으로, 다른 구성원보다 경험이 풍부하지만, 더 비중 있게 대우받아서는 안 됨. 집단의 모든 구성원이 의사결정 및 팀의 방향을 설정하는 데 참여하고, 결과 및 성과에 대해 책임을 공유

④ **변혁적 유형** : 이제까지의 업무수행 상태를 뛰어넘고자 하며 조직이나 팀원들에게 변화를 가져오는 원동력이 되며, 카리스마와 자기 확신이 있으며 존경심과 충성심을 유도함. 칭찬과 감화를 통해 자극과 동기를 줌

(3) 동기유발의 7가지 방법

① 긍정적 강화법을 활용하기
② 새로운 도전의 기회를 부여하기
③ 창의적인 문제해결법을 찾음
④ 책임감으로 철저히 무장하기
⑤ 코칭하기
⑥ 변화를 두려워하지 않기
⑦ 지속적으로 교육하기

(4) 코칭을 통한 리더십 역량 강화

① **코칭 활동** : 직원들의 능력을 신뢰하고 있다는 사실에 기초하며, 코칭은 조직의 지속적인 성장과 성공을 만들어내는 리더의 능력이라고 말할 수 있음

② **코칭의 원칙**
  ㉠ 서로 자유롭게 논의할 수 있고 제안할 수 있어야 함
  ㉡ 권한을 위임하여 직원이 자연적으로 주인의식을 갖게 함
  ㉢ 경청을 통해 직원을 이해하고 최선의 결정을 내릴 수 있도록 피드백을 적극 제공해야 함
  ㉣ 서로 다른 직원들에게 정해줄 목표를 확실히 판단해야 함

(5) 임파워먼트의 의미

① **임파워먼트** : 조직성원들의 잠재력 개발을 통해 고성과 조직이 되도록 하는 일련의 행위

② **임파워먼트의 충족 기준**
  ㉠ 자유롭게 참여하고 기여할 수 있는 일련의 여건들을 조성해야 함
  ㉡ 사람들의 재능과 욕망을 최대한 활용하고 나아가 확대할 수 있어야 함
  ㉢ 사람들이 분명하고 의미 있는 목적과 사명을 위해 최대의 노력을 발휘하도록 함

(6) 변화관리 3단계

① **변화 이해하기** : 변화의 필요성, 변화의 목적 등을 자문

② **변화 인식하기** : 개방적인 분위기, 객관적 자세를 유지하며, 변화의 긍정성을 강조하고 직원들의 감정을 세심하게 살펴야 함. 변화에 적응할 시간을 줌

③ **변화 수용하기**

PART 01
PART 02
PART 03
PART 04
PART 05
PART 06
PART 07
PART 08
PART 09

4. 갈등관리능력

(1) 갈등

① **정의** : 상호 간 의견 차이 때문에 발생. 목표를 달성하기 위해 노력하는 팀이라면 갈등은 항상 일어나게 마련이며 의견 차이가 늘 부정적인 것만은 아님을 염두에 두어야 함

② **갈등을 확인할 수 있는 단서**

    ㉠ 지나치게 감정적인 논평과 제안을 함

    ㉡ 타인의 의견 발표가 끝나기도 전에 그 의견에 대해 공격함

    ㉢ 핵심을 이해하지 못한 데 대해 서로 비난함

    ㉣ 편을 가르고 타협하기를 거부함

    ㉤ 개인적인 수준에서 미묘한 방식으로 서로를 공격함

(2) 갈등의 쟁점 및 유형

① **갈등의 쟁점**

핵심 문제	감정적 문제
• 역할 모호성 • 방법에 대한 불일치 • 목표에 대한 불일치 • 절차에 대한 불일치 • 책임에 대한 불일치 • 가치에 대한 불일치 • 사실에 대한 불일치	• 공존할 수 없는 개인적 스타일 • 통제나 권력 확보를 위한 싸움 • 자존심에 대한 위협 • 질투 • 분노

② **갈등의 유형** : 불필요한 갈등과 해결할 수 있는 갈등 두 가지로 구분 가능

(3) 갈등 해결방법 모색

① **갈등 해결방법 모색 시 반응 유형**

    ㉠ 회피형 : 자신과 상대방에 대한 관심이 모두 낮은 경우로, 갈등 상황이 나아질 때까지 문제를 덮어두거나 위협적인 상황에서 피하고자 하는 경우

    ㉡ 경쟁형(지배형) : 자신에 대한 관심은 높고 상대방에 대한 관심은 낮은 경우

    ㉢ 수용형 : 자신에 대한 관심은 낮고 상대방에 대한 관심은 높은 경우

    ㉣ 타협형 : 자신에 대한 관심과 상대방에 대한 관심이 중간 정도인 경우

    ㉤ 통합형(협력형) : 자신은 물론 상대방에 대한 관심이 모두 높은 경우로 가장 바람직한 갈등 해결 유형

② **갈등 해결방법 모색 시 유의 사항**

    ㉠ 다른 사람들의 입장을 이해하고, 사람들이 당황하는 모습을 자세하게 살펴야 함

    ㉡ 어려운 문제는 피하지 말고 맞서며, 자신의 의견을 명확하게 밝히고 지속적으로 강화해야 함

    ㉢ 사람들과 눈을 자주 마주치고, 존중하는 자세로 사람들을 대하여야 함

    ㉣ 마음을 열어놓고 적극적으로 경청하며, 논쟁하고 싶은 유혹을 떨쳐내야 함

    ㉤ 타협하려 노력하고, 어느 한쪽으로 치우치지 않아야 함

(4) 윈–윈 갈등관리법

① **정의** : 갈등과 관련된 모든 사람으로부터 의견을 받아 문제의 본질적인 해결책을 얻는 것
② 장기간의 대인관계에 해가 되지 않을 과정을 통해 상호 만족할 만한 해결책을 모색해야 함. 자신의 관심사를 직시하고, 상대의 관심사를 경청할 용의가 있으며, 상호적으로 만족할 만한 해결책을 모색하려는 굳건한 자세가 요구됨

(5) 조직 갈등을 줄이는 방법

① 조직의 갈등을 다루는 가장 생산적인 접근방식은 갈등이 발생하기 전에 그 잠재력을 줄이는 조치를 취하는 것
② **갈등 최소화를 위한 기본 원칙**
　㉠ 먼저 다른 팀원의 말을 경청하고 나서 어떻게 반응할 것인가를 결정할 것
　㉡ 모든 사람이 대부분의 문제에 대해 나름의 의견을 가지고 있다는 점을 인식할 것
　㉢ 의견의 차이를 인정할 것
　㉣ 팀 갈등해결 모델을 사용할 것
　㉤ 본인이 받기를 원치 않는 형태로 남에게 작업을 넘겨주지 말 것
　㉥ 다른 사람으로부터 그러한 작업을 넘겨받지 말 것
　㉦ 조금이라도 의심이 날 때에는 분명하게 말해 줄 것을 요구할 것
　㉧ 자신의 책임이 어디서부터 어디까지인지를 명확히 할 것
　㉨ 자신이 알고 있는 바를 알 필요가 있는 사람들을 새롭게 파악할 것
　㉩ 다른 팀원과 불일치하는 쟁점 사항이 있다면 그 당사자에게 직접 말할 것

5. 협상능력

(1) 협상

갈등상태에 있는 이해당사자들이 대화와 논쟁을 통해서 서로를 설득하여 문제를 해결하려는 정보전달과정이자 의사결정과정

(2) 협상의 과정

협상 시작 → 상호 이해 → 실질 이해 → 해결방안 → 협상 시작

(3) 협상전략의 종류

① **협력전략** : 협상 참여자들이 협동과 통합으로 문제를 해결하고자 하는 Win–Win 전략
② **유화전략** : 상대방의 욕구와 주장에 자신의 욕구와 주장을 조정하고 순응시키는 Lose–Win 전략
③ **회피전략** : 무행동전략, 협상철수전략으로 모두가 손해를 보는 Lose–Lose 전략
④ **강압전략** : 공격적·경쟁적 전략인 Win–Lose 전략이며 제로섬(zero–sum) 결과가 산출됨

PART 01
PART 02
PART 03
PART 04
PART 05
PART 06
PART 07
PART 08
PART 09

(4) 상대방 설득을 위한 전략

① See-Feel-Change 전략
  ㉠ See : 시각화하고 직접 보게 하여 이해시킴
  ㉡ Feel : 스스로 느끼게 하여 감동시킴
  ㉢ Change : 변화시켜 설득에 성공

② **상대방 이해 전략** : 상대방에 대한 이해를 바탕으로 갈등해결을 용이하게 함

③ **호혜관계 형성 전략** : 혜택들을 주고받는 호혜관계 형성을 통해 협상을 용이하게 함

④ **헌신과 일관성 전략** : 협상 당사자 간의 기대하는 바에 일관성 있게 헌신적으로 부응하여 행동함으로써 협상을 용이하게 함

⑤ **사회적 입증 전략** : 과학적인 논리보다 동료나 사람들의 행동에 의해서 상대방을 설득하는 전략

⑥ **연결 전략** : 갈등 문제와 갈등관리자를 연결시키는 것이 아니라 갈등을 야기한 사람과 관리자를 연결시킴으로서 협상을 용이하게 함

⑦ **권위 전략** : 직위나 전문성, 외모 등을 활용하여 협상을 용이하게 함

⑧ **희소성 해결 전략** : 인적, 물적 자원 등의 희소성을 해결함으로써 협상과정상의 갈등해결을 용이하게 함

⑨ **반항심 극복 전략** : 억압하면 할수록 더욱 반항하게 될 가능성이 높아지므로 이를 피함으로써 협상을 용이하게 함

6. 고객서비스능력

(1) 고객서비스

① **정의** : 다양한 고객의 요구를 파악하고, 대응법을 마련하여 고객에게 양질의 서비스를 제공하는 것

② **고객중심 기업의 일반적 특성**
  ㉠ 내부고객과 외부고객 모두를 중요시함
  ㉡ 고객만족에 중점을 둠
  ㉢ 고객이 정보, 제품, 서비스 등에 쉽게 접근할 수 있도록 함
  ㉣ 보다 나은 서비스를 제공할 수 있도록 하는 기업정책을 수립
  ㉤ 기업의 전반적 관리시스템이 고객서비스 업무를 지원
  ㉥ 실행 서비스에 대해 지속적 재평가를 실시함으로써 서비스 자체를 업그레이드

(2) 고객의 불만 표현 유형 및 대응방안

① **거만형** : 정중하게 대하는 것이 좋음. 의외로 단순한 면이 있으므로 일단 그의 호감을 얻게 되면 여러 면으로 득이 될 경우가 많음

② **의심형** : 분명한 증거나 근거를 제시하여 스스로 확신을 갖도록 유도하고, 책임자가 응대하도록 하는 것도 좋음

③ **트집형** : 경청하고, 맞장구치고, 추켜세우고, 설득해 가는 방법이 효과적

④ **빨리빨리형** : 애매한 화법을 사용하면 더 날카로워지는 유형으로 업무를 시원하게 처리하는 모습을 보여줘야 함

(3) 고객 불만 처리 프로세스

경청 → 감사와 공감 표시 → 사과 → 해결 약속

피드백 ← 처리 확인과 사과 ← 신속 처리 ← 정보 파악

(4) 고객만족조사 방법

① **조사 분야 및 대상 설정**

② **조사목적 설정** : 전체적 경향의 파악, 고객에 대한 개별 대응 및 고객과의 관계 파악, 유지, 평가, 개선 등의 목적

③ **조사방법 및 횟수** : 설문조사와 심층면접법이 주로 활용되며, 연속조사가 권장

④ **조사결과 활용 계획** : 조사목적에 맞게 구체적인 활용 계획을 작성

01 다음은 주간보고서 제출 시기가 여러 차례 늦어지는 현상에 대한 C부장과 A대리의 대화이다. 대화를 통해 드러난 갈등 상황을 Win-Win 방식으로 해결하려면, C부장이 내릴 피드백으로 가장 적절한 것은? [인천항만공사]

> C부장 : A대리, 요즘 주간보고서가 시한 내에 업로드되지 않고 있는데 무슨 사정이 있는 건가요?
> A대리 : 사실을 말씀드리면, 주간보고서를 기한 내 제출하려고 이메일, 체크리스트, 불만사항 등 모든 자료를 철저히 검토했지만 B과장님이 담당하셨던 자료를 받을 수 없어서 기다리다가 늦어졌습니다.
> C부장 : B과장이 해당 자료를 주지 않은 이유가 뭔가요?
> A대리 : 여쭤보지 않아서 정확히는 모르겠습니다.
> C부장 : 물어보지 않았군요. 물어본다면 B과장이 어떻게 대답할 것 같나요?
> A대리 : B과장님은 업무 수행 시 불편 사항에 대한 논의에 열려 있는 분이세요. 하지만 월초에 시작된 프로젝트로 너무 바빠서 시간이 부족하다 보니 주간보고서 자료를 준비하지 못하신 것 같습니다.
> C부장 : B과장이 다른 업무로 바빠서 해당 자료를 준비하지 못한 데 대해 어떻게 생각하죠?
> A대리 : 바쁘시다는 점은 십분 이해하지만, 해당 자료는 주간보고서를 위해 반드시 필요합니다. 팀별 성과와 인센티브 등을 종합적으로 평가할 권한이 있는 B과장님이 작성해 주셔야만 하는 자료예요. 그런데 B과장님이 너무 바쁘시니 저도 요청하는 게 쉽지 않아서 한 번도 이 문제를 상의해본 적이 없네요.
> C부장 : ＿＿＿＿＿＿＿＿＿＿＿＿＿＿＿＿＿＿＿＿＿＿＿＿＿

① 주간보고서가 늦어지면 주간보고서를 토대로 진행되는 임원회의도 늦어지게 됩니다. 계속 이렇게 보고서 제출이 늦어지게 된다면 차라리 전체적으로 일정을 재조율하는 게 낫겠군요. 제출 기한을 얼마나 연기해주면 안정적으로 작성할 수 있습니까?

② 자료 준비의 중요성을 B과장이 잘 알 필요가 있으니, 주간보고서 작성에 필요한 자료들을 지금보다 편리하게 수신할 방법에 대해 함께 논의해보세요. B과장의 반응도 나쁘지 않을 거라고 예상됩니다.

③ 주간보고서의 제출일 엄수가 중요한데 B과장이 담당하는 프로젝트 역시 회사의 사활이 걸린 문제니 난감하군요. 전례가 없는 일이긴 하지만, 팀별 성과표의 열람 권한을 줄 테니 앞으로 B과장의 업무를 A대리가 맡아서 해주세요.

④ 주간보고서는 임원회의에서 매출목표 등을 결정하는 데 긴요한 자료입니다. 임원회의의 일정을 변경하기 어렵기 때문에 제출일을 조정하는 것이 불가능하고요. 기한 엄수가 중요한 만큼 B과장을 만나서 자료 전달 시한을 지켜달라고 직접 지시해야겠네요.

⑤ 월초에 시작된 프로젝트가 업무량에 비해 진행 기간이 짧다고 들었지만 그럴수록 시간 관리를 잘해서 누락되는 업무가 없도록 해야 하는데 안타깝네요. 다가오는 워크숍에서 효율적인 시간 관리에 대한 강의를 마련하는 게 좋을 것 같군요.

정답 찾기

A대리와 B과장 사이의 갈등을 파악한 C부장이 A대리와 B과장의 대화를 유도하여 두 사람 모두 Win-Win 할 수 있는 방책을 제시하는 것이 통합적 갈등 관리 방법이다. ①, ③, ④, ⑤와 같은 발언은 A대리와 B과장의 Win-Win이 아니라 어느 한 쪽의 Lose를 야기하거나 문제를 불필요하게 확장하는 방안이다.

정답 | ②

02 다음은 ○○기업의 고객응대 매뉴얼 중 고객유형별 응대방법을 정리한 내용이다. 매뉴얼에 근거하여 행동할 때 K가 취할 행동으로 적절한 것은? [한국철도시설공단]

고객유형	대응방법
거만형	• 정중하게 대하는 것이 좋다. • 자신의 과시욕이 채워지도록 놔두는 것이 좋다. • 의외로 단순한 면이 있으므로 일단 그의 호감을 얻게 되면 여러 면으로 득이 될 수 있다.
의심형	• 분명한 증거나 근거를 제시하여 스스로 확신을 갖도록 유도한다. • 때로는 책임자로 하여금 응대하는 것도 좋다.
트집형	• 이야기를 경청하고, 맞장구치며 설득해 가는 방법이 효과적이다. • 잠자코 고객의 의견을 경청하고 사과를 하는 응대가 바람직하다. • 불만 사항에 대한 해결책이 있는 경우 실행한다.
빨리 빨리형	• "글쎄요?", "아마...", "저..."하는 식으로 애매한 화법을 사용하면 고객은 신경이 더욱 날카롭게 곤두서게 된다. • 만사를 시원스럽게 처리하는 모습을 보이면 응대하기 쉽다.
흥분형	• 평온하게 대응한다. • 말씨나 태도에 주의하여 감정을 자극하지 않도록 주의한다. • 불필요한 대화를 줄이고 신속히 조치한다.
침묵형	• 말이 없는 것을 흡족해 한다고 착각하지 않는다. • '예, 아니오'로 대답할 수 있는 질문을 통해 고객이 방문 목적을 이야기하기 쉽도록 유도한다. • 정중하고 온화하게 대하고 일은 빈틈없이 처리해주도록 한다.

> 한 고객이 K가 관리하는 매장에서 H라인 스커트를 구매하길 원했으나 고객의 치수에 맞는 제품이 모두 소진된 상태였다. 재고가 없는 상황을 설명하자 고객이 K의 매장 관리에 대한 불만을 말하기 시작했다. 재고 관리를 잘 못하는 것 같고, 재고를 충분히 구비해 두지 않는 이유가 제품 판매가 부진하기 때문인 것 같다고 중얼거렸다.

① 고객에게 해당 제품의 재고가 충분하지 않은 이유에 대해 정확하게 설명한다.
② 고객에게 제품 전반의 판매량이 저조하지 않으며 충성 고객이 많은 브랜드임을 알려 단골이 될 수 있도록 유도한다.
③ '예, 아니오'로 답할 수 있는 질문을 던져 고객이 불만을 정확히 토로할 수 있도록 한다.
④ 고객의 불편에 대해 사과하고 본사에 연락하여 해당 치수 제품의 배송 가능 여부를 확인한다.
⑤ 고객의 과시욕이 충족될 수 있도록 고객의 말을 끊지 않고 듣는다.

정답 찾기

〈사례〉에 등장하는 고객은 트집형으로 분류할 수 있다. 고객의 불만에 대하여 사과하고 불만 사항을 해결할 방책을 모색하는 것이 적절한 대응 방법이다.

정답 | ④

03 다음은 ○○사 개발팀과 영업팀의 월요일 아침 업무회의 내용이다. 회의 내용을 통해 두 팀의 팀워크를 분석한 내용 중 적절하지 않은 것은? [안전보건공단]

〈개발팀〉

팀장 K : 주말 잘 보내셨죠? 지난 주에 두 분에게 요청했던 견적서 건은 어떻게 진행되고 있나요?

직원 A : 네, 해당 업무는 B직원과 분담하여 진행했습니다. 저는 내부 규정에 따라 부품을 분류하고, 가격 순으로 목록을 작성하였습니다.

직원 B : 저는 A직원이 잘 정리해준 문서를 바탕으로, 영업팀이 활용하기 편리하도록 개별 부품들의 특성을 조사하여 간략한 설명을 추가하는 작업을 완료하였습니다. 나눠드린 인쇄물이 A직원과의 분담 작업 결과물입니다.

팀장 K : 알겠습니다. 살펴보고 피드백하도록 하겠습니다. 두 분 모두 수고 많으셨습니다.

〈영업팀〉

팀장 L : 지난주에 요청했던 작업에 대해 보고해주시죠.

직원 C : 제가 아니라 D직원이 대답할 수 있을 겁니다. 저는 해당 업무를 마치고 D직원이 정리할 수 있도록 주문 관련 기초 양식을 넘겨주었는데 그 후로 들은 이야기가 없습니다.

직원 D : C직원의 작업물에 오류가 많아 제가 담당한 업무를 진행하기가 불가능했습니다. 기존 자료를 간단히 검토하는 업무였을 뿐인데도 C직원이 이를 태만하게 처리하는 바람에 무엇도 진척되지 못하고 있습니다.

직원 C : 동의할 수 없네요. 지금 일을 태만하게 처리하고 있는 건 D직원 본인 아닙니까?

팀장 L : 지금 회의를 하자는 건가요? 말자는 건가요?

---

① 개발팀의 경우 할당 업무에 대한 이해도가 높으며 동료 간 협업이 잘 이루어지고 있다.

② 개발팀의 경우 뛰어난 수행 성과에 대한 인정 표현이 적극적으로 이루어지며 성과물에 대한 피드백도 원활하다.

③ 영업팀의 경우 비효율적인 회의와 팀 내부의 불신, 의견 불일치 상태가 지속될 경우 생산성 하락을 초래할 수 있다.

④ 영업팀의 경우 리더에 대한 의존도가 높으므로 구성원의 주체적 업무수행능력의 향상이 필요하다.

⑤ 갈등은 시간이 지날수록 증폭되는 성향이 있으므로 영업팀의 경우 효과적인 갈등 관리가 필요하다.

정답찾기

회의 내용만으로는 영업팀 직원들이 리더에 대한 의존도가 높음을 판단할 수 없다.

※ 팀이 효과적으로 운영되기 위해서는 다음과 같은 요소가 필요하다.
- 팀의 사명과 목표를 명확하게 기술하고, 팀 자체의 효과성을 평가한다.
- 창조적으로 운영된다.
- 결과에 초점을 맞춘다.
- 역할과 책임을 명료화시킨다.
- 조직화가 잘 되어 있다.
- 개인의 강점을 활용한다.
- 리더십 역량을 공유하며 구성원 상호 간에 지원을 아끼지 않는다.
- 팀의 풍토를 발전시킨다.
- 개방적으로 의사소통하며 의견의 불일치를 건설적으로 해결한다.
- 객관적인 결정을 내린다.

정답 | ④

01 빈칸에 들어갈 말로 바르게 나열된 것은?

> 대인관계능력이란 직장생활에서 협조적인 관계를 유지하고, 조직구성원들에게 도움을 줄 수 있으며, 조직 내·외부의 (㉠)을/를 원만히 해결하고 고객의 (㉡)을/를 충족시켜줄 수 있는 능력이다.

	㉠	㉡
①	갈등	목표
②	갈등	요구
③	과제	요구
④	과제	목표
⑤	과제	목적

02 인간관계에 있어서 가장 중요한 것은 무엇인가?

① 어떻게 행동하느냐 하는 것
② 피상적인 인간관계 기법
③ 외적 모습 위주의 사고
④ 나에게 이득이 되는 관계
⑤ 자신의 사람됨, 깊은 내면

03 다음 중 협력을 장려하는 환경을 조성하기 위한 노력으로 적절하지 않은 것은?

① 상식에서 벗어난 아이디어에 대해 비판하지 않는다.
② 많은 양의 아이디어를 요구한다.
③ 사람들이 침묵하지 않도록 자극을 준다.
④ 관점을 바꿔 본다.
⑤ 모든 아이디어를 기록한다.

04 다음 중 코칭과 관련된 설명으로 적절하지 않은 것은?

① 코칭은 직원들이 업무를 수월하게 진행하고 그 성과에 대해 제대로 보상받을 수 있도록 돕는 커뮤니케이션 수단이다.

② 코칭은 모든 사람을 팀에 관여하도록 하고, 프로젝트 또는 업무를 훌륭하게 수행하도록 하는 데 기여한다.

③ 코칭활동은 다른 사람들을 지도하는 측면보다 이끌어주고 영향을 미치는데 중점을 둔다.

④ 코칭은 명령을 내리거나 지시를 내리는 것보다 적은 시간이 걸린다.

⑤ 코칭활동을 통해 서로 자유롭게 논의할 수 있고 제안할 수 있다.

05 〈보기〉 중 동기부여와 관련된 설명으로 적절하지 않은 것은?

> **보기**
>
> ㉠ 목표달성을 높이 평가하여 조직원에게 곧바로 보상하는 행위를 긍정적 강화라고 한다.
> ㉡ 단기적인 관점에서 보면 공포 분위기로 인해 직원들이 일을 적극적으로 할 수도 있지만, 장기적으로는 공포감 조성이 오히려 해가 될 수 있다.
> ㉢ 조직원들을 지속적으로 동기부여하기 위해 가장 좋은 방법은 금전적인 보상이나 편익, 승진 등의 외적인 동기유발이다.
> ㉣ 조직원들을 동기부여하기 위해서는 조직원 스스로 조직의 일원임을 느끼도록 일깨워주는 것이 가장 좋다.

① ㉢

② ㉠, ㉡, ㉣

③ ㉡, ㉣

④ ㉢, ㉣

⑤ ㉡, ㉢, ㉣

06 다음 중 리더십에 대한 설명으로 적절하지 않은 것은?

① 조직성원들로 하여금 조직목표를 위해 자발적으로 노력하도록 영향을 주는 행위

② 자신의 주장을 소신 있게 나타내고 다른 사람들을 격려하는 힘

③ 모든 조직구성원들에게 요구되는 역량

④ 상사가 하급자에게 발휘하는 형태만을 의미함

⑤ 말과 행동이 일치하여 조직 전체에 대한 신뢰와 믿음을 주는 행위

07 다음 중 리더에 대한 설명으로 적절하지 않은 것은?

① 새로운 상황 창조자

② 혁신지향

③ 계산된 리스크를 취함

④ '무엇을 할까'보다는 '어떻게 할까'에 초점을 맞춤

⑤ 사람의 마음에 불을 지핌

08 임파워먼트(권한위임)와 관련된 설명으로 적절하지 않은 것은?

① 권한위임과 업무위임은 다른 의미를 지닌다.

② 임파워먼트 환경에서는 사람들이 현상을 유지하고 순응하게 만드는 경향이 있다.

③ 성공적인 임파워먼트를 위해서는 권한 위임의 한계를 명확하게 하여야 한다.

④ 사람들의 재능과 욕망을 최대한 활용하고 이를 확대할 수 있어야 한다.

⑤ 임파워먼트에 장애가 되는 요인은 개인, 대인, 관리, 조직의 4가지 차원에서 생각해 볼 수 있다.

09 변화관리와 관련된 설명으로 적절하지 않은 것은?

① 조직 내부에서 변화는 위에서 아래로 이루어지며, 지위고하를 막론하고 모두에게 영향을 미친다.

② 조직에서 일어나는 변화는 모두 바람직한 것이다.

③ 변화에 저항하는 직원들을 성공적으로 이끌기 위해 개방적인 분위기를 조성하는 것이 한 가지 방법이 될 수 있다.

④ 변화의 긍정성을 강조하고 직원들의 감정을 세심하게 살핀다.

⑤ 일반적인 변화관리 3단계는 변화를 이해하기, 변화를 인식하기, 변화를 수용하기이다.

10 다음 중 갈등을 확인할 수 있는 단서가 아닌 것은?

① 지나치게 감정적인 논평과 제안
② 타인의 발표가 끝나기도 전에 그 의견에 대한 공격
③ 편을 가르고 타협을 거부
④ 개인적인 수준에서 미묘한 방식으로 서로를 공격
⑤ 핵심을 이해하여 서로 의견 공유

11 갈등을 증폭시키는 원인이 아닌 것은?

① 승·패의 경기
② 각자의 입장만을 고수
③ 승리하는 것보다는 문제를 해결하려 함
④ 자신의 입장에 감정적으로 묶임
⑤ 공동의 목표를 달성할 필요성을 느끼지 않음

12 윈–윈(Win–Win) 갈등 관리법에 대한 설명으로 적절하지 않은 것은?

① 갈등을 피하거나 타협으로 예방하기 위한 방법이다.
② 문제의 본질적인 해결책을 얻는 방법이다.
③ 갈등 당사자 서로가 원하는 바를 얻을 수 있는 방법이다.
④ 긍정적인 접근방식에 의거한 갈등해결 방법이다.
⑤ 갈등과 관련된 모든 사람으로부터 의견을 받아 본질적인 해결책을 얻는 방법이다.

13 다음 중 고객중심 기업의 특징이 아닌 것은?

① 고객 만족에 중점을 둔다.
② 고객이 정보, 제품, 서비스 등에 쉽게 접근할 수 있도록 한다.
③ 내부고객과 외부고객 모두를 중요시한다.
④ 보다 나은 서비스를 제공할 수 있도록 기업정책을 수립한다.
⑤ 기업이 실행한 서비스에 대한 평가는 한 번만 실시한다.

14 다음 중 고객 불만 처리 프로세스가 바르게 제시된 것은?

① 경청-공감 표시-사과-해결 약속-신속 처리-처리 확인-피드백
② 공감 표시-사과-경청-해결 약속-신속 처리-피드백-처리 확인
③ 경청-공감 표시-사과-해결 약속-신속 처리-피드백-처리 확인
④ 공감 표시-사과-경청-해결 약속-신속 처리-처리 확인-피드백
⑤ 경청-공감 표시-사과-신속 처리-해결 약속-피드백-처리 확인

15 다음 중 효과적인 팀의 특성에 대한 설명으로 적절하지 않은 것은?

① 명확하게 기술된 팀의 사명과 목표를 가져야 한다.
② 모든 팀원의 역할과 책임을 명확히 규정한다.
③ 모든 팀원은 팀 리더의 역량과 의견을 존중하고 따라야 한다.
④ 팀원들 간에 개방적인 의사소통을 하고 객관적인 의사결정을 내린다.
⑤ 의견이 불일치한다면 건설적으로 해결한다.

PART 01
PART 02
PART 03
PART 04
PART 05
PART 06
PART 07
PART 08
PART 09

National Competency Standards

직업윤리

CHAPTER 01 직업윤리

CHAPTER 01 직업윤리

SECTION 01 **핵심이론**

1. 직업윤리 개요

(1) 윤리

① **윤리적 인간** : 자기 개인의 이익보다 공동의 이익을 추구하고, 도덕적 가치 신념을 더욱 중요시하는 사람

② **윤리의 정의**

　㉠ 인간과 인간 사이에서 지켜져야 할 도리를 바르게 하는 것. 인간사회에 필요한 바른 질서를 의미함

　㉡ 동양적 사고에서 윤리는 인륜(人倫)과 같은 의미로, 엄격한 규율이나 규범의 의미가 배어 있는 느낌을 줌

　㉢ 비윤리적 행위 : 도덕적 타성, 도덕적 태만, 거짓말

(2) 직업

생활에 필요한 경제적 보상을 주고, 평생에 걸쳐 물질적인 보수 외에 만족감, 명예 등 자아실현의 중요한 기반이 되는 것

(3) 직업윤리

① **정의** : 직업에 종사하는 현대인으로서 누구나 공통적으로 지켜야 할 윤리기준

② **개인윤리와 직업윤리** : 기본적으로 직업윤리도 개인윤리의 연장선에 있음. 개인윤리의 기본 덕목인 사랑, 자비 등과 방법론상의 이념인 공동발전의 추구, 장기적 상호이익 등의 기본은 동일함. 그러나 인간행복을 위한 기본적 가치를 중심으로 관계를 이루는 기술, 친구 등 간의 윤리 관계보다 더 전문화된 분업체계로서의 직업이라는 특수상황에서 요구되는 별도의 덕목과 규범이 존재함

직업윤리의 일반적 덕목	한국에서 중시되는 직업윤리 덕목
소명의식, 천직의식, 직분의식 책임의식, 전문가의식, 봉사의식	책임감, 성실함, 정직함, 신뢰성, 창의성, 협조성, 청렴함

2. 근로윤리

(1) 근면한 태도

근면이란 정해진 시간을 준수하며 생활하고, 보다 부지런하고 능동적이며 적극적인 자세로 행동하는 것이며, 외부 조건으로부터 강요에 의한 근면이 아닌 자진해서 하는 근면은 능동적이며 적극적인 태도가 우선시되어야 함

(2) 정직한 행동

① **정직** : 사회시스템은 구성원 서로가 신뢰하는 가운데 운영이 가능하며, 신뢰의 형성·유지에 필수적인 규범
② **정직과 신용 구축을 위한 네 가지 지침**
  ㉠ 정직과 신뢰의 자산을 매일 조금씩 쌓아가기
  ㉡ 잘못된 것도 정직하게 밝히기
  ㉢ 타협이나 부정직한 행동을 눈감아 주지 않기
  ㉣ 부정직한 관행은 인정하지 않기

(3) 성실한 자세

① 성실(일관하는 마음과 정성의 덕)이 뒷받침되지 않을 때 관계는 오래가지 못하고 신뢰는 깨짐
② 단기적으로 생각했을 때 성실한 사람이 손해를 보는 것 같지만, 장기적으로 볼 때는 그렇지 않음. 또한 성실하게 번 돈은 가치 있게 쓰게 되므로, 결과적으로 남는 것이 큼

3. 공동체 윤리

(1) 봉사(서비스)

① **봉사의 사전적 의미** : 나라·사회·타인을 위하여 자신의 이해를 돌보지 않고 몸과 마음을 다하여 일하는 것
② **봉사의 현대적·직업적 의미** : 자신보다 고객의 가치를 최우선으로 하는 서비스 개념
③ **'SERVICE'의 7가지 의미**
  ㉠ S(smile&speed) : 서비스는 미소와 함께 신속하게 하는 것
  ㉡ E(emotion) : 서비스는 감동을 주는 것
  ㉢ R(respect) : 서비스는 고객을 존중하는 것
  ㉣ V(value) : 서비스는 고객에게 가치를 제공하는 것
  ㉤ I(image) : 서비스는 고객에게 좋은 이미지를 심어 주는 것
  ㉥ C(courtesy) : 서비스는 예의를 갖추고 정중하게 하는 것
  ㉦ E(excellence) : 서비스는 고객에게 탁월하게 제공되어져야 하는 것
④ **고객접점서비스**
  ㉠ 고객과 서비스 요원 사이의 15초라는 짧은 순간에서 이루어지는 서비스로, 진실의 순간(MOT ; Moment Of Truth) 또는 결정적 순간이라 함. 이 15초 동안에 고객접점에 있는 최일선 서비스 요원은 책임과 권한을 갖고 당사를 선택한 것이 가장 좋은 선택이었음을 고객에게 입증시켜야 함

PART 01
PART 02
PART 03
PART 04
PART 05
PART 06
PART 07
PART 08
PART 09

ⓛ 스웨덴의 경제학자 리차드 노먼이 최초로 주장하였으며, 스칸디나비아 에어라인 시스템 항공사의 사장 얀 칼슨이 최초 도입 후 성공을 거두었음

(2) 책임

① **정의** : '모든 결과는 나의 선택으로 말미암아 일어난 것'이라는 태도
② **제조물 책임** : 제조물의 결함으로 인하여 소비자 또는 제3자에게 생명, 신체, 재산상의 손해가 발생했을 경우 해당 제조물의 제조업자나 판매업자에게 손해배상책임을 지게 하는 것

(3) 준법

① **정의** : 민주 시민으로서 기본적으로 지켜야 하는 의무이며 생활 자세
② 민주 사회의 법과 규칙을 준수하는 것은 시민으로서의 자신의 권리를 보장받고, 다른 사람의 권리를 보호해 주며 사회질서를 유지하는 역할을 함

(4) 예절

① **정의** : 일정한 생활문화권에서 오랜 시간 공통된 생활 방법으로 정립되어 관습적으로 행해지는 사회계약적 생활규범
② 예절은 언어문화권과 밀접한 관계를 가짐. 민족과 나라에 따라 언어가 다르듯 예절도 국가와 겨레에 따라 달라지고 같은 언어문화권이라도 지방에 따라 예절이 다를 수 있음

(5) 직장 내 예절

① **직장 내 인사 예절**
  ㉠ 상대보다 먼저 인사하기
  ㉡ 타이밍을 맞추어 적절히 응답하기
  ㉢ 명랑하고 활기차게 인사하기
  ㉣ 사람에 따라 인사법이 다르면 안 됨
  ㉤ 기분에 따라 인사의 자세가 다르면 안 됨

② **직장 내 악수 예절**
  ㉠ 윗사람에게 먼저 목례를 한 후 악수하기
  ㉡ 상대의 눈을 보며 밝은 표정짓기
  ㉢ 오른손을 사용하기
  ㉣ 손을 잡을 때는 너무 꽉 잡아서는 안 됨
  ㉤ 손끝만 잡는 행위는 금함
  ㉥ 주머니에 손을 넣고 악수를 하지 않음

③ **직장 내 전화 예절**
  ㉠ 전화 걸기
    • 전화를 걸기 전에 먼저 준비를 하고, 정보를 얻기 위해 전화를 하는 경우라면 얻고자 하는 내용을 미리 메모하여 필요한 정보를 빠뜨리지 않도록 함
    • 전화를 건 이유를 숙지하고 이와 관련하여 대화를 나눌 수 있도록 준비
    • 전화는 정상적인 업무가 이루어지고 있는 근무 시간에 걸도록 해야 함

- 통화를 원하는 상대와 통화할 수 없을 경우에 대비하여 비서나 다른 사람에게 메시지를 남길 수 있도록 준비
- 직접 걸어야 함. 비서를 통해 고객에게 전화를 건다면 고객으로 하여금 당신의 시간이 고객의 시간보다 더 중요하다는 느낌을 갖게 만들기 때문임
- 전화해 달라는 메시지를 받았다면 가능한 한 48시간 안에 답해주도록 함. 하루 이상 자리를 비우게 되는 경우 다른 사람이 대신 전화를 받아줄 수 없을 때는 자리를 비우게 되었다는 메시지를 남겨 놓는 것이 예의임
  - ⓛ 전화 받기
    - 전화벨이 3~4번 울리기 전에 받아야 함
    - 자신이 누구인지를 즉시 말해야 함
    - 천천히, 명확하게 예의를 갖추고 말해야 함
    - 목소리에 미소를 띠고 말해야 함
    - 말을 할 때 상대방의 이름을 함께 사용
    - 언제나 펜과 메모지를 곁에 두어 메시지를 받아 적을 수 있도록 함
    - 주위의 소음을 최소화해야 함
    - 긍정적인 말로 전화 통화를 마치도록 하고 전화를 건 상대방에게 감사의 표시를 해야 함
  - ⓒ 스마트폰 예절
    - 상대방에게 통화를 강요하지 않아야 함
    - 지나친 SNS의 사용은 업무에 지장을 주므로 휴식시간을 이용
    - 운전하면서 스마트폰을 사용하지 않아야 함
    - 온라인상에서 예절을 지킴
    - 알림은 무음으로 하여 타인에게 폐를 끼치지 않도록 함
- ④ **직장 내 이메일 예절**
  - ⓙ 이메일 보내기
    - 상단에 보내는 사람의 이름을 적음
    - 메시지에는 언제나 제목을 넣도록 함
    - 메시지는 간략하게 만듦
    - 요점을 빗나가지 않는 제목으로 잡도록 함
    - 올바른 철자와 문법을 사용
  - ⓛ 이메일 답하기
    - 받은 이메일의 내용과 관련된 일관성 있는 답을 해야 함
    - 다른 비즈니스 서신에서와 마찬가지로 화가 난 감정의 표현을 보내는 것은 피해야 함
    - 답장이 어디로, 누구에게로 보내지는지 주의한다. 원래의 메시지에 첨부된 회신 주소가 메시지를 보낸 사람의 것이 아닐 수도 있음을 유념

PART 01
PART 02
PART 03
PART 04
PART 05
PART 06
PART 07
PART 08
PART 09

(6) 성예절

① **직장 내에서 발생하는 성희롱의 유형**

ㄱ) 육체적 행위
- 입맞춤·포옹 등 원하지 않는 신체 접촉
- 가슴이나 엉덩이 등 특정한 신체부위를 만지는 행위
- 어깨를 잡고 밀착하는 행위

ㄴ) 언어적 행위
- 음란한 농담을 하는 행위
- 외모에 대한 성적 비유
- 성적인 내용의 정보를 유포하는 행위
- 음란한 내용의 전화 통화

ㄷ) 시각적 행위
- 음란한 사진, 낙서, 그림 등을 게시하거나 보여주는 행위
- 정보기기를 이용하여 음란물을 보내는 행위
- 자신의 특정 신체부위를 노출하거나 만지는 행위

② **성예절에 어긋나는 행동에 대한 대처**

ㄱ) 개인적 대응
- 직접적으로 거부의사를 밝히고 중지할 것을 항의
- 증거자료를 수거하고 공식적 처리를 준비
- 상사나 노동조합 등의 내부기관에 도움을 요청
- 외부단체 및 성폭력 상담기관 등에 도움을 요청

ㄴ) 직장의 대응
- 회사 내부의 관련 직원이나 외부의 전문가를 초빙하여 공정하게 처리
- 사안에 대해 신속하게 조사하여 처리
- 개인 정보의 유출을 철저히 방지
- 가해자에 대해 납득할 정도의 조치를 취하고 결과를 피해자에게 통지

01 귀하는 백화점 매장이 잘 운영되는지 관리하던 도중 입사한 지 얼마 안 된 A브랜드 김 사원이 매니저가 없는 동안 "나 혼자 일해서 옆 매장에 신상품 구경하고 왔어. 너도 혼자 일해? 야, 지켜보고 감시하는 사람도 없는데 대충해. 이럴 때나 쉬엄쉬엄 하지. 언제 이렇게 일하냐."라고 통화하는 것을 잠시 듣게 되었다. 백화점 매장 관리자인 귀하가 김 사원에게 해줄 수 있는 말로 적절하지 않은 것은? [인천항만공사]

① 근무 시간인데 본인이 해야 할 일에 집중해야 합니다.
② 상사가 없더라도 근면한 자세로 일해야 합니다.
③ 근무 중 개인적인 통화는 하지 말아야 합니다.
④ 여긴 직장인데, 개인적인 용무는 주의하도록 합니다.
⑤ 끝내지 못한 업무가 있다면 반드시 마치고 퇴근해야 합니다.

정답 찾기

끝내지 못한 업무가 있는지는 알 수 없다.

※ 일반적으로 일을 많이 하고 싶은 욕망보다는 편히 쉬고 싶은 욕망을 느낄 때가 많으며, 주인이 아닌 돈을 받고 남의 일을 할 경우에 더욱 쉬고 싶은 욕망이 앞선다. 강요에 의해 억지로 하는 것 대신 능동적이고 적극적인 자세로 임한다면, 일의 진행이 달라질 것이다. 따라서 근면하기 위해서는 일에 임할 때 적극적이고 능동적인 자세가 필요하다.

정답 | ⑤

02 통화는 서로의 얼굴을 대면하지 않는 대화이기 때문에 상대편의 표정과 동작, 태도를 알 수 없어 오해를 살 가능성에 노출된다. 따라서 전화 예절은 더욱이 중요하게 인식되어 주의를 기울여야 한다. 다음 중 직장 내 전화 받는 예절에 대한 설명 중 옳지 않은 것은? [인천항만공사]

① 자신이 누구인지를 즉시 말하도록 한다.
② 항상 펜과 메모지를 곁에 두고 메시지를 받아 적을 수 있도록 한다.
③ 긍정적인 멘트로 전화 통화를 마무리하며, 전화 건 상대방에게 감사 표시를 하도록 한다.
④ 전화벨이 3~4번 울리기 전에 받도록 한다.
⑤ 받는 즉시 용건이 무엇인지를 신속히 파악하도록 한다.

정답 찾기

전화 받는 예절에서 전화를 받자마자 즉시 용건을 해결해야 된다는 점은 고려 사항이 아니다.

※ 전화 받기 예절
 • 전화벨이 3~4번 울리기 전에 받는다.
 • 당신이 누구인지를 즉시 말한다.
 • 천천히, 명확하게 예의를 갖추고 말한다.
 • 목소리에 미소를 띠고 말한다.
 • 말을 할 때 상대방의 이름을 함께 사용한다.
 • 언제나 펜과 메모지를 곁에 두어 메시지를 받아 적을 수 있도록 한다.
 • 주위의 소음을 최소화한다.
 • 긍정적인 말로서 전화 통화를 마치도록 하고 전화를 건 상대방에게 감사의 표시를 한다.

정답 | ⑤

01 다음 중 윤리에 대한 설명으로 옳지 않은 것은?

① 윤리는 공동행동의 규칙을 기반으로 형성된다.

② 윤리는 사회의 공동목표 달성과 욕구 충족에 도움이 되는 행위가 정립된 것이다.

③ 윤리는 공동생활 속에서 협력의 필요성에 의해 발생하였다.

④ 동양적 사고에서 윤리는 인륜(人倫)과 같은 의미이다.

⑤ 윤리는 사회 상황과 관계없이 변할 수 없는 것이다.

02 〈보기〉 중 윤리적 인간에 대한 설명으로 옳은 것은?

> **보기**
>
> ㉠ 공동의 이익보다는 자신의 이익을 우선으로 행동하는 사람
> ㉡ 원만한 인간관계를 유지할 수 있도록 다른 사람의 행복을 고려하는 사람
> ㉢ 삶의 가치와 도덕적 신념보다는 눈에 보이는 육신의 안락을 존중하는 사람
> ㉣ 인간은 결코 혼자 살아갈 수 없는 사회적 동물임을 이해하고 다른 사람을 배려하면서 행동하는 사람

① ㉠, ㉢ 　　　　　　　　　　　② ㉠, ㉡, ㉣

③ ㉡, ㉣ 　　　　　　　　　　　④ ㉢, ㉣

⑤ ㉡, ㉢, ㉣

03 다음 중 일과 인간의 삶의 관계에 대한 설명으로 적절하지 않은 것은?

① 원시시대부터 나무의 열매를 따는 등의 일을 시작했다.

② 일은 사람이 살기 위해서 필요한 것이다.

③ 다른 사람에 의해서 억지로 하는 것은 일이 아니다.

④ 인간은 일을 통해 경제적 욕구 충족을 한다.

⑤ 일은 사람을 행복하게 하는 원천이다.

04 다음 〈보기〉 중 직업에 대해 바르게 설명한 것만을 모두 고르면?

> **보기**
>
> ㉠ 경제적인 보상이 있어야 한다.
> ㉡ 본인의 자발적 의사에 의한 것이어야 한다.
> ㉢ 장기적으로 지속할 수 있어야 한다.
> ㉣ 취미활동, 아르바이트, 강제노동 등도 포함된다.
> ㉤ 다른 사람들과 함께 인간관계를 쌓을 수 있는 기회가 된다.

① ㉠, ㉡, ㉢   ② ㉠, ㉢, ㉣
③ ㉠, ㉡, ㉤   ④ ㉡, ㉢, ㉣, ㉤
⑤ ㉠, ㉡, ㉢, ㉤

05 다음 중 직업윤리에 대한 설명으로 옳지 않은 것은?

① 직업윤리도 개인윤리의 연장선에 있다.
② 공사의 구분, 동료와의 협조, 전문성, 책임감 등이 포함된다.
③ 'ㅇㅇ' 회사 직원이냐를 구분하는, 그 회사의 특수한 윤리이다.
④ 직업을 가진 사람이라면 반드시 지켜야 할 공통적인 윤리규범이다.
⑤ 인간의 윤리관계 중 직업 특수상황에서 요구되는 별도의 덕목과 규범이다.

06 직업윤리의 일반적 덕목에 해당하지 않는 것은?

① 소명의식   ② 직분의식
③ 평등의식   ④ 봉사의식
⑤ 천직의식

07 한국 사회의 공직 청렴도를 떨어뜨리는 가장 큰 요소는?

① 봉사정신의 부재   ② 예절의식의 부재
③ 준법의식의 부재   ④ 근면의식의 부재
⑤ 주인의식의 부재

08 근면에 대한 설명 중 옳지 않은 것은?

① 근면한 것은 성공을 이루게 되는 기본 조건이 된다.

② 근면과 관련해서 「탈무드」에는 "이 세상에서 가장 한심한 것은 할 일이 없는 것이다"라고 하였다.

③ 근면과 관련해서 「시편」에는 "눈물을 흘리며 씨를 뿌리는 자는 기쁨으로 거두리로다"라고 노래하고 있다.

④ 근면과 게으름은 습관이라기보다는 타고난 성품에 가깝다.

⑤ 외부 조건으로부터 강요에 의한 근면이 아닌 자진해서 하는 태도가 우선시되어야 한다.

09 정직에 대한 설명 중 옳지 않은 것은?

① 사람은 혼자서는 살아갈 수 없으므로, 다른 사람과의 신뢰가 필요하다.

② 정직한 것은 성공을 이루게 되는 기본 조건이 된다.

③ 타협이나 부정직한 행동을 눈감아 주지 않는 것이다.

④ 신뢰를 형성하기 위해 필요한 규범이 정직이다.

⑤ 다른 사람이 전하는 말이나 행동이 사실과 부합된다는 신뢰가 없어도 사회생활을 하는데 큰 지장은 없다.

10 다음 중 직장 내에서의 정직성에 어긋나는 사례에 해당하는 것은?

① 출퇴근 시간 규칙을 엄격히 지킨다.

② 상품이 경쟁회사에 비해 품질이 떨어지는 부분이 있어도 판매 시 언급하지 않는다.

③ 점심시간이 부족하더라도 철저히 시간을 엄수한다.

④ 어쩔 수 없이 출근 시각을 지키지 못하더라도 변명을 하지 않는다.

⑤ 직장 내 윗사람에게 먼저 악수 후 목례를 한다.

11 다음 중 성실함이 드러나는 예에 해당하지 않는 것은?

① 수채화를 완성하기 위해 며칠간 색을 칠하는 가희

② 과도한 업무에도 짜증을 내지 않고 차근차근 일을 해나가는 나희

③ 좋은 점수를 얻기 위해 족집게 강사에게 과외를 받는 다희

④ 좋아하는 악기를 훌륭히 연주하기 위해 여가를 활용하여 연습하는 라희

⑤ 3개월의 인턴기간 동안 지각을 한 번도 하지 않은 마희

12 다음 중 봉사(서비스)에 대한 설명으로 옳지 않은 것은?

① 봉사는 어려운 사람을 돕는 자원봉사만을 의미한다.

② 봉사란 자신보다는 고객의 가치를 최우선으로 하고 있는 서비스 개념이다.

③ 기업이 고객에게 만족을 제공하기 위해서는 봉사(서비스)를 강조해야 한다.

④ 봉사는 고객에게 예의를 갖추고 정중하게 대하는 것을 말한다.

⑤ 봉사의 사전적 의미는 나라나 사회 또는 남을 위하여 자신의 이해를 돌보지 아니하고 몸과 마음을 다하여 일하는 것을 의미한다.

13 다음 중 고객접점서비스에 대한 설명으로 옳지 않은 것은?

① 스웨덴의 경제학자 리차드 노먼이 최초로 주장하였다.

② 스칸디나비아 에어라인 시스템 항공사의 사장 얀 칼슨이 최초로 도입하여 성공을 거두었다.

③ 고객과 서비스 제공자 사이에 15초라는 짧은 순간에서 이루어지는 서비스이다.

④ 서비스 제공 절차를 관리하는 시스템이 특히 중요하다.

⑤ MOT의 중요성을 부각하였다.

14 다음 중 서비스 제공자가 서비스 중 주의할 행위가 아닌 것은?

① 업무상 전화를 받는 행위

② 큰소리를 내는 행위

③ 화장을 하거나 고치는 행위

④ 서류를 정리하는 행위

⑤ 음식을 먹는 행위

15 다음 중 책임에 대한 설명으로 옳지 않은 것은?

① 책임이란 모든 결과는 나의 선택으로 말미암아 일어났다고 생각하는 태도이다.

② 모든 일을 책임지기 위해서 곤란한 상황은 되도록 회피하는 것이 권장된다.

③ 미국의 과거 대통령 중 트루먼 대통령의 책임의식은 본받을 만하다.

④ 책임을 지기 위해서는 부정적인 사고방식보다 긍정적인 사고방식이 필요하다.

⑤ 제조물에 결함이 발생했을 경우 제조업자나 판매업자에게 손해배상책임을 지게 한다.

PART 01
PART 02
PART 03
PART 04
PART 05
PART 06
PART 07
PART 08
PART 09

National Competency Standards

최종 점검 모의고사

PART 09

CHAPTER 01

최종 점검 모의고사 1회

01 다음 밑줄 친 단어의 반의어를 고르면?

> 내일 있을 미팅을 위해 미팅 주제와 관련된 기사를 <u>취합하여</u> 정리하였다.

① 버리다
② 제하다
③ 선별하다
④ 섞다
⑤ 도리다

02 다음 밑줄 친 단어와 가장 유사한 의미로 사용된 문장은?

> A사는 사내 복지 수준이 <u>높기</u>로 유명하다.

① 구두굽이 너무 <u>높아</u> 걸을 때 휘청거린다.
② 천장이 <u>높아</u> 공간이 더 넓어 보인다.
③ 올 여름은 평년보다 기온이 <u>높을</u> 것으로 예상된다.
④ 이 유물은 역사적인 가치가 매우 <u>높다</u>.
⑤ 제도 개선을 요구하는 목소리가 <u>높다</u>.

03 다음 낱말들 중 반의 관계에 해당하지 않는 것은?

① 팔다 – 매입하다

② 빌리다 – 임대하다

③ 승낙하다 – 일축하다

④ 경박하다 – 심원하다

⑤ 아둔하다 – 몽매하다

04 다음 글에서 단어의 사용이나 문법이 올바르지 않은 부분의 개수는?

> 최근 체중 감량을 위해 탄수화물을 적게 먹거나 아예 먹지 않는, 이른바 '저탄수화물' 식단을 선택하는 사람들이 늘어나고 있다. 그런데 최근 한 연구 결과에 따르면 섬유질이 풍부한 양질의 통곡물로 탄수화물을 섭취할 경우 오히려 살을 ㉠빼는데 도움이 된다는 사실이 밝혀졌다.
>
> 해당 연구는 호주 울런공대 연구진이 성인 남녀 377명을 대상으로 진행한 임상연구로, 참가자들이 어떤 곡물 식품을 먹었느냐가 이들의 체중에 어떠한 영향을 ㉡미쳤는지를 조사했다. 참가자들의 체지방 지수를 측정한 결과 통밀빵이나 ㉢현미밥같이 섬유질이 풍부한 통곡물 음식을 소량씩 추가 섭취한 이 들의 경우 실제 음식 섭취량은 더 ㉣많았는데도 불구하고 체질량지수가 더 ㉤낮을 뿐만 아니라 체중과 허리둘레의 ㉥증감에도 도움을 주는 것으로 나타났다. 반면 섬유질이 많지 않은 정제 곡물 음식을 먹으면 체중 증가에 영향을 미치는 것으로 나타났다. 이번 연구를 주도한 모니카 로베이코 연구원은 "이번 결과는 통곡물 식품의 섭취가 체중 ⓐ감량에 도움을 줄 수 있다는 것을 보여준다"고 말했다. 이 연구원에 따르면 통곡물은 신체가 낮은 혈당지수를 유지하도록 도움을 주며, 섬유질과 비타민, 미네랄, 식물성 화학물질 등이 많이 ⓞ들어있어 건강에 이로운 작용을 한다. 연구 총책임자인 엘리너 베크 교수 역시 "㉪이같은 실험 결과는 건강한 수준의 체 중 유지에 통곡물 식품이 반드시 필요하다는 것을 ㉫증명하는 것이다"라고 강조했다.

① 3개   ② 4개

③ 5개   ④ 7개

⑤ 8개

05 다음 중 제시문과 일치하지 않는 내용은?

> 1859년 6월, 스위스의 청년 사업가 앙리 뒤낭(1828~1910)은 알제리에 세운 제분회사가 자금난에 시달리자 도움을 요청하러 알제리를 식민통치하던 프랑스 황제 나폴레옹 3세를 찾아갔다. 그러나 나폴레옹 3세는 북이탈리아 전선에서 오스트리아와 격전을 치르는 중이어서 만나지 못했다. 돌아오는 길에 뒤낭은 솔페리노에서 죽어가는 부상병들을 보고 마을 주민들을 모아 긴급구호에 나섰다. 교회에 임시 병원을 설치해 프랑스군과 오스트리아군을 치료한 그는 이때 목격한 참상을 토대로 1862년 11월에 펴낸 책 '솔페리노의 회상'에서 이렇게 털어놓았다. "만일 국제구호단체가 존재하고 자원봉사 간호사들이 있었다면 우리는 얼마나 더 많은 목숨을 구할 수 있었을까."
> 뒤낭은 전시에 적군과 아군을 가리지 않고 돕는 중립적인 민간 봉사단체를 만들고 이 단체 요원들의 활동을 보장하는 국제조약을 체결하자고 제안했다. 이에 동조하는 사람들을 모아 뒤낭을 비롯한 5명의 위원으로 구성된 1863년 국제적십자위원회(ICRC ; International Committee of the Red Cross)가 창설된 데 이어 이듬해 10월 29일 유럽 16개국 대표가 스위스 제네바에 모여 '전지(戰地)에 있는 군대의 부상자 및 병자의 상태 개선에 관한 조약'을 체결했다.
> 조약의 주요 내용은 "무기를 버리고 전투행위를 중지한 부상자와 병자는 인종·성별·종교·정치적 이념이나 다른 기준에 근거를 둔 차별 없이 인도적으로 대우받아야 한다"는 것이었다. 부상병 호송 차량과 야전병원은 중립시설로 간주해 공격하지 않고, 적군을 간호했다는 이유로 박해받지 않는다는 조항도 있었다.
> 적십자조약(제네바협약)은 두 차례 세계대전을 거치며 일부 개정됐고 '해상에 있는 군대의 부상자·병자·난선자의 상태 개선에 관한 조약', '포로 대우에 관한 조약', '전시 민간인 보호에 관한 조약'이 추가됐다. 뒤낭은 적십자 운동을 주도한 공로로 1901년 제1회 노벨평화상을 받았다. ICRC와 1919년 설립된 국제적십자사연맹(IFRC)은 1948년 그의 생일인 5월 8일을 세계적십자의 날로 제정하고 해마다 기념행사를 펼치고 있다. 현재 IFRC 회원국은 187개국이다.
> 우리나라는 대한제국 시절인 1903년 1월 8일 적십자조약에 가입하고 1905년 10월 27일 고종 황제 칙령에 따라 대한적십자사가 창설됐다. 초대 명예총재는 고종이고 사도세자의 후손인 의양군 이재각에 이어 순종의 이복동생인 의친왕 이강이 차례로 총재를 맡았다. 1909년에는 일본적십자사에 강제합병됐다가 1919년 임시정부 수립 후 대한적십자회를 발족했으며 1949년 정식으로 재건됐다. IFRC에는 1955년 74번째 회원국으로 가입했다.

① 1863년 창설된 국제적십자위원회와 1919년 설립된 국제적십자사연맹이 세계 적십자의 날로 제정한 5월 8일은 앙리 뒤낭의 생일이다.

② 앙리 뒤낭은 나폴레옹 3세를 만나러 갔다가 돌아오는 길에 알제리 전선에서 죽어가는 프랑스군을 치료하며 국제구호단체의 필요성을 느꼈다.

③ 노벨평화상의 첫 수상자인 앙리 뒤낭이 주도했던 적십자 운동은 오늘날까지 이어져 현재 국제적십자사연맹 회원국은 187개국이고, 우리나라는 74번째 회원국이다.

④ ICRC 창설 후 '전지(戰地)에 있는 군대의 부상자 및 병자의 상태 개선에 관한 조약'이 체결되었고 이후 '전시 민간인 보호에 관한 조약'이 추가되었다.

⑤ 1905년 창설된 대한적십자사는 일본적십자사에 강제합병되었으나 1949년 정식으로 재건되었다.

06 경기 불황에 어떻게 대응하는지 조사한 결과 크게 다음과 같은 유형으로 분류할 수 있었다. 각 각의 유형에 적절한 명칭을 붙인 것은?

> (가) "불황이라고 해서 갑자기 다 안 쓸 수 있나요? IMF 때도 오래갈 줄 알았는데 결국 나아졌잖아요. 일단 어떻게 될지 지켜봐야죠." 40대 사무직에 종사하는 월 소득 500만 원 이상의 고소득 기혼 남성이 이 케이스에 속한다. 이들은 경기가 어려워도 미래를 위한 소비는 포기할 수 없다며 자녀 학원비와 통신 비 등은 그대로 유지하지만, 외식과 레저 등의 여가생활 비용은 줄였다.
>
> (나) "솔직히 지갑이 얇아져서라기보다 불확실하니까 남들 하는 대로 따라가야죠. 장을 보러 가면 전처럼 많이는 못 사겠어요." 중간 소득층 전업주부의 답변이다. 이들은 자신의 주관을 내세우기보다 대세를 따라가는 모습을 보이며 안전한 선택을 하는 경우가 많았다.
>
> (다) "요즘 장사가 안돼서 온몸으로 불황을 느끼고 있어요. 통신비, 학원비 가리지 않고 일단 줄이고 포기 해야죠." 40대 남성 자영업자들이 이 부류이다. 현재 불황을 가장 심각하게 느껴 소비 패턴을 바꾼 유 형이다. 이들은 부채 보유율이 높은 저소득층이 많았으며, 보험을 제외하고 자녀 교육비까지 줄였다.
>
> (라) "불황이라고 남들 신경 쓸 필요가 있나요? 오히려 원래 쓰던 대로 해야 경기 회복에 도움이 될 텐 데…." 월 소득 500만 원 이상의 40대 전문직 미혼 여성, 즉 '골드미스'는 불황 무풍지대에 산다. 이들 은 타인의 시선을 의식하지 않기 때문에 쇼핑, 여행 등 여가활동도 그대로 유지한다.

	(가)	(나)	(다)	(라)
①	불황 동조형	불황 주시형	불황 복종형	불황 무시형
②	불황 복종형	불황 무시형	불황 주시형	불황 동조형
③	불황 주시형	불황 무시형	불황 동조형	불황 복종형
④	불황 주시형	불황 동조형	불황 복종형	불황 무시형
⑤	불황 복종형	불황 동조형	불황 무시형	불황 주시형

PART 01
PART 02
PART 03
PART 04
PART 05
PART 06
PART 07
PART 08
PART 09

07 ○○사 연구실에서 A사원이 부상을 입는 사고가 발생했다. 치명적인 사고는 아니었으나 적절한 응급조치가 시행되지 않아 A사원은 치료 및 회복을 위해 일주일 이상의 병가를 내게 되었다. 이에 ○○사에서는 외부 강사를 초빙하여 실험실 안전수칙을 재교육하고 K과장으로 하여금 사고 시 응급조치 교육을 시행하도록 하였다. 응급조치 매뉴얼이 다음과 같을 때 K과장이 교육할 내용으로 적절하지 않은 것은?

〈사고 시 응급조치 매뉴얼〉

1. 호흡 정지
   (1) 환자가 의식을 잃고 호흡이 정지된 경우 즉시 인공호흡을 해야 한다.
   (2) 주변의 도움을 청하려고 시간을 낭비하지 말고 환자를 소생시키면서 도움을 청한다.

2. 심한 출혈
   (1) 출혈이 심할 때는 상처 부위를 패드나 천으로 눌러서 지혈시킨다.
   (2) 위급할 때는 의류를 잘라서 사용하도록 한다.
   (3) 충격을 피하기 위해서 상처 부위를 감싸고 즉시 응급요원을 부르도록 한다.
   (4) 피가 흐르는 부위는 신체의 다른 부분보다 높게 하여 계속 누르고 있도록 한다.
   (5) 환자는 편안하게 누이도록 한다.
   (6) 지혈대는 쓰지 않도록 한다.

3. 화상
   (1) 화상이 경미할 때는 얼음이나 생수로 화상 부위를 식힌다.
   (2) 옷에 불이 붙었을 때는 다음 각 호의 요령에 따른다.
   • 바닥에 누워 구르거나 근처에 소방담요가 있다면 화염을 덮어싸도록 한다.
   • 불을 끈 후에는 약품에 오염된 옷을 벗고 샤워장치에서 샤워를 하도록 한다.
   • 상처 부위를 씻고 열을 없애기 위해서 수돗물에 상처 부위를 담근다.
   • 상처 부위를 깨끗이 한 후 얼음주머니로 적시고 충격을 받지 않도록 감싼다.
   • 사람을 향해 소화기를 사용하지 않도록 주의한다.

4. 유해물질에 의한 화상
   (1) 유해물질이 묻거나 화상을 입었을 경우 즉각 물로 씻는다.
   (2) 유해물질에 의하여 오염된 모든 의류는 제거하고 접촉 부위는 물로 씻어낸다.
   (3) 유해물질이 눈에 들어갔을 경우 15분 이상 세안장치를 이용하여 깨끗이 씻고 즉각 도움을 청한다.
   (4) 몸에 유해물질이 묻었을 경우 15분 이상 샤워장치를 이용하여 씻어내고 전문의의 진료를 받는다.
   (5) 유해물질이 몸에 엎질러진 경우 오염된 옷을 빨리 벗는다.
   (6) 보안경에 유해물질이 묻은 경우 시약이 묻은 부분을 완전히 세척하고 사용한다.

---

① 부상자의 출혈이 심한데 지혈용으로 쓸 패드 같은 도구가 보이지 않으면 그걸 찾으며 시간을 소모하지 말고 옷을 잘라서 사용하는 게 낫습니다.

② 출혈 지점이 파악되면 그 부위가 다른 부위보다 더 높게 위치할 수 있도록 부상자의 자세를 조정해 주고, 출혈 지점을 계속 누르도록 해야 합니다.

③ 유해물질이 몸에 묻었을 경우 피부에 흡수되는 시간을 최소화하는 게 중요합니다. 유해물질이 묻은 옷을 바로 벗도록 하고, 샤워장치를 이용하여 15분 이상 씻어주십시오.

④ 화상의 경우 상처 부위가 오염되면 위험하므로 구급차가 도착할 때까지 물을 포함하여 어떤 사물도 닿지 않도록 하는 데 집중해주십시오.

⑤ 만일 부상자가 의식을 잃었을 경우 도움을 청하되, 인공호흡으로 부상자를 소생시키는 처치를 병행해야 합니다.

[08~09] 글을 읽고 이어지는 물음에 답하시오.

자료 수집 시 널리 활용되는 방법으로 질문지법, 면접법, 참여관찰법, 문헌연구법, 실험법이 있다. 우선 질문지법은 조사 내용을 설문지로 작성하여 조사 대상자에게 보내 기입하게 하는 방법이다. 많은 사람으로부터 비슷한 정보를 얻으려 할 때 적합하며, 시간과 비용을 절약할 수 있고, 자료 분석 시 비교가 쉽고 분석 기준이 명백하다. 그러나 회수율이 낮고 문맹자에게 실시하기가 곤란한 점은 단점으로 꼽히며, 응답자가 무성의하고 거짓된 응답을 하거나 질문의 내용을 오해할 소지도 있다.

질문지를 작성할 때는 다음과 같은 사항에 유의해야 한다. 첫째, ㉠뜻이 모호하거나 상이한 해석의 여지가 있는 단어 사용을 자제해야 한다. 둘째, ㉡한 문항에 한 가지 내용만 묻고, 복잡한 질문은 피해야 한다. 셋째, ㉢의도한 결과를 얻기 위해 특정 대답을 유도하거나 편견이 들어가도록 해서는 안 된다. 넷째, ㉣선택지의 항목이 중복되지 않도록 상호 배타적이어야 한다. 다섯째, ㉤선택지에 응답 가능한 모든 경우의 수를 포함해야 한다.

면접법은 조사 대상자와 대면하면서 직접 대화를 통해 자료를 수집하는 방법이다. 소수의 표본으로부터 깊이 있는 정보를 얻으려 할 때 적합하며, 문맹자에게도 실시할 수 있다. 또 필요한 문제를 자세히 질문할 수 있고, 응답률과 응답의 정확성이 높은 점은 장점이다. 그러나 시간과 비용이 많이 소모되고, 많은 표본을 확보하기 어려우며, 조사자의 편견이 개입될 수 있다.

참여관찰법은 조사자가 연구 대상자들의 생활공간에 직접 들어가 관찰하며 조사하는 방법이다. 언어 소통이 어려운 경우 유용하고, 현실성 있게 관찰할 수 있어 자료의 실제성이 높다. 그러나 면접법과 마찬가지로 조사자의 편견이 개입될 수 있고, 피실험자가 관찰 도중 변화하는 등 예상치 못한 변수가 발생할 수 있다. 문헌연구법은 기존의 자료들을 수집·분석하는 방법으로 흔히 2차 분석이라 한다. 시간과 경비의 절약이 가능하고, 기존의 연구 동향 파악에 유리하나 문헌의 신뢰성의 문제가 발생할 수 있으며, 해석 시 연구자의 편견이 개입될 수 있다.

실험법은 실험 집단에 일정한 조작을 가하여 나타나는 행동의 변화를 통제 집단과 비교하는 방법이다. 사회·문화 현상의 원인과 결과에 대한 정확한 자료를 수집할 수 있고, 비교 관찰과 측정이 용이하다. 그러나 엄격하게 통제된 실험이 어려울 뿐만 아니라 인간을 대상으로 할 경우 윤리적 문제가 발생할 수 있다.

08 윗글의 내용과 일치하는 것은?

① 질문지법은 원하는 정보를 깊이 있게 조사할 때 적절하나 표본 확보에 어려움을 겪을 수 있다.
② 면접법은 생생한 자료를 얻을 수 있으나 예상치 못한 변수가 발생할 수 있다.
③ 참여관찰법은 비교와 측정이 용이하나 사람을 대상으로 할 경우 윤리성이 제기될 수 있다.
④ 문헌연구법은 기존의 자료를 수집·분석하는 방법으로 기존 연구의 동향을 파악하기에 좋다.
⑤ 실험법은 다른 조사법에 비해 정보 수집이 쉬운 편이나 답변을 100% 신뢰하기 어렵다.

09 다음 중 글의 이해를 돕기 위해 질문지 작성 시 잘못된 사례를 첨부하려 할 때 가장 적절하지 않은 것은?

① ㉠ : 귀하는 뉴스를 정기적으로 보고 있습니까?
② ㉡ : 희망하는 직업과 연봉은 어느 정도입니까?
③ ㉢ : 고등학교 평준화는 학생들의 학력수준을 무시하고 학교 결정의 자유를 박탈한다는 비판의 목소리가 많습니다. 평준화 확대 실시에 대해 어떻게 생각하십니까?
④ ㉣ : 평가제 도입에 대해 어떻게 생각하십니까? Ⓐ 찬성 Ⓑ 반대 Ⓒ 현행대로 Ⓓ 잘 모름
⑤ ㉤ : 귀하의 연령은? Ⓐ 20세 미만 Ⓑ 20~29세 Ⓒ 30~39세 Ⓓ 40세 이상

PART 01
PART 02
PART 03
PART 04
PART 05
PART 06
PART 07
PART 08
PART 09

여러 지자체는 그들의 역할이 단지 쓰레기를 처리하고 도로를 관리하는 등 기본적인 공공서비스를 제공하기 위해 세금을 걷는 것이라고 생각한다. 또는 기업을 유치해서 일자리를 늘리고 조세 기반을 확대하여 지역 경제를 활성화하는 것이라고 생각한다. 그러나 ○○시의 시정은 광범위하고 (㉠)인 접근 방식을 취하고 있다. 그들은 미래 세대가 지금 세대만큼 높은 수준의 삶을 누릴 수 있어야 한다는 생각으로 삶의 수준을 높이는 다양한 요소를 고려하고 있는데, 친절함은 그러한 요소 중 하나다.

국가나 지자체는 범죄를 예방하는 일을 친절함과 협력의 분위기를 조성하는 일보다 (㉡)으로 인식한다. 하지만 친절한 분위기를 조성하는 일은 비교적 쉽고 돈이 많이 들지 않는다. 그리고 시민들의 행복감을 높이는 데 중요한 역할을 한다. ○○시 시민들의 높은 행복지수가 이를 증명한다.

사소하지만 (㉢)인 경험만으로도 사람들은 스스로에 대해 더 좋은 느낌을 갖고 타인을 더욱 적극적으로 도우려 한다. 1970년대 미국의 심리학자 앨리스 아이센(Alice Isen)과 폴라 레빈(Paula Levin)은 이와 관련된 실험을 수행했다. 두 사람은 피실험자들에게 공중전화로 전화를 걸게 했다. 여기서 (㉣)으로 선발된 일부 피실험자들에게는 직전에 전화를 건 사람이 10센트짜리 동전 하나를 남겨둔 것을 발견하도록 해뒀다. 다음으로 각각의 피실험자들 앞에서 한 여성이 서류 뭉치를 떨어뜨리도록 했다.

실험 결과 아이센과 레빈은 동전을 발견한 16명 중에서 14명이 여성을 도와줬던 반면 동전을 발견하지 못한 25명 중에서는 오직 한 사람만이 여성을 도와줬다는 결과를 확인했다. 추가 실험에서 두 사람은 공중전화박스에 편지를 놓아뒀고 마찬가지로 동전을 발견했던 피실험자들이 보다 적극적으로 편지를 우체통에 넣었다.

이후 계속된 연구들이 이 같은 (㉤)인 차이에 많은 의문을 제기했다. 하지만 긍정적인 경험이 사람들로 하여금 스스로에 대해 보다 좋은 느낌을 갖고 적극적으로 타인을 도와주게 만든다는 점에는 반론의 여지가 없어 보인다. 심리학자들은 이런 현상을 일컬어 '호의의 불꽃(glow of goodwill)'이라고 한다. 그렇다면 정부는

ⓐ

10 다음 중 윗글을 통해 알 수 있는 내용은?

① 여러 지자체는 기본적인 공공서비스 제공을 위하여 기업 유치를 우선으로 추진한다.

② 삶의 수준을 높이는 요소에는 여러 가지가 있으며 ○○시의 경우 '친절함'을 가장 중요한 요소로 본다.

③ 아이센과 레빈은 편지와 지폐 등으로 추가 실험을 계속했고 연구 결과는 '호의의 불꽃' 현상을 증명했다.

④ ○○시는 친절한 분위기를 조성하는 데는 일정 규모의 예산이 투입되지만 투입할 가치가 있다는 입장이다.

⑤ ○○시는 미래를 사는 세대의 삶의 수준이 현재를 사는 세대의 삶의 수준만큼 높아야 한다고 여긴다.

11 빈칸 ㉠~㉤에 들어갈 단어를 〈보기〉에서 골라 순서대로 나열한 것은?

> **보기**
>
> 정기적   장기적   우선적   대중적   긍정적   미온적   소극적   극적   무작위적

	㉠	㉡	㉢	㉣	㉤
①	정기적	우선적	소극적	무작위적	대중적
②	우선적	긍정적	대중적	극적	장기적
③	장기적	우선적	긍정적	무작위적	극적
④	장기적	우선적	대중적	무작위적	미온적
⑤	우선적	미온적	긍정적	극적	무작위적

12 다음 중 ⓐ에 들어갈 내용으로 가장 어울리지 않는 것은?

① 호의의 불꽃을 만들기 위해 적은 예산으로도 긍정적 경험을 제공할 수 있는 방법을 다양하게 찾아야 하지 않을까?

② 호의의 불꽃을 만들기 위해 작은 실천 방안들을 제시해야 하지 않을까?

③ 호의의 불꽃과 범죄의 증감은 반비례한다는 데 착안하여 선행을 독려하는 예산과 범죄 예방 예산을 재조정해야 하지 않을까?

④ 호의의 불꽃을 피울 불씨로 기능할 실천들을 지원해야 하지 않을까?

⑤ 호의의 불꽃의 릴레이 효과를 유도할 캠페인 등을 구상해야 하지 않을까?

PART 01
PART 02
PART 03
PART 04
PART 05
PART 06
PART 07
PART 08
PART 09

[13~14] 다음 글을 읽고 이어지는 물음에 답하시오.

자폐증은 범주성 장애라고 한다. 사람들마다 나타나는 증상이나 능력이 달라서, 자폐증이라고 해도 똑같은 모습을 보이는 사람들이 없기 때문이다. 잠시도 가만히 있지 못하고 몸을 활발하게 움직이는 사람이 있는가 하면, 느릿느릿 움직이며 멍하게 있는 사람도 있다.

(가) 사람은 누구든 어느 한쪽으로 편향되어 있다. 다만 자폐증이 있는 사람들은 너무 '낮은 편향'이나 너무 '높은 편향'으로 치우친다는 점이 문제가 된다. 즉 각성이 덜 되거나 너무 심하게 되는 경향을 보인다는 뜻이다. 예컨대 차분함을 유지해야 하는 상황에서 흥분된 기색을 보이거나, 적극적인 태도를 요할 때 멍한 상태에 머무르는 것이다. 더 복잡한 문제는 이런 편향이 몇 시간 만에 급변할 때가 있다는 것이다.

(나) 따라서 자폐증이 있는 사람과 일을 하거나 같이 지낼 때는 그 사람의 각성 편향을 염두에 두는 것이 좋다. 그런 편향은 시각, 청각, 후각, 촉각 등 여러 감각 채널을 통해 드러난다. 각성 상태가 낮은데 과잉 행동을 하는 사람은 소리를 예민하게 감지하지 못하기 때문에 별다른 관심을 보이지 않는다. 각성 상태가 높고 과잉 행동을 하는 사람은 소리에 민감해서 보통 정도의 소리에도 기겁하고, 긁혀서 난 작은 상처에도 몹시 괴로워할 수 있다.

(다) 이런 현상이 나타나는 것은 각성 편향(arousal bias) 때문이다. 모든 사람은 날마다 여러 상태의 생리적 각성을 겪는다. 소아과 의사인 베리 브레즐튼 박사는 유아들의 '생체행동(biobehavioral)' 상태에 대해 언급했는데 이것은 모든 사람들에게 해당한다. 각 상태는 가장 낮은 것(깊은 잠을 잘 때나 졸릴 때)에서 가장 높은 것(불안하거나 초조하거나 아찔하거나 무척 신이 날 때)까지 다양하다.

(라) 또한 자폐증이 있는 사람들은 다른 각성 상태를 오가는 것을 힘들어한다. 즉 운동장에서는 높은 각성 상태로 잘 놀다가도 수업 시간이 되면 조용하고 기민한 상태로 바뀌어야 하는데 그렇게 하지 못한다는 뜻이다. 우리가 해야 할 일은 각 활동에 적합한 상태로 있을 수 있는 시간을 최대화하도록 돕는 것이다.

그렇다면 에너지가 넘치거나 부족한 사람, 행동이 과하거나 무기력해 보이는 사람은 각각 어떻게 도와야 할까? 가장 필요한 것은 타고난 편향을 보완해주는 것이다. 무기력한 편이라면 활발히 활동할 기회를 만들어주고, 과하게 행동하거나 쉽게 불안해하면 차분한 상황을 만들어주어야 한다.

13 다음 중 (가)~(라)를 적절하게 나열한 것은?

① (가) – (나) – (다) – (라)   ② (가) – (다) – (라) – (나)
③ (나) – (다) – (가) – (라)   ④ (다) – (가) – (라) – (나)
⑤ (다) – (나) – (가) – (라)

14 다음 중 글을 통해 추론할 수 없는 내용은?

① 자폐의 증상은 사람마다 다르게 나타나기 때문에 범주성 장애라고도 불린다.
② 자폐증이 있는 사람은 상황이 요구하는 태도를 취하는 데 어려움을 겪는다.
③ 매우 심각한 소음에도 별다른 반응이 없는 사람이라면 각성 상태가 높다고 볼 수 있다.
④ 생체행동이 가장 낮은 상태는 졸릴 때나 깊은 잠을 잘 때이다.
⑤ 3교시가 체육, 4교시가 수학일 경우 자폐증이 있는 사람은 4교시에 수학 문제를 차분하게 푸는 것이 쉽지 않다.

15 다음 글의 내용과 일치하지 않는 것은?

마을 크기의 거대한 배들이 쓸모없어지면 그 다음에는 어떻게 될까? 그 배들은 벵갈만 해안에 버려진다. 배들이 치타공의 얕은 대륙붕 덕분에 쉽게 진흙투성이 해변까지 끌려오고 나면 선박해체 작업자들이 나서서 선박을 조각으로 쪼갠다.

선박해체사업은 방글라데시 치타공에서 1964년 사고로 연안에 좌초된 배 한 척을 해체하면서 시작됐다. 이후 사업은 적절한 환경과 이 지역에 풍부한 값싼 노동력이 더해져 급속도로 성장했다. 현재 8킬로미터 길이의 해안에 선박해체 작업장 20개소가 몰려 있다.

대부분의 선박들은 25~30년 정도 바다를 누비면 무거운 망치질을 받게 되어 있다. 수리, 보수, 보험 비용이 새로운 선박을 장만하는 것보다 많이 들어가서 결국 해체에 이르게 되는 것이다. 어떤 면에서 보면 선박해체 작업은 재활용의 궁극적인 단계. 배를 분해해서 조각으로 만들면 이것만으로 방글라데시가 한 해 동안 소비하는 철의 80% 정도를 공급할 수 있다. 화학약품, 공학적 장비, 그리고 남아 있는 원유나 연료의 마지막 한 방울까지 모두 회수할 수 있다. 때문에 300만 명의 사람들이 이 산업에 의존하고 있지만, 여기에 얽힌 문제는 엄청나게 많다.

검은 기름은 파도를 기름 찌꺼기로 바꿔놓았다. 진흙은 녹 때문에 붉은 오렌지색으로 변했다. 물이 빠지면 화학약품들로 채워진 웅덩이의 녹색 광택이 드러난다. 매주 한두 척 정도의 선박이 도착하기 때문에 이곳 환경은 회복할 기회를 얻지 못하고 있다.

선박은 대양의 요동을 견딜 수 있도록 강하게 만들어져 해체하기가 쉽지 않다. 그래서 4만 톤의 중간 크기 선박 한 척을 해체하는 데 50명의 인원이 일주일에 6일을 꼬박 매달려도 평균 석 달이 걸린다. 안전관리는 실질적으로 존재하지 않는다. 작업자들은 샌들을 신고 보호 장구도 착용하지 않은 채 맨손으로 거대한 선박들을 해체한다. 다수의 선박에는 인체에 유해한 독성 화학물질이나 석면, 납 같은 중금속도 포함되어 있다. 이곳의 작업자들은 매년 평균 15명이 사망하고 50명 이상이 심각한 부상을 입는다. 작업자 대부분의 팔과 다리에는 사고로 생긴 십자 모양의 보기 흉한 흉터가 있는데, 이를 구슬픈 유머로 '치타공 문신'이라고 한다. 손가락을 잃거나 한쪽 눈을 실명한 사람도 상당수. 이렇게 힘들고 위험한 작업을 하면서 그들이 받는 한 달 평균 임금은 고작 300달러. 이 중 절반 정도는 작업장의 소유주가 운영하는 판잣집 같은 오두막의 월세로 내야 한다. 높은 위험성과 낮은 보수에도 불구하고 25만 명의 사람들이 방글라데시 전역에서 몰려와 이곳에서 생계를 찾고 있다.

① 25~30년 정도 항해한 선박은 유지 비용이 새 선박을 구입하는 비용보다 큰 경우가 대부분이다.
② 치타공의 8km 길이 해안에서는 방글라데시가 연간 소비하는 철의 80%를 공급할 수 있다.
③ 매주 한두 척 정도의 선박이 치타공에 도착하며, 300만 명의 사람들이 선박해체산업에 의존하고 있다.
④ 치타공의 선박해체사업은 1964년에 배 한 척을 수리하면서 시작되었다.
⑤ 부실한 안전관리로 인해 매년 평균 15명이 사망하고 50명 이상이 심각한 부상을 입는다.

16 K대리는 다음 달 열릴 워크숍을 준비하고 있다. 예정된 〈워크숍 세부 일정〉이 다음과 같고 가능한 적은 예산을 사용하고자 할 때, 워크숍 장소로 가장 적절한 곳은?

〈워크숍 세부 일정〉

일시	2024.03.05.~2024.03.06.
참여 인원	80명
주요 프로그램	• 진급자 발표 및 근무 성과 우수자 표창 : 전 사원 동시 참여 • 리더십 향상 프로그램 : 40명씩 2개 조로 나누어 진행 • 팀별 레크리에이션 : 20명씩 4개 조로 나누어 진행 • 식사 및 친목회 : 전 사원 모두 참여. 식당에서 진행
예산	3,500,000원

〈워크숍 장소 후보〉

구분	시설	비용	비고
A	대회의실(100인 1실), 중회의실(50인 3실), 소회의실(20인 2실), 식당(100인 1실), 숙박시설	3,350,000원	중회의실 1실을 소회의실(25인 2실)로 분리 가능(100,000원 추가)
B	대회의실(80인 1실), 중회의실(40인 2실), 소회의실(30인 4실), 식당(70인 1실), 숙박시설	2,950,000원	–
C	대회의실(120인 1실), 중회의실(50인 2실), 소회의실(20인 5실), 식당(100인 1실), 휴게시설	2,800,000원	외부 숙박시설 연결 가능(500,000원 추가)
D	대회의실(150인 1실), 중회의실(60인 4실), 소회의실(30인 4실), 식당(150인 1실), 숙박시설, 휴게시설	3,850,000원	50인 이상 숙박 시 전체 비용 10% 할인
E	대회의실(100인 1실), 중회의실(40인 2실), 소회의실(30인 4실), 식당(50인 2실), 숙박시설	3,100,000원	대회의실을 식당으로 사용 가능(300,000원 추가)

① A

② B

③ C

④ D

⑤ E

17 W대리는 8월에 개최할 컨퍼런스를 준비하는데, ○○컨벤션이 여러 가지 조건에서 가장 적절하여 일정을 조절하고 있다. 다음 자료를 참고할 때 대관할 홀과 날짜로 가장 적절한 것은?

〈컨퍼런스 장소 대관 조건〉

이번 컨퍼런스는 최대 3시간으로 예정되어 있다. 참여 인원은 48명에서 53명 사이가 될 것으로 보이며 다과는 컨벤션 업체를 이용하지 않고 직접 조달할 예정이다. 날짜는 8월 둘째 혹은 셋째 주 중, 금요일이나 토요일 오후(13시부터 18시 사이)에 진행하고자 하며 총 예산 2,500,000원 내에서 해결해야 한다. 이번 컨퍼런스에는 다양한 행사가 준비되어 있어 직원 외에 총 3명의 보조 인력이 필요하다.

〈○○컨벤션 홀 정보〉

구분	최대 인원	평일 가격	주말(토, 일) 가격
A홀	60명	2,250,000	2,300,000
B홀	45명	1,950,000	2,100,000
C홀	95명	2,650,000	2,700,000
D홀	80명	2,600,000	2,650,000

- 간단한 다과가 기본 제공되며 다과 서비스를 이용하지 않을 경우 대여 금액에서 10%가 할인됩니다.
- 50인 미만의 홀에는 1명의 보조 인력이, 60인 이상의 홀에는 2명의 보조 인력이 기본 제공되며 보조 인력 추가 요청 시 1인당 10만 원의 추가금이 발생합니다.
  ※ ○○컨벤션의 보조 인력은 총 6명으로 당일 스케줄에 따라 보조 인력의 추가 제공이 불가능할 수 있습니다.
- 홀 사용 종료 후 1시간의 정리 및 이후 스케줄 준비를 위한 시간이 필요합니다.

〈○○컨벤션 8월 예약 스케줄 일부〉

- 8월 둘째 주

8월 9일(목)	8월 10일(금)	8월 11일(토)
• A홀 　−09:00~13:00 • B홀 　−11:30~13:30 • D홀 　−17:00~19:00	• A홀 　−09:00~16:00 • C홀 　−11:00~14:00 • D홀 　−13:30~17:00	• A홀 　−10:00~13:00 　−16:00~18:30 • C홀 　−12:30~14:30 • D홀 　−15:00~17:00

- 8월 셋째 주

8월 16일(목)	8월 17일(금)	8월 18일(토)
• A홀 　−09:00~13:00 　−15:30~17:00 • C홀 　−09:30~14:00 　−16:00~18:00	• B홀 　−10:30~17:00 • C홀 　−12:00~16:00 • D홀 　−14:00~15:00	• A홀 　−16:00~18:00 • C홀 　−15:00~17:00 • D홀 　−09:00~13:30

① C홀, 8월 10일　　　　　　　② A홀, 8월 11일
③ C홀, 8월 11일　　　　　　　④ D홀, 8월 17일
⑤ D홀, 8월 18일

[18~19] P기업 화장품 제조업체 생산관리팀은 비용 감축을 위해 화장품의 생산공정을 개선했으며, 생산관리 최종 담당자 A씨로부터 개선한 공정의 기능성 평가를 진행하려고 한다. 이어지는 물음에 답하시오.

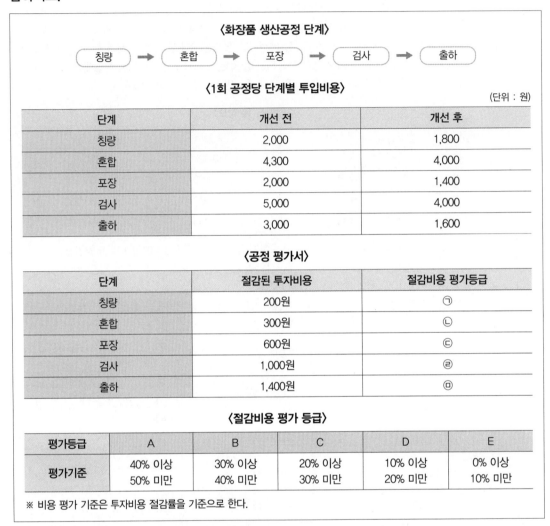

〈화장품 생산공정 단계〉

칭량 → 혼합 → 포장 → 검사 → 출하

〈1회 공정당 단계별 투입비용〉

(단위 : 원)

단계	개선 전	개선 후
칭량	2,000	1,800
혼합	4,300	4,000
포장	2,000	1,400
검사	5,000	4,000
출하	3,000	1,600

〈공정 평가서〉

단계	절감된 투자비용	절감비용 평가등급
칭량	200원	㉠
혼합	300원	㉡
포장	600원	㉢
검사	1,000원	㉣
출하	1,400원	㉤

〈절감비용 평가 등급〉

평가등급	A	B	C	D	E
평가기준	40% 이상 50% 미만	30% 이상 40% 미만	20% 이상 30% 미만	10% 이상 20% 미만	0% 이상 10% 미만

※ 비용 평가 기준은 투자비용 절감률을 기준으로 한다.

18 다음 중 공정 평가서의 비용 평가 항목 중 ㉡과 ㉣에 들어갈 등급을 순서대로 바르게 짝지은 것은? (단, 소수점 첫 번째 자리에서 반올림한다.)

① A, C
② B, D
③ C, E
④ D, B
⑤ E, C

19 생산관리팀 최종 담당자 A씨는 비용 절감 전후 상황을 바탕으로 총 투입비용이 얼마나 절감되었는지 비교하였다. 개선된 생산공정을 통해 총 투입비용은 얼마나 감소했는가?

① 약 21% ② 약 23%
③ 약 25% ④ 약 27%
⑤ 약 29%

20 귀하는 K공단 기획예산팀에 근무한다. 어느 날 팀장이 귀하에게 예산기획서를 담당하고 있는 후배를 가르쳐 주라는 지시를 내렸다. 이 일은 내일까지 끝내야 하지만 후배는 아직 업무 수행 능력이 부족하여 내일까지 끝내기에는 어려움이 예상된다. 하지만 귀하는 매월 정기적으로 보고해야 하는 결산 보고서를 내일까지 회계팀에 제출해 달라는 요청을 받은 상태로, 이 업무만으로도 내일까지 시간이 부족한 상황이다. 팀장은 타 팀의 업무 협조보다 자신의 팀 업무를 무조건 우선하여 처리할 것을 강조한다고 할 때, 귀하의 대처로 가장 적절한 것은?

① 후배에게 궁금한 사항들을 리스트화하도록 시키고, 그 리스트 목록에 따라 코칭한다. 그리고 긴급하게 내일까지 마무리되어야 하는 자신의 업무를 수행한다.
② 현재 자신의 상황에 대해서 어떻게 우선순위를 두어야 할지 후배와 팀장에게 이야기를 하고 논의한다.
③ 또 다른 팀 동료에게 결산업무를 끝내기 위한 지원을 요청하고, 업무 수행 능력이 부족한 후배가 자신의 충고에 따라 업무를 제대로 수행했는지에 대해 재검토한다.
④ 자신이 업무로 바빠 부득이하게 도와줄 수 없는 것을 후배에게 이해시키고, 후배가 직접 팀장에게 다른 사람을 투입시켜 달라고 요청하라고 한다.
⑤ 팀장이 타 팀 업무 협조보다 자신의 팀 내 업무를 무조건 하라고 하였지만 타 팀과의 교류를 위해 타 팀 업무 협조를 우선시한다.

21 경영전략의 추진 과정에 대한 설명 중 적절하지 않은 것은?
① 전략목표 설정 단계에서는 비전과 미션을 설정한다.
② 환경분석 단계에서는 내부와 외부환경을 분석한다.
③ 경영전략 도출 단계에서는 SWOT 분석기법을 사용한다.
④ 경영전략 실행 단계에서는 경영 목적을 달성한다.
⑤ 평가 및 피드백 단계에서는 경영전략의 결과를 평가하거나 재조정한다.

22 다음 자료는 ○○공사의 자체감사활동에 필요한 세부사항과 상임감사위원의 직무수행기준 내부규정 중 감사업무 개별업무 권한 관련 일부 내용이다. 다음 중 감사업무 개별업무 권한을 바르게 이해하지 못한 것은?

감사업무 개별업무 권한표(제3조 제2항 관련)

(범례 : ◎ 결정, ○ : 보고)

직무		직무권한 직위					비고
		본사			사업소		
항	목	상임감사위원	감사실장	감사팀(부)장	사업소장	자체감사반장	
① 감사기본계획	1. 감사목표 및 기본방침	◎					
	2. 연간감사 기본계획	◎			○	◎	사업소 자체감사는 본사의 승인을 요하지 아니 함(이하 같음)
② 종합감사	1. 감사시행계획	○	◎		○	◎	
	2. 감사결과 가. 종합보고 나. 시정요구 다. 시정결과보고 라. 사안의 특별감사회부	 ◎ ○ 	 ◎ ◎ ◎ ◎		 ○ 	 ◎ ◎ ◎ ◎	
	3. 시정요구에 대한 이의사항 처리	○	◎		○	◎	
	4. 감사면제 사업소 결정	○	◎				
③ 일상감사	1. 품의서류 검토 가. 사장 결정사항 나. 부사장, 본부장 결정 사항 다. 처장 이하 결정사항	◎	◎	◎		◎	사업소는 중요한 사항일 경우 사업소장에게 보고 요함
	2. 의견서 발행 가. 사장 결정사항 나. 부사장, 본부장 결정 사항 다. 처장 이하 결정사항	◎	◎	◎	◎	◎	
	3. 시정조치 결과보고		◎			◎	
	4. 이의사항 처리	○	◎			◎	
④ 특별감사	1. 감사시행계획	○	◎		○	◎	
	2. 감사결과 가. 종합보고 나. 시정요구 다. 시정결과보고	◎	 ◎ ◎ 		○	 ◎ ◎ ◎	
	3. 이의사항 처리	○	◎		○	◎	

① 감사목표 및 기본방침 결정, 감사면제 사업소 결정은 본사에서만 진행된다.

② 본사와 사업소 모두 연간감사 기본계획을 결정하되 사업소 자체감사는 본사의 승인을 요하지 아니한다.

③ 종합감사에서 사안의 특별감사회부는 사업소의 경우 자체감사반장이, 본사의 경우 감사실장이 각각 결정한다.

④ 사업소에서는 일상감사 항목 중 품의서류 검토 시 중요한 사항에 한하여 사업소장에게 보고하여야 한다.

⑤ 특별감사의 이의사항 처리 내역은 사업소장이 자체감사반장의 보고 내용을 토대로 감사실장의 승인을 받아야 한다.

23 다음 글의 제시된 업무를 담당하는 부서는?

> 주주총회 및 이사회 개최 관련 업무, 의전 및 비서 업무, 집기비품 및 소모품의 구입과 관리, 사무실 임차 및 관리, 차량 및 통신시설의 운영, 국내외 출장 업무 협조, 복리후생 업무, 법률자문과 소송관리, 사내외 홍보 광고업무

① 총무부
② 인사부
③ 기획부
④ 회계부
⑤ 영업부

24 조직문화의 기능으로 적절하지 않은 것은?

① 조직구성원들에게 일체감과 정체성을 부여한다.
② 조직구성원들의 행동지침이 되며, 사회화 및 일탈행동 통제의 기능을 한다.
③ 조직몰입을 향상시킨다.
④ 조직의 안정성을 유지한다.
⑤ 조직의 공통된 목적을 위해 개인의 자율성을 배제시킨다.

25 다음은 해외 출장을 앞둔 직원들이 나눈 대화 내용이다. 갑~무 중 국제감각을 충분히 갖추지 못한 직원은?

> 갑 : 이번 출장에서는 현지 문화와 비즈니스 예절을 잘 파악하는 게 중요할 것 같아요. 현지 언어로 간단한 인사라도 해보면 상대방이 더 친근하게 느낄 것 같습니다.
>
> 을 : 저는 현지 시장 조사를 철저히 준비해서 실제 비즈니스에 바로 적용할 수 있도록 할 거예요. 어떤 나라에서는 비즈니스 카드 전달할 때 양손으로 주는 게 중요한데, 그 점을 신경 쓰려고 합니다.
>
> 병 : 저는 여행 준비만 하면 되니까 괜찮아요. 현지 언어보다는 영어로 소통할 생각입니다. 영어는 세계 공통어니 할 수 있으면 대체로 문제가 없을 테니까요.
>
> 정 : 현지 음식을 조심해야 합니다. 해외 출장 중에 배탈 나지 않도록 미리 알아보는 게 좋겠어요. 추가로 그 나라의 식문화를 조사하는 것도 좋을 것 같아요.
>
> 무 : 저는 현지 상황에 맞춰 빠르게 적응하려고 합니다. 물론 미팅도 중요하지만, 그 외의 시간엔 현지 사람들과 좋은 관계를 맺는 것도 중요하니까요.

① 갑   ② 을
③ 병   ④ 정
⑤ 무

26 정보, 자료 및 지식에 관한 옳은 설명만을 〈보기〉에서 고른 것은?

> **보기**
> ㉠ 자료와 정보 가치의 크기는 절대적이다.
> ㉡ 정보는 특정한 상황에 맞도록 평가한 의미 있는 기록이다.
> ㉢ 정보는 사용하는 사람과 사용하는 시간에 따라 달라질 수 있다.
> ㉣ 지식이란 자료를 가공하여 이용 가능한 정보로 만드는 과정이다.

① ㉠, ㉡   ② ㉡, ㉢
③ ㉡, ㉣   ④ ㉢, ㉣
⑤ ㉠, ㉡, ㉢

27 다음은 엑셀에서 사용하는 단축키에 대한 설명이다. 단축키와 실행 내용이 바르게 연결되지 않은 것은?

① Alt + F4 – 통합문서 종료
② Ctrl + Shift + → – 그룹 설정
③ Ctrl + PgUp – 다음 시트로 이동
④ Ctrl + BackSpace – 선택된 셀로 이동
⑤ Alt + Shift + PgDn – 한 페이지 오른쪽으로 선택

28 공개 자료실을 이용할 때의 네티켓으로 옳지 않은 것은?

① 음란물을 올리지 않는다.
② 공개 자료실에 등록한 자료는 가급적 압축한다.
③ 돈을 절약할 수 있는 상업용 소프트웨어를 올린다.
④ 프로그램을 올릴 때는 사전에 바이러스 감염 여부를 점검한다.
⑤ 자료를 올릴 때는 저작권에 주의하여 업로드한다.

29 컴퓨터 바이러스를 예방하는 방법으로 옳은 것을 〈보기〉에서 모두 고르면?

보기
㉠ 백신 프로그램을 설치하고 자주 업데이트한다.
㉡ 전자우편(E–mail)은 안전하므로 바로 열어서 확인한다.
㉢ 인터넷에서 자료를 받았을 때는 바이러스 검사 후에 사용한다.
㉣ 좋은 자료가 많은 폴더는 정보공유를 위해 무조건 서로 공유하여 사용한다.

① ㉠, ㉢
② ㉡, ㉢
③ ㉡, ㉣
④ ㉢, ㉣
⑤ ㉡, ㉢, ㉣

PART 01
PART 02
PART 03
PART 04
PART 05
PART 06
PART 07
PART 08
PART 09

30 ○○기업은 벤치마킹을 시도하고자 한다. 데밍에 의해 주창된 프로세스 관리를 위한 4단계 발전 절차를 활용한 벤치마킹 순서를 바르게 나열한 것은?

> **보기**
>
> ㉠ 자사의 핵심 성공요인, 핵심 프로세스, 핵심 역량 등을 파악한다.
> ㉡ 내부 데이터 수집, 자료 및 문헌조사, 외부 데이터 수집을 수행한다.
> ㉢ 데이터 분석, 근본 원인 분석, 결과 예측, 동인 판단 등을 한다.
> ㉣ 향상된 프로세스를 조직에 적응시켜 지속적인 향상을 유도하여야 한다.

① ㉠ → ㉡ → ㉢ → ㉣   ② ㉡ → ㉢ → ㉣ → ㉠

③ ㉢ → ㉣ → ㉠ → ㉡   ④ ㉣ → ㉠ → ㉡ → ㉢

⑤ ㉣ → ㉡ → ㉠ → ㉢

31 다음은 어느 회사의 시리얼 넘버 생성표이다. 2024년 12월 대구 제3공장에서 1549번째로 만든 컴퓨터의 시리얼 넘버는? (시리얼 넘버는 '생산연도 – 생산공장코드 – 제품생산번호'와 같이 부여된다.)

> **예** 2024년 1월에 제주 제2공장에서 345번째로 만든 바지
> 2014 – 3H – 002033 – 000345

생산연도	생산공장코드			제품종류코드				제품생산번호
				기본 종류		세부 종류		
2024년 1월 : 2014 2024년 2월 : 2024 2024년 11월 : 2114 2024년 12월 : 2124	1	서울	A	제1공장	001	전자기기	011	휴대폰	생산 순서대로 000001부터 시작
			B	제2공장			022	컴퓨터	
	2	대구	C	제1공장			033	노트북	
			D	제2공장	002	의류	044	블라우스	
			E	제3공장			055	티셔츠	
			F	제4공장			011	셔츠	
	3	제주	G	제1공장			022	치마	
			H	제2공장			033	바지	
			I	제3공장	003	과자	044	스낵	
							055	비스킷	
							011	쿠키	
							022	젤리	

① 2124 – 2E – 001022 – 001549   ② 1224 – 2E – 001022 – 154900

③ 2124 – 2D – 001033 – 015490   ④ 2412 – 2E – 102200 – 001549

⑤ 1224 – 2E – 010440 – 154900

32 〈보기〉는 철도와 전신의 발전 과정을 나타낸 것이다. 이를 통해 미국의 기술사학자 휴즈 (Thomas Hughes)가 주장한 개념은 무엇인가?

> **보기**
>
> 철도와 전신은 서로 독립적으로 발전한 기술이었지만 곧 서로 통합되기 시작했다. 우선 전신선이 철도를 따라 놓이면서 철도 운행을 통제하는 일을 담당했다. 이렇게 철도 운행이 효율적으로 통제되면서, 전신은 곧 철도회사의 본부와 지부를 연결해서 상부의 명령이 하부로 효율적으로 전달되게 하는 역할을 했고, 이는 회사의 조직을 훨씬 더 크고 복잡하고, 위계적으로 만들었다. 철도회사는 전신에 더 많은 투자를 하고, 전신 기술을 발전시키는 데 중요한 역할을 담당했다.

① 기술경영　　　　　　　　　　② 지속 가능한 기술
③ 기술혁신　　　　　　　　　　④ 기술 시스템
⑤ 벤치마킹

33 하향식 기술선택을 위한 전문가들의 회의에서 적절하지 않은 발언을 한 경우는?

① 전문가A : 체계적인 분석을 통해 기업이 획득해야 하는 대상기술과 목표기술 수준을 결정해야 합니다.
② 전문가B : 중장기 사업목표를 설정한 후에 내부역량을 분석해야 합니다.
③ 전문가C : 사업 전략을 수립한 다음에 요구되는 기술을 분석해야 합니다.
④ 전문가D : 핵심기술의 선택은 사업 전략을 수립하기 전에 구체화되어야 합니다.
⑤ 전문가F : 제품 설계나 디자인 기수를 분석한 후에 기술전략을 수립해야 합니다.

34 〈보기〉의 상황에서 ○○기업이 선택한 방법으로 가장 적절한 것은?

> **보기**
>
> ○○기업은 기계 가공 분야에서 뛰어난 업체나 상품, 기술, 경영 방식 등을 배워 합법적으로 응용하고자 한다. 단순한 모방과 달리 우수한 기업이나 성공한 상품, 기술, 경영 방식 등의 장점을 충분히 배우고 익힌 후 자사의 환경에 맞추어 재창조하는 것이다. 다소 쉽게 아이디어를 얻어 신상품을 개발하거나 조직 개선을 위한 새로운 출발점으로 이용하고자 한다.

① 기업인수　　　　　　　　　　② 기업합병
③ 벤치마킹　　　　　　　　　　④ 기업매수
⑤ 기술경영

35 다음은 산업 재해가 발생한 사건에 대해 예방 대책을 세운 것이다. 이 중 누락되어 보완되어야 할 단계의 내용은?

사고 사례	○○공장 사출공정에서 사출성형기 취출 에러가 발생하자 재해자가 비상정지 스위치를 작동시키지 않고, 조작상태를 반자동으로 놓고 점검하던 중 협착되어 사망한 재해임
재해 예방 대책	• 1단계 : 사출공정에 대한 안전 목표를 설정하고, 안전관리 책임자를 선정하며, 안전 계획을 수립하고, 이를 시행ㆍ감독하게 한다. • 2단계 : 사출공정에서의 각종 사고 조사, 안전 점검, 현장 분석을 작업자의 제안, 관찰 및 보고서 연구 등을 통하여 확인한다. • 3단계 : 사출공정에서의 안전을 위한 적절한 시정책, 즉 기술적 개선, 인사 조정 및 교체, 교육, 설득, 공학적 조치 등을 선정한다. • 4단계 : 사출공정의 안전 교육 및 훈련 실시, 안전시설과 장비의 결함 개선, 안전 감독 실시 등의 선정된 시정책을 적용한다.

① 안전 관리 조직
② 사실의 발견
③ 원인 분석
④ 기술 공고화
⑤ 시정책 적용 및 뒤처리

36 사람은 일반적으로 평생 동안 다음과 같은 경력단계를 거친다. 다음 중 빈칸 ㉠과 ㉡에 들어갈 단계에 해당하는 것은?

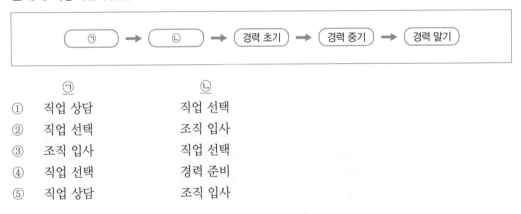

	㉠	㉡
①	직업 상담	직업 선택
②	직업 선택	조직 입사
③	조직 입사	직업 선택
④	직업 선택	경력 준비
⑤	직업 상담	조직 입사

37 경력개발 계획을 수립하고 실행하는 단계를 〈보기〉에서 골라 순서대로 바르게 나열한 것은?

보기

㉠ 경력목표 설정   ㉡ 직무정보 탐색
㉢ 경력개발 전략 수립   ㉣ 실행 및 평가
㉤ 자신과 환경 이해 보기

① ㉡－㉤－㉢－㉠－㉣   ② ㉤－㉡－㉠－㉢－㉣
③ ㉡－㉤－㉠－㉢－㉣   ④ ㉤－㉡－㉢－㉠－㉣
⑤ ㉡－㉤－㉣－㉢－㉠

38 자기개발의 이유로 적절하지 않은 것은?

① 효과적으로 업무를 처리할 수 있다.
② 변화하는 환경에 적응할 수 있다.
③ 보람된 삶을 운영할 수 있고 삶의 질을 향상시킬 수 있다.
④ 자신이 달성하고자 하는 목표를 성취할 수 있다.
⑤ 자기개발은 타인과 함께 하는 과정으로 주변 사람들과 긍정적인 인간관계를 형성할 수 있다.

39 자기관리 계획 단계에 해당하는 질문 중 적절하지 않은 것은?

① 비전 및 목적 정립 : "나에게 가장 중요한 것과 내가 살아가는 원칙은?", "나의 가치관은?"
② 과제 발견 : "현재 나에게 주어진 역할은 무엇인가?", "어떻게 목표를 설정해야 하는가?"
③ 일정수립 : "우선순위나 일정에 따라 계획적으로 수행했는가? "
④ 수행 : "일정에 따른 시간 분배는 충분한가?"
⑤ 반성 및 피드백 : "일을 수행하는 동안 어떤 문제에 직면했는가?", "어떻게 결정을 내리고 행동했는가?"

40 자기개발 설계 전략으로 적절하지 않은 것은?

① 장단기 목표 수립
② 인간관계 고려
③ 현재의 직무 고려
④ 구체적인 방법으로 계획하기
⑤ 욕구와 감정 파악

PART 01
PART 02
PART 03
PART 04
PART 05
PART 06
PART 07
PART 08
PART 09

41 협상의 설득전략 중 어떤 과학적인 논리보다 동료나 사람들의 행동에 의해서 상대방 설득을 진행하는 전략은?

① See-Feel-Change 전략   ② 상대방 이해 전략
③ 연결 전략   ④ 사회적 입증 전략
⑤ 권위 전략

42 〈보기〉 중 협상전략에 대한 설명으로 적절한 것은?

보기

⊙ 협력전략은 협상 당사자들이 자신들의 목적이나 우선순위에 대한 정보를 서로 교환하여 이를 통합적으로 문제를 해결하고자 할 때 사용한다.
ⓛ 유화전략은 자신의 주장을 견지하면서 자신과 상대방의 주장을 절충하여 서로 양보하고자 할 때 사용한다.
ⓒ 회피전략은 상대방에게 돌아갈 결과나 자신에게 돌아올 결과가 중요하지 않다고 판단될 때 사용한다.
ⓔ 강압전략은 자신의 주장을 상대방에게 확실하게 제시하고 일방적인 양보를 얻어 내는 전략이다.

① ㉠, ㉡   ② ㉠, ㉢, ㉣
③ ㉠, ㉡, ㉢   ④ ㉢, ㉣
⑤ ㉡, ㉢, ㉣

43 다음 중 갈등의 5단계 과정을 바르게 나열한 것은?

① 의견 불일치-진정-격화-대결-갈등 해소
② 대결-의견 불일치-진정-격화-갈등 해소
③ 의견 불일치-대결-격화-진정-갈등 해소
④ 대결-의견 불일치-격화-진정-갈등 해소
⑤ 의견 불일치-대결-격화-갈등 해소-진정

44 ○○사는 여러 개의 팀으로 구성되어 있고, 그중 네 개 팀의 팀장들의 성향은 다음과 같다. 다음 중 A~D팀장의 리더십 유형을 가장 적절하게 파악한 것은?

- A팀장은 부하직원들의 생각을 듣기보다는 자신의 생각에 도전이나 반항 없이 순응하도록 요구한다. 이에 따라 부하직원들은 조직에 대한 정보는 잘 모르는 채로 자신에게 주어진 업무만을 묵묵히 수행하고 있다.
- B팀장은 아침마다 정규 직원회의를 개최한다. 직원회의에서 그날의 협의 내용에 대한 개요 자료를 부하직원들에게 나누어주면 직원들은 자료를 토대로 자신의 의견을 개진하거나 완전히 새로운 안을 제시할 수 있다. B팀장은 부하직원들의 생각에 동의하거나 거부할 권한을 가진다.
- C팀장은 자신이 팀원 중 한 명일 뿐이라고 생각하며 자신이 다른 팀원보다 더 비중 있다고 생각하지 않는다. C팀장과 일하는 팀원들은 팀의 성과 및 결과에 대한 책임을 공유하고 있다.
- D팀장은 그동안 자신의 팀이 유지해 온 업무수행 상태에 문제가 있다고 평가하고, 이를 개선하기 위해 노력하고 있다. 그는 팀에 명확한 비전을 제시하고, 팀원들로 하여금 업무에 몰두할 수 있도록 격려한다.

	A팀장	B팀장	C팀장	D팀장
①	독재자 유형	파트너십 유형	변혁적 유형	민주주의에 근접한 유형
②	파트너십 유형	민주주의에 근접한 유형	독재자 유형	변혁적 유형
③	민주주의에 근접한 유형	변혁적 유형	파트너십 유형	독재자 유형
④	독재자 유형	민주주의에 근접한 유형	파트너십 유형	변혁적 유형
⑤	파트너십 유형	독재자 유형	민주주의에 근접한 유형	변혁적 유형

45 성실에 대한 설명 중 옳지 않은 것은?

① "최고보다는 최선을 꿈꾸어라."라는 말은 성실의 중요성을 뜻한다.

② "천재는 1퍼센트의 영감과 99퍼센트의 노력으로 만들어진다."라는 말 역시 성실의 중요성을 뜻한다.

③ 성실이란 근면한 태도와 정직한 태도 모두와 관련되어 있다.

④ 성실하면 사회생활을 하는 데 있어서 업신여김을 당하거나 실패하기 쉽다.

⑤ 단기적으로 생각했을 때 성실한 사람이 손해를 보는 것 같지만, 장기적으로 볼 때는 그렇지 않다.

46 다음은 다양한 협상 전략을 보여주는 사례들이다. 네 가지 사례에 해당하는 협상 전략을 알맞게 나열한 것은?

> (가) ○○사의 A주임은 △△기업의 부품을 구매하는 업무를 담당한다. △△기업이 생산하는 부품은 ○○사 주력제품에 들어가는 매우 중요한 부품으로 ○○사는 3년째 △△기업의 제품을 개당 1,500원에 구입했다. 그런데 △△기업이 부품의 가격을 2,000원으로 인상하겠다는 내용을 전달해 왔다. 이에 A주임은 △△기업의 통지를 다각도에서 살펴본 후 그 제안을 기꺼이 수용하기로 결정하였다. 단기적으로는 ○○사의 손해를 야기하지만, △△기업과의 장기적 관계를 염두에 둘 때 해당 제안을 수용하는 것이 이익이라는 데 생각이 미쳤기 때문이다.
>
> (나) B부장은 ㅁㅁ기업 영업부에서 근무한다. 신제품 출시 가격에 대해 도매업체와 협상하던 중 해당 도매업체가 신제품에 대해 별다른 관심을 보이지 않고 협상에 적극적이지 않다는 점을 파악하였다. 해당 도매업체와의 협상에 시간과 노력을 들일 가치를 느끼지 못한 B부장은 협상을 포기하기로 결정하였다.
>
> (다) C팀장은 신제품 출시에 따른 기존 재고의 처리 방안을 궁리하다가 ◇◇업체에 재고 처리를 요청하였다. ◇◇업체의 D사장은 자금 부족 사정을 설명하며 C팀장의 제안을 거절하였지만, C팀장은 해당 재고를 받아주지 않는다면 다른 제품의 거래도 끊겠다는 조건을 걸어 협상을 성공시켰다.

	(가)	(나)	(다)
①	협력전략	유화전략	회피전략
②	회피전략	유화전략	강압전략
③	유화전략	회피전략	강압전략
④	유화전략	협력전략	강압전략
⑤	강압전략	회피전략	협력전략

47 다음 중 책임감이 결여된 경우에 해당하는 것은?

① 출퇴근 시간을 엄수한다.
② 업무를 위해서는 개인의 시간도 일정 부분 할애한다.
③ 동료의 일은 동료 본인이 스스로 해결할 수 있도록 관여하지 않는다.
④ 힘든 업무를 동료의 도움을 받아 해결한 후 정중하게 감사의 뜻을 전한다.
⑤ 자신에게 주어진 일을 끝까지 해내려고 노력한다.

48 다음 중 준법에 대한 설명으로 옳지 않은 것은?

① 준법의 사전적 의미는 말 그대로 법과 규칙을 준수하는 것이다.

② 준법의식이 해이해지면, 사회적으로 부패가 싹트게 된다.

③ 선진국들과 경쟁하기 위해서는 개인의 의식변화와 이를 뒷받침할 시스템 기반의 확립도 필요하다.

④ 우리나라 준법의식 수준은 세계 최고이기 때문에, 부패지수가 0이다.

⑤ 준법은 다른 사람의 권리를 보호해 주며 사회질서를 유지하는 역할을 한다.

49 예절에 대한 설명 중 옳지 않은 것은?

① 예절이란 일정한 생활문화권에서 오랜 생활습관을 통해 하나의 공통된 생활방법으로 성립된 것이다.

② 예절은 에티켓이라는 용어로 많이 활용된다.

③ 예절은 언어문화권과 무관하므로 전 세계 공통 예절을 체화해야 한다.

④ 공통적으로 행해지는 가장 바람직한 예절을 알아야 한다.

⑤ 직장 내에서는 상대방보다 먼저 인사할 수 있도록 한다.

50 직장에서의 명함 교환에 대한 설명으로 적절하지 않은 것은?

① 상대방에게 받은 명함은 받은 즉시 접어서 호주머니에 넣는다.

② 명함을 받으면 한두 마디 대화를 건네 본다.

③ 쌍방이 동시에 명함을 꺼낼 때는 왼손으로 서로 교환하고 오른손으로 옮겨 든다.

④ 명함은 하위에 있는 사람이 먼저 꺼낸다.

⑤ 명함을 구기거나 계속 만지지 않도록 한다.

CHAPTER
02

최종 점검 모의고사 2회

01 다음 밑줄 친 어휘와 가장 유사한 의미를 나타내는 것은?

> 척수 손상으로 하반신이 마비된 환자를 다시 <u>걸을</u> 수 있게 하는 데 성공했다. 스위스 로잔연방공대, 로잔대병원, 프라이부르대 등 공동연구진은 "하반신 마비 환자의 척수에 전기자극을 가해 다리를 움직이게 하는 데 성공했다"고 밝혔다. 지난달 미국 연구진이 치료한 척수 손상 환자가 다시 걷게 된 사례를 발표한 바 있지만, 이때는 걸을 때마다 전기자극을 줘야 하는 한계가 있었다.

① 미술관에서 그림 한 점을 사온 A는 벽에 못을 박은 다음 그것을 <u>걸었다</u>.
② 자리가 불편했던 B는 행사가 끝나자마자 연회장을 빠져나가 시동을 <u>걸었다</u>.
③ 이번 기회가 마지막이라고 생각했기 때문에 C는 모든 것을 <u>걸었다</u>.
④ 결승 진출이 절실했던 D는 상대방의 샅바를 잡은 채로 발을 <u>걸었다</u>.
⑤ 이사를 도와준 사람들과 함께 점심을 먹은 후 E는 새 집을 향해 <u>걸었다</u>.

02 밑줄 친 단어의 쓰임이 나머지와 다른 하나는?

① 그저 <u>막연한</u> 계획일 뿐 아직 아무것도 확정되지 않았다.
② 무작정 나왔지만 막상 어디로 가야 할지 <u>막연하기만</u> 하였다.
③ <u>막연하게나마</u> 기대를 품었지만 결국 돌아온 건 실망뿐이었다.
④ <u>막연하지만</u> 왠지 또 같은 일이 벌어질 것 같은 느낌이 강하게 들었다.
⑤ 이 상황에서 <u>막연하게</u> 구조대가 나를 찾을 거라는 생각만 하고 있을 수는 없었다.

[03~04] 다음 글을 읽고 이어지는 물음에 답하시오.

청석면이라고 불리는 크로시돌라이트(Crocidolite)는 최고의 내열성능을 가지고 있다. 이 광물은 분무식 코팅제, 파이프 절연재, 시멘트 제품에 널리 사용됐으며, 수백만 개의 군용 방독면을 만드는 데도 활용됐다.

청석면은 1917년 해머슬리산맥에서 처음 발견됐다. 1946년 위트눔 협곡에서 채광이 시작됐는데 대단히 성공적이어서 다음 해에 이 회사의 마을이 세워졌다. 마을은 정착민들을 끌어들였으며 인구는 곧 500명이 되었다. 1960년대까지 오스트레일리아의 유일한 석면 광산이었으며 거대한 광맥으로부터 가치 있는 광물을 16만 1,000톤까지 생산할 수 있을 것으로 기대됐다.

하지만 심각한 건강 문제가 수면에 떠오르는 것은 시간문제였다. 광산과 공장에서는 석면 먼지가 푸른색 연기처럼 뜨거운 공기에 떠 있었다. 일찌감치 1948년부터 의사들은 재앙적인 건강 문제가 발생할 것이라 경고했고 위트눔 광산이 문을 연 첫해에 석면증 환자 1명이 발생했다. 그 후에도 부정적인 건강보고서가 증가했다. 1960~1970년대 석면의 위험성은 전 세계 뉴스의 앞머리를 장식했으며 용도도 단계적으로 폐기됐다.

위트눔 광산은 1966년 폐쇄됐는데, 건강에 대한 우려보다는 수익이 급격히 떨어졌기 때문이었다. 대부분의 주민이 병으로 시달리게 된 시기는 회사가 위트눔을 떠나고 한참 지난 후였다.

보상 요구가 빗발치면서 위험의 심각성은 명확해졌다. 연방정부는 1978년부터 이 마을을 단계적으로 폐쇄하기 시작했다. 주민들에게 이주를 권장했으며 그들이 떠나면 집을 철거했다. 1992년 마을에 있던 주택의 3분의 1이 철거됐고 학교, 보건소, 파출소, 공항 역시 폐쇄됐다. 2006년 정부는 마침내 전력 공급을 차단하고 모든 공공서비스도 중단했다. 위트눔은 모든 공식적인 지도와 도로 안내판에서 지워졌다. 경고문이 세워지고 오염지역으로 통하는 도로도 차단됐다.

현재 청석면의 사용은 세계적으로 금지됐다. 백석면 역시 52개국에서 사용이 금지됐지만 여전히 러시아, 중국, 브라질, 카자흐스탄, 캐나다에서 채광되고 있다. 매년 200만 톤 정도가 생산되는데, 대부분 한창 호황을 누리고 있는 건설 회사들이 인도, 브라질, 태국, 멕시코, 파키스탄 같은 나라에서 사용하는 방화용 시멘트를 만드는 데 사용하고 있다.

03 〈보기〉의 사건들을 일어난 순서대로 바르게 나열한 것은?

보기

ⓐ 뉴스에서 석면의 위험성을 보도했다.
ⓑ 의사들이 석면의 위험성을 경고하기 시작했다.
ⓒ 해머슬리산맥에서 청석면이 발견되었다.
ⓓ 위트눔 협곡에서 채광을 시작했다.
ⓔ 위트눔 마을의 보건소와 파출소가 폐쇄되었다.

① ⓐ-ⓒ-ⓑ-ⓓ-ⓔ
② ⓑ-ⓒ-ⓓ-ⓔ-ⓐ
③ ⓒ-ⓓ-ⓑ-ⓐ-ⓔ
④ ⓒ-ⓑ-ⓐ-ⓔ-ⓓ
⑤ ⓓ-ⓑ-ⓐ-ⓒ-ⓔ

PART 01
PART 02
PART 03
PART 04
PART 05
PART 06
PART 07
PART 08
PART 09

04 다음 중 제시문을 통해 추론할 수 있는 내용은?

① 위트눔 마을은 1947년에 세워졌고 1978년부터 단계적으로 폐쇄되었다.

② 현재는 진입로가 막혀 있는 위트눔은 오스트레일리아의 유일한 석면 광산이다.

③ 크로시돌라이트로 인한 주민들의 건강 문제가 불거지자, 위트눔 광산은 1966년 폐쇄되었다.

④ 현재에는 모든 종류의 석면 사용이 세계적으로 금지되어 있다.

⑤ 현재 위트눔은 거주민이 한 명도 없는, 지도에 이름으로만 남아 있는 닫힌 마을이다.

05 다음 글을 통해 추론 가능한 진술로 가장 적절한 것은?

지난 2023년 한국의 성인 남성 비만율이 45%를 돌파하는 등 국민 건강에 비상등이 들어오는 상황에서 비만율을 줄이기 위한 각종 대책들이 대두되고 있다. 현재 대부분의 지자체들은 성인이나 유아를 대상으로 하는 운동 프로그램 혹은 식습관 개선 프로그램 등을 운영하여 지역 주민들의 비만율을 감소시키기 위해 노력하고 있는데, 그중에서도 아침밥을 먹고 1km가량을 걸어 등교하도록 하는 제주도교육청의 '와바' 캠페인은 시행 6개월 만에 목표 실천율(50%)을 조기 달성하는 등 긍정적인 반응을 얻고 있다.

한편 정부에서는 연구기관과 협력하여 비만의 원인을 분석하여 정책의 기반 자료로 활용하고자 하는데, 현재까지의 연구에서 비만에는 식습관뿐만 아니라 사회·경제적인 요소가 복합적으로 영향을 미치고 있음이 밝혀져 이에 따른 정책 방향 설정이 필요하다는 의견이다. 특히 소득 1분위의 비만율이 31.05%로 최고를 기록한 반면 소득수준이 높은 4분위의 비만율이 25.18%로 최저를 기록하는 등 상대적으로 소득수준이 낮을수록 비만율이 높은 경향을 보였고, 지속적인 스트레스를 받는 이들이 그렇지 않은 이들보다 비만율이 55.3% 더 높게 나타나기도 해 비만 문제를 좀 더 다양한 관점에서 바라볼 필요가 있음이 밝혀졌다.

비만율 감소에는 가정의 역할도 매우 중요한데, 최근 조사 결과 기존에 알려진 대로 패스트푸드나 군것질을 자주 하는 아이들의 비만율이 높게 나타났음은 물론, 아침을 거르는 아이들 혹은 식후 바로 자리에 앉거나 눕는 습관을 가진 아이들의 비만율이 그렇지 않은 아이들에 비해 매우 높게 나타나 식습관뿐 아니라 생활습관의 개선도 필수적이라는 사실이 밝혀졌다. 이에 따라 정부 역시 비만 유발 가능성이 있는 식품에 추가적인 세금을 부과하는 소위 비만세 부과 방침을 재고하고, 온·오프라인을 통해 비만을 방지할 수 있는 식습관 및 생활습관을 체득할 수 있도록 각종 지원 사업을 시행하고 있다.

① 지자체별 비만 치료 프로그램이 제주도를 시작으로 점차 늘고 있다.

② 정부는 비만세의 도입을 고려하고 있다.

③ 소득분위가 가장 낮은 집단의 비만율이 가장 낮다.

④ 적당한 스트레스는 비만율 감소에 도움이 된다.

⑤ 비만율 감소를 위한 가정의 역할은 등한시되어 왔다.

[06~07] 다음 글을 읽고 이어지는 물음에 답하시오.

플라스틱은 토양과 해양 환경의 오염원으로 손꼽히고 있다. 하지만 플라스틱이 막대한 온실가스를 배출해 기후 변화를 일으키는 주범 가운데 하나라는 사실은 잘 알려져 있지 않다. 미국 샌타바버라 캘리포니아주립대 연구팀은 "플라스틱 유래의 온실가스 배출량이 2024년 1.9GtCO$_2$(기가이산화탄소톤)에서 2050년에는 6.5GtCO$_2$으로 증가할 것으로 추정된다. 2024년 플라스틱 온실가스 배출량의 비중은 전체의 3.4%이지만, 플라스틱 생산 증가 추세가 지속된다면 2050년정도에는 세계 잔여탄소배출허용총량(carbon budget)의 15%까지 늘어날 것이다"라고 밝혔다. 잔여탄소배출허용총량은 지구 온도가 산업화 이전 대비 1.5도 상승에 그치도록 하기 위해 허용되는 탄소배출량의 최대치를 말한다.

전 세계 플라스틱 생산은 1950년 200만t에서 2023년 4억여t으로 200배 늘어났다. 연평균 증가율이 8.4%에 이른다. 2024년 현재 플라스틱 폐기물의 91%는 버려지거나 매몰되고 9%만이 재활용되고 있다. 플라스틱 유래 온실가스는 수지 생산 단계에서 61%, 가공 단계에서 30%, 소각 등 영구폐기 과정에서 9%가 배출된다.

연구팀은 10개의 전형적인 플라스틱과 5개의 바이오 기반 플라스틱에 대한 자료를 수집하고 다양한 절감 전략에 의한 온실가스 배출 추세를 분석했다. 최근 6년간(2019~2024) 플라스틱 생산량은 연평균 4%씩 증가해, 2024년에 4억 700만t에 이르렀다. 현재 추세대로라면 2050년 생산량은 16억 600만t에 이를 것이라 추정된다. 플라스틱은 탄소집약적인 생애주기를 갖고 있다. 플라스틱 수지의 대부분은 석유에서 추출·증류하여 얻는다. 수지는 제품으로 가공돼 시장으로 운송되는데, 이전 과정에서 직간접적으로 온실가스를 배출한다. 플라스틱 폐기 과정에도 탄소 배출은 계속되는데, 폐기, 소각, 재활용, 퇴비화 과정에서 이산화탄소가 나온다. 플라스틱 유래 온실가스 배출을 감축하기 위한 가장 간단하고 손쉬운 방법은 재활용이다. 샌타바버라 캘리포니아주립대의 계산에 따르면 2024년 현재 세계 플라스틱의 91%는 재활용되지 않고 있다. 그만큼 온실가스 배출을 감축할 수 있는 여지가 있는 것이다.

두 번째 방법은 바이오 기반 플라스틱(친환경 플라스틱)의 비중을 높이는 것이다. 친환경 플라스틱 재료가 되는 작물은 성장 과정에서 이산화탄소를 흡수한다. 친환경 플라스틱을 퇴비화할 경우 다시 이산화탄소가 대기중으로 배출되지만, 친환경 플라스틱은 전반적으로 탄소중립적인 소재이다.

플라스틱 수요의 증가를 제한하는 것도 중요한 전략 중 하나이지만 어려운 작업이다. 플라스틱의 여러 장점을 대체할 소재는 아직 나오지 않고 있다.

연구팀은 화석연료를 재생에너지로 전환하는 것이 플라스틱 유해 온실가스 배출을 감축하는 데 가장 효과적이라는 결론을 내렸다. 이론상 재생에너지로 100% 전환했을 경우 온실가스 배출은 51%까지 줄어드는 것으로 추산됐다.

연구팀은 모든 전략을 실행했을 때 온실가스 배출의 감축이 이뤄진다고 보았다. 재생에너지 도입과 재활용 및 수요관리 정책을 동시에 적극적으로 펼치면 2050년 온실가스 배출량을 2024년 수준으로 동결할 수 있다는 것이다.

06 다음 중 글의 서술 방식에 해당하지 않는 것은?

① 구체적인 수치를 근거로 상황을 분석하고 대안을 제시하며 설득력을 확보하고 있다.
② 과제에 다각도로 접근하여 해결안을 제시하고 있다.
③ 문제 상황의 진행 추이를 분석하여 현재 추세가 지속될 경우의 미래 상황을 추정하고 있다.
④ 연구팀에서 분석한 자료를 통해 기존 이론의 한계를 넘어서는 대안을 제시하고 있다.
⑤ 해결 전략을 종합하며 최종적 결론을 내리고 있다.

07 다음 중 제시문과 일치하지 않는 내용은?

① 샌타바버라 캘리포니아주립대 연구팀은 2050년의 플라스틱 유래 온실가스 배출량은 2024년 대비 약 3배 이상 증가할 것으로 추정한다.

② 플라스틱 생애주기별 온실가스 배출량 분석에 따르면 석유에서 추출과 증류를 통해 플라스틱 수지를 얻는 과정에서 플라스틱 유래 온실가스의 61%가 배출된다.

③ 샌타바버라 캘리포니아주립대 연구팀은 플라스틱 유래 온실가스 배출 감축을 위해 가장 간단하면서 가장 효과적인 방법으로 플라스틱 재활용을 제시한다.

④ 상승 중인 지구 온도가 산업화 이전 온도에서 1.5도만 높아지도록 하기 위해 배출 가능한 탄소의 총량이 정해져 있는데, 현 추세대로라면 2050년 플라스틱 유래 온실가스가 그중 15%를 차지하게 될 수 있다.

⑤ 현재 추세가 유지된다면 2050년의 세계 플라스틱 생산량은 1950년 대비 약 800배에 이를 것이다.

08 제주특별자치도에서 감귤 수확철을 맞아 감귤 수확체험 프로그램을 실시한다. 안내문을 바탕으로 정리한 것 중 옳지 않은 것은?

〈감귤 수확철 제주 농촌에서 살다 오기〉

감귤 수확시기에 제주 농촌지역에서 지내며 감귤농장에서 일하여 임금을 받고, 주변 관광도 할 수 있는 프로그램입니다.

- 참여기간 : 2024년 11월 12일부터 12월 15일 사이 참여자가 희망하는 시기
- 지역 : 제주특별자치도 서귀포시 일원
- 작업 종류 : 감귤농장(감귤 수확), 선과장(감귤 선별 · 포장)
- 근로시간 : 오전 8시~오후 5시(휴게시간 1시간 포함)
- 임금 수준 : 60,000원
- 지원 내용 : 숙박, 항공권, 상해보험, 관광 2일
- 신청기간 : 2024년 10월 22일부터 11월 23일
- 신청 요건 : 20세 이상, 최소 7일 이상 작업 참여 가능한 분
- 신청 단위 : 개인(4인 1조), 단체(최소 20명 이상)

---

① 개인 또는 단체 신청이 가능하나 개인 신청이라도 4명이 한 조로 참여해야 합니다.

② 최소 일주일 이상 작업하실 수 있는 20세 이상 성인만 신청받고 있습니다.

③ 숙박과 항공권을 지원하며, 휴게시간 포함 근로시간에 해당하는 임금을 지급합니다.

④ 프로그램 참여는 10월 22일부터 11월 23일 사이 원하는 시기로 가능합니다.

⑤ 감귤 농장에서 수확하는 작업이나 감귤 선별 및 포장 작업을 담당하게 됩니다.

09 기자 A씨는 대설 대비 행동요령에 관한 기사를 작성하여 최종 수정 작업을 진행하고 있다. 기사에서 밑줄 친 어휘 중 맞춤법 규정에 맞지 않아 수정이 필요한 어휘의 수를 고르면?

제123456호 (2024년 11월 ○○일 월요일)	◇◇일보	www.□□□□.com

〈○○청 기상재해 대비책의 일환으로 '원예특작시설 내재해형 규격 설계도·설명서' 마련〉

○○청은 비닐하우스 설계 시 겨울철 대설과 같은 기상재해에 대비해 '원예특작시설 내재해형 규격 설계도·설명서'를 참고할 것을 농업인에게 당부했다. 설계도에는 67종의 비닐하우스 표준 모델과 이를 조정 및 시공할 수 있는 400종 이상의 규격이 실려 있다.

설계도를 이해하기 어려운 농업인의 경우, 비닐하우스의 완성된 모습과 여러 가지 정보를 자세하게 살펴볼 수 있는 설계지원 프로그램(GHModeler)을 이용할 수 있다. GHModeler 프로그램은 비닐하우스 시공에 필요한 파이프 길이, 비닐 면적, 죔쇠 ⊙갯수, 소요 경비 등 재료비 견적과 파이프에 의한 그림자의 면적 등 농업인에게 유용한 정보를 ⓒ한 눈에 살펴볼 수 있다는 장점을 지니고 있다.

한편 해마다 기상재해가 반복되면서 비닐하우스를 포함한 내재해형 원예특작시설 설계도는 농업인들의 많은 관심을 끌고 있다. ○○청 내부 통계자료에 따르면 내재해형 설계도는 지난 1년 동안 ○○청 홈페이지 접속통계 주별 검색 순위 1위 8회, 10위 이내 34회를 기록했다. 이와 같은 농업인들의 높은 관심은 연 평균 767억 규모의 피해액과 현재 원예시설 면적의 40% 수준에 이르는 누적 피해면적 등을 통해 짐작되는 바와 같이 심각한 기상재해 피해 상황에 기인한 것으로 보인다.

특히 인삼은 작물의 특성상 재배지 구조가 단순하기 때문에 비닐하우스와 비교했을 때 재해에 의한 ⓒ피해율이 상대적으로 더욱 높아 반드시 내재해형 설계도에 따라 설치해야 한다. 인삼은 내재해형 규격이 보급되기 이전 5년 동안 농업시설 피해액의 25%를 차지한 경우가 있을 정도로 기상재해에 취약한 작물로서 피해 예방을 위한 각별한 주의가 필요하다. 원예특작시설 내재해형 규격에는 목재 15종과 철재 5종의 인삼 해가림시설이 포함ⓔ돼 있다.

내재해형 규격에 맞지 않게 설계된 비닐하우스는 농작물 재해보험 가입에 제한이 있을 수 있기에 태풍, 대설, 집중호우, 화재 등 각종 위험에 대비하기 위해선 반드시 내재해형 비닐하우스 규격에 맞게 설계해야 한다.

① 0개
② 1개
③ 2개
④ 3개
⑤ 4개

PART 01
PART 02
PART 03
PART 04
PART 05
PART 06
PART 07
PART 08
PART 09

10 다음 글의 뒷부분에 이어질 내용으로 가장 적절한 것은?

태양계 외행성 연구는 천문학계에서 상대적으로 소외된 분야임에도 지난 몇 년 사이 빠르게 성장하였다. 2024년 기준으로 학계는 태양이 아닌 항성을 도는 5,742개 이상의 행성을 찾아냈다. 태양계 외행성 발견의 최대 공로자는 케플러 우주망원경이다. 존재가 확정된 태양계 밖의 행성 1,000여 개를 모두 혼자서 찾아냈고, 현재 인증을 기다리는 후보는 이보다도 훨씬 많다. 행성 수의 집계가 어제오늘 다른 수준이다. 더욱이 관련 연구 전용으로 할애된 온갖 장비들이 쏟아내는 정보 분석도 진행해야 하니, 요즘 천문학자들은 몸이 열 개라도 부족할 지경이다.

사실 인류는 아주 오래전부터 태양계 밖 행성의 존재라는 가능성을 열어두었다. 16세기 이탈리아 철학자 조르다노 브루노는 별이 무수히 존재한다는 '세계의 무한성'을 꿈꿨고, 아이작 뉴턴은 우리 태양 계처럼 별이 중심이 되는 세상이 여럿이라고 저서 〈프린키피아〉 말미에 적고 있다.

태양계 외행성을 찾았다는 주장은 19세기에 처음으로 제기되었다. 1855년 잉글랜드 동인도회사의 마 드라스 천문대 소속 과학자들이, 1890년대 미국의 천문학자 토모스 재퍼슨 잭슨 시가 암체를 감지한 사실을 주장하였으나 이는 인정되지 않았다.

① 케플러 우주망원경의 개발
② 태양계 외행성 발견의 첫 사례
③ 천문학자들의 외행성 연구 현황
④ 외행성의 종류와 분류 기준
⑤ 태양계 외행성 연구의 의의

11 다음은 산림청 영상공모전 개최 공지글이다. 공지글을 확인한 상사가 수정할 부분이 있어 담당자에게 조언을 전달하고자 한다. 괄호 안에 들어갈 내용으로 적절한 것은?

산림청 개청 50주년을 맞아 개청을 축하하고 산림청 홍보에 활용하고자 아래와 같이 영상 공모전을 개최하오니 많은 참여 바랍니다.

■ 응모 자격 : 전 국민 누구나(연령제한 없으며, 개인 또는 팀별 참가 가능)
■ 응모 주제 : 산림청 50년 역사, 일상 속의 산림정책을 소재로 산림과 숲을 창의적으로 표현
　※ 숲을 주제로 한 무자극 콘텐츠 등 형식 제한 없음
■ 응모 일정
　• 접수기간 : 2024.11.13.(월) 09:00~12.4.(월) 18:00
　• 발표일 : 2024.12.12.(화) 10:00 산림청 홈페이지 공지 및 개별 통보
■ 제출 방법
　1. 영상물 규격
　　• 분량 : 스마트폰 등으로 촬영된 50초(50~60초 사이) 영상물
　　• 파일규격 : avi, wmv, mp4/음향 필수
　　• 해상도 및 용량 : 720×480픽셀 이상, 용량 500MB 이하
　2. 제출물
　　• 참가신청서 1부, 서약서 1부, 개인정보 제공 및 수집 · 이용동의서 1인 1부
　　• 촬영 · 제작한 영상물
　　※ 출품 수량 : 개인 또는 팀당 1작품에 한함
　　※ 양식 다운로드 : 산림청 홈페이지(www.forest.go.kr) 알림마당
■ 접수 방법
　• 이메일 : bbond007@korea.kr
　• 우편 : 대전광역시 서구 청사로 189 1동 산림청 산림정책과 「산림청 50초 영상 공모전」 담당자 앞(35208)
■ 심사 방법 : 전문가 심사위원을 구성하여 최종 심사 · 결정
　※ 심사기준 : 창의성, 작품성, 홍보활용성, 기술완성도
■ 유의 사항
　• 영상물 규격에 맞지 않는 경우 감점 처리될 수 있음
　• 출품작과 관련 서류는 일체 반환되지 않음
　• 수상작은 산림청 홈페이지, 블로그 등에 게시될 수 있으며, 향후 공적인 용도로 활용될 수 있음
　• 산림청은 공모전 영상물 제작 과정에서 공모전 참가자에게 문제(안전사고, 시설물 파손 등) 발생 시 어떠한 책임도 부담하지 않음
　• 공모전 접수 이후 공모 형식에 어긋나거나 본 공모전 운영 목적에 적합하지 않은 영상으로 판단되는 경우는 관리자에 의해 사전 통보 없이 삭제될 수 있으며, 심사 대상에서 제외
　• 타 영상(공모)전에 시상 또는 수상 경력이 있는 작품 제외
　• 타인 작품, 유사 작품, 모방 작품일 경우 또는 제작 사실이 허위인 경우 심사 대상에서 제외, 입상 후 이러한 사실이 밝혀졌을 경우에는 수상 취소와 상금 반납
　• 모든 작품은 제3자의 초상권 및 타인의 명예를 훼손하거나 불법 정보 유포, 저작권 침해, 지적재산권(음원, 영상, 이미지 등) 침해 소지가 있는 경우 응모할 수 없으며, 모든 민 · 형사상 문제 발생 시 본인(응모자)에게 책임이 있음
　• 심사 결과에 따라 수상 작품 수는 변동이 있을 수 있음
　• 응모 기간, 작품 심사 및 수상작 발표 일정은 사정에 따라 변경될 수 있음
　• 심사 및 평가 결과는 비공개로 함
■ 문의 사항
　참가문의 : 042)481-4131

피드백 : 작성한 개최 공지글 잘 봤습니다. 기본적인 전달사항을 일목요연하게 잘 작성했더군요. 유의사항에 추가로 언급해야 할 내용만 몇 가지 전달할게요. 공모전 사후에 일어날지도 모를 법률적 문제를 대비하는 게 필요할 듯합니다. 출품작과 관련 서류는 반환되지 않는다는 내용 뒤에 (   )를 반드시 명기해야 합니다. 그 외에는 전달할 내용을 모두 잘 반영했어요. 수고했습니다.

① 창작물 자기 복제에 따른 책임 유무
② 상금 내용과 세금 납부 절차
③ 지적재산권 분쟁 시 책임 주체
④ 저작권을 비롯한 권리 일체의 소유 주체
⑤ 심사 과정과 결과 공지의 공개 여부

12 다음 글의 주제로 가장 적절한 것은?

대학에서 교수가 학생들에게 가르칠 수 있는 것과 학생들이 배워야 할 것 사이에는 괴리가 있다. 대학에서 가르치는 수업 내용의 대부분은 교수가 대학과 대학원에서 쌓은 지식이 대부분이다. 정립된 학문 체계 그대로 학생들에게 전달하는 것이다.

문제는 세상이 빠르게 변한다는 점이다. 세상이 요구하는 지식도, 배우는 학생들의 수준도 크게 변하고 있다. 대학은 더 이상 학자가 되기 위해 입학하는 곳이 아니다. 중요한 이론 지식이지만 실제 활용도는 높지 않은 내용을 학생들이 배워야 할 필요가 있는지 고민할 때다. 지식의 생산자가 아니라 지식을 바탕으로 다른 부가가치를 창출하는 지식의 소비자를 양성하는 것이 교육의 목표가 되어야 한다.

준비되지 않은 채 낯선 세상과 만나야 하는 학생들의 불안감은 상상을 초월한다. 대학에서 학생들을 준비시켜 줄 수 없다면 직무유기다. 다행히 이공계는 여러 통로로 학생들에게 '쓸모 있는' 지식을 전달하는 방향으로 전환되는 추세다. 그런데 인문사회계의 현실은 다르다. 4차 산업혁명이 도래했다고들 하면서도 대학에서 이들에게 가르치는 내용은 동떨어져 있다.

인문사회계 학생들에게 코딩을 가르친다고 해결될 문제도 아니다. 코딩 안에는 인문학이 혹은 사회과학이 없기 때문이다. 코딩은 도구일 뿐 인문사회학적 이해와 상상력은 인문사회학적 훈련에서 나오게 된다. 융합교육이 절실한 이유다. 물론 어렵지만 인문사회계에서 융합교육이 불가능한 것은 아니다.

① 인문사회계 전공의 선호도 감소는 현대 사회의 변화와 무관하지 않다.
② 대학 교수는 학생들의 성장을 돕기 위해 끊임없이 고민해야 한다.
③ 4차 산업혁명은 융합교육의 필요성을 각인시키는 계기이다.
④ 대학은 시대적 변화에 걸맞은 교육을 학생들에게 제공해야 한다.
⑤ 현대 사회에서 인문사회학적 이해는 더 이상 필수적이지 않다.

13 다음 중 글의 내용과 일치하는 것은?

체르노빌 원자력발전소 폭발의 원인은 인간의 실수, 훈련 부족, 원자로 설계의 결함이 동시에 작용해 낳은 복합적인 것이었다. 아이러니하게 이 복합적인 원인을 제공한 시발점은 안전 점검이었다.

기술자들은 외부의 전력이 끊어졌을 때도 원자로가 제대로 작동하는지 확인하기를 원했다. 점검 계획은 외부 전력을 차단한 다음 천천히 시동이 걸리는 예비 발전기가 가동돼 냉각수 펌프를 작동할 때까지 증기 터빈의 힘을 이용하여 냉각수를 계속 주입하는 것이었다. 이를 위해서 먼저 원자로의 가동 단계를 최하 수준으로 낮췄다. 엔지니어들은 안전 통제 장치를 수동으로 전환한 다음 감속재를 중심부까지 밀어 넣었다. 이때 순간적으로 전력 생산이 급증하는데, 보통은 큰 문제가 되지 않지만, 이 시스템이 자동으로 꺼지지 않는다는 것이 문제였다. 3초 만에 530메가와트의 출력량이 3,300메가와트로 뛰어버렸다. 순간 거대한 폭발이 일어나 2,000톤이나 나가는 원자로의 윗부분을 찢어버렸으며 건물의 지붕을 뚫고 날아갔다. 1초 후 더 큰 폭발이 일어나며 고도의 방사선 물질을 인근 지역에 쏟아냈다. 그다음에 곧바로 화재가 발생했다.

원자로 건물과 터빈실의 평평한 지붕은 안전 규정과는 반대로 아스팔트로 방수 공사가 되어 있었다. 엄청난 온도로 불타는 흑연 감속재 덩어리가 아스팔트에 떨어지면서 불이 붙기 시작했다. 소방대원들이 신속하게 현장에 진입했지만, 이들은 화재의 원인이 원자로의 노심용해라는 브리핑을 받지 못한 상태였다. 그들 중 많은 수가 방사선 덩어리를 발로 차고 다녔으며 심지어 손으로 만지기도 했다. 방호복을 착용하지 않고 있던 일부 직원들도 1분도 되지 않는 시간에 치명적 수준의 방사능에 노출됐다. 원자로 화재는 헬리콥터들을 이용해 5,000톤의 모래, 납, 진흙과 중성자를 흡수하는 붕소를 투하한 이후 잡혔다.

소련 언론들은 이 사고를 이틀 동안 전혀 언급하지 않았다. 라디오에서는 뉴스 대신 클래식 음악을 방송했다. 프리피야트 주민들은 사고가 발생하고 36시간이 지나도록 이곳을 떠나지 못했는데, 이미 일부 사람들은 기침과 구토를 하고 있었다. 수십 명의 사람들이 심각한 두통을 호소했으며 입안에서 금속 맛이 느껴진다고 이야기했다. 폭발 현장에서 2명이 사망했고 소화 작업을 하던 헬리콥터가 추락하면서 4명이 숨졌으며 그 직후 32명이 급성 방사능 질병으로 추가로 사망했다. 방사능 구름은 더욱 넓게 퍼져나갔는데, 영국 북부의 양들과 유럽 최북단 라플란드의 순록들도 방사선에 노출돼 폐기됐다. 전반적으로 700만이 넘는 사람들이 어떤 식으로든 방사성 낙진에 영향을 받았다.

① 체르노빌 원전은 내부 전력 차단 시 예비 발전기 가동 여부 등을 체크하는 과정에서 폭발하였다.
② 체르노빌 원전은 안전 점검 중 냉각수 공급 시스템 오류가 원인이 되어 발생하였다.
③ 원자로 건물 방수처리 시 규정에 따라 아스팔트를 재료로 사용하지 않았던 점이 화재의 주원인으로 작용했다.
④ 사고 후 프리피야트를 떠나지 못했던 주민들이 호소했던 증상은 기침, 두통, 구토 등이었다.
⑤ 화재 진압을 위해 헬리콥터로 모래, 붕소 등의 투하 작업 중 추락사고가 발생하여 6명이 사망하였다.

14 다음은 ○○역 등 10개 역사 정밀안전점검 용역에 대한 과업내용서이다. 내용을 바르게 이해하지 못한 것은?

과업내용서

1. 용역명 : ○○역 등 10개 역사 정밀안전점검 용역

2. 대상 : ○○역 등 10개 역사

3. 목적 : 본 과업은 ○○역 등 10개 역에 대하여 정밀점검을 시행, 건축물에 대한 물리적 · 기능적 결함을 조사하고 구조적 안전성 및 손상 상태를 점검하여, 신속하고 적절한 조치를 취함으로써 재해를 예방하고 시설물의 효용을 증진시켜 공공의 안전을 확보하고자 함

4. 과업 내용
   1) 자료 수집 및 분석 : 준공도면 및 관련 서류 검토, 기존 안전 점검 · 정밀안전진단 실시 결과
   2) 현장조사 및 시험 : 기본 시설물 또는 주요 부재의 외관조사 및 외관조사망도 작성, 현장 재료시험 등
   3) 상태평가 : 외관조사 결과 분석, 현장 재료시험 결과 분석, 대상 시설물(부재)에 대한 상태평가, 시설물 전체의 상태평가 결과에 대한 책임기술자의 소견(안전등급 지정)
   4) 종합평가 및 종합평가 등급 산정, 결론 및 조사보고서 작성
   5) 시설물 역사 환기구 점검 시 우리 본부 시설처의 협조를 받아 안전성 검토 및 관리대책을 별도로 작성 제출(필요시)
   6) 시설물정보관리종합시스템(FMS) 점검보고서 등록
   7) 보고서 납품(각 건물 CD 5부씩)

5. 과업 기간
   1) 본 과업 기간은 착수일로부터 60일간임
   2) 본 과업은 발주기관의 지시에 의하여 작업이 중단되었을 경우 우리 본부의 승인을 얻어 과업 기간을 연장할 수 있다.

---

① ○○역 등 10개 역사 정밀안전점검 용역은 재해 예방, 시설물 효용 증진을 통한 공공 안전 확보를 목적으로 한다.

② 용역기관은 시설을 종합평가하고 등급을 산정한 후 조사보고서를 작성해야 한다.

③ 필요에 따라 용역기관은 시설물 역사 환기구 안전성 검토 및 관리대책을 별도로 작성 · 제출해야 한다.

④ 용역기관은 FMS에 점검보고서를 등록하고 건물별로 5부씩 보고서 CD를 납품해야 한다.

⑤ 정밀점검수행 과정에서 용역기관은 작업 기간의 연장이 필요하다고 판단할 경우 발주기관의 승인하에 연장할 수 있다.

15 〈기안문 작성 원칙〉을 참고로 기안문을 작성할 때 ㄱ~ㄹ 중 수정해야 할 곳을 모두 고르면?

〈기안문 작성 원칙〉

1. 숫자는 아라비아 숫자를 사용한다.
2. 본문은 왼쪽 처음부터 시작하여 작성한다.
3. 본문 내용을 둘 이상의 항목으로 구분할 필요가 있으면 1., 가., 1), 가), (1), (가) 형태로 표시한다.
4. 하위 항목은 상위 항목의 위치로부터 1자(2타)씩 오른쪽에서 시작한다.
5. 쌍점(:)의 왼쪽은 붙이고 오른쪽은 한 칸을 띄운다.
6. 날짜는 숫자로 표기하되, 연·월·일의 글자는 생략하고 그 자리에 온점(.)을 찍어 표시한다.
7. 요일은 요일 글자는 생략하고 괄호 안에 표시한다.
8. 연도를 약식으로 쓰는 경우 '를 쓰고 뒤의 두 자리만 쓴다.
9. 시·분의 글자는 생략하고 그 사이에 쌍점을 찍는다.
10. 기간을 나타낼 때는 물결표(~)를 쓴다.
11. 본문이 끝나면 1자를 띄우고 '끝.' 표시를 한다. 단, 첨부물(붙임)이 있는 경우, 첨부 표시문 끝에 1자를 띄우고 '끝.' 표시를 한다.
12. 붙임 다음에는 쌍점을 찍지 않고, 붙임 다음에 1자를 띄운다.

한국○○공단

수신 내부결재
제목 문서 업무 및 관리에 관한 교육 협조

1. 문서 업무와 관리체계의 효율성을 높이고자 서울지역본부 전 직원 교육을 다음과 같이 실시하고자 합니다. …… ㄱ
　가. 대상: 서울지역본부 전 직원
　나. 일시: 2024년 10월 28일 14:00-18:00 …… ㄴ
　다. 장소: 본관 대회의실
　라. 교육내용: 효율적인 문서 업무와 관리체계를 위한 실무
2. 부득이하게 참석이 어려운 분은 '24.10.24.(목)까지 행정지원부 김○○ 대리에 연락하여 주시기 바랍니다. …… ㄷ
붙임: 교육 관련 자료 1부. 끝. …… ㄹ

한국○○공단 이사장

대리 김○○　　　　　　　　　　　　행정지원부장 한○○(전결 2024.10.21.)
협조자
시행 서울지역본부-2763(2024.10.21.) 접수
우 02541 서울특별시 서대문구 ××로 10
전화 02-××××-××××

① ㄱ, ㄴ
② ㄴ, ㄷ
③ ㄷ, ㄹ
④ ㄴ, ㄹ
⑤ ㄴ, ㄷ, ㄹ

16 각기 다른 도시에 있는 4명의 친구가 온라인 채팅을 하고 있다. 다음 〈자료〉를 참고하여 대화의 빈칸 ㉠~㉢에 들어갈 내용을 바르게 짝지은 것은?

〈자료〉

본초자오선은 경도 0°의 자오선을 말한다. 본초자오선을 기준으로 15°마다 1시간의 시차가 발생한다. 표준시는 동쪽으로 갈수록 빠르고 서쪽으로 갈수록 늦는다. 주요 도시별 표준시 기준 경도는 다음과 같다.

도시	뉴욕	LA	서울	시드니
표준시 경도	서경 75°	서경 120°	동경 135°	동경 150°

단, 서머타임을 시행하는 도시는 경도 기준 표준시보다 1시간이 빨라진다.

윤서 : 안녕 얘들아! 우리 이제 며칠 있으면 만날 수 있겠다!
민주 : 맞아! 그날만 기다리고 있어. 오늘이 12월 10일이니까 이제 일주일도 안 남았어!
세아 : 거기는 아직 10일이구나. 시드니는 11일이야.
주은 : 와, 새삼 우리가 멀리 떨어져 있는 게 실감 난다. 윤서야 서울은 지금 몇 시야?
윤서 : 서울은 11일 (㉠)야. 민주야 뉴욕은 지금 몇 시야?
민주 : 여긴 오후 7시야. 주은아, LA는 지금 (㉡)지?
주은 : 맞아. 세아야 시드니는 지금 오전 10시지?
세아 : 아냐, 여기 지금 서머타임 중이라서 LA랑 (㉢) 차이 나. 아무튼 빨리 너희들 보고 싶다.

	㉠	㉡	㉢
①	오전 8시	오후 4시	17시간
②	오전 8시	오후 5시	18시간
③	오전 9시	오후 4시	19시간
④	오전 9시	오후 5시	18시간
⑤	오전 10시	오후 10시	19시간

[17~18] 다음은 R펜션의 이용요금 및 예약 취소 기준이다. 주어진 자료를 바탕으로 이어지는 물음에 답하시오. (단, 8월 15일은 공휴일이다.)

〈R펜션 이용요금〉

기간	기준	주중	금	토
비수기	1박/1실	90,000원	120,000원	150,000원
성수기		110,000원	140,000원	180,000원

- 성수기는 7월 21일부터 8월 15일까지이다.
- 공휴일 전일은 토요일 가격을 적용한다.
- 모든 객실은 2인실이며, 최대 1명까지 인원 추가가 가능하다(1명/1박당 20,000원 추가).
- 예약 취소 시 환불 기준(예약일 기준)

7일 전	5~6일 전	3~4일 전	2일 전~당일
90%	70%	50%	환불 불가

17 R펜션을 예약한 A~C 중 이용요금이 많은 순서대로 나열한 것은?

예약자	체크인	체크아웃	인원
A	7월 10일 수요일	7월 12일 금요일	2
B	7월 26일 금요일	7월 27일 토요일	3
C	8월 14일 수요일	8월 15일 목요일	3

① A-C-B
② B-A-C
③ B-C-A
④ C-A-B
⑤ C-B-A

18 다음 Q&A를 볼 때 예약 취소 후 환불받는 금액은 얼마인가?

답변 상태	제목	작성자	작성일
답변 완료	예약 취소 문의입니다.	김○○	2024.08.04.

안녕하세요. 8월 9일 금요일, 2명으로 1박 예약한 사람인데요.
부득이하게 예약을 취소하려 합니다. 환불 절차가 어떻게 되나요?

└ **답변** 안녕하세요. 예약 취소 문자 발송해 드렸습니다.
은행과 계좌번호 남겨주시면, 환불 처리해 드리겠습니다.   관리자   2024.08.04.

① 70,000원
② 84,000원
③ 98,000원
④ 105,000원
⑤ 126,000원

[19~20] P대리는 파리에 11월 15일 오전 11시까지 도착한 뒤 업무를 마치고 서울에 11월 20일 오후 8시까지 돌아와야 한다. 다음 자료를 참고하여 이어지는 물음에 답하시오.

〈현지 시각〉

서울 06:00 AM 11월 11일 월요일	파리 10:00 PM 11월 10일 일요일

〈비행 스케줄〉

■ 서울-파리 노선

편명	출발일	출발시각	비행시간	운임
A8930	11월 15일	06:40	12시간 30분	780,000원
K3814	11월 14일	23:50	14시간 40분	660,000원
X5492	11월 15일	05:50	13시간 5분	720,000원

■ 파리-서울 노선

편명	출발일	출발시각	비행시간	운임
T1235	11월 20일	00:35	12시간 10분	810,000원
L9610	11월 19일	22:55	12시간 40분	770,000원
N8463	11월 19일	21:40	14시간 30분	730,000원

19 P대리가 정해진 시간까지 파리에 도착할 수 있는 비행기 노선과 도착 시간을 바르게 짝지은 것은? (단, 도착시각은 현지 시각을 기준으로 한다.)

	㉠	㉡
①	A8930	오전 9시 10분
②	K3814	오전 7시 30분
③	X5492	오전 10시 55분
④	A8930	오전 10시 10분
⑤	K3814	오전 8시 30분

20 P대리가 예정된 시간에 맞춰 서울과 파리를 왕복할 때 최소 비용은? (단, 제시된 비행기 운임만을 고려한다.)

① 1,390,000원   ② 1,430,000원
③ 1,450,000원   ④ 1,470,000원
⑤ 1,490,000원

21 다음 조직도와 〈상황〉을 참고했을 때, A가 근무하고 있는 부서로 가장 적절한 것은?

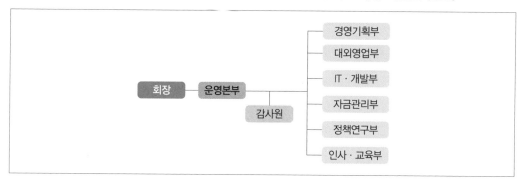

A는 매일 아침 주어진 업무에 따라 회의를 진행하고, 최근의 경제 및 산업 동향을 분석하는 작업을 한다. 예를 들어, 최근의 국내외 경제 상황 변화와 관련하여 2024년 하반기 정책 변화와 기업 환경에 대한 리포트를 작성하기도 한다. 리포트 작성을 위해 외부 전문가들과의 인터뷰를 진행하거나 관련 데이터베이스에서 정보를 수집하여, 경영기획부 및 대외영업부와 협력하여 실제 업무에 반영할 수 있도록 한다.

① 대외영업부
② 경영기획부
③ 인사 · 교육부
④ 자금관리부
⑤ 정책연구부

22 조직 내 의사결정 과정에 대한 설명으로 옳지 않은 것은?

① 진단 단계는 문제의 심각성에 따라서 체계적 혹은 비공식적으로 이루어진다.
② 개발 단계는 확인된 문제에 대하여 해결방안을 모색하는 단계이다.
③ 설계 단계에서는 조직 내의 기존 해결방법을 검토한다.
④ 실행 가능한 해결안의 선택은 의사결정권자의 판단, 분석적 방법 활용, 토의와 교섭으로 이루어질 수 있다.
⑤ 의사결정이 필요한 문제를 인식하고 이를 진단하는 단계는 확인 단계이다.

23 조직목표의 특징으로 적절하지 않은 것은?

① 공식적 목표와 실제적 목표가 다를 수 있다.
② 조직의 구성요소와 상호관계를 가진다.
③ 다수의 조직목표를 추구할 수 있다.
④ 조직목표 간에도 위계적 관계가 있을 수 있다.
⑤ 조직목표는 대부분 불변적인 속성을 갖는다.

24 다음은 한 화장품 회사의 SWOT 분석이다. 분석 결과에 따른 적절한 전략으로 옳지 않은 것은?

1. 자사 분석
   ㄱ. 강점
   - 동종 업계 중 립제품 판매율 최다 1위
   ① K-beauty 유행에 따라 빠르게 글로벌 시장 진출 성공
   ㄴ. 약점
   - '저가형 브랜드'로 인식된 브랜드 이미지
   ② 립제품 외의 다른 품목에서는 낮은 시장 점유율 보임
2. 경쟁사(○○화장품) 분석
   ㄱ. 강점
   ③ '비건' 화장품을 내세워 친환경적인 화장품의 이미지를 구축
   ㄴ. 약점
   ④ 과도한 마케팅으로 화장품 가격에 비해 질이 떨어진다는 평가
   - 비건 원료를 사용하여 화장품 유통기한이 짧음
3. 고객 분석
   ⑤ 광고 아이돌 인기 상승에 대한 마케팅비 증가
   - 저가의 중국산 제품에 대한 주목도 증가

25 다음 중 정보화 · 미래 사회에 대한 설명으로 적절한 것을 모두 고르면?

㉠ 정보화 사회에서 필수적으로 해야 할 일은 정보검색, 정보관리, 정보전파이다.
㉡ 정보화 사회란 정보가 중심이 되는 사회로서 컴퓨터와 정보통신 기술을 활용하여 사회 각 분야에서 필요로 하는 가치 있는 정보를 창출한다.
㉢ 미래 사회에서는 부가가치 창출 요인이 지식 및 정보 생산 요소에서 토지, 자본, 노동으로 전환된다.
㉣ 미래 사회의 6T란 IT, BI, NT, ET, CT, ST를 의미한다.

① ㉠, ㉡
② ㉠, ㉢
③ ㉠, ㉡, ㉣
④ ㉡, ㉢, ㉣
⑤ ㉠, ㉡, ㉢, ㉣

26 L은 지사 내 각 부서의 부장급 이상이 참여하는 중역회의에서 회의 요약본을 작성하는 업무를 맡게 되었다. 다음 회의 요약본을 참고했을 때, L이 근무하고 있는 부서로 가장 적절한 것은?

일시	2024.09.27. 금요일 10:30~12:00
장소	3층 대회의실(304호)
참석자	K사장, L부장, L부장, C부장, R부장

요약 내용

1. 2024년 3/4분기 생산 실적 및 손익 분석
   - 2024년 3/4분기 생산 실적에 대한 손익 보고서를 제출하였으며, 매출 증감률은 전년 동기 대비 5% 증가
   - 주요 생산 라인의 가동률은 92%로 안정적인 수준을 유지

2. 당기 납기 준수율 및 품질 문제 보고
   - 납기 준수율은 98%로 목표를 달성했으며, 특별히 지연된 주문은 없었음
   - 최근 발생한 품질 문제로는 간편식 제품의 포장 불량과 음식의 유통기한 오류가 있었음
   - 원인 분석 후 개선 조치를 시행 중

3. 재고 수준 점검(과잉 재고/재고 부족)
   - 전반적으로 적정 수준을 유지하고 있으나, 일부 원자재에서 과잉 재고가 발생한 상황
   - 주요 원자재 재고 부족 우려가 있어, 공급망을 점검하고 추가 주문을 추진 중

4. 2024년 4/4분기 생산 계획 발표
   - 간편식 제품 출시 준비
     – 기존 주력 상품인 간편식 상품을 4/4분기에 출시할 예정
     – 생산 라인 조정 및 원자재 확보가 필요하며, 마케팅 부서와 협의하여 출시 일정을 확정할 것

5. 경쟁사 생산성 분석
   - A사의 생산성과 비교하여, 자사의 생산성은 약간 뒤처져 있는 것으로 분석됨
   - 생산성 향상을 위해 자동화 라인 확장과 작업 표준화를 강화할 계획

① 생산부
② 인사부
③ 영업부
④ 회계부
⑤ 기획부

27 다음 시리얼 넘버 생성표를 참고했을 때 〈보기〉의 제품코드를 잘못 해석한 것은?

생산연도	생산공장코드			제품종류코드				제품생산번호
				기본 종류		세부 종류		
2024년 1월 : 24001 2024년 2월 : 24002 2024년 11월 : 24011 2024년 12월 : 24012	1	서울	01	A생산라인	A	의류	11	블라우스	생산 순서대로 0001부터 시작
			02	B생산라인			22	티셔츠	
	2	경기	01	A생산라인			33	셔츠	
			02	B생산라인	B	전자기기	11	휴대폰	
			03	C생산라인			22	컴퓨터	
			04	D생산라인			33	노트북	
	3	강원	01	A생산라인			44	태블릿	
			02	B생산라인			55	무선이어폰	
			03	C생산라인	C	과자	11	스낵	
							22	비스킷	
							33	쿠키	
							44	젤리	

보기

24002 - 204 - B44 - 077

① 2024년 2월에 생산된 제품이다.
② 경기 공장의 C생산라인에서 생산되었다.
③ 해당 제품은 전자기기로 분류된다.
④ 제품은 해당 생산월에 해당 생산라인에서 77번째로 생산되었다.
⑤ 제품의 세부 종류는 태블릿이다.

28 개인정보의 유출을 방지하기 위한 방법이 아닌 것은?

① 정체불명의 사이트에 접속하지 않는다.
② 비밀번호를 주기적으로 교체한다.
③ 비밀번호는 잊어버리지 않도록 전화번호로 사용한다.
④ 이용 목적에 부합하는 정보를 요구하는지 확인한다.
⑤ 출처가 불분명한 자료와 신뢰할 수 없는 파일은 다운로드하지 않는다.

29 인터넷 서비스에 대한 설명으로 적절하지 않은 것은?

① 전자우편(E-mail)서비스란 정보 통신망을 이용하여 다른 사용자들과 편지나 여러 정보를 주고 받는 통신 방법이다.

② 클라우드 컴퓨팅이란 사용자들이 복잡한 정보를 보관하기 위해 데이터 센터를 구축하여 인터 넷을 통해 제공되는 서버를 활용해 정보를 보관하고 있다가 필요할 때 꺼내 쓰는 기술이다.

③ SNS(Social Network Service)란 온라인 인맥 구축을 목적으로 개설된 커뮤니티형 웹사이트 이다.

④ 전자상거래란 인터넷이라는 전자적인 매체를 통하여 상품을 사고팔거나, 재화나 용역을 거래 하는 사이버 비즈니스이며, 소비자와의 거래뿐만 아니라 거래에 관련되는 모든 기관과의 관련 행위를 포함하는 것이다.

⑤ 메신저란 인터넷에서 실시간으로 메시지와 데이터를 주고받을 수 있는 소프트웨어이다.

30 정보를 수집하는 효과적인 방법으로 적절하지 않은 것은?

① 중요한 정보를 수집하기 위해서는 우선적으로 다른 사람과의 신뢰관계가 매우 중요하다.

② 단순한 인포메이션(information)뿐만 아니라 직접적으로 도움을 줄 수 있는 인텔리전스 (intelligence)도 수집할 필요가 있다.

③ 변화가 심한 시대일수록 빠른 정보수집이 필요하다.

④ 자신에게 맞는 방법을 찾아 정보를 정리해 놓을 필요가 있다.

⑤ 효과적인 정보 수집을 위해 유용하지 않은 정보는 수집하지 않는다.

31 〈보기〉의 내용은 산업재해 예방대책에서 제시된 사고사망재해 원인 분석 자료이다. ㉠~㉢에 해당하는 사례가 바르게 나열된 것은?

보기
• 기술적 원인(약 37%) : 구조물 불량, 생산방법 부적당, (㉠) 등
• 교육적 원인(약 20%) : 작업방법의 교육 불충분, 경험 미숙, (㉡) 등
• 작업관리적 원인(약 40%) : 작업준비 불충분, 작업수칙 미제정, (㉢) 등

	㉠	㉡	㉢
①	기계 · 기구 · 설비 불량	안전지식의 부족	인원배치 부적당
②	안전지식의 부족	인원배치 부적당	기계 · 기구 · 설비 불량
③	인원배치 부적당	기계 · 기구 · 설비 불량	안전지식의 부족
④	기계 · 기구 · 설비 불량	인원배치 부적당	안전지식의 부족
⑤	안전지식의 부족	기계 · 기구 · 설비 불량	인원배치 부적당

32 다음 중 지속 가능한 기술의 특징으로 옳은 것을 모두 고르면?

> **보기**
>
> ㉠ 이용 가능한 자원과 에너지를 고려하는 기술
> ㉡ 자원이 사용되고 그것이 재생산되는 비율의 조화를 추구하는 기술
> ㉢ 사용할 수 있는 자원의 양을 우선 생각하는 기술
> ㉣ 자원이 생산적인 방식으로 사용되는가에 주의를 기울이는 기술
> ㉤ 현재와 미래 중 현재 욕구를 우선 충족시키는 기술

① ㉠, ㉡
② ㉠, ㉡, ㉢
③ ㉠, ㉡, ㉣
④ ㉠, ㉢, ㉣, ㉤
⑤ ㉠, ㉡, ㉢, ㉣, ㉤

33 다음은 자기개발방법에 대한 설명이다. 빈칸 ㉠~㉢에 들어갈 용어를 순서대로 나열한 것은?

> (㉠)은/는 자기개발의 첫 단계로 자신의 특성을 바르게 인식할 수 있어야 적절한 자기개발이 이루어질 수 있는 방법이다. (㉡)은/는 자신과 상황을 인식하고 경력 관련 목표를 설정하여 그 목표를 달성하기 위한 과정으로, 경력계획을 준비하고 실행하며 피드백하는 경력관리로 이루어진다. 또한 자기개발의 방해 요인으로는 (㉢)이/가 있다.

	㉠	㉡	㉢
①	자아인식	자기관리	욕구와 감정
②	자아인식	경력개발	열린 사고
③	자기관리	자아인식	문화적 장애
④	자기관리	경력개발	이성적 사고
⑤	자아인식	경력개발	제한적 사고

34 경력개발계획에 대한 설명으로 적절하지 않은 것은?

① 관심 직무에서 요구하는 능력, 고용 또는 승진 전망, 직무만족도 등 해당 직무와 관련된 모든 정보를 알아내는 단계는 직무정보 탐색단계이다.
② 경력목표를 설정할 때는 단기목표와 장기목표로 나누어 설정한다.
③ 현재 직무의 성공적 수행, 역량 강화, 인적 네트워크 강화를 위해 전략을 수립하는 것은 실행 및 평가 단계에 해당한다.
④ 특정직무와 직업에 대한 설명자료를 통해 환경을 탐색하고 이해할 수 있다.
⑤ 자기인식 관련 워크샵에 참여하는 것은 자신의 능력, 흥미, 가치관 등을 파악할 수 있는 자기탐색에 해당한다.

[35~37] 다음은 L사원이 근무 중 사용하는 정수기의 사용설명서 일부이다. 이어지는 물음에 답하시오.

〈문제 해결〉

정수기에 문제가 있는 경우 이 문제 해결 팁을 참조하십시오. 문제가 지속되면 서비스 센터에 문의하십시오.

1. 물맛이 이상해요.
   - 저장탱크를 확인해보시고 저장탱크를 청소해 주세요.
   - 오랜기간 사용하지 않으셨다면 저장된 물을 버리고 저장탱크를 청소해 주세요.
   - 필터 교체 시기가 되었다면 필터 교체를 요청하세요.
   - 급수관이 오래되었거나 오염이 있다면 물맛에 영향을 줄 수 있습니다. 급수관을 점검하고 교체하세요.
   - 정수기를 직사광선이나 습기가 많은 곳에 설치되어 있다면 필터가 제대로 작동하지 않을 수 있습니다. 정수기의 위치를 점검해 주세요.
2. 정수량이 갑자기 적어졌어요.
   - 필터 교체 시기가 되어 정수량이 적어질 수 있습니다. 시기를 확인해보신 후 필터 교체를 요청하세요.
   - 원수 공급 밸트가 잠겨져 있다면 정수량이 적어질 수 있습니다. 원수 공급 밸브를 열어 주세요.
3. 온수/냉수가 안 나와요.
   - 냉수를 많이 배출하면 정수조의 물이 적으므로 온수가 나오지 않을 수 있습니다. 물이 찰 때까지 잠시 기다린 후 사용하세요.
   - 온수 및 전원을 공급한 후 24시간이 지나지 않으면 나오지 않을 수 있습니다. 원수와 전원을 공급한 후 24시간 지난 후 사용하세요.
   - 설치된 수도관을 확인해 보시고 정수가 나오지 않을 경우 A/S를 요청해주세요.
4. 물이 안 나와요.
   - 원수 공급이 원활한지 확인해 보시고 원수 공급 밸브를 확인하세요.
   - 전원 연결이 되지 않았을 수 있습니다. 제품 전원코드가 220V, 60Hz 콘센트에 꽂혔는지 확인하세요.
5. 운전 중에 갑자기 모든 동작이 정지됐어요.
   - 표시부의 표시등이 소등되었다면 전원 공급이 원활한지 확인하세요.
   - 정수기 물이 넘치거나 누수되고 있다면 A/S를 신청하세요.
   - 전원 연결이 끊어져 정지될 수 있습니다. 제품 전원코드가 220V, 60Hz 콘센트에 꽂혔는지 확인하세요.

---

35 L사원은 출근 후 정수기에서 물을 마셨는데 물맛이 이상하다고 느꼈다. L사원이 할 행동으로 적절하지 않은 것은?

① 저장탱크를 확인해보고 내부가 더러운 경우 저장탱크를 청소한다.
② 정수기의 필터 교체 시기를 확인해보고 교체를 요청한다.
③ 급수관이 오래되었는지 확인해보고 급수관에 오염이 있는지 확인해 본다.
④ 저장된 물을 버리고 저장탱크를 청소한다.
⑤ 정수기의 위치를 햇빛이 많이 드는 곳에 재설치한다.

PART 01
PART 02
PART 03
PART 04
PART 05
PART 06
PART 07
PART 08
PART 09

36 L사원은 정수기를 사용하는 중에 갑자기 모든 동작이 정지되어 당황하였다. L사원이 확인해 볼 만한 사항으로 가장 적절한 것은?

① 원수 공급이 원활한지 확인해 본다.

② 제품 전원코드가 220V, 60Hz 콘센트에 꽂혔는지 확인한다.

③ 필터 교체 시기를 확인해 본다.

④ 저장된 물을 버리고 저장탱크를 청소한다.

⑤ 정수기의 급수관이 오래되었거나 오염되었는지 점검하고 교체한다.

37 벤치마킹의 종류와 설명으로 적절하지 않은 것은?

① 수행 방식에 따라 직접적 벤치마킹, 간접적 벤치마킹으로 분류할 수 있다.

② 내부 벤치마킹이란 같은 기업 내의 다른 지역, 타 부서, 국가 간의 유사한 활용을 비교대상으로 하는 것이다.

③ 인터넷 및 문서 형태의 자료를 통해서 수행하는 방법은 직접적 벤치마킹에 해당한다.

④ 비경쟁적 벤치마킹이란 제품, 서비스 및 프로세스의 단위 분야에 있어 가장 우수한 실무를 보이는 비경쟁적 기업 내의 유사 분야를 대상으로 하는 방법을 의미한다.

⑤ 비교방식에 따라 내부, 경쟁적, 비경쟁적, 글로벌 벤치마킹으로 분류할 수 있다.

38 K 신입사원은 어느 날 업무 지침을 따르지 않고 자신이 생각하는 방식대로 일을 처리하다가 실수를 저질렀다. 귀하가 발생한 문제에 대해 K 신입사원에게 성찰하는 이유를 물어봤다면, 돌아올 답변으로 예상할 수 없는 것은?

① "성찰을 통해 오늘의 일뿐만 아니라 다른 일을 하는 데 참고할 수 있는 토대가 되기 때문입니다."

② "제 생각대로 일을 처리한 것은 저의 부족한 부분이기 때문에 오늘 일을 성찰하며 한 단계 성장할 수 있기 때문입니다."

③ "저의 부족한 점을 깨닫고 고치면서 다른 사람들에게 신뢰감을 드릴 수 있기 때문입니다."

④ "실수를 성찰하며 새로운 것에 대한 고민을 할 수 있고 지금보다 더 나은 결과물을 만들어낼 수 있기 때문입니다."

⑤ "제가 왜 실수를 저질렀는지에 대한 성찰을 통해 제 생각을 고착화시킬 수 있기 때문입니다."

39 다음 글에서 나타난 자아인식 방법으로 적절한 것은?

> 나는 친구들 사이에서 말이 많고 활발한 성격이라 항상 그런 모습을 보여준다고 생각했다. 하지만 어느 날, 한 친구와의 대화에서 내가 몰랐던 내 모습을 알게 되었다. 그 친구는 내게 "너는 항상 다른 사람을 먼 저 배려하려고 하는데, 가끔은 너의 감정을 드러내는게 좋을 것 같아"라고 말해주었다. 나는 그 말을 듣고 잠시 멈칫했다. 나 자신은 늘 주위 사람들과 잘 어울리고 있다는 생각을 했지만, 그 친구는 내가 때로 너무 다른 사람을 신경쓰느라 내 자신을 소홀히 할 때가 있다는 점을 지적한 것이다. 그 친구의 말을 통해 나는 내가 생각하는 모습과 타인이 보는 모습이 다를 수 있다는 사실을 알게 되었다.

① 내가 아는 나 확인하기　　　　　② 타인과의 커뮤니케이션
③ '타인이 파악하는 나'를 질문하기　④ 표준화된 검사 도구를 활용하기
⑤ 자기 반성하기

40 자기개발에 대한 설명으로 적절하지 않은 것은?

① 자기개발은 자신의 능력, 적성 및 특성 등에 있어서 강점과 약점을 찾고 확인하여 강점을 강화 시키고, 약점을 관리하여 성장을 위한 기회로 활용하는 것이다.
② 주변 사람들과 긍정적인 인간관계를 형성하기 위해 자기개발을 하기도 한다.
③ 자기개발은 개별적인 과정이므로 자신에게 알맞은 방법을 선정하여야 한다.
④ 개발의 주체는 타인이 아니라 자기 자신이며, 일과 관련하여 평생에 걸쳐 이루어진다.
⑤ 자기개발 방법은 자아인식, 자아개발, 경력개발로 이루어진다.

41 다음은 팀의 발전과정에 대한 설명이다. 빈칸 ㉠, ㉡에 들어갈 용어를 순서대로 나열한 것은?

> 과제를 수행하기 위해 체계를 갖추게 되면서 필연적으로 마찰이 일어난다. 팀원들이 시험과 검증의 자세 에서 문제해결의 자세로 바뀔 수 있도록 효과적으로 경청하고 의사소통을 할 수 있는 능력을 필요로 하 는 단계는 (㉠)이다. 팀원들이 스스로 책임을 지게 되고, 전체의 인정을 받으려는 욕구는 중시되지 않으 며 과제지향적·인간지향적 팀원들이 조화를 이루고 사기충천하며, 팀으로서의 충성심을 보여주는 단계는 (㉡)이다.

	㉠	㉡
①	형성기	성취기
②	격동기	성취기
③	격동기	규범기
④	규범기	격동기
⑤	규범기	성취기

PART 01
PART 02
PART 03
PART 04
PART 05
PART 06
PART 07
PART 08
PART 09

42 다음 글에서 A부장이 사용한 협상전략으로 적절한 것은?

> B대리는 자신의 아이디어가 팀과 프로젝트에 매우 중요하다고 생각하며, 이를 강력하게 추진하고자 했다. 그러나 A부장은 프로젝트의 안정성을 위해 기존 방식으로 진행할 것을 고수하며, B대리의 제안을 쉽게 받아들이지 않았다. A부장은 일단 자신의 의견을 후순위로 두기로 하며 B대리의 주장을 우선적으로 수용하기로 하였다. B대리가 제안한 아이디어가 혁신적이고 가능성이 있다고 생각하지만 그 아이디어를 실험하기 전에 좀 더 분석해보고, 결과에 따라 기존 방식으로 수정할 수도 있다는 점에 대하여 이야기하였다.

① Win－Win 전략   ② Lose－Win 전략
③ Lose－Lose 전략   ③ Win－Lose 전략
⑤ zero－sum 전략

43 다음 〈보기〉 중 갈등 최소화를 위한 기본 원칙으로 적절한 것을 모두 고르면?

> **보기**
> - 의견의 차이를 인정할 것
> - 먼저 다른 팀원의 말을 경청하고 나서 어떻게 반응할 것인가를 결정할 것
> - 모든 사람이 대부분의 문제에 대해 나름의 의견을 가지고 있다는 점을 인식할 것
> - 본인이 받기 원치 않는 형태로 다른 사람이 넘겨주어도 책임감을 가지고 작업할 것
> - 자신의 책임이 어디서부터 어디까지인지를 명확히 할 것
> - 다른 팀원과 불일치하는 쟁점 사항이 있다면 다른 사람에게 말해줄 것을 요구할 것
> - 조금이라도 의심이 들 때에는 분명하게 말해 줄 것을 요구할 것

① 2개   ② 3개
③ 4개   ④ 5개
⑤ 6개

44 갈등 해결방법 모색 시 유의사항으로 적절하지 않은 것은?

① 타협하려 노력하고 어느 한쪽으로 치우치지 않는다.
② 어려운 문제는 피하지 말고 맞서며, 자신의 의견을 명확하게 밝히고 지속적으로 강화한다.
③ 사람들과 눈을 자주 마주치고, 존중하는 자세로 사람들을 대한다.
④ 마음을 열어놓고 적극적으로 경청하며, 논쟁하고 싶은 유혹을 떨쳐낸다.
⑤ 의견을 먼저 피력한 후 다른 사람들의 입장을 이해하도록 한다.

45 다음 글 중 고객 A의 불만 표현 유형과 고객 서비스팀의 대응방안으로 적절한 것은?

> 고객 A : 저는 내일까지 꼭 받아야하는 상품인데, 왜 아직도 배송이 안 된 거예요? 어젯밤에 분명 오늘 아침에 발송해달라고 메시지까지 남겼는데, 왜 이렇게 늦어요? 지금 당장 빨리 보내주세요. 내일 꼭 받지 않으면 중요한 약속에 차질이 생겨요.
>
> 고객 서비스팀 : 고객님, 배송이 예상보다 지연된 점 사과드립니다. 지금 바로 출고될 수 있는지 확인해보겠습니다.
>
> 고객 A : 저는 이미 이 상품을 제때 받아야 한다고 주문할 때 명확히 적어두었어요. 빨리 처리해 주세요. 왜 이렇게 간단한 걸 이렇게 늦게 하는지 이해가 안 가네요.

	불만 표현 유형	대응 방안
①	거만형	최대한 정중하게 대한다.
②	의심형	분명한 증거나 근거를 제시하여 스스로 확신을 갖도록 유도한다.
③	트집형	대응에 앞서 사과를 통해 반성하고 있는 모습을 보여준다.
④	빨리빨리형	애매한 화법을 사용하면 더 날카로워지는 유형으로 업무를 빠르게 처리하는 모습을 보여준다.
⑤	트집형	경청하고, 맞장구치고, 추켜세우고, 설득해 가는 방법이 효과적이다.

46 직장에서의 전화예절에 대한 설명으로 적절하지 않은 것은?

① 전화를 걸기 전에 미리 메모할 준비를 한다.
② 전화는 정상업무가 이루어지고 있는 근무 시간에 걸도록 한다.
③ 전화를 해달라는 메시지를 받았다면 가능한 한 빨리 해주려고 노력한다.
④ 상대방의 대답을 듣기 전에 준비한 내용을 전달한다.
⑤ 전화를 받았을 때는 자신이 누구인지 즉시 말한다.

47 직장에서의 성예절과 관련된 설명으로 옳지 않은 것은?

① 성희롱은 가해자와 피해자의 의견이 일치할 때 성립한다.
② 직장 내 성예절을 지키기 위해서는 부적절한 언어와 행동을 삼가야 한다.
③ 남성 위주의 가부장적 문화와 성역할에 대한 잘못된 인식을 바로잡아야 한다.
④ 여성과 남성이 동등한 지위를 보장받아야 한다.
⑤ 외모에 대한 성적 비유 또한 성예절에 어긋나므로 하지 않아야 한다.

PART 01
PART 02
PART 03
PART 04
PART 05
PART 06
PART 07
PART 08
PART 09

48 직장 내에서 성희롱을 당한 경우의 대처 방법으로 옳지 않은 것은?

① 노동조합 등의 내부기관에 도움을 요청한다.
② 직장의 분위기를 위해 공식적 대처는 자제한다.
③ 직접적으로 거부의사를 밝히고 항의한다.
④ 증거자료를 수거한다.
⑤ 개인 정보의 유출을 철저히 방지한다.

49 다음 중 성 예절에 어긋나는 행위로 보기 어려운 것은?

① 상대방의 몸을 위아래로 훑으면서 성적인 말을 건네는 행위
② 부하직원에게 핸드폰으로 음란한 사진을 보내는 행위
③ 지나가면서 신체 일부를 만지며 밀착하는 행위
④ 맡긴 업무를 잘했다며 머리를 쓰다듬는 행위
⑤ 프로젝트를 성공적으로 마쳐 동료와 하이파이브하는 행위

50 다음은 직장 낸 성희롱과 대처에 대한 설명이다. 빈칸 ㉠, ㉡에 들어갈 내용으로 적절한 것은?

> 직장 내에서 발생하는 성희롱의 유형은 다양하다. 입맞춤이나 포옹 등 원하지 않는 신체 접촉을 하는 육체적 행위와 음란한 농담을 하는 언어적 행위, 음란한 사진이나 낙서, 그림 등을 게시하거나 보여주는 시각적 행위가 있다. 성예절에 어긋나는 행동에 대해 개인적으로는 (㉠), 직장에서는 (㉡)와/과 같이 대응할 수 있다.

	㉠	㉡
①	가해자에 대해 납득할 정도의 조치를 취하고 결과를 피해자에게 통지한다.	직접적으로 거부의사를 밝히고 중지할 것을 항의한다.
②	직접적으로 거부의사를 밝히고 중지할 것을 항의한다.	사안에 대해 신속하게 조사하여 처리한다.
③	개인 정보의 유출을 철저히 방지한다.	증거자료를 수거하고 공식적 처리를 준비한다.
④	상사나 노동조합 등의 내부기관에 도움을 요청한다.	외부단체 및 성폭력 상담기관 등에 도움을 요청한다.
⑤	개인 정보의 유출을 철저히 방지한다.	가해자에 대해 납득할 정도의 조치를 취하고 결과를 피해자에게 통지한다.

National **C**ompetency **S**tandards

National Competency Standards

National Competency Standards

National Competency Standards

National Competency Standards

최종 점검 모의고사 1회

문번	1	2	3	4	5	문번	1	2	3	4	5
1	①	②	③	④	⑤	26	①	②	③	④	⑤
2	①	②	③	④	⑤	27	①	②	③	④	⑤
3	①	②	③	④	⑤	28	①	②	③	④	⑤
4	①	②	③	④	⑤	29	①	②	③	④	⑤
5	①	②	③	④	⑤	30	①	②	③	④	⑤
6	①	②	③	④	⑤	31	①	②	③	④	⑤
7	①	②	③	④	⑤	32	①	②	③	④	⑤
8	①	②	③	④	⑤	33	①	②	③	④	⑤
9	①	②	③	④	⑤	34	①	②	③	④	⑤
10	①	②	③	④	⑤	35	①	②	③	④	⑤
11	①	②	③	④	⑤	36	①	②	③	④	⑤
12	①	②	③	④	⑤	37	①	②	③	④	⑤
13	①	②	③	④	⑤	38	①	②	③	④	⑤
14	①	②	③	④	⑤	39	①	②	③	④	⑤
15	①	②	③	④	⑤	40	①	②	③	④	⑤
16	①	②	③	④	⑤	41	①	②	③	④	⑤
17	①	②	③	④	⑤	42	①	②	③	④	⑤
18	①	②	③	④	⑤	43	①	②	③	④	⑤
19	①	②	③	④	⑤	44	①	②	③	④	⑤
20	①	②	③	④	⑤	45	①	②	③	④	⑤
21	①	②	③	④	⑤	46	①	②	③	④	⑤
22	①	②	③	④	⑤	47	①	②	③	④	⑤
23	①	②	③	④	⑤	48	①	②	③	④	⑤
24	①	②	③	④	⑤	49	①	②	③	④	⑤
25	①	②	③	④	⑤	50	①	②	③	④	⑤

성명

수험 번호

①	②	③	④	⑤	⑥	⑦	⑧	⑨	⓪
①	②	③	④	⑤	⑥	⑦	⑧	⑨	⓪
①	②	③	④	⑤	⑥	⑦	⑧	⑨	⓪
①	②	③	④	⑤	⑥	⑦	⑧	⑨	⓪
①	②	③	④	⑤	⑥	⑦	⑧	⑨	⓪
①	②	③	④	⑤	⑥	⑦	⑧	⑨	⓪
①	②	③	④	⑤	⑥	⑦	⑧	⑨	⓪
①	②	③	④	⑤	⑥	⑦	⑧	⑨	⓪

감독위원 확인

(인)   (인)

최종 점검 모의고사 2회

번호	1	2	3	4	5	번호	1	2	3	4	5
1	①	②	③	④	⑤	26	①	②	③	④	⑤
2	①	②	③	④	⑤	27	①	②	③	④	⑤
3	①	②	③	④	⑤	28	①	②	③	④	⑤
4	①	②	③	④	⑤	29	①	②	③	④	⑤
5	①	②	③	④	⑤	30	①	②	③	④	⑤
6	①	②	③	④	⑤	31	①	②	③	④	⑤
7	①	②	③	④	⑤	32	①	②	③	④	⑤
8	①	②	③	④	⑤	33	①	②	③	④	⑤
9	①	②	③	④	⑤	34	①	②	③	④	⑤
10	①	②	③	④	⑤	35	①	②	③	④	⑤
11	①	②	③	④	⑤	36	①	②	③	④	⑤
12	①	②	③	④	⑤	37	①	②	③	④	⑤
13	①	②	③	④	⑤	38	①	②	③	④	⑤
14	①	②	③	④	⑤	39	①	②	③	④	⑤
15	①	②	③	④	⑤	40	①	②	③	④	⑤
16	①	②	③	④	⑤	41	①	②	③	④	⑤
17	①	②	③	④	⑤	42	①	②	③	④	⑤
18	①	②	③	④	⑤	43	①	②	③	④	⑤
19	①	②	③	④	⑤	44	①	②	③	④	⑤
20	①	②	③	④	⑤	45	①	②	③	④	⑤
21	①	②	③	④	⑤	46	①	②	③	④	⑤
22	①	②	③	④	⑤	47	①	②	③	④	⑤
23	①	②	③	④	⑤	48	①	②	③	④	⑤
24	①	②	③	④	⑤	49	①	②	③	④	⑤
25	①	②	③	④	⑤	50	①	②	③	④	⑤

성명

수험번호

	①	②	③	④	⑤	⑥	⑦	⑧	⑨	⓪
	①	②	③	④	⑤	⑥	⑦	⑧	⑨	⓪
	①	②	③	④	⑤	⑥	⑦	⑧	⑨	⓪
	①	②	③	④	⑤	⑥	⑦	⑧	⑨	⓪
	①	②	③	④	⑤	⑥	⑦	⑧	⑨	⓪
	①	②	③	④	⑤	⑥	⑦	⑧	⑨	⓪
	①	②	③	④	⑤	⑥	⑦	⑧	⑨	⓪
	①	②	③	④	⑤	⑥	⑦	⑧	⑨	⓪

감독위원 확인

(인)　　　(인)

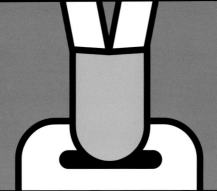

NCS 8개 영역의 *기초*부터 *실전*까지 완벽 대비

NCS 2025
고졸채용

의사소통능력+7개 영역

정답 및 해설

NCS 공기업연구소 편저

예문에듀
EDU

NCS 8개 영역의 기초부터 실전까지 완벽 대비

NCS 2025
고졸채용

의사소통능력+7개 영역

정답 및 해설

NCS 공기업연구소 편저

CHAPTER 01 | 문서이해능력

01	02	03	04	05	06	07	08	09	10
③	⑤	②	③	④	③	②	④	②	⑤
11	12	13	14	15	16	17	18	19	20
②	⑤	③	④	④	②	④	③	④	③
21	22	23	24	25					
④	①	④	④	④					

01
정답 ③

문서이해를 위한 구체적인 절차 6단계 중 가장 먼저 행해져야 할 사항은 문서의 목적을 이해하는 것이다.

02
정답 ⑤

의사소통은 둘 또는 그 이상의 사람들 사이에서 이루어지는 의사전달과 상호교류를 의미하며 상호 간의 정보뿐만 아니라 감정, 의견 또한 받아들이는 과정이다. 업무를 할 때 객관적인 입장에서 전달할 필요는 없다.

03
정답 ②

지문은 제너럴일렉트릭의 CEO였던 잭 웰치가 재임 중 회사를 성장시킨 전력과 은퇴한 과정을 간단히 소개한다. 후반부에 이 글에서 강조하고자 하는 바가 잘 나타나 있는데, 특히 마지막 문장 '리더십의 완성은 곧 잘 물러나는 데 있다'라고 강조한다. 그러므로 부합하는 제목으로 '성공적인 리더의 조건'이 가장 적절하다.

04
정답 ③

① 천적 곤충의 생산 혹은 구입에 부담을 느끼는 농민들이 많다고 하였으므로 번식이나 사육이 쉽다는 반응은 적절하지 않다.
② 거창군에서 '딸기 농가에 적합한' 천적 곤충들을 주로 생산·공급한다고 하였으므로 생산 작물에 따라 천적 곤충들이 달라질 수 있음을 추론할 수 있다.
④ 순서가 반대이다. 농약 사용량에 대해 엄격한 기준을 적용했기 때문에 천적농법이 정착·발달할 수 있었다.
⑤ 글의 중간에 '정부의 지원과 역할이 중요시되고 있다'고 하였으므로 적절하지 않은 반응이다.

05
정답 ④

5문단에 의하면 자가면역질환이라는 용어가 의학계에 등장한 지 60여 년이 되었고, 3문단에 의하면 자가면역질환 목록에 오른 질병이 80가지가 넘는다고 하였으므로, 약 60년 동안 80가지 이상의 자가면역질환이 등록되었다고 할 수 있다.

오답 분석
① 2문단에서 알레르기와 자가면역질환은 모두 면역계의 이상으로 인한 질병이지만 작동 원리는 다르다고 설명한다.
② 2문단에서 알레르기는 외부 물질에 의한 결과지만, 자가면역질환은 면역계가 내 몸의 물질을 외부 물질로 인식한 데에 대한 결과라고 설명한다. 따라서 자가면역질환은 외부에서 유입된 물질에 대한 이상 반응이라고 볼 수 없다.
③ 3문단에서 알레르기는 유발 물질과 접촉하지 않으면 증상의 발현을 피할 수 있으나 자가면역질환은 신체 자체가 항원이기 때문에 예방할 방법이 없다고 설명한다.
⑤ 4문단에서 자가면역질환 환자 수가 매년 증가하고 홍콩의 경우 수십 년 사이 30배 증가하였으며 이러한 추세는 전 세계적으로 비슷한 양상을 보인다고 하였으나, 알레르기 환자 수의 증가 추세도 유사하다는 언급은 없다.

06
정답 ③

글 마지막에서 자가면역질환 환자 수가 급증하는 상황이 무색하게 이 질환이 학계에서 인정받는 것은 고작 60년 정도에 불과하다고 언급하였다. 따라서 뒷부분에는 자가면역질환이 학계에서 늦게 인정받은 이유에 관한 내용이 이어질 것이다.

07
정답 ②

'빈대 잡으려고 초가삼간 태운다'는 손해를 크게 볼 것을 생각지 아니하고 자기에게 마땅치 아니한 것을 없애려고 그저 덤비는 경우를 비유적으로 이르는 말이다. 즉, 사소한 외부 물질에 면역계가 강하게 반응하면서 몸에 이상이 온 경우와 들어맞는다.

오답 분석
① 우연히 공을 세운 경우를 비유적으로 이르는 말이다.
③ 지나치게 욕심을 부리다가 이미 차지한 것까지 잃어버리게 됨을 비유적으로 이르는 말이다.

④ 조그마한 일이라고 얕보다가는 그 때문에 큰 피해를 입는다는 말이다.
⑤ 사소한 것이라도 그것이 거듭되면 무시하지 못할 정도로 크게 됨을 비유적으로 이르는 말이다.

08
(정답) ④

소득분위에서 1분위보다 5분위의 소득수준이 더 높다. 소득 5분위의 문화여가비 지출비율이 더 높으므로 비중도 더 크다.

09
(정답) ②

3문단에 의하면 COPD는 흡연, 유해가스 노출, 실내외 대기 오염, 폐 감염 등에 의해 기관지와 폐에 만성 염증이 발생하면서 생기는데 그중에서도 흡연이 가장 대표적인 원인이라고 언급되었다.

10
(정답) ⑤

지문은 '페르마의 마지막 정리라는 난제'의 사례처럼 간단해 보이는 수학적 증명조차 아주 오랜 시간이 걸린다는 내용으로 요약된다.
우선 ㉣은 이 글의 주제인 동시에 '페르마의 마지막 정리'가 무엇인지 호기심을 불러일으키는 역할을 하므로 글의 서두에 위치할 때 가장 안정적이다. 이어 페르마의 마지막 정리가 간단한 명제라고 언급한 ㉢이 뒤에 오고 수많은 수학자들이 간단해 보이는 이 명제를 푸는 데 실패했음을 설명한 ㉠이 연결된다. 이어 ㉤은 ㉠을 부연하며, 이 난제가 1994년에서야 해결됐음을 서술한 ㉡이 뒤따르면 적절한 배열이 된다.

11
(정답) ②

(가)~(다)와 2~4문단의 키워드는 다음과 같다.
• (가) : (농부는 사과나무가) 남에게 주도록 이끈다.
• (나) : (농부는 사과나무가) 교차수분으로 더 좋은 열매를 맺게 한다.
• (다) : (농부는 사과나무가) 혼자 지낼 시간을 준다.
• 2문단 : 연민·공감·박애·타인의 감정에 대해 깊이 생각해 남을 배려하고 돕도록 독려함
• 3문단 : '스펙'을 위한 과외보다 혼자서 생각하게 하는 여유를 줌
• 4문단 : 고정관념을 거부하여 성별의 교류가 전문성 교류로 이어지게 함
(가)는 이타성에 대해 설명하는 2문단과, (나)는 성장을 위해 때로는 홀로 생각할 시간의 필요성을 언급한 3문단과, (다)는 이질적인 대상과 교류(교차)를 통한 발전에 대해 설명한 4문단과 어울린다. 따라서 (가)-㉠, (나)-㉢, (다)-㉡으로 연결할 수 있다.

(Tip)
〈보기〉의 (가)~(다)의 키워드와 ㉠~㉢이 삽입되어 있는 2~4문단의 키워드를 파악한 후 매칭할 때 풀이 시간을 단축할 수 있다. 이때 〈보기〉의 키워드를 먼저 파악하고 이를 중심으로 2~4문단을 이해해야 매칭 가능한 키워드를 좀 더 수월하게 찾을 수 있다.

12
(정답) ⑤

5문단에 의하면 사과나무는 저마다 자라는 데 필요한 시간이 다르다. 충분히 자라지 않아 줄기가 튼튼하지 않은 경우 필요한 것은 비료와 거름이 아니라 스스로 꽃을 피워낼 수 있는 조건과 환경을 침착하게 조성해 주는 일이다.

(오답 분석)
① 2문단 초반부에서 연민은 남이 안됐다고 느끼면서도 그 감정을 자신이 경험하지는 못하는 것이고, 공감은 남의 관점과 상황을 머릿속에 그림으로써 그 감정을 자신이 마음속으로 경험하는 것이라고 설명한다.
② 2문단 후반부에 의하면 공감과 박애는 아이가 더 많은 사람을 만나서 사귀고, 더 좋은 관계를 유지하고, 생각과 행동이 더 성숙해지고, 삶의 만족도가 더 커지고, 신체적·정서적·정신적 안녕과 행복이 더 커지게 하는 등 아이의 삶에 크게 보탬이 된다.
③ 3문단에 의하면 탁월한 부모와 교사의 아이들은 혼자서 생각하는 여유를 가진 결과 아이는 홀로 있는 것, 자신의 경험을 분석하는 것, 새로운 아이디어를 배양하는 것을 즐기면서 성장한다. 이 내용은 혼자서 생각하는 여유는 경험했던 것을 다시 정리·저장하며 새로운 아이디어를 생성하는 데 도움이 된다고 정리할 수 있다.
④ 4문단 중반부에서 남자아이는 부드러움과 섬세함 같은 전통적인 여성성을 받아들이는 한편, 여자아이는 독립성, 자기확신감, 자기주장과 같은 전통적 남성성을 받아들인다고 하였으므로, 전통적 여성성에는 부드러움과 섬세함, 전통적 남성성에는 독립성, 자기확신감, 자기주장이 포함됨을 알 수 있다.

13
(정답) ③

㉠ 다음에 이어지는 2문단에서 픽사가 제작한 단편 애니메이션으로 대표작이 단편 애니메이션상 후보에 올랐다는 맥락이 가장 자연스러우므로 (나)가 ㉠에 위치하는 것이 적절하다. ㉡ 다음에 이어지는 문장에서 TV 광고 애니메이션을 제작했다고 했으므로 ㉡에는 (다)가 적절하다. ㉢ 다음에 이어지는 3문단은 캣멀이 개척한 기술에 대한 내용이지만 4문단은 '픽사가 장편 3D 애니메이션을 완성하기까지~'로 시작된다. 따라서 ㉢에는 (가)가 적절하다.

14 정답 ④

4문단 후반부에 의하면 캣멀은 3D 애니메이션의 소재로 장난감을 택한 이유가 당시 가장 잘 구현할 수 있는 소재였기 때문이라고 말했다. 기술적으로 보면 이 애니메이션은 가장자리가 여전히 거칠고 공간은 딱딱했으며 모서리가 날카로워 사실감이 다소 떨어지기도 했지만 등장인물들이 장난감이기 때문에 큰 문제가 되지는 않았다.

오답 분석

① 1986년 스티브 잡스가 픽사를 사들였고, 1995년 첫 3D 애니메이션 '토이스토리'가 개봉했다.
② 3문단 초반부에서 에드윈 캣멀이 1974년 박사학위를 마쳤음이 언급된다. 3문단 후반부에서는 스티브 잡스가 픽사를 인수했을 때 (12년 후인 1986년) 이미 3D 애니메이션의 한계를 뛰어넘는 최고 기술자였다고 언급된다.
③ 2문단 후반부에 의하면 1990년대 초반 픽사는 (81명의 직원 중) 42명의 직원만 남겨둔 채 39명(약 49%)을 해고했다.
⑤ 3문단 전반부에서 캣멀이 박사 과정을 마쳤던 1974년 자신의 손을 소재로 한 단편 애니메이션을 제작했음을 알 수 있고, 4문단 마지막 문장에 의하면 캣멀이 1995년 개봉한 '토이스토리'의 제작에 참여했음을 알 수 있다.

15 정답 ④

제시문에서 4D 프린팅 기술은 온도·햇빛 등 환경 조건에 반응해 스스로 형태를 바꿀 수 있는 자가변형이나 자가조립이 가능하다고 설명하였다. 물의 온도를 인식해 형태를 바꾸는 ④의 경우가 4D 프린팅 기술이 적용된 사례라고 볼 수 있다.

오답 분석

①, ②, ③, ⑤는 3D 프린팅 기술이 적용된 사례들이다.

16 정답 ②

1문단에서 이직률과 고객 서비스 품질이 반비례 관계를 형성하는 상황에서 타코벨은 높은 이직률을 반드시 해결해야 할 문제점으로 인식하여 HR 컨설팅 기업과 프로젝트를 수행했다고 설명한다. 즉 ②의 내용은 HR 애널리틱스 점검의 계기 중 하나이지 점검 결과는 아니다. HR 애널리틱스 점검 결과는 3~4문단에 언급되어 있으며 ①, ③, ④, ⑤의 내용은 3문단에서 확인할 수 있다.

17 정답 ④

4문단에서 장기간 일하고 싶은 사람들에게는 더 많은 교육과 기회를 제공하는 Stay with us 트랙을 제공하기로 했다고 언급되어 있다.

18 정답 ③

이 글은 눈이나 얼음 위에서 미끄러지는 이유를 과학적으로 설명한 글이다. 먼저 ㉢에서 눈과 얼음이 왜 미끄러운지 문제를 제기하며, '수막 이론'을 소개하였다. 그러나 이 이론이 타당하지 않음을 ㉤에서 설명한다. 이어 수막 이론을 보충하는 또 다른 이론인 '마찰열 이론'을 ㉣에서 소개하나 이전과 마찬가지로 ㉢에서 이 이론의 근거가 부족함을 설명한다. 그리고 마지막으로 ㉠에서 현재 정설로 인정되는 '표피층 이론'으로 연결할 수 있다.

19 정답 ④

제24조 ①에 의하면 주관부서장은 연구개발 중간 및 최종 결과에 관한 평가업무를 주관하고, ③에 의하면 외부기관으로부터 수주받아 수행하는 연구과제의 평가는 발주기관의 기준에 따르지만 주관부서장이 필요하다고 인정하는 경우 별도로 자체기준에 따라 평가할 수 있다.

오답 분석

① 제20조 ③~④에 의하면 연구과제를 제안받을 수 있고, 매년 연구과제 제안에 관한 공통지침을 수행부서에 통보하는 사람은 수행부서장이 아닌 주관부서장이다.
② 제21조 ②~③에 의하면 수행부서장과 활용부서장이 연구개발기본계획을 수립한 연구과제를 실무위원회가 심의를 거쳐 선정한다.
③ 제22~23조에 의하면 연구과제는 사장이 확정하고, 확정된 연구과제에 대하여 수행부서장은 연구책임자가 연구개발시행계획서에 따라 수행하도록 하여야 한다.
⑤ 제25조 ③에 따르면 활용부서장이 아니라 주관부서장이 연구결과가 활용부서에 인계된 시점으로부터 2년간 활용실적을 연구수행부서와 공동으로 실사하여야 한다.

20 정답 ③

〈보기〉는 농업의 공익적 가치에 관한 국민들의 의식과 소비 성향을 정리하는 문장이다. ㉢을 기준으로 앞부분은 농업·농촌에 대한 의식 조사의 실질적인 수치를 제시하고, 뒷부분은 농업의 공익적 가치를 중시해야 한다는 필자의 주장이 이어진다. 따라서 〈보기〉가 위치할 가장 적절한 곳은 ㉢이다.

21

2문단 중반부에서 일본 대기업의 최고 중역들 중 60%가 넘는 사람들이 명문대 출신이고, 미국 100대 기업의 최고 중역들 중 명문대 출신은 10%가 안 된다고 하였다. 하지만 이 내용이 일본 100대 기업의 명문대 출신 중역이 미국의 100대 기업의 명문대 출신 중역의 6배임을 뜻하지는 않는다.

오답 분석

① 1문단에 의하면 중국의 수나라(581~618)는 과거제도 급제자에게 특권을 주는 방식으로 국가의 권력과 수직적 조직을 유지했는데, 이 시험은 세계에서 최초로 표준화된, 즉 시험의 조건과 기회가 모든 사람에게 다 똑같이 주어지는 시험이었다.

② 1문단 후반부에 의하면 '개천에서 난 용'도 있었지만 대부분은 오랜 세월 동안 시험을 볼 여유가 있었던 고소득층 출신자가 과거에 급제했다.

③ 2문단 전반부에 의하면 중국이 1905년에 과거제도를 공식적으로 폐지한 뒤에도 중국을 포함한 여러 동양 국가들에서 대학입시로 이어졌다.

⑤ 2문단 후반부에 의하면 '시험지옥'은 아이가 높은 시험 점수를 따도록 만들기 위해 각 가정이 수단과 방법을 가리지 않고 사교육에 돈을 쏟아붓는 동양의 지나치게 높은 교육열을 의미한다. 이런 교육열은 1980년대에 일본, 한국, 대만, 홍콩, 싱가포르의 엄청난 경제 성장을 이끌었고 이는 '동양의 다섯 마리 용의 기적'이라고 불렸다.

> **Tip**
>
> 제시문과 선택지의 일치 여부를 판단하는 문제의 경우 선택지가 제시문의 문장이나 문단을 변형한 경우가 많다. 따라서 키워드를 중심으로 선택지의 내용이 중점적으로 서술된 대목을 빠르게 찾아서 비교하는, 키워드 중심 독해력 강화가 필요하다.

22

정보공개 이의신청을 심의하는 곳은 정보공개 주관부서가 아닌 정보공개심의회이다. 업무 흐름도를 보면 정보공개 주관부서는 이의신청 접수 시 이를 정보공개심의회로 보내도록 규정되어 있다.

23

필자가 말하고자 하는 바는 3문단에 잘 드러나 있다. 국가 균형발전의 정책은 다양한 삶의 가치를 실현할 기회의 땅을 발굴하는 것이다. 이 맥락과 일치하는 주제는 ④이다.

24

'의미'는 어떤 말이나 글이 나타내고 있는 내용을 뜻하고 '취지'는 어떤 일에 대한 기본적인 목적이나 의도를 뜻한다. ⓜ은 데이터의 양, 인구수 등이 필요로 넘쳐나게 된 상황의 이유가 긴 호황임을 설명하기 위해 쓰였으므로 '의미'라는 단어는 적절하지만, 풍요로 넘치는 상황의 목적이나 의도를 설명하고 있지는 않으므로 '취지'라는 단어는 적절하지 않다.

오답 분석

① '징후'는 어떤 일이 일어날 조짐이나 겉으로 드러나는 낌새를 뜻한다. '조짐'은 나중 일이 벌어지는 양상을 추측할 수 있게 하는, 그 이전 단계의 움직임이나 변화를 뜻하므로, 유사한 두 어휘는 대체 사용될 수 있다.

② '여파'는 어떤 일이 끝난 뒤에 남아 미치는 영향을 일컫는다. '영향력'은 어떤 사물의 효과나 작용이 다른 것에 미치는 힘을 뜻하는 말로 '여파'의 의미와 유사하므로 대체 가능하다.

③ '등장'은 사물이나 이론, 인물들이 새로이 세상에 나옴을 뜻하고 '출현'은 나타나거나 나타나서 보임을 뜻하는 말이므로 '등장'을 대체할 수 있다.

④ '영역'은 관계되는 분야나 범위를 뜻하고, '분야'는 여러 갈래로 나누어진 범위나 부문을 뜻하므로 유사한 두 어휘는 대체 사용될 수 있다.

25

4문단에서 긴 호황이 이어진 덕분에 여전히 후진국 환경에서 성장하는 사람들도 바로 전 세대보다는 훨씬 나은 삶을 영위하고 있다고 언급하므로 ④는 제시문과 부합하지 않는다.

01	02	03	04	05	06	07	08	09	10
①	⑤	⑤	③	④	①	⑤	②	②	⑤

11	12	13	14	15					
⑤	①	③	③	③					

01
정답 ①

문서를 작성할 때는 문서의 대상, 목적, 시기가 포함되어야 한다.

02
정답 ⑤

'-경'은 '그 시간 또는 날짜에 가까운 때'의 뜻을 더하는 접미사로 앞말에 붙여 쓴다. 따라서 '1592년경', '20세기경', '오후 3시경' 등과 같이 사용해야 한다.

03
정답 ⑤

문서를 작성할 때는 문서의 대상, 목적, 시기가 포함되어야 하며, 기획서나 제안서 등 경우에 따라 기대효과 등이 포함되어야 한다.

04
정답 ③

명령이나 지시가 필요한 경우 즉각적인 업무 추진이 실행될 수 있도록 문서를 작성해야 한다.

오답 분석
① 명령이나 지시가 필요한 경우, 상황에 적합하고 명확한 내용을 작성해야 한다.
② 명령이나 지시가 필요한 경우에는 단순한 요청이나 자발적인 협조를 구하는 차원의 사안이 아니다.
④ 관련 부서나 외부기관, 단체 등에 명령이나 지시를 내려야 하는 경우가 있다.
⑤ 명령이나 지시가 필요한 경우 작성하는 문서의 대표적인 예시는 보고서가 아닌 업무 지시서이다.

05
정답 ④

〈공문서 작성 원칙〉 6번에 따르면 금액을 표시할 때는 아라비아 숫자로 쓰되, 숫자 다음에 괄호를 하고 한글로 적어야 한다. ②을 올바르게 수정하면 금 2,050,800원(이백오만팔백원)이 된다.

06
정답 ①

명령이나 지시가 필요한 상황에서 주로 업무 지시서를 사용한다.

07
정답 ⑤

제시된 문서는 '기획서'이다. 내용에 대한 예상 질문을 사전에 추출해 보고, 그에 대한 답을 미리 준비하는 것은 '보고서'를 작성할 때 유의사항이다.

08
정답 ②

(가)는 공문서, (나)는 보고서, (다)는 보고서, (라)는 설명서 작성 시 유의사항이다.

09
정답 ②

보고서는 특정 일에 관한 현황이나 그 진행 상황 또는 연구·검토 결과 등을 보고할 때 쓰는 문서로 직장 내에서 주고받는 문서이다. 전문용어는 조직 내에서 사용할 때 서로 이해하는 데 문제가 없으므로 사용해도 무방하다.

10
정답 ⑤

ⓒ 작성 날짜에 대한 언급은 없으므로 복귀 다음 날 작성했는지 알 수 없다.
ⓔ 첨부자료에서 공동작업한 설문항목은 확인할 수 없다.

11
정답 ⑤

공문서 작성 시 날짜 다음에 괄호를 사용할 경우에는 마침표를 찍지 않는다.

12
정답 ①

정보 제공과 관련된 문서는 기업 정보를 제공하는 홍보물이나 보도자료 등의 문서, 제품 관련 정보를 제공하는 설명서나 안내서 등이 있다. 정보 제공을 위한 문서를 작성할 때는 시각적인 자료를 활용하는 것이 효과적이다. 또한 모든 상황에서 문서를 통한 정보 제공은 무엇보다 신속하고 정확하게 이루어져야 한다.

13
정답 ③

발표는 토론의 안건과 토론 방향 등에 대한 의견이 될 것이며, 토론은 발표된 내용을 구체적으로 협의하여 바람직한 결과를 도출하는 과정이 될 것이므로 주요 발표 내용을 먼저 기재하고 그에 따른 세부 토론 내용을 기재하는 것이 올바른 보고서 작성 순서이다. 따라서 주어진 내용을 다음과 같은 순서로 정리하는 것이 가장 바람직한 보고서의 개요이다.

> l 워크숍 개요
>   - 일시/장소
>   - 참석 인원
>   - 주요 내용 및 목적

II 주요 내용
  - 발표 내용
  - 토론 내용
III 향후 일정

14

정답 ③

'적의하다(適宜하다)'의 뜻은 '무엇을 하기에 알맞고 마땅하다'로 우리나라에서는 사용이 드문 한자어이다. 따라서 '적절한 조치' 또는 '필요한 조치'로 순화하는 것이 적절하다. '적법하다'는 '법규에 맞다.'라는 의미이므로 의미상 적절한 수정이 아니다.

15

정답 ③

공모 안내문은 공모전 시행을 홍보하고 공모전 참석을 유도하기 위해 쓰인 문서이다. 따라서 의문문, 인용문, 반어문 등의 다양한 문장을 사용하여 주의를 끌 수 있도록 작성하는 것도 좋은 방법이다.

오답 분석

①, ②, ⑤ 이메일 주소, 연락 전화번호 등이 누락되어 있어 응모자들이 궁금해 할 소지가 있으며, 최우수상, 우수상, 장려상이 각각 몇 명에게 수여되는지도 불분명하다.
④ 4차 산업혁명에 대한 아이디어로 사진을 공모하는 것인지, 표어인지, 글인지, 기술적 자료인지 공모 대상을 기재하지 않았다.

CHAPTER 03 | 의사표현능력

01	02	03	04	05	06	07	08	09	10
①	④	④	⑤	④	③	⑤	③	④	③

01

정답 ①

지나치게 다른 사람의 문제를 본인이 해결해 주고자 하는 행동은 경청의 방해 요인에 해당한다. 상대가 원하는 것이 공감과 위로였을 경우에 조언하는 것은 오히려 독이 될 수 있다.

02

정답 ④

경청은 다른 사람의 말을 주의 깊게 들으며 공감하는 능력으로, 상대방의 말에 주의 집중하고 나와 관련지어 생각해 본다. 또한 상대방의 대화에 적절히 반응하며 주의 깊게 듣고 있음을 나타낼 수 있다.

오답 분석

상대방의 말을 듣기는 하지만 듣는 사람이 임의로 그 내용을 걸러내며 들으면 상대방의 의견을 제대로 이해할 수 없는 경우가 있다. 효과적인 경청 자세는 상대방의 말을 전적으로 수용하며 듣는 태도이다.

03

정답 ④

의사표현의 종류는 상황이나 사태와 관련하여 공식적 말하기, 의례적 말하기, 친교적 말하기로 구분하며, 구체적으로 대화, 토론, 보고, 연설, 인터뷰, 낭독, 구연, 소개하기, 전화로 말하기, 안내하는 말하기 등이 있다. 따라서 친구들끼리의 사적인 대화도 포함된다.

04

정답 ⑤

3문단에 의하면 경상수지 흑자는 경제에 긍정적인 영향이 훨씬 크지만, 통화 관리의 어려움과 수입규제 유발의 가능성도 가지고 있으므로 유의해야 한다. 따라서 경상수지는 반드시 긍정적인 면만 가지고 있는 것은 아니다.

05

정답 ④

단답형의 대답이나 반응보다 상대방의 다양한 생각을 이해하고 상대방으로부터 더 많은 정보를 얻기 위해서 개방적인 질문을 하는 것이 적절하다. 개방적인 질문을 통해 서로에 대한 이해도를 높일 수 있다.

06

정답 ③

다음 할 말을 생각하는 데 집중해 상대방이 말하는 것을 듣지 못하게 되는 것은 경청의 방해요인 중 '대답할 말 준비하기'에 해당한다.

07

정답 ⑤

기초외국어능력은 외국인과 업무제휴가 잦은 특정 직군의 사람에게만 필요한 능력이 아닌, 모든 직업인들에게 중요한 능력이라고 할 수 있다.

기초외국어능력이 필요한 경우는 외국인들과의 업무가 잦은 특정 직업인의 경우에만 필요한 것은 아니다. 컴퓨터에서부터 공장의 기계사용, 외국산 제품의 사용법을 확인해야 하는 경우, 외국어로 된 자료의 이해가 필요한 경우 기초외국어를 모르면 불편한 경우가 많으므로 기초외국어능력은 직업인으로서 중요하다.

08

정답 ③

A와 B의 대화를 해석하면 다음과 같다.

> A : 제 발표 연습을 들어주시느라 시간을 내주셔서 정말 감사합니다. 어떻게 생각하시나요?
> B : 음, 저는 좋다고 생각했어요. 정말 잘 준비하셨네요. 그런데 어떤 건 바꿔야 할 것 같아요.
> A : 무엇이 문제인가요? 주제가 너무 지루했죠?
> B : 아뇨, 전혀 아니에요. 아주 재미있었어요. 단지, 말을 할 때 너무 부드럽게 말하기 시작하고, 때때로 중요한 부분을 충분히 강조하지 않아요. 그 점만 잘 조절한다면, 아주 훌륭한 연설을 할 거예요.

따라서 B가 A에게 조언한 내용은 중요 부분을 강조하기이다.

09

정답 ④

효과적인 의사표현을 위해 말, 음성, 몸짓, 유머 등을 고려해야 하며, 현란한 언어구사력은 오히려 상대방에게 반감을 일으킬 수 있다. 현란한 언어구사력보다 상대방에게 신뢰감을 줄 수 있는 솔직하고 차분한 의사표현이 효과적이다.

10

정답 ③

외국인과의 의사소통에서 피해야 할 행동은 다음과 같다.
- 상대를 볼 때 흘겨보거나, 아예 보지 않는 행동
- 팔이나 다리를 꼬는 행동
- 표정 없이 말하는 것
- 대화에 집중하지 않고 다리를 흔들거나 펜을 돌리는 행동
- 맞장구를 치지 않거나, 고개를 끄덕이지 않는 것
- 자료만 보는 행동
- 바르지 못한 자세로 앉는 행동
- 한숨, 하품을 하는 것
- 다른 일을 하면서 듣는 것
- 상대방에게 이름이나 호칭을 어떻게 할지 먼저 묻지 않고 마음대로 부르는 것

CHAPTER 04 | 응용이론

01	02	03	04	05	06	07	08	09	10
②	⑤	①	④	②	④	③	④	②	④

01

정답 ②

㉠ 주어 '나는'과 서술어 '감정이었다.'가 호응하지 않으므로 주어 '나는'에 호응하는 서술어 '감정이 들었다.'로 수정하여 '그 집을 한 번 바라다본 순간 나는 견딜 수 없는 침울한 감정이 들었다.'라고 표현해야 한다.

㉢ '-어지다' 피동법은 능동문의 서술어에 '-아/-어지다'를 붙여 피동문을 만드는 방법을 말한다. '-어지다' 피동법은 접미피동법과 마찬가지로 서술어가 타동사인 경우에만 가능하다. 하지만 변하다는 자동사이므로 문장에서는 '변하게 되었다'와 같이 표현해야 한다.

㉣ 목적어 '자연을'과 서술어 '복종하기도 한다.'가 호응하지 않으므로 '복종하기도 한다.'에 호응하는 목적어 '자연에'를 넣어주어 '인간은 자연을 지배하기도 하고 자연에 복종하기도 한다.'라고 표현해야 한다.

02

정답 ⑤

'생때같다'는 아무 탈 없이 멀쩡하다 혹은 공을 많이 들여 매우 소중하다는 뜻의 단어이다. '생떼같다'라고 쓰는 경우가 있으나 '생때같다'가 옳은 표기이다.

오답 분석
① 내로라하다 : 어떤 분야를 대표할 만하다.
② 파투 : 잘못되어 판이 무효가 됨. 또는 그렇게 되게 함
③ 눈살을 찌푸리다 : 마음에 못마땅한 뜻을 나타내어 양 미간을 찡그리다.
④ 깨트리다 : '깨다'를 강조하여 이르는 말('깨뜨리다'와 동일)

03

정답 ①

'방념하다'는 모든 걱정을 떨쳐 버리고 마음을 편히 가진다는 뜻의 '안심하다'와 동의어이다.

오답 분석
② 부각하다 : 어떤 사물을 특징지어 두드러지게 하다.
③ 확립하다 : 체계나 견해, 조직 따위를 굳게 서게 하다.
④ 소비하다 : 돈이나 물자, 시간, 노력 따위를 들이거나 써서 없애다.
⑤ 감응하다 : 어떤 느낌을 받아 마음이 따라 움직이다.

04

정답 ④

밑줄 친 어휘 ㉠, ㉢, ㉣, ㉤, ㉥, ㉦의 맥락에 맞는 풀이는 다음과 같다. ㉠과 ㉦의 경우 한자 표기는 옳지만 풀이한 의미가 맥락과 어울리지 않는다.

ⓐ 국보(國寶) : 국가적 문서에 사용하던 임금의 도장으로 국권을 상징. 국새(國璽)
ⓒ 자질(資質) : 타고난 성품이나 소질
ⓔ 당대(當代) : 일이 있는 바로 그 시대
ⓜ 비견(比肩) : 낫고 못할 것이 없이 정도가 서로 비슷하게 함을 이르는 말
ⓗ 시각(時刻) : 시간의 어느 한 시점
ⓢ 유산(遺産) : 앞 세대가 물려준 사물 또는 문화

Tip

대표적인 다의어가 아니더라도 대부분의 어휘는 2가지 이상의 의미를 가지고 있다. 평소에 한 가지 어휘가 갖는 의미들의 세부적 차이를 잘 알아두는 것도 도움이 되지만, 맥락에 가장 적절한 의미를 유추하면 어렵지 않게 정답을 고를 수 있다.

05 정답 ②

'가늠하다'는 '목표나 기준에 맞고 안 맞음을 헤아려 보다'라는 의미의 단어이다. 흔히 '간음하다'로 잘못 사용하는데, 간음하다는 '부정한 성관계를 하다'라는 의미이다.

오답 분석

① '질서가 정연하여 조금도 흐트러지지 아니함'을 의미하고자 할 때는 '일사불란'이라고 한다. '일사분란'은 일사불란의 잘못이다.
③ '볼품이 없어 만족스럽지 못하다'라는 의미의 단어는 '시덥잖다'가 아닌 '시답잖다'이다.
④ '마구 쑤셔 넣거나 푹 밀어 넣다'라는 의미의 단어는 '쳐박다'가 아닌 '처박다'이다.
⑤ '사기충전'은 '사기충천'의 잘못이다. 사기충천은 '사기가 하늘을 찌를 듯이 높음'이라는 의미이다.

06 정답 ④

'묵직이'가 올바른 표현이다.

Tip

'-이'와 '-히'로 끝나는 부사의 맞춤법을 혼동하는 경우가 많으므로 주의해서 골라야 한다. 다음 6가지는 '이'로 적어야 하는 경우이며, 이에 해당하지 않는 것은 '히'로 적는다.

- '하다'가 붙는 어근의 끝소리가 'ㅅ'인 경우 : 깨끗이, 느긋이, 버젓이 등
- 'ㅂ' 불규칙 용언의 어간 뒤 : 가까이, 기꺼이, 너그러이, 번거로이 등
- '-하다'가 붙지 않는 용언 어간 뒤 : 같이, 굳이, 깊이, 높이, 많이, 헛되이 등
- 첩어 또는 준첩어인 명사 뒤 : 겹겹이, 곳곳이, 나날이, 번번이, 틈틈이 등
- 부사 뒤 : 곰곰이, 더욱이, 일찍이 등
- '하다'가 붙는 어근의 끝소리가 'ㄱ'인 경우 : 깊숙이, 고즈넉이, 끔찍이, 멀찍이

07 정답 ③

'입추의 여지도 없다'는 발 들여놓을 데가 없을 정도로 많은 사람들이 꽉 들어찬 경우를 이르는 말로 '발 들여놓을 틈도 없다'는 속담과 유사한 의미를 가졌다.

오답 분석

① '봄비에 얼음 녹듯 한다'는 봄비에 얼음이 잘 녹듯이 무슨 일이든 쉽게 해결된다는 의미이다.
② '우물에서 숭늉 찾는다'는 성미가 급하여 일의 절차도 무시하고 터무니없이 재촉하거나 서두름을 비유적으로 이르는 말이다.
④ '칠 년 가뭄에 하루 쓸 날 없다'는 계속 날이 개어 있다가 무슨 일을 하려고 하는 날 공교롭게도 날씨가 궂어 일을 그르치는 경우를 비유적으로 이르는 말이다.
⑤ '자다가 얻은 병이 이각을 못한다'는 갑자기 얻은 병이나 화가 쉽게 떨어지지 아니함을 이르는 말이다.

08 정답 ④

일장춘몽(一場春夢)은 인생의 모든 부귀영화가 꿈처럼 덧없이 사라지는 것을 비유하는 말로 인생이 덧없음을 뜻하는 인생무상(人生無常)과 의미가 유사하다.

오답 분석

① 상전벽해(桑田碧海) : '뽕나무밭이 푸른 바다가 되었다'라는 뜻으로, '세상이 몰라 볼 정도로 바뀐 것, 세상의 모든 일이 엄청나게 변해버린 것'을 의미한다.
② 무위도식(無爲徒食) : '하는 일 없이 헛되이 먹기만 함', '게으르거나 능력이 없는 사람'을 의미한다.
③ 견강부회(牽强附會) : '이치에 맞지 않는 말을 억지로 끌어 붙여 자기주장의 조건에 맞도록 함'을 의미한다.
⑤ 사가망처(徙家忘妻) : '이사하면서 아내를 잊어버린다'라는 뜻으로, 건망증이 심한 사람이나 의리를 분별하지 못하는 어리석은 사람을 비유해 이르는 말이다.

09 정답 ②

제시된 사례는 중견 1차 협력사들이 대기업 고객사의 위세에 힘입어 2차 협력사들에게 횡포를 부리는 실태에 관한 것이다. 따라서 사례와 관련 있는 사자성어로는 '여우가 호랑이의 위세를 빌려 호기를 부리다'는 뜻으로 '남의 세력을 빌어 위세를 부림'을 뜻하는 호가호위(狐假虎威)가 적절하다.

오답 분석

① 공명지조(共命之鳥) : '목숨을 공유하는 새'라는 뜻으로, '상대방을 죽이면 결국 함께 죽는다'를 의미한다.
③ 전후불계(前後不計) : '한 가지 일에만 마음을 쏟고 다른 사정을 헤아리지 않음'을 뜻한다.
④ 면종복배(面從腹背) : '겉으로는 순종하는 체하고 속으로는 딴 마음을 먹음'을 뜻한다.
⑤ 각골난망(刻骨難忘) : '입은 은혜에 대한 고마운 마음이 뼈까지 사무쳐 잊히지 아니함'을 뜻한다.

10

제시된 기사는 사고가 발생한 뒤에야 관련 규정을 손보고자 하는 일본 정부의 대처를 비판하고 있다. 이를 빗대어 표현할 수 있는 가장 적절한 한자성어는 '소 잃고 외양간 고친다'는 의미의 '망우보뢰(亡牛補牢)'이다.

오답 분석

① 일촉즉발(一觸卽發) : 한 번 건드리기만 해도 폭발할 것같이 몹시 위급한 상태를 이르는 말이다.

② 상산구어(上山求魚) : 도저히 불가능한 일을 굳이 하려 함을 비유적으로 이르는 말이다.

③ 오리무중(五里霧中) : 무슨 일에 대하여 방향이나 상황을 알 길이 없음을 이르는 말이다.

⑤ 우공이산(愚公移山) : 쉬지 않고 꾸준하게 한 가지 일만 열심히 하면 마침내 큰 일을 이룰 수 있음을 비유한 말이다.

PART 02 자원관리능력 출제예상문제

항공편	출발 시각 (현지 기준)	비행 소요 시간	도착 시각 (현지 기준)	도착 시각 (서울 기준)
시드니 → 서울	9월 16일 04:05	10시간 15분	9월 16일 14:20	9월 16일 13:20

따라서 셔틀버스는 13:00~14:30에 운영하는 것이 가장 효과적이다.

> **Tip**
>
> GMT(그리니치 표준시)를 기점으로 +면 시간이 빠르고, -면 시간이 느리다는 점에 주의한다. 예를 들어 서울이 베이징보다 1시간 빠르다는 것은 서울이 오후 2시일 때 베이징은 오후 1시임을 의미한다. 또한 시차 계산 시 +/+이거나 -/-처럼 부호가 같은 경우에는 큰 쪽에서 작은 쪽을 빼고, +/-처럼 부호가 다를 때는 절댓값을 합한다.

CHAPTER 01 | 자원·시간관리능력

01	02	03	04	05	06	07	08	09	10
③	④	④	③	④	③	②	③	②	④

11	12
③	④

01
정답 ③

시간을 효과적으로 관리하면 스트레스 감소, 균형적인 삶, 생산 성향상, 목표 달성이라는 효과를 얻을 수 있다.

02
정답 ④

시간 계획의 기본 원리는 60:40으로 계획된 행동(60%), 계획 외의 행동(20%, 예정 외의 행동에 대비한 시간), 자발적 행동(20%, 창조성을 발휘하는 시간)의 세 가지 범주로 구분하는 것이다. 특히 자신이 가진 시간의 60%는 예측하지 못한 사태와 일의 중단(낭비 시간의 발생 요인), 개인적으로 흥미를 가지는 것과 개인적인 일등에 대응할 수 있도록 계획한다.

03
정답 ④

자원을 효과적으로 활용하기 위한 과정은 자원 확인(요구되는 자원의 종류와 양 확인) → 자원 확보(실제 이용 가능한 자원 수집 및 확보) → 자원 활용계획 수립(확보한 자원에 대한 활용계획 수립) → 자원 활용(자원 활용계획에 따라 확보한 자원 활용)의 순서로 이루어진다.

04
정답 ③

시차 정보와 비행 소요 시간을 참고하여 각각의 항공편이 인천공항에 도착했을 때의 서울 시각을 구하면 다음과 같다.

항공편	출발 시각 (현지 기준)	비행 소요 시간	도착 시각 (현지 기준)	도착 시각 (서울 기준)
모스크바 → 서울	9월 15일 22:45	9시간 30분	9월 16일 08:15	9월 16일 14:15
자카르타 → 서울	9월 15일 23:35	12시간 20분	9월 16일 11:55	9월 16일 13:55

05
정답 ④

갑, 을, 병, 정의 스케줄을 그림으로 정리하면 다음과 같다.

9	10	11	12	13	14	15	16	17	18(시)
(갑) 팀회의	(정) 서버 점검		점심 시간		(을) 외부 미팅			(정) 통신장비 교체	
(병) 서울 지사 방문								(갑) 과장급 회의	

병은 오후 시간에 시장 조사, 재고 점검 등의 일정이 있으나 조절 가능하다고 언급하였다. 따라서 가장 적절한 회의 시간은 오후 3시부터 4시까지이다.

06
정답 ③

우선 런던 내에서의 소요 시간을 통해 히드로 공항에 도착해야 하는 시간을 구하면 현지 시각으로 6월 10일 오전 7시 35분이며 계산상의 편의를 위해 이때의 서울 시각을 구하면 6월 10일 오후 4시 35분이다. 출발 시각과 총 비행 시간에 따르면 B0942편과 C1073편, D4804편만이 늦지 않게 도착할 수 있는 항공편이며 이 중 가장 저렴한 것은 C1073편이다.

Tip

도착 시간은 D4804편이 가장 빠르지만, 본 문제에서는 '가장 빨리 도착하는 항공편'이 아니라 '가장 저렴한 항공편'이 무엇인지를 묻고 있다는 점에 주의한다.

07

정답 ②

박람회는 품목에 따라 1기, 2기, 3기로 나누어 각각 5일간 진행된다. K씨는 가구 회사에 재직 중이므로 제2기 때 방문할 것이며, 제2기 시작 전날인 22일 도착하는 것이 가장 적절하다.

08

정답 ③

Line 1 Tianhe Sport Chenter에서 1정거장 이동 후 Tiyu Xilu에서 Line 3로 환승한다. 그리고 3정거장 이동 후 Kecun역에서 다시 Line 4로 환승하여 4정거장을 가면 캔톤 페어가 열리는 Pazhou에 도착한다. 따라서 5분+3분+5분+6분+5분+8분=32분이 걸린다. 박람회 개장시간은 오전 9시 30분이므로 8시 58분에는 호텔에서 출발해야 한다.

09

정답 ②

본사에서 모든 지사를 돌아 다시 본사로 돌아오는 최단경로는 '본사-C-E-D-B-A-본사'이다. 이 경로로 이동할 때 총 이동거리는 1+2.5+6.2+2.7+2.5+4=18.9km이다.

10

정답 ④

9번 문제에서 도출한 최단경로는 '본사-C-E-D-B-A-본사'로 총 이동거리는 18.9km이다. 중간에 다른 경로로 우회하지 않으므로 이동하는 데 37분 48초가 걸린다. 방문하는 지사는 5곳이고 각각 40분씩 머무르므로 총 3시간 20분이 소요된다. 따라서 본사에 다시 돌아오는 시간은 오후 5시 7분이다(초 단위 절 사).

11

정답 ③

제시된 내용은 자원을 활용하는 데 자신의 편리성을 최우선으로 추구하기 때문에 나타나는 현상이다.

12

정답 ④

메일 내용에 따라 K주임이 해야 할 일을 정리하면 다음과 같다.

10:00 거래처 자료 전송 → 12:00 D부장 점심식사 장소 전달 → 13:00 회의실 대여 신청 후 공지 → 13:30 회의실 정리 → 15:00 이후 영농장비 브로슈어 확인 및 후보 제품군 보고 → 17:30 농업 기술 전수 지원단 모집 공고 메일 발송 → 퇴근 전 금일 지시받은 업무 처리 여부 메일로 전달

따라서 K주임이 오늘 다섯 번째로 해야 하는 일은 영농장비 브로슈어 확인 및 후보 제품군 보고이다.

01	02	03	04	05	06	07	08	09	10
②	③	⑤	③	④	④	④	④	③	⑤

11	12
③	④

01 정답 ②

• 잔액=배정액−누적 지출액=200,000−50,000=150,000
• 사용률=$\dfrac{\text{누적 지출액}}{\text{배정액}}\times 100=\dfrac{50,000}{200,000}\times 100=25\%$

㉠×㉡=150,000×0.25=37,500

02 정답 ③

직접비용은 간접비용에 상대되는 용어로서, 제품 생산 또는 서비스를 창출하기 위해 직접 소비된 것으로 여겨지는 비용을 말한다. 따라서 ㉠ 컴퓨터 구입비, ㉂ 빔 프로젝터 대여료, ㉼ 인건비, ㉃ 출장 교통비가 해당된다.

03 정답 ⑤

〈농산물 유통센터 부지 조건〉의 정보를 활용하여 〈후보지 정보〉의 각 항목들을 점수화한다. 이때 항목별로 1~5점의 점수를 부여한다.

구분	A	B	C	D	E
부지 넓이	3	5	2	1	4
연교차	3	2	5	1	4
인근 대도시 수	2	1	3	4	5
이동 가능 차량 대수	1	2	5	3	4
도로 혼잡률	3	4	2	5	1
이용 가능 대중교통 수	5	3	1	2	3
총점	17	17	18	16	21

따라서 최종 부지로 선정될 가능성이 가장 높은 곳은 E이다.

04 정답 ③

파프리카는 62로 시작하는 식자재이므로 C구역이 아닌 D구역에 보관해야 한다.

05 정답 ④

D구역의 식재료는 무염 버터, 생크림, 파프리카, 치킨 스톡이다. 적정 재고인 40개가 되도록 부족한 수량을 구매하려면 무염 버터는 5개, 파프리카 11개, 치킨 스톡을 26개 구입해야 하며 생크림은 구매하지 않아도 된다. 따라서 총

구매 비용은 13,000+9,900+31,200=54,100원이다.

06 정답 ④

64페이지로 총 150부, 종이는 100g 백색을 사용하고 제본은 무선 제본 방식으로 한다. 이에 따라 가격을 계산하면 종이는 총 9,600장을 사용하므로 종이 가격은 9,600×35=336,000원, 제본 비용은 150부 기준 45,000원이므로 제작 비용은 총 381,000원이다. 그런데 100부 이상 인쇄 시 3%가 할인되므로 최종 제작 비용은 369,570원이며, 배송비가 6만 원 추가되므로 최종 비용은 429,570원이 된다.

07 정답 ④

구분	−1	0	1	2	3	4	5	6	7	8	9	10
사과	■	■	■	■	■	■	■					
포도	■	■	■									
감귤					■	■	■	■				
딸기			■	■	■	■						
참외						■	■	■				
자두							■	■				
멜론				■	■	■						
토마토									■	■	■	
파프리카								■	■	■		
무		■	■									
감자	■	■										
당근					■	■	■					
상추	■	■	■	■	■							

따라서 온도를 4℃로 맞춘 저장고에 보관하기 적절한 것은 사과, 감귤, 딸기, 멜론, 상추이다.

08 정답 ④

토마토는 에틸렌을 많이 생성하는데, 상추는 에틸렌 민감성이 높으므로 함께 저장하지 않는 것이 좋다.

오답 분석

① 사과는 에틸렌을 매우 많이 생성하지만 무는 민감성이 낮으므로 함께 저장할 수 있다.
② 감귤과 당근은 둘 다 에틸렌 생성량이 매우 적고, 민감성도 중간이므로 함께 저장할 수 있다.
③ 멜론은 에틸렌을 많이 생성하지만, 포도는 에틸렌 민감성이 낮으므로 함께 저장할 수 있다.
⑤ 참외의 에틸렌 생성량은 중간이고, 파프리카의 에틸렌 민감성은 낮으므로 함께 저장할 수 있다.

09
정답 ③

3급의 기본 수당은 430만 원이므로 올해 기본급 총액은 5,160만 원이다. 여기에 명절 준비금 143만 원이 2회 지급되므로 286만 원, 교통 보조비는 매월 21만 원이 지급되므로 총 252만 원이다. 여기에 정근수당이 포함되므로 5,160만 원의 60%인 3,096만 원이 추가로 지급된다. 이를 모두 합하면 8,794만 원이다.

10
정답 ⑤

우선 5급 기본액인 320만 원에 교통 보조비 16만 원, 명절 준비금 106만 원이 9월의 기본 월급이다. 야간 근무와 휴일 근무 시간을 모두 합하면 39시간인데, 야간·휴일 근무 수당은 기본급 기준 시간당 수당의 150%이고 한 달은 4주, 주 40시간 근무가 기본이다. 따라서 W의 시간당 수당은 320÷4÷40=2만 원이며 야간·휴일 근무 수당은 시간당 3만 원이다. 여기에 야간·휴일 근무 시간인 39를 곱하면 117만 원이므로 W사원의 9월 월급 총액은 320+16+106+117=559만 원이다.

11
정답 ③

강사는 현재 ○○대학교 정교수로 재임 중이므로 일반 I에 해당한다. 특강은 4시간 동안 진행되므로 지급될 강사 수당은 150,000+100,000×3=450,000원이다.

12
정답 ④

• 강의 원고 지급액 : 표지와 목차 페이지를 제외하므로 23×12,000=276,000원
• 파워포인트용 원고 지급액 : 5장당 12,000원이므로 45÷5×12,000=108,000원
따라서 총 원고료는 384,000원이다.

CHAPTER 03 | 인적자원관리능력

01	02	03	04	05	06	07	08	09	10
④	②	②	⑤	③	④	④	③	④	⑤

01
정답 ④

기업 경영 목적을 달성하기 위한 조직의 구성원으로, 선발과 배치 및 활용이 중요한 자원은 인적 자원이다.

02
정답 ②

기업활동에서 필요한 인적자원을 파악하고, 동원할 수 있는 인적자원을 최대한 확보하여 실제 업무에 어떻게 배치할 것인지에 대한 예산계획을 수립한다.

03
정답 ②

• 단결의 원칙 : 직장 내에서 구성원들이 소외감을 갖지 않도록 배려하고, 서로 유대감을 가지고 협동·단결하는 체제를 이루도록 함
• 공정 인사의 원칙 : 직무 배당, 승진, 상벌, 근무 성적의 평가, 임금 등을 공정하게 처리해야 함

04
정답 ⑤

과제를 수행함에 있어서 필요한 활동을 구명할 때 과업세부도를 활용하면 효과적이다. 과업세부도는 과제 및 활동의 계획을 수립하는 데 가장 기본적인 수단으로 활용되며, 필요한 모든 일들을 중요한 범주에 따라 체계화시켜 구분한 도식이다. 과업세부도는 구체성에 따라 2단계, 3단계, 4단계 등으로 구분할 수 있다.

05
정답 ③

3교대로 변경 시 근무 배정표를 채우면 다음과 같다.

구분		1	2	3	4	5	6	7	8	9	10	11	12	13	14
3교대	A조	휴	오	오	오	오	오	휴	야	야	야	야	야	휴	휴
	B조	아	아	아	아	휴	휴	오	오	오	오	오	휴	야	야
	C조	야	야	휴	휴	아	아	아	아	아	휴	휴	오	오	오
	D조	오	휴	야	야	야	야	야	휴	휴	아	아	아	아	아

따라서 ㉠은 오후, ㉡은 휴일, ㉢은 아침 근무이다.

Tip

3교대 근무로 바뀌게 되면 다른 조와 근무가 겹치지 않는다. 오후-야간으로 교체되는 경우 하루를, 아침-오후, 야간-아침으로 교체되는 경우 이틀을 쉰다는 점에 유의한다.

06

5번 문제에서 정리한 근무 배정표를 볼 때, 8일 휴무 조는 B조가 아닌 D조이다.

07

정답 ④

서류심사 점수를 합산하면 다음과 같다.

지원자	A	B	C	D	E	F	G	H	I
점수	78	79	87	73	85	83	84	75	81

따라서 80점 이상 득점자는 C, E, F, G, I 5명이다.

08

정답 ③

문제에서 서류심사 결과 80점 미만을 획득할 경우 면접심사에서 만점을 받아야 최종 선발에 포함된다고 하였다. 면접에서 만점을 받은 사람이 없으므로 80점 이상인 사람의 점수만 계산한다. 면접 점수와 서류 점수를 더한 최종 점수는 다음과 같다.

지원자	C	E	F	G	I
면접	76	78	77	83	81
합계	163	163	160	167	162

동점자 발생 시 서류심사 고득점자 순으로 결정한다고 했으므로 최종 선발될 2인은 C, G이다.

09

정답 ④

다른 조와 근무 편성이 겹치면 안 되므로 2일은 야간 근무, 5일은 휴무, 8일은 오후 근무, 11일은 휴무, 14일은 오전 근무이다.

10

정답 ⑤

날짜	연차 신청자	대체자
3일	조은아(A조)	B조
6일	이영재(B조)	D조/C조
9일	정승연(C조)	A조
10일	박채윤(B조)	A조/D조
12일	차현수(D조)	C조/B조

12일에는 D조인 차현수가 연차를 신청하였고, B조 또는 C조에 속한 인원이 대체 가능하다. 그러나 김은성은 A조이므로 적절하지 않다.

조직이해능력 출제예상문제

CHAPTER 01 | 조직이해능력

01	02	03	04	05	06	07	08	09	10
②	①	⑤	④	⑤	④	④	①	③	③

01 　　　　　　　　　　정답 ②

조직 내 의사결정 과정은 대부분의 경우 조직에서 이루어진 기존 해결방법 중에서 새로운 문제의 해결방법을 탐색하는 과정이 있다. 이는 문제를 확인하고 난 후 개발단계 중 구체적인 설계가 이루어지기 전 탐색단계에서 이루어지게 된다.

02 　　　　　　　　　　정답 ①

조직구성원들이 자신의 업무를 성실하게 수행하더라도 전체 조직목표에 부합하지 않으면 조직 목표는 달성될 수 없다. 또한 조직목표는 공식적이고 장기적인 목표인 사명과 이를 달성하기 위한 세부목표로 이루어지며, 조직은 다수의 목표를 추구할 수 있다.

03 　　　　　　　　　　정답 ⑤

1/4분기 손익 및 매출액, 순수익 등에 대한 보고가 있으므로 회계부가 참여했고, 마케팅 진행 상황 및 결과 보고, 기획 발표 등이 있으므로 영업부가 참여했음을 알 수 있다. 신규 상품 기획은 기획부의 업무이고 신입사원 채용 및 교육은 인사부의 업무이다. 회의록에 생산부와 직접적으로 연관된 내용이 없으므로 생산부가 회의에 참여하지 않았을 가능성이 가장 높다.

04 　　　　　　　　　　정답 ④

'개인고객'이라는 단어 때문에 '개인고객본부'로 혼동할 수 있으나 '정보보호 강화와 관련된 시스템 구축 건'이므로 정보시스템부가 속한 IT본부에 연락을 취해야 한다.

05 　　　　　　　　　　정답 ⑤

연구관리팀은 신제품의 개발 가능성 및 사업성 등을 고려하여 연구와 관련된 기술 정보를 분석하고 연구계획을 수립하는 등의 업무를 담당한다. 제시된 업무 내용은 영업 관련 팀에서 담당할 업무이다.

06 　　　　　　　　　　정답 ④

국내 출장 여비로 30만 원 초과, 50만 원 이하의 금액을 사용할 경우 지출결의서는 과장의 결재를, 출장비 신청서와 출장 계획서는 부장의 결재를 받아야 한다. 결재 시 결재권을 위임받은 자 아래에 '전결'이라고 표시하고, 최종 결재란에는 그 위임받은 자를 표시한다. 이를 정확히 지켜 작성한 것은 ④뿐이다.

07 　　　　　　　　　　정답 ④

거래처 접대비용이 20만 원을 초과할 경우 전결권자는 과장이 아닌 부장으로 된다. 따라서 부장 아래 '전결' 표시를 한 후 최종 결재란에 부장으로 표시하여야 한다.

08 　　　　　　　　　　정답 ①

본문과 댓글을 통해 각자가 주로 하고 있는 업무를 확인할 수 있다. 우선 오소리는 홍보 관련 업무를 담당하고 있고, 아르마딜로 역시 고객을 상대로 선호도 조사를 하는 것처럼 느껴진다는 반응을 보아 홍보·마케팅 부서에 속함을 알 수 있다. 코뿔소는 기획, 카라칼은 총무나 재무, 혹은 회사에 따라 인사 부서에 해당하며 천산갑은 생산 부서에 속함을 추론할 수 있다.

09 　　　　　　　　　　정답 ③

정보화예산 편성계획 수립과 3억 원 이상의 정보화사업 계약 체결 모두 실무자가 기안을 작성하고, 국장이 최종 결재한다.

10 　　　　　　　　　　정답 ③

행정정보화 중장기 발전계획 시행은 실무자 기안 작성 후 국장이 전결 처리한다.

01	02	03	04	05	
③	④	②	③	③	

01
정답 ③

이문화 이해는 내가 속한 문화와 다르다고 해서 무조건 나쁘거나 저급한 문화로 여기는 것이 아니라, 그 나라 고유의 문화를 인정하고 해야 할 일과 해서는 안 되는 일을 구별할 수 있는 것이다.

02
정답 ④

첫 번째 문단에서 ㉠, 두 번째 문단에서 ㉣, 세 번째 문단에서 ㉤을 확인할 수 있다.

03
정답 ②

'자사 분석'에서는 자사 내부의 강점과 약점에 대한 분석이 이루어져야 한다. '고급 스페셜티 커피에 대한 수요 증가'는 자사 내부가 아닌 고객들의 최근 성향을 분석한 것이므로 자사 분석이 아닌 고객 분석 항목에 들어가는 것이 더 적절하다.

04
정답 ③

WO 항목에는 기회 요인을 활용하여 약점을 보완하는 내용이 적절한데, ③에서는 약점을 보완하는 내용을 찾을 수 없다. 또한 배송 속도가 빠른 배송업체를 결정하는 것은 신속·저렴한 전국적 운송망이라는 기회를 활용하는 전략이지만, 훼손 상품을 줄이려는 노력은 기회가 아니라 위협에 대응하는 전략이다.

05
정답 ③

• 경영 계획 : 조직의 미래상 설정, 대안 분석 및 목표 수립, 실행방안 선정
• 경영 실행 : 조직목적 달성, 조직구성원 관리
• 경영 평가 : 수행결과 감독, 교정 및 피드백

정보능력 출제예상문제

CHAPTER 01 | 컴퓨터활용능력

01	02	03	04	05	06	07	08	09	10
①	②	①	⑤	④	⑤	①	⑤	②	③
11	12	13	14	15	16	17	18	19	20
①	②	④	③	②	①	②	④	②	②

01
정답 ①

POS(Point Of Sale)에 관한 설명이다. POS 시스템은 물품을 판매한 바로 그 시점에 판매 정보가 중앙 컴퓨터로 전달되어 각종 사무 처리는 물론 경영 분석까지도 이루어지는 시스템을 말한다.

02
정답 ②

ⓒ 한 번에 여러 파일에서 데이터를 찾아내는 기능은 원하는 검색이나 보고서 작성 등을 쉽게 할 수 있게 해 준다.
ⓔ 데이터가 중복되지 않고 한 곳에만 기록되어 있으므로 데이터의 무결성, 즉 결함이 없는 데이터를 유지하는 것이 훨씬 쉬워졌다.

03
정답 ①

ⓒ 공공기관이나 정부도 전자상거래를 할 수 있다.
ⓔ 팩스나 전자우편 등을 이용하여 전자상거래를 할 수 있다.

04
정답 ⑤

Ctrl + Esc 를 누르면 시작 메뉴가 표시된다.

오답 분석
① Alt + Tab : 실행 중인 프로그램들의 목록을 화면 중앙에 나타냄
② Alt + F4 : 실행 중인 창(Windows)이나 응용 프로그램 종료
③ Ctrl + A : 폴더 및 파일을 모두 선택
④ Ctrl + Shift + Esc : 작업관리자 호출

Tip
주요 단축키의 기능은 다음과 같다.
Alt + ←, → : 실행 중인 화면의 다음 화면이나 이전 화면으로 이동
Alt + Esc : 실행 중인 프로그램들을 순서대로 전환
Alt + Print Screen : 현재 작업 중인 활성 창을 클립보드로 복사
Ctrl + 마우스 스크롤 : 바탕화면의 아이콘 크기 변경
Shift + Delete : 휴지통을 거치지 않고 폴더나 파일을 바로 삭제
Shift + F10 : 바로 가기 메뉴 표시

05
정답 ④

사용자별로 작성한 문서는 서로 다른 폴더에 저장된다.

06
정답 ⑤

그룹별 부분합의 결과는 오름차순, 내림차순과 무관하게 동일하다.

07
정답 ①

운영체제는 컴퓨터가 동작하는 동안 하드디스크(보조기억장치)가 아닌 주기억장치에 위치한다.

08
정답 ⑤

Shift와 Delete를 눌러 파일을 삭제한 경우 휴지통을 거치지 않고 삭제된다.

Tip
휴지통에 보관되지 않는 경우
• 플로피디스크, USB 메모리, DOS 모드, 네트워크 드라이브에서 삭제된 항목
• 같은 이름의 항목을 복사 → 이동 작업으로 덮어쓴 경우
• 휴지통 속성 창에서 '파일을 휴지통에 버리지 않고 삭제할 때 바로 제거'를 선택한 경우

09
정답 ②

네트워크를 통해 바이러스가 감염되는 것을 방지하기 위해서는 공유 폴더의 속성을 '읽기 전용'으로 설정해야 한다.

10
정답 ③

분산 서비스 거부 공격(DDOS)은 여러 대의 컴퓨터를 이용하여 대량의 데이터를 한곳의 서버에 집중적으로 전송함으로써 특정 서버의 정상적인 기능을 방해하는 형태의 공격이다.

11
정답 ①

#NULL!은 교차하지 않는 두 영역의 교점을 지정했을 때 표시되는 오류이다.

12
정답 ②

와이브로(Wibro)는 고정된 장소가 아닌, 이동하면서도 초고속 인터넷을 이용할 수 있는 무선 휴대 인터넷 서비스이다.

13
정답 ④

MID는 시작 위치에서 주어진 개수만큼 표시하는 함수이다. 왼쪽에서 주어진 자릿수만큼 추출하는 함수는 LEFT이다.

14
정답 ③

외부 액세스 데이터베이스에서 만들어진 데이터도 피벗 테이블을 만드는 데 사용할 수 있다.

15
정답 ②

첫 번째 IF에서
- 조건 : E2>=150 → [E2]셀이 150 이상이면
  - 참 : 우수
  - 거짓 : 두 번째 IF 실행
두 번째 IF에서
- 조건 : E2>=100 → [E2]셀이 100 이상이면
  - 참 : 보통
  - 거짓 : 노력
※ IF함수 : IF(어떤 항목이 True이면 작업 수행, 그렇지 않은 경우 다른 작업 수행)

16
정답 ①

조건이 하나일 때는 다음과 같은 방법으로 합계를 구할 수 있다.
방법 1 : {=SUM(조건*합계를 구할 범위)}
방법 2 : {=SUM(IF((조건), 합계를 구할 범위))}

- 조건 : 'RIGHT(텍스트, 개수)'는 텍스트의 오른쪽부터 지정한 개수만큼 표시한다는 의미이므로, 공장코드의 마지막 두 글자가 'SE'라는 조건을 적용하면, 공장코드의 마지막 두 글자 RIGHT(A2:A7,2)와 비교할 기준이 되는 "SE"를 "="으로 연결하여 '(RIGHT(A2:A7,2)="SE")'로 표시할 수 있다.
- 합계를 구할 범위 : 판매량의 합계를 구해야 하므로 'D2:D7'이 된다.
- 조건+범위 수식 대입 : =SUM((RIGHT(A2:A7,2)="SE")*D2:D7)

조건과 범위를 대입한 수식을 입력한 후 Ctrl+Shift+Enter를 누르면 중괄호 '{ }'가 표시되므로 {=SUM((RIGHT(A2:A7,2)="SE")*D2:D7)}로 표시된다.

17
정답 ②

#,###은 천 단위 기호를 나타내라는 의미이며, 그 뒤의 콤마 ','의 역할은 1,000의 배수만큼 자릿수가 없어지는 것으로 '#,###,(###)'처럼 맨 뒤 1,000자리 이하를 생략하라는 뜻이다. 숫자 생략 시 맨 끝에서 3번째 자리에서 반올림이 이뤄지며, 1,359천원으로 표시되어야 한다.

오답 분석
① #,##0.00 : 천 단위 구분 기호 적용 및 소수점 둘째 자리까지 표현하라는 의미
③ 0.00 : 소수점 뒤 '00'은 소수점 자릿수를 의미
④ #% : 해당 셀의 값에 100을 곱해서 나온 값에 %를 붙여 표시
⑤ #,##0, : 세 자리 숫자마다 콤마 ',' 표시 및 천 단위 값 생략

18
정답 ④

조건이 한 개일 때 평균을 구하는 수식은 다음과 같다.
{=AVERAGE(IF(조건, 평균을 구할 범위))}
- 조건 : 소속이 '영업1팀'이라는 조건은 비교 대상이 되는 소속명이 있는 범위(B2:B8)와 비교할 기준이 되는 '영업1팀'을 '='으로 연결해서 다음과 같이 표시한다. → (B2:B8="영업1팀")
※ 조건을 표시하는 다른 방법으로 'LEFT(A10,4)'도 가능하다. 'LEFT(A10,4)'은 [A10] 셀 데이터의 왼쪽에서부터 네 글자 ('영업1팀')를 표시하므로 결괏값이 '영업1팀'이다. 따라서 '영업1팀' 대신 'LEFT(A10,4)'를 입력할 수 있다.
- 평균을 구할 범위 : 평균을 구할 범위는 수량이므로 [D2:D8]이 된다.
- 조건+범위 수식 대입 :
  =AVERAGE(IF(B2:B8=LEFT(A10,4), D2:D8))

조건과 범위를 대입한 수식을 입력한 후 Ctrl+Shift+Enter를 누르면 중괄호가 표시되므로 {=AVERAGE(IF(B2:B8=LEFT(A10,4),D2:D8))}로 표시된다.

정답 ②

COLUMN함수 : 참조 영역의 열 번호를 구하는 함수이다. 셀 [B4]는 B(2열) 4행이므로 열 번호는 2이다.

오답 분석

① MOD(인수, 나누는 수) : 나눗셈의 나머지를 구하는 함수이다. 따라서 5를 2로 나누면 나머지는 1이므로 결괏값은 1이다.
③ TRUNC(값, 자릿수) : 지정한 자릿수만을 소수점 아래에 남기고 나머지는 버리는 함수이다. 따라서 '.55'를 없앤 정수만을 취하므로 결괏값은 7이다.
④ POWER(인수, 제곱값) : 밑수를 지정한 만큼 거듭제곱하라는 함수이다. 따라서 인수 4의 세제곱은 $4^3=64$이다.
⑤ FLOOR(내림할 숫자, 배수의 기준이 되는 수) : 지정한 수를 지정한 배수와 가장 가까운 수로 변경해주는 함수이다. 따라서 141을 5의 배수로 가장 가깝게 변경하면, 결괏값은 140이다.

20

정답 ②

회의록을 통해 알 수 있는 조건을 정리해 보면 다음과 같다.
• 무게가 2kg 미만일 것
• 배터리 지속시간이 길 것
• 메모리 확장 슬롯은 불필요함
• 지문인식 기능을 선호함
• 키보드 백라이트 기능은 불필요함
조건들을 정리하면 ⓒ모델이 가장 적합하다.

CHAPTER 02 | 정보처리능력

01	02	03	04	05		
②	①	⑤	③	④		

01

정답 ②

• 2024년 12월 생산 : 4122
• 태국의 제3공장에서 생산 : 3l
• 가방 중 크로스백 : 002044
• 7233번째로 생산 : 007233

02

정답 ①

실용서이므로 독자대상기호로 '1'을, 한 권의 단독 간행될 책이므로 발행형태기호는 단행본인 '3', 보험 관련 내용을 담고 있으므로 내용분류기호표에서 사회과학 내용의 '보험'을 찾아보면 세로줄의 '3', 주제의 세부분야인 가로줄의 '1'이 선택된다. 제5행은 0을 사용해야 하므로 부여될 부가기호는 13310이다.

03

정답 ⑤

한국(국내) 국가식별코드는 8800이고, K사의 제조업체코드는 54620이므로 바코드의 맨 앞부터 7자리 숫자는 '8805462'이다. 따라서 ①과 ④는 제외된다.
8805462812541(B상품) : (8+5+6+8+2+4)×3+(8+0+4+2+1+5)=99+20=119 → 체크디지트는 1(일치)

오답 분석

② 8805462802483(A상품) : (8+5+6+8+2+8)×3+(8+0+4+2+0+4)=111+18=129 → 체크디지트는 1(불일치)
③ 8805462814624(C상품) : (8+5+6+8+4+2)×3+(8+0+4+2+1+6)=99+21=120 → 체크디지트는 0(불일치)

04

정답 ③

물품코드를 정보 단위로 구분하여 의미를 파악하면 다음과 같다.
• 202410 : 2024년 10월에 구입함
• DR : 물품은 서랍임
• 00038 : 38번째로 구입함
• MG30 : 관리부서는 3팀임
해당 물품을 구입하기 전 A기업은 서랍 37개를 구입하였으므로 ③은 틀린 내용이다.

05

정답 ④

2024년 3월에 입사하고 바로 필요하다고 했으므로 202403이고, 노트북은 NO이다. 이전에 212대를 구입하였고 이번엔 213대째 구입하는 것이므로 002213이고, 관리부서는 5팀이므로 MG500이다. 따라서 신입사원이 구입한 물품코드는 202403NO002213MG500이다.

기술능력 출제예상문제

PART 05

CHAPTER 01 | 기술이해·적용능력

01	02	03	04	05	06	07	08	09	10
②	②	④	①	④	⑤	②	④	④	②
11	12	13	14	15					
④	②	④	③	①					

01 　　　　　　　　　　　　　　정답 ②

㉠ 이용 가능한 자원과 에너지를 고려한다.
㉣ 기술적 효용만이 아닌 환경효용도 추구한다.

02 　　　　　　　　　　　　　　정답 ②

공학적 도구나 지원방식에 대한 이해 능력을 갖추는 것은 '기술관리자'의 능력이다.

> **Tip**
>
> **기술관리자의 능력**
> • 기술을 운용하거나 문제해결을 할 수 있는 능력
> • 기술직과 의사소통을 할 수 있는 능력
> • 혁신적인 환경을 조성할 수 있는 능력
> • 기술적, 사업적, 인간적인 능력을 통합할 수 있는 능력
> • 시스템적인 관점에서 인식하는 능력
> • 공학적 도구나 지원방식에 대한 이해 능력
> • 기술이나 추세에 대한 이해 능력
> • 기술팀을 통합할 수 있는 능력

03 　　　　　　　　　　　　　　정답 ④

제시된 자료를 확인해 보면 내부에 이슬이 맺히는 증상이 나타날 때 의심되는 원인으로는 '뜨거운 음식을 식히지 않은 상태로 보관하는 경우'가 있다. 그런데 캔 음료만 보관하는 냉장고라면 뜨거운 음식이 식지 않은 상태로 들어갈 일이 없으므로 다른 원인으로 인한 증상임을 알 수 있고, 따라서 이 경우 A/S 센터에 문의 및 고장 수리 접수를 하는 것이 적절하다.

04 　　　　　　　　　　　　　　정답 ①

교육적 원인은 안전 지식의 불충분, 안전 수칙의 오해, 경험이나 훈련의 불충분과 작업 관리자의 작업 방법 교육 불충분, 유해 위험 작업 교육 불충분 등이 있다.

오답 분석
③ 기술적 원인 : 건물·기계 장치의 설계 불량, 구조물의 불안정, 재료의 부적합, 생산 공정의 부적당, 점검·정비·보존의 불량 등이 있다.
⑤ 작업 관리상 원인 : 안전 관리 조직의 결함, 안전 수칙 미제정, 작업 준비 불충분, 인원 배치 및 작업 지시 부적당 등이 있다.

05 　　　　　　　　　　　　　　정답 ④

열화상카메라에 열이 있는 물체가 감지되었을 때 사람인지를 분석한 후, 사람일 경우 돌발상황으로 인식하여 경보 신호 발생을 지시한다. 경보발생부가 경보신호를 종합사령실과 열차에 전송하면 열차는 멈춰서서 사고를 방지한다. 열차가 무사히 건널목을 통과하면 경보는 종료된다.

06 　　　　　　　　　　　　　　정답 ⑤

프린터에 응결이 발생한 경우 인쇄 품질이 저하될 수 있다. 그러나 이는 인쇄가 되지 않는 상황에서 확인해볼 사항에 해당되지 않는다.

07 　　　　　　　　　　　　　　정답 ②

원고 상태가 좋지 않다는 것은 인쇄 품질이 떨어진다는 것을 의미한다. 따라서 잉크 시트와 용지에 먼지가 없는지, 프린터 내부에 먼지가 없는지, 프린터에 응결이 발생하진 않았는지, 전자파 또는 강한 자기장을 발생시키는 장비 근처에 있지는 않은지를 확인하도록 한다.

08
정답 ④

살짝 잡아당겨서 용지를 제거하기 어려운 경우 프린터의 전원을 끄고 다시 켜는 동작을 반복하며 용지가 나올 때까지 기다린다.

오답 분석

① 용지가 튀어나오면 주의하여 꺼내야 하고, 살짝 잡아당겨도 제거 불가능한 경우 강제로 꺼내지 않도록 한다.
② 일단, 용지가 튀어나왔는지 확인하고 제거가 어렵다면 전원을 껐다 켠 후 용지가 나오는 것을 반복하여 확인한다. 이와 같은 용지 걸림을 해결하기 위한 시도 후에도 해결이 어렵다면 대리점이나 가까운 서비스 센터로 문의하도록 한다.
③ 이물질이 끼어 있는지 확인하는 것은 용지 걸림 상황에서의 해결 팁으로 제시되지 않은 방법이다.
④ 용지가 걸린 상태로 두는 것보다는, 전원을 껐다 다시 켜서 용지가 나올 때까지 반복하거나 그 후에도 문제가 해결되지 않으면 대리점 또는 가까운 서비스 센터로 문의하는 것이 적절하다.

09
정답 ④

카메라 각도 체크는 제대로 된 영상을 녹화하기 위해 블랙박스 사용 시 주의 사항으로 언급되어 있으나, 제품의 부착 위치나 카메라 각도로 인해 영상 촬영이 어렵다고는 보기 어렵다. 즉 영상이 녹화되지 않는다는 것을 의미하는 것은 아니므로, 가장 적절하지 않다.

오답 분석

① 제품의 렌즈 앞 이물질 또는 스티커 등이 시야를 가리는 경우 영상 촬영이 어려울 수 있음을 언급했다.
② 장시간 직사광선에 노출 시 차량 내부 온도 상승으로 인한 전원 OFF로 영상이 녹화되지 않을 수 있음을 언급했다.
③ 무리한 힘을 가해 장치를 만지거나 충격을 주는 경우나 일정한 충격을 넘어선 큰 사고 발생 시 제품 자체의 파손 또는 전원 연결이 끊어져 녹화되지 않을 수 있음을 언급했다.
⑤ 차량의 과도한 선팅으로 인해 영상녹화가 제대로 되지 않을 수 있음을 언급했다.

10
정답 ②

품질 보증기간 경과, 유상 서비스기간 이내에서 정상적인 사용 중 발생한 동일 부위의 기능상 하자 3회 발생으로 중요한 수리를 요한 경우 유상 수리 또는 유상 제품 교환이 이뤄진다. ②를 제외한 상황은 모두 무상 제품 교환이 이뤄진다.

오답 분석

① 판매자의 제품 설치 중 발생된 피해로, 품질 보증기간 이내에 수리 신청한 경우 무상 제품 교환이 이뤄진다.

③ 제품 구입 시 판매자의 운송 과정에서 발생한 피해로, 품질 보증기간이 지나지 않았으므로 무상 제품 교환이 이뤄진다.
④ 유상 서비스기간이 3개월 남은 것은 품질 보증기간을 경과, 유상 서비스기간은 남은 것을 의미한다. 정상적인 사용 상태에서 기능상 하자로 중요한 수리를 요한 경우에 해당하며 소비자가 수리 의뢰한 제품을 A/S센터가 관리 부실로 분실한 것이므로 무상 제품 교환이 이뤄진다.
⑤ 구입 후 1개월 이내 발생한 것이며, 정상적인 사용 중 기능상 하자로 수리를 신청한 경우로서 무상 제품 교환 또는 무상 수리가 이뤄진다.

11
정답 ④

C과장을 회사 밖에서 만나 태블릿의 일반 플레이어 프로그램을 통해 녹화 영상을 보여주어야 하므로, 녹화 영상이 일반 플레이어 프로그램에서 재생 가능하도록 조치해야 한다. 따라서 해당 영상을 백업하고, 백업된 영상이 CMS 파일로 저장되면 일반 플레이어 프로그램에서 재생 가능한 AVI 파일로 변환해야 한다.

12
정답 ②

어댑터 및 녹화기 본체 램프가 점등된 상태에서 VDR이 실행되지 않는 경우는 '서비스 의뢰 전 점검 사항'에 해당되지 않으므로 고객센터에 문의해 더 자세한 조치방법을 강구하거나 수리를 의뢰하여야 한다.

오답 분석

① 채널당 프레임을 30fps 이상으로 설정해야 영상이 자연스럽다.
③ 녹화기 영상출력단자를 TV 영상단자와 연결해야 영상이 재생된다.
④ 하드디스크를 SATA 방식으로 별도 장착한 후 자체 포맷을 실시해야 인식된다.
⑤ 카메라가 강한 빛을 향하지 않도록 방향을 바꿔주어야 한다.

13
정답 ④

e-learning을 통한 교육과 달리 일정 시간을 할애해야 하며, 학습자가 학습을 조절 또는 통제하기가 어렵다.

14 정답 ③

커피가 추출구에서 나오지 않는 경우는 추출구가 막힌 것이므로, '세척 및 관리-기기 헹굼'을 통해 내부관을 청소해야 한다. 이 같은 방법으로도 해결이 되지 않는다면, 중앙추출구를 분리 및 세척하거나 부품들을 모두 바르게 장착해보도록 한다.

오답 분석
① 커피가 충분히 뜨겁지 않은 경우의 해결 방법이다.
② 우유파이프가 막힌 것이 원인이 되어 우유거품의 상태가 만족스럽지 않은 경우의 해결 방법이다.
④ 충분한 양의 커피원두가 분쇄되지 않아 커피의 맛이 약하거나 찌꺼기가 질퍽거리고, 기름기가 많아진 경우의 해결 방법이다.
⑤ 우유관이 막혀 뜨거운 우유 또는 우유거품이 추출되지 않은 경우의 해결방법이다.

15 정답 ①

찬바람이 약하거나 시원하지 않아 냉방이 불충분하다고 여겨진다면 냉매 누설 테스트를 실시하였는지, 액정에 추가 냉매량이 표시되었는지 확인해보아야 한다.

오답 분석
② 누수 현상이 발생 가능하므로 확인해야 할 항목은 '배수는 원활하게 되고 있는가?'이다. 기기가 바르게 접지되어 있지 않다면 누수가 아닌 누전이 발생할 수 있다.
③ 공기 흡입구 또는 배출구가 막혀 있는지 확인하는 것은 막혀 있을 시 불충분한 냉방이 발생할 수 있기 때문이다. 소음은 제품이 튼튼하게 고정되어 있지 않을 경우 발생할 수 있다.
④ '시운전 전 주의사항'에서는 연결 파이프의 차단 밸브를 모두 열도록 안내하고 있다.
⑤ 단열이 충분한지 확인하는 이유는 응결 현상 발생을 막기 위해서이다.

CHAPTER 02 | 기술선택능력

01	02	03	04	05	
①	③	④	④	②	

01 정답 ①

산업재산권이란 특허권, 실용신안권, 의장권 및 상표권을 총칭하며 산업활동과 관련된 사람의 정신적 창작물(연구결과)이나 창작된 방법에 대해 인정하는 독점적 권리이다.
㉠ 특허 : 기술적 창작인 원천 핵심 기술
㉡ 실용신안 : Life-Cycle이 짧고 실용적인 주변 개량 기술
㉢ 의장 : 심미감을 느낄 수 있는 물품의 형상, 모양
㉣ 상표 : 타상품과 식별할 수 있는 기호, 문자, 도형

02 정답 ③

하향식 기술선택은 사업 전략을 체계적으로 분석한 후 구체화해야 한다. 따라서 전문가 D의 발언은 적절하지 않다.

> **Tip**
>
> **기술선택을 위한 의사결정**
> • 상향식 기술선택 : 기업 전체 차원에서 필요한 기술에 대한 체계적인 분석이나 검토 없이 연구자나 엔지니어들이 자율적으로 기술을 선택하는 것
> • 하향식 기술선택 : 기술경영진과 기술기획담당자들에 의한 체계적인 분석을 통해 기업이 획득해야 하는 대상기술과 목표기술 수준을 결정하는 것

03 정답 ④

매뉴얼은 그 기술에 해당하는 가장 기본적인 활용 지침을 작성해 놓은 것이다.

04 정답 ④

상표의 배타적 권리보장 기간은 등록 후 10년이다.

05 정답 ②

기업은 기술을 선택하고 활용함에 있어 다양한 여건들을 확인해야 한다. 시장의 상황, 고객의 반응, 비용, 새로운 기술에 따른 위험 부담, 성공 여부 등을 확인하고 기술을 선택해야 실패 확률을 최소화하고 성공 확률을 최대화할 수 있다. 노키아의 경우 시장의 상황, 고객의 반응 등에 대한 확인이 부족했고 대응이 적절하지 못하여 실패한 사례라고 볼 수 있다.

PART 06

자기개발능력 출제예상문제

CHAPTER 01 | 자기개발능력

01	02	03	04	05	06	07	08	09	10
②	②	③	⑤	②	③	①	⑤	②	③

01
정답 ②

자기개발의 3요소에 해당하는 것은 자기관리, 자아인식, 경력개발이다.

02
정답 ②

자기개발은 개인적인 과정으로 사람들이 자기개발을 통해 지향하는 바와 선호하는 방법 등이 모두 다르다. 또한 자기개발은 평생에 걸쳐서 이루어지는 과정이며, 모든 사람이 해야 한다는 특징이 있다.

03
정답 ③

인내심을 키우기 위해서는 새로운 시각으로 상황을 분석해야 한다. 어떤 사물이나 현상을 바라보는 시각은 매우 다양하며, 다양한 시각을 가지게 되면 다른 사람이 하는 행동이나, 현재 자신의 생각과 다르게 벌어지는 일에 대하여 긍정적으로 해석하고 인내할 수 있게 된다.

04
정답 ⑤

오답 분석

① 단기목표는 장기목표를 수립하기 위한 기본단계가 된다.
② 장단기목표 모두 구체적으로 계획하는 것이 바람직하나, 장기목표는 경우에 따라서 매우 구체적인 방법을 계획하는 것이 어렵거나 바람직하지 않을 수 있다.
③ 실행 과정을 통해 도출된 결과를 검토하고 수정한다. 경력목표를 달성하기에 충분한지 등을 검토하며, 환경이나 가치관의 예측하지 못한 변화에 의해 전략이 수정될 수 있다.
④ 자기개발 계획을 수립할 때에는 현재의 직무와 관련하여 계획을 수립하여야 한다.

05
정답 ②

자기개발은 자신의 능력, 적성 및 특성 있어서 강점과 약점을 찾아 강점을 강화시키고 약점을 관리하여 성장을 위한 기회로 활용하는 것이다. 직업기초능력으로서 자기개발능력은 자신에 대한 객관적 이해를 기초로 발전 목표를 스스로 수립하고 자기 관리를 통하여 성취해나가는 능력을 의미한다.

06
정답 ③

자기개발의 필요성
• 직장생활에서 효과적으로 업무를 처리하기 위함
• 변화하는 환경에 적응하기 위함
• 주변 사람들과 긍정적인 인간관계를 형성하기 위함
• 자신이 달성하고자하는 목표를 성취하기 위해서, 개인적으로 보람된 삶을 살기 위함

07
정답 ①

자기개발 목표를 성취하기 위해 서는 우선 장단기 목표를 수립해야 한다. 장단기를 구분하는 기준은 개인에 따라 다르다. 중요한 생애전환기(결혼, 취직, 이직 등)를 기준으로 바뀔 수도 있으나, 일반적으로 5~20년 뒤를 설계한다. 참고로 단기목표는 1~3년 정도의 목표를 의미한다.

08
정답 ⑤

성찰을 하는 이유는 일을 하는데 필요한 노하우를 축적하고, 지속적인 성장의 기회와 신뢰감 형성의 원천 및 창의적인 사고 능력 개발 기회를 제공하기 때문이다. 성찰을 연습하는 방법으로는 성찰노트 작성, 끊임없이 질문하기 등이 있다.

09
정답 ②

자기관리는 비전 및 목적 정립-과제 발견-일정 수립-수행-반성 및 피드백 순서로 이루어진다.

10
정답 ③

업무수행 성과를 높이기 위해서는 일을 미루지 않고, 업무를 묶어서 처리하며, 다른 사람과 다른 방식으로 일해야 한다. 또한 회사와 팀의 업무 지침을 따르고 역할 모델을 설정해야 한다.

CHAPTER 01 | 대인관계능력

01	02	03	04	05	06	07	08	09	10
②	⑤	③	④	①	④	④	②	②	⑤
11	12	13	14	15					
③	①	⑤	①	③					

01
정답 ②

대인관계능력이란 조직 내부 및 외부의 갈등을 해결하고, 고객의 요구를 충족시켜줄 수 있는 능력을 포괄하는 개념이다.

02
정답 ⑤

인간관계를 형성할 때 가장 중요한 것은 우리의 사람됨이다. 대인관계에 있어서 기법이나 기술은 내면으로부터 자연스럽게 나오는 것이어야 하며, 인간관계의 출발점은 자신의 내면이다.

03
정답 ③

협력을 장려하는 환경을 조성하기 위하여 침묵을 지키는 것을 존중해야 한다. 이외에도 아이디어를 개발하도록 팀원을 고무시킨다, 일상적인 일에서 벗어나 본다 등이 있다.

04
정답 ④

코칭은 명령을 내리거나 지시를 내리는 것보다 많은 시간이 걸리고 인내가 필요한 활동이다. 하지만 코칭이 이루어졌을 때 팀 전체가 실현하는 결과는 매우 탁월하다.

05
정답 ①

외적인 동기유발제는 일시적으로 효과를 낼 수 있으며, 단기간에 좋은 결과를 가져오고 사기를 끌어 올릴 수 있지만, 그 효과는 오래가지 못한다. 조직원들이 지속적으로 자신의 잠재력을 발휘하도록 만들기 위해서는 외적인 동기 이상의 것을 제공해야 한다.

06
정답 ④

리더십의 발휘 구도는 산업사회에서 정보사회로 바뀌면서 수직적 구조에서 전방위적 구조의 형태로 바뀌었다. 과거에는 상사가 하급자에게 리더십을 발휘하는 형태만을 리더십으로 보았으나, 오늘날은 리더십이 전방위적으로 발휘된다. 즉, 상사가 하급자에게 발휘하는 형태뿐만 아니라 동료나 상사에게까지도 발휘해야 되는 형태를 띤다.

07
정답 ④

리더와 관리자는 다른 개념이다. ④는 관리자에 대한 설명으로, 리더는 '어떻게 할까'에 초점을 맞추기보다는 '무엇을 할까'에 주안점을 둔다.

08
정답 ②

반임파워먼트 환경에서 사람들이 현상을 유지하고 순응하려는 경향을 보이며, 임파워먼트 환경에서는 사람들의 에너지, 창의성, 동기 및 잠재능력이 최대한 발휘되는 경향을 보인다.

09
정답 ②

조직에서 일어나는 변화가 모두 바람직한 것은 아니다. 변화를 단행하기 전에는 반드시 현재의 상황을 면밀히 검토해야 한다. 불완전한 생각이나 형편없는 판단, 실행에 옮기기 전에 다른 사항을 충분히 검토해야 할 필요성 등에 대해 확실히 알게 될 것이다. 이렇게 단계적으로 진행해가면 섣부르게 변화를 서둘러 실패를 초래하는 위험을 막을 수 있으며, 직원들이 변화를 자신의 일처럼 생각하게 된다.

10
정답 ⑤

갈등을 확인할 수 있는 단서에는 지나치게 감정적인 논평과 제안, 타인의 의견발표가 끝나기 전에 시작되는 공격, 핵심을 이해하지 못한 데 대한 상호 비난, 편을 가르고 타협하기를 거부, 개인적인 수준에서 미묘한 방식으로 서로를 공격하는 것 등이 있다.

11
정답 ③

갈등을 증폭시키는 원인에는 승·패의 경기, 문제해결보다는 승리하기에 집착, 공동의 목표를 달성할 필요성을 느끼지 않는 것, 각자의 입장만을 고수, 자신의 입장에 감정적으로 묶이는 것 등이 있다.

12
정답 ①

갈등을 피하거나 타협으로 예방하려고 하는 접근법은 효과적일 수는 있지만 문제를 근본적으로 해결하는 데에는 한계가 있다. 갈등과 관련된 모든 사람으로부터 의견을 받아서 문제의 본질적인 해결책을 얻는 방법이 '윈-윈(Win-Win) 갈등 관리법'이다.

13
정답 ⑤

고객중심 기업은 기업이 실행한 서비스에 대해 계속적인 재평가를 실시함으로써 고객에게 양질의 서비스를 제공하도록 서비스 자체를 끊임없이 변화시키고 업그레이드한다.

14
정답 ①

고객 불만 처리 프로세스는 불만 사항에 대한 경청 → 감사와 공감 표시 → 사과 → 해결 약속 → 신속 처리 → 처리 확인 및 사과 → 피드백 등의 절차로 이루어진다.

15
정답 ③

모든 팀원이 팀 리더의 역량과 의견에 따라야 한다면 소통의 부재, 팀 갈등 등으로 오히려 팀워크가 저하될 수 있다. 효과적인 팀이 되기 위해서는 팀원 간에 리더십 역할을 공유하고 모든 팀원에게 각각 리더로서 능력을 발휘할 기회를 제공하고, 팀의 공식 리더는 팀의 노력을 지원하고 팀 개개인의 특성을 존중해야 한다.

직업윤리 출제예상문제

CHAPTER 01 | 직업윤리

01	02	03	04	05	06	07	08	09	10
⑤	③	③	③	③	③	③	④	⑤	②
11	12	13	14	15					
③	①	④	①	②					

01 　　　　　　정답 ⑤

윤리는 만고불변의 진리가 아니라 시대 상황에 따라 조금씩 변화된다.

02 　　　　　　정답 ③

윤리적인 인간은 자신의 이익보다는 공동의 이익을 우선하는 사람이다.

03 　　　　　　정답 ③

다른 사람에 의해 억지로 하는 것도 일이다.

04 　　　　　　정답 ③

취미활동, 아르바이트, 강제노동 등은 직업에 포함되지 않는다.

05 　　　　　　정답 ③

직장별로 임직원에게 요구하는 별도의 직장윤리가 있을 수 있지만 이는 직업윤리와 다르다.

06 　　　　　　정답 ③

직업윤리의 일반적 덕목으로는 소명의식, 천직의식, 직분의식, 책임의식, 전문가의식, 봉사의식 등이 있다.

07 　　　　　　정답 ③

공직자의 부패는 준법의식의 부재에서 비롯된다.

08 　　　　　　정답 ④

근면과 게으름은 타고난 성품이라기보다 생활 속에서 굳어진 습관이다.

09 　　　　　　정답 ⑤

사람은 사회적인 동물이므로, 다른 사람들과의 관계가 매우 중요하다. 이러한 관계를 유지하기 위해서는 다른 사람이 전하는 말이나 행동이 사실과 부합된다는 신뢰가 있어야 한다.

10 　　　　　　정답 ②

상품에 대해 정확하게 진실된 정보를 주는 것이 당장의 판매 이익 확보에는 불리할 수 있지만 장기적으로 제품의 신뢰를 얻는 데 유리하다.

11 　　　　　　정답 ③

단시간에 높은 점수를 받고자 시험에 출제될 문제를 집어주는 형식의 과외를 하는 것은 성실함과는 거리가 멀다.

12 　　　　　　정답 ①

봉사란 어려운 사람을 돕는 자원봉사만을 의미하는 것이 아니라, 자원봉사를 포함하는 넓은 의미로 나라나 사회 또는 남을 위하여 자신의 이해를 돌보지 아니하고 몸과 마음을 다하여 일하는 것을 의미한다.

13 　　　　　　정답 ④

고객접점서비스에서는 최일선 서비스 제공자의 역할이 특히 중요하다.

14 　　　　　　정답 ①

서비스 중이라도 업무상의 전화는 고객의 양해를 구한 후 통화할 수 있다.

15 　　　　　　정답 ②

모든 일을 책임지기 위해서는 그 상황을 회피하지 않고, 맞닥뜨려 해결해야 한다.

PART 09 최종 점검 모의고사

CHAPTER 01 | 최종 점검 모의고사 1회

01	02	03	04	05	06	07	08	09	10
③	④	⑤	①	②	④	④	④	⑤	⑤
11	12	13	14	15	16	17	18	19	20
③	③	④	③	④	③	④	⑤	①	①
21	22	23	24	25	26	27	28	29	30
③	⑤	①	⑤	③	②	③	③	①	①
31	32	33	34	35	36	37	38	39	40
①	④	④	③	③	②	③	⑤	③	⑤
41	42	43	44	45	46	47	48	49	50
④	②	③	④	④	③	③	④	③	①

01 정답 ③

'취합하다'는 모아서 합친다는 뜻으로 가려서 따로 나눈다는 뜻의 '선별하다'와 반의어 관계이다.

02 정답 ④

제시문의 '높다'는 품질, 수준, 능력, 가치 따위가 보통보다 위에 있다는 의미로 ④번 문장의 '높다'와 동일한 의미로 쓰였다.

오답 분석

① 아래에서 위까지의 길이가 길다.
② 아래에서부터 위까지 벌어진 사이가 크다.
③ 수치로 나타낼 수 있는 온도, 습도, 압력 따위가 기준치보다 위 에 있다.
⑤ 어떤 의견이 다른 의견보다 많고 우세하다.

03 정답 ⑤

'아둔하다'는 '슬기롭지 못하고 머리가 둔하다'라는 뜻이며, '몽매하다'는 '어리석고 사리에 어둡다'를 뜻한다. 따라서 이 둘은 유의어 관계이다.

04 정답 ①

㉠ '일'을 의미하는 의존명사로 사용되었으므로 '빼는 데'로 표기한다.
㉥ 앞뒤 문맥에 따라 체중과 허리둘레가 줄어드는 데 도움이 되었다는 의미가 되어야 하므로 증감이 아닌 '감소'를 사용하는 것이 더 적절하다.
㉧ '같은'은 '다른 것과 비교하여 그것과 다르지 않다'는 의미의 형용사로 앞말과 띄어 쓴다.

05 정답 ②

앙리 뒤낭이 국제구호단체의 필요성을 느낀 곳은 알제리가 아닌 솔페리노로, 그곳에서 목격한 참상을 토대로 책 '솔페리노의 회상'을 펴냈다.

오답 분석

① 지문의 중반부에서 1863년 국제적십자위원회(ICRC)이 창설되었다고 언급하며, 밑에서 2번째 문단에서 ICRC와 1919년 설립된 국제적십자사연맹(IFRC)이 앙리 뒤낭의 생일인 5월 8일을 세계적십자의 날로 제정하고 해마다 기념행사를 펼치고 있다고 설명한다.
③ 지문의 후반부에 앙리 뒤낭이 1901년 제1회 노벨평화상을 받았고, 현재 IFRC 회원국이 187개국이라는 내용이, 마지막 문장에서 우리나라는 1955년 74번째 회원국으로 가입했음이 언급된다.
④ 1864년 10월 29일 유럽 16개국 대표가 스위스 제네바에 모여 '전지(戰地)에 있는 군대의 부상자 및 병자의 상태 개선에 관한 조약'을 체결한 이후, 두 차례 세계대전을 거치며 '전시 민간인 보호에 관한 조약'이 추가됐다.
⑤ 마지막 문단에서 1905년 10월 27일 고종 황제 칙령에 따라 대한적십자사가 창설되었고, 1909년 일본적십자사에 강제합병됐다가 1919년 임시정부 수립 후 대한적십자회를 발족했으며 1949년 정식으로 재건됐음을 확인할 수 있다.

06 정답 ④

내용상 (가)는 불황을 주시하며 그에 따르는 대책을 세우고, (나)는 불황이라는 대세를 따르고 동조하며, (다)는 불황에 복종해 소비 패턴을 전반적으로 변형했고, (라)는 불황을 무시하고 기존의 소비 방식을 유지한다. 따라서 (가)는 불황 주시형, (나)는 불황 동조형, (다)는 불황 복종형, (라)는 불황 무시형에 해당한다.

07 　　　　　정답 ④

매뉴얼의 3번 화상 항목에 의하면 화상 상처 부위를 씻고 열을 없애기 위해 수돗물에 상처 부위를 담그도록 지시하고 있다.

08 　　　　　정답 ④

①은 면접법, ②는 참여관찰법, ③은 실험법, ⑤는 질문지법에 해당한다.

09 　　　　　정답 ⑤

질문과 선지 모두 문제가 없다. 만약 ⓓ가 40~50세라고 되어 있고, 더 이상의 선택지가 없다면 응답 연령의 경우의 수를 모두 고려하지 않은 사례가 될 수 있다.

오답 분석

① '정기적'이라는 표현은 뜻이 모호하다. '일주일에 3번 이상'과 같이 정확한 표현으로 바꾸어야 한다.
② 직업과 연봉 두 가지 정보를 한 번에 묻고 있으므로 바람직하지 않다.
③ 유도성 질문이므로 타당하지 않다.
④ '현행대로'라는 선택지는 찬성 또는 반대와 상호 배타적이지 않으므로 제외해야 한다.

10 　　　　　정답 ⑤

1문단 후반부에 의하면 ○○시의 시정은 미래 세대가 지금 세대만큼 높은 수준의 삶을 누릴 수 있어야 한다는 생각으로 삶의 수준을 높이는 다양한 요소를 고려하고 있다.

오답 분석

① 제시문에 언급되지 않은 내용이다.
② 1문단에 의하면 ○○시는 친절함을 삶의 수준을 높이기 위한 다양한 요소 중 하나로 보고 있다. 그러나 이것만으로 친절함을 가장 중요한 요소라고 판단할 수 없다.
③ 아이센과 레빈이 지폐를 사용하여 실험했다는 내용은 없다.
④ ○○시에서 친절한 분위기를 조성하는 데 예산을 투입했다는 내용은 없다. 또한 2문단에서는 친절한 분위기를 조성하는 일에는 돈이 많이 들지 않는다고 언급한다.

11 　　　　　정답 ③

㉠ ○○시의 두 가지 접근 방식 중 하나인 '광범위함'과 어울리는 표현을 〈보기〉에서 고르면 '장기적'이 가장 적절하다. '광범위하고 장기적인 접근 방식'이란 범위를 넓게 잡고 긴 안목으로 정책을 편다는 의미이므로, '단지 쓰레기를 처리하고 도로를 관리하는 등 기본적인 공공 서비스를 제공하기 위해 세금을 걷는 여러 지자체'와 다르게 시민의 행복을 위해 친절함을 포함한 다양한 요소를 고려하는 ○○시의 접근 방식에 대한 설명으로 적절하다.
㉡ '친절한 분위기를 조성하는 일은 비교적 쉽고 돈이 많이 들지 않는다'라는 2문단 두 번째 문장이 '하지만'으로 시작되므로 2문단 첫 번째 문장은 국가나 지자체가 친절함과 협력의 분위기를 조성하는 일을 중시하지 않는다는 내용이어야 한다. '범죄 예방'과 '친절함과 협력의 분위기를 조성하는 일'의 경중을 비교하는 구도에서 후자가 후순위가 되어야 하므로 전자를 '우선적'으로 인식한다는 표현이 적절하다.
㉢ 3문단 첫 번째 문장과 5문단 두 번째 문장은 긍정적 경험이 타인을 적극적으로 돕게 한다는 내용으로 맥락상 유사하다. 따라서 ㉢에는 '긍정적'이 적절하다.
㉣ 제시문과 같은 실험에서 피실험자들을 선발하는 방식은 통계의 표본 추출에서 모든 일이 동등한 확률로 발생하게 한다는 '무작위적'이 적합하다.
㉤ 4문단 첫 번째 문장은 16명 중 14명(88%)과 25명 중 1명(4%)이라는 실험 결과에 대해 언급한다. 88%와 4%라는 결과를 해석하는 표현으로 '극적' 차이가 적절하다.

12 　　　　　정답 ③

제시문에서 호의의 불꽃, 즉 긍정적인 경험을 한 사람이 타인을 적극적으로 돕게 되는 현상이 범죄율을 낮춘다는 내용은 찾아볼 수 없다. ○○시의 시정이 친절한 분위기를 조성하고자 하는 이유 또한 범죄 예방이 아니라 삶의 수준 향상과 행복감 증진을 위해서이다.

오답 분석

① 2문단에 의하면 친절한 분위기를 조성하는 일은 비교적 쉽고 돈이 많이 들지 않으며 시민들의 행복감을 높이는 데 중요한 역할을 하므로, 이러한 상황을 구현하는 다양한 방법을 찾는 일은 호의의 불꽃을 만드는 일과 연결될 수 있다.

13

정답 ④

1문단이 잠시도 가만있지 못하고 몸을 활발하게 움직이거나, 느릿느릿 움직이며 멍하게 있는 증상을 설명하며 끝나므로 이런 현상의 원인을 설명하며 시작되는 (다)가 이어지는 것이 자연스럽다.

(다)가 1문단과 같은 현상의 원인인 '각성 편향'에 대해 본격적으로 설명하기 전 '생체행동'의 가장 낮은 상태와 가장 높은 상태에 대해 언급하며 끝나므로, 이 두 상태를 바탕으로 '각성 편향'에 대해 직접적으로 설명하는 (가)가 이어질 때 자연스럽다.

(가)는 사람은 누구든 생체행동의 낮은 상태와 높은 상태 중 한쪽으로 편향되어 있으며, 자폐증이 있는 사람은 둘 중 한쪽으로 치우치는 정도가 과도하다고 설명한다. 그리고 편향이 급변할 때가 있다는 내용에서 끝나므로, 각성 상태를 오가는 것, 즉 편향의 변화를 힘들어한다는 설명으로 시작되는 (라)가 이어지는 것이 자연스럽다.

(라)는 자폐증이 있는 사람이 각 활동에 적합한 상태로 있을 수 있는 시간을 최대화하도록 도와야 한다는 언급으로 끝나므로, 그러기 위해 자폐증이 있는 사람의 각성 편향을 염두에 두기를 권하는 (나)로 이어지는 것이 자연스럽다.

마지막 문단은 '에너지가 넘치거나 부족한 사람, 행동이 과하거나 무기력해 보이는 사람'에 대해 서술하며 시작되므로 이런 성향을 보이는 경우에 대해 자세히 설명하며 끝나는 (나)가 마지막 문단의 바로 앞에 위치하는 것이 적절하다.

14

정답 ③

(나)문단에 의하면 각성 상태가 낮은데 과잉 행동을 하는 사람은 소리를 예민하게 감지하지 못하기 때문에 별다른 관심을 보이지 않고, 각성 상태가 높고 과잉 행동을 하는 사람은 소리에 민감해서 보통 정도의 소리에도 기겁을 한다. 따라서 매우 심각한 소음에도 별다른 반응이 없다면 각성 상태가 낮다고 볼 수 있다.

오답 분석

① 1문단에 의하면 사람들마다 나타나는 증상이나 능력이 달라서 자폐증이라 해도 똑같은 모습을 보이는 사람들이 없기 때문에 자폐증을 범주성 장애라고 한다.
② (가)문단에 의하면 자폐증이 있는 사람은 해야 할 일이나 환경은 조용한 상태를 요구하는데 흥분해 있거나, 상황은 적극적인 태도를 요하는데 졸려 하거나 멍한 상태일 수 있다.
④ (다)문단에 의하면 베리 브레즐튼 박사가 언급한 생체행동 상태는 모든 사람들에게 해당하며, 깊은 잠을 잘 때나 졸릴 때 상태는 가장 낮다.
⑤ (라)문단에 의하면 자폐증이 있는 사람들은 다른 각성 상태를 오가는 것을 힘들어한다. 즉 운동장에서는 높은 각성 상태로 잘 놀다가도 수업 시간이 되면 조용하고 기민한 상태로 바뀌어야 하는데 그렇게 하지 못하므로, 체육 수업에 이어 수학 수업에 참석할 경우 수학 문제를 차분하게 풀지 못할 가능성이 높다.

높은 각성 상태와 낮은 각성 상태에서 보이는 행동을 각각 정확히 이해한 후 문제에 접근해야 혼동으로 인한 시간 소모를 줄일 수 있다.

15

정답 ④

2문단에 의하면, 선박해체사업은 방글라데시 치타공에서 1964년 사고로 연안에 좌초된 배 한 척을 수리했던 것이 아니라 해체하면서 시작되었다.

오답 분석

① 3문단에서 대부분의 선박들은 25~30년 정도 바다를 누비면 수리, 보수, 보험 비용이 새로운 선박을 장만하는 것보다 많이 들어가서 결국 해체에 이르게 된다고 언급한다.
② 2문단에서 8km 길이의 해안에 선박해체 작업장이 몰려 있다고 하였고, 3문단에서 배를 분해해서 조각으로 만들면 방글라데시가 한 해 동안 소비하는 철의 80% 정도를 공급할 수 있다고 하였다.
③ 3문단에서 선박해체사업이 시작된 방글라데시 치타공에서 300만 명의 사람들은 이 산업에 의존 중이며, 4문단에서 매주 한두 척 정도의 선박이 도착한다고 언급했다.
⑤ 5문단에서 선박해체 작업 시 안전관리가 존재하지 않는다고 하였으며, 6문단에서는 매년 평균 15명의 작업자들이 사망하고 50명 이상이 심각한 부상을 당하고 있다고 언급한다.

16

정답 ③

우선 식당 때문에 조건에 맞지 않는 B는 제외한다. 나머지 장소들을 실제 워크숍에 필요한 형태로 사용할 수 있도록 추가금 등 조건을 적용하면 A는 3,450,000원, C는 3,300,000원, D는 3,465,000원, E는 3,400,000원이다. 따라서 가장 저렴한 것은 C이다.

17

정답 ④

오답 분석

① C홀은 14:00에 홀 사용이 끝난 후 15:00부터 대여가 가능하므로 행사 진행에 필요한 시간을 확보할 수 있으며 가격 역시 예산 내에 해결이 가능하다. 그러나 해당 시간 동안 A홀과 D홀이 사용 중이며, 이에 따라 추가 인력을 요청할 수 없으므로 조건에 맞지 않는다.
② A홀의 경우 앞선 행사가 13:00에 끝났으므로 1시간의 정리 시간이 필요하며, 따라서 실제 대여가 가능한 시간은 14:00부터이다. 이 경우 행사 진행에 필요한 3시간을 불충족한다.
③ C홀의 경우 15:30부터 대여가 가능하나 행사 진행 시간인 3시간보다 대여 가능한 시간이 짧고, A홀과 D홀의 사용으로 추가 인력을 요청할 수 없다.
⑤ 14:30부터 대여가 가능한데 16:00~17:00까지 A홀과 C홀이 사용 중이므로 추가 인력 요청이 불가능하다.

> **Tip**
> 조건에 부합하지 않는 부분을 중심으로 체크하면서 오답을 소거하는 방식으로 답을 찾는다.

18 　　　　　정답 ⑤

단계	투자비용 절감률	절감비용 평가 등급
칭량	$\dfrac{200}{2,000} \times 100 = 10\%$	D
혼합	$\dfrac{300}{4,300} \times 100 \fallingdotseq 7\%$	E
포장	$\dfrac{600}{2,000} \times 100 = 30\%$	B
검사	$\dfrac{1,000}{5,000} \times 100 = 20\%$	C
출하	$\dfrac{1,400}{3,000} \times 100 \fallingdotseq 47\%$	A

19 　　　　　정답 ①

개선 전 1회 공정에 따른 제품 생산 투입비용은 2,000+4,300+2,000+5,000+3,000 = 16,300원이나, 개선 후 제품 생산 투입비용은 1,800+4,000+1,400+4,000+1,600 = 12,800원이다. 따라서 개선 전 대비 개선 후 생산 공정을 통한 총 투입비용은 $\dfrac{16,300-12,800}{16,300} \times 100 \fallingdotseq 21\%$ 감소했다.

20 　　　　　정답 ①

긴급성과 중요도에 따라서 우선순위를 명확히 하였으며, 시간 내에 두 가지 업무를 완료하기 위한 방안을 제시한 ①이 적절하다.

21 　　　　　정답 ③

SWOT 분석기법은 외부환경 분석에 해당하며, 환경분석 단계에서 활용한다.

22 　　　　　정답 ⑤

'④ 특별감사-3. 이의사항 처리' 항목의 경우 본사에서는 감사실장이 상임감사위원의 보고 내용을 토대로 결정하고, 사업소에서는 자체 감사반장이 사업소장의 보고 내용을 토대로 결정하는 구조이다.

오답 분석

① '① 감사기본계획-1. 감사목표 및 기본방침' 항목과, '② 종합감사-4. 감사면제 사업소 결정' 항목은 사업소의 직무권한이 없음을 알 수 있다. '① 감사기본계획-

1. 감사목표 및 기본방침' 항목은 본사의 상임감사위원에게 결정 권한이 있고, '② 종합감사-4. 감사면제 사업소 결정' 항목은 본사의 감사실장에게 결정 권한이 있으며 상임감사위원에게 보고해야 하는 구조이다.
② '① 감사기본계획-2. 연간감사 기본계획'은 본사의 상임감사위원과 사업소의 자체감사반장에게 결정 권한이 있으며 사업소 자체감사는 본사의 승인을 요하지 않는다고 비고란에 명기되어 있다.
③ '② 종합감사-2. 감사결과-라. 사안의 특별감사회부' 항목의 경우 감사실장과 자체감사반장에게 결정 권한이 있다.
④ '③ 일상감사-1. 품의서류 검토' 항목의 경우 자체감사반장에게 결정 권한이 있지만, 중요한 사항일 경우 사업소장에게 보고를 요한다고 명기되어 있다.

23 　　　　　정답 ①

주주총회 및 이사회 개최 관련 업무, 의전 및 비서 업무, 집기비품 및 소모품의 구입과 관리, 사무실 임차 및 관리, 차량 및 통신시설의 운영, 국내외 출장 업무 협조, 복리후생 업무, 법률자문과 소송관리, 사내외 홍보 광고업무 등의 업무를 담당하는 부서는 총무부이다.

24 　　　　　정답 ⑤

조직문화의 기능
• 조직구성원들에게 일체감과 정체성 부여
• 조직몰입 향상
• 조직구성원들의 행동지침 : 사회화 및 일탈행동 통제
• 조직의 안정성 유지

25 　　　　　정답 ③

병은 현지 문화나 비즈니스 예절에 대한 준비 없이 영어만으로 소통하려는 태도를 보이고 있다. 이문화 커뮤니케이션 중의 하나인 언어적 커뮤니케이션을 준비하는 것도 중요하다.

26 　　　　　정답 ②

㉠ 자료와 정보 가치의 크기는 상대적이다.
㉢ 정보처리는 자료를 가공하여 이용 가능한 정보로 만드는 과정이다.

27 　　　　　정답 ③

Ctrl + PgUp 은 이전 시트로 이동하는 단축키이다. 다음 시트로 이동하는 단축키는 Ctrl + PgDn 이다.

28
정답 ③

비용을 지불하고 구입하는 상업용 소프트웨어를 공개 자료실에 올려서는 안 된다.

29
정답 ①

ⓒ 전자우편(E-mail)도 안전하지 않으므로 미심쩍은 전자우편은 열지 말고 즉시 삭제해야 한다.

ⓔ 폴더를 공유할 경우 파일을 주고 받는 과정에서 바이러스가 침투할 가능성이 높기 때 문에 바이러스를 예방하는 일에는 도움이 되지 못한다.

30
정답 ①

벤치마킹의 주요 단계는 계획 단계, 자료 수집 단계, 분석 단계, 개선 단계의 순이다.

31
정답 ①

2024년 12월 대구 제3공장에서 1549번째로 만든 컴퓨터의 시리얼 넘버는 2124-2E-001022-0015490이다.

32
정답 ④

기술이 연결되어 시스템을 만든다는 점을 파악하고 '기술시스템'이라는 개념을 주장한 사람은 미국의 기술사학자 휴즈(Thomas Hughes)이다. 휴즈는 에디슨의 전력 시스템을 예로 들면서, 전력 시스템이 발전하는 과정을 일반화하여 기술 시스템의 특성을 일반화했다.

33
정답 ④

기술선택을 위한 절차는 외부 환경 분석, 중장기 사업목표설정, 내부 역량 분석, 사업 전략 수행, 요구기술 분석 기술전략 수립, 핵심기술선택의 순서로 이루어진다.

34
정답 ③

벤치마킹이란 특정 분야에서 뛰어난 업체나 상품, 기술, 경영 방식 등을 배워 합법적으로 응용하는 것을 의미한다. 단순한 모방과는 달리 우수한 기업이나 성공한 상품, 기술, 경영 방식 등의 장점을 충분히 배우고 익힌 후 자사의 환경에 맞추어 재창조하는 것이다. 쉽게 아이디어를 얻어 신상품을 개발하거나 조직 개선을 위한 새로운 출발점의 기법으로 많이 이용된다.

35
정답 ③

산업 재해의 예방 대책 5단계는 안전관리 조직, 사실의 발견, 원인 분석, 기술 공고화, 시정책 적용 및 뒤처리이다.

36
정답 ②

경력단계는 직업 선택, 조직 입사, 경력 초기, 경력 중기, 경력 말기 순서로 이어진다.

37
정답 ③

경력개발은 경력을 탐색하고, 자신의 환경을 이해 및 분석한 다음 자신에게 적합한 경력목표를 설정하며, 이에 따른 전략을 수립해서 실행하고, 평가하는 단계로 이루어진다.

38
정답 ⑤

자기개발은 타인과 함께 하는 과정이 아닌 개별적인 과정이다.

39
정답 ③

우선순위나 일정에 따라 계획적으로 수행했는지 질문하는 것은 반성 및 피드백 단계에 해당한다. 질문에 대한 피드백을 통해 다음 수행에 반영한다.

40
정답 ⑤

욕구와 감정은 자기개발의 방해 요인에 해당한다.

41
정답 ④

① See-Feel-Change 전략 : 직접 보게 하여(See) 이해시키고, 스스로 느끼게 하여(Feel) 감동시키며, 변화시켜(Change) 설득하는 전략이다.

② 상대방 이해 전략 : 상대방에 대한 이해를 우선하여 갈등해결을 도모하는 전략이다.

③ 연결 전략 : 협상과정에서 갈등이 발생할 때 그 갈등을 야기한 사람과 관리자를 직접 연결하여 갈등해결을 도모하는 전략이다.

42
정답 ②

협상전략은 크게 협력전략, 유화전략, 회피전략, 강압전략으로 구분된다. 유화전략은 양보 전략, 순응전략, 굴복전략이라고도 하며, 협상으로 인해 돌아올 결과보다는 상대방과의 인간관계 유지를 선호하여 상대방과 충돌을 피하고자 상대방의 주장에 대하여 자신의 욕구와 주장을 순응시키는 전략을 말한다.

43

정답 ③

갈등의 과정은 먼저 구성원 간에 '의견 불일치'가 발생하고, 의견 불일치가 해소되지 않으면 '대결 국면'으로 빠져든다. 여기서 서로의 입장을 계속 고수하게 되면 긴장도가 높아지고 감정적인 대응이 격화되면서 '격화 국면'으로 발전한다. 시간이 지나 갈등이 점차 감소하면서 '진정 국면'으로 들어서고, 당사자들은 문제를 해결하지 않고는 자신들의 목표를 달성하기 어렵다는 것을 알게 되면서 '갈등 해소'를 하게 된다.

44

정답 ④

- A팀장은 부하직원들에게 도전이나 반항 없이 묵묵히 순응할 것을 요구하는 독재자 유형의 리더이다. 통제 없이 방만한 상태로 가시적 성과물이 보이지 않을 때 적절한 리더십이다.
- B팀장은 부하직원들에게 자신의 의견을 제시할 것을 요구하고 의견에 따라 수용하는 민주주의에 근접한 유형의 리더이다. 혁신적이고 탁월한 부하직원들을 거느리고 있을 때 적절한 리더십이다.
- C팀장은 자신을 팀의 일원으로 포지셔닝하고 팀원들과 성과 및 결과에 대한 책임을 공유하는 파트너십 유형의 리더이다. 소규모 조직에서 경험할 수 있으며, 재능을 소유한 구성원들이 있을 때 적절한 리더십이다.
- D팀장은 팀의 문제를 개선하기 위해 명확한 비전을 제시하여 팀원들이 업무에 몰두하도록 이끄는 변혁적 유형의 리더이다. 조직에서 현상을 뛰어넘는 획기적인 변화가 요구될 때 적절한 리더십이다.

45

정답 ④

성공한 사람들을 보면 성실하게 일을 한 사람들이다.

46

정답 ③

(가)는 장기적 이익을 위해 △△기업의 제안을 수용하는 순응적 태도로, 유화전략으로 분류할 수 있다.
(나)는 협상 가치에 대한 판단 후 협상으로부터 철수하는 회피전략을 보인다.
(다)는 힘의 우위를 활용하여 이익을 극대화하는 강압전략을 활용한 협상이다.

47

정답 ③

동료의 일도 팀의 업무라 생각하고 적극적으로 참여한다.

48

정답 ④

우리나라 준법의식 수준은 세계 최고가 아니다. 아직까지는 준법의식 부재 수준이 큰 편에 속한다.

49

정답 ③

예절은 언어문화권에 따라 차이가 있다.

50

정답 ①

상대방에게 받은 명함은 잠시동안 살펴보고, 명함지갑에 넣어 보관한다.

01	02	03	04	05	06	07	08	09	10
⑤	②	③	①	②	④	③	④	③	②
11	12	13	14	15	16	17	18	19	20
④	④	④	⑤	④	③	④	③	③	②
21	22	23	24	25	26	27	28	29	30
⑤	③	⑤	⑤	③	①	②	③	②	⑤
31	32	33	34	35	36	37	38	39	40
①	③	③	③	⑤	②	③	⑤	②	⑤
41	42	43	44	45	46	47	48	49	50
②	②	④	⑤	④	④	①	②	⑤	②

01
정답 ⑤

제시문에서 밑줄 친 어휘는 '(사람이나 동물이) 양쪽 다리를 번갈아 떼어 내딛으며 몸을 옮겨 나아가다'라는 의미로 쓰였다. 유사한 의미로 쓰인 선택지는 ⑤이다.

오답 분석
① 벽이나 못 따위에 어떤 물체를 떨어지지 않도록 매달아 올려놓다.
② 기계 장치가 작동되도록 하다.
③ 목숨, 명예 따위를 담보로 삼거나 희생할 각오를 하다.
④ 다리나 발 또는 도구 따위를 이용하여 상대 편을 넘어뜨리려는 동작을 하다.

02
정답 ②

'막연하다'는 '갈피를 잡을 수 없이 아득하다'는 뜻과 '뚜렷하지 못 하고 어렴풋하다'의 두 가지 뜻으로 쓰인다. 이는 문맥으로 구분할 수 있으나 헷갈리기 쉬우므로 다른 단어로 대체하면 답을 찾기에 용이하다. 첫 번째 뜻은 '막막하다', 두 번째 뜻은 '어렴풋하다'로 놓고 문장에 대입할 때, ②를 제외한 나머지는 전부 '어렴풋하다'로 통한다.

03
정답 ③

㉠~㉤을 일어난 순서대로 나열하면 다음과 같다.
㉢ 1917년 해머슬리산맥에서 청석면이 발견되었다.
㉣ 1946년 위트눔 협곡에서 채광이 시작되었다.
㉡ 1948년부터 청석면과 관련하여 의사들은 재앙적인 건강 문제가 발생할 것이라 경고했다.
㉠ 1960~1970년대 석면의 위험성은 전 세계 뉴스의 앞머리를 장식했다.
㉤ 1992년 위트눔 마을에 있던 주택의 3분의 1이 철거됐고 학교, 보건소, 파출소, 공항 역시 폐쇄됐다.

04
정답 ①

2문단에서 1946년 위트눔 협곡에서 채광이 시작됐고 다음 해에 이 회사의 마을이 세워져 정착민들을 끌어들였다고 하였으므로 위트눔 마을은 1947년에 세워졌음을 알 수 있다. 그리고 5문단에서는 연방정부가 1978년부터 이 마을을 단계적으로 폐쇄하기 시작했다고 언급한다. 4문단에서 1966년에 청석면 채굴 회사가 위트눔 광산을 폐쇄했다고 언급되지만 이는 위트눔 광산에 대한 내용으로, 위트눔 마을의 폐쇄 시기는 위트눔 광산의 폐쇄 시기와 다르다.

오답 분석
② 2문단에 의하면 위트눔은 1960년대까지 오스트레일리아의 유일한 석면 광산이었으므로 1960년 이후 다른 석면 광산의 발견 여부는 알 수 없다. 따라서 제시문의 내용만으로 위트눔 광산이 오스트레일리아의 유일한 석면 광산이라고 판단하기는 어렵다.
③ 4문단에 의하면 위트눔 광산은 1966년 폐쇄됐는데, 건강에 대한 우려보다는 수익이 급격히 떨어졌기 때문이었다. 이후 연방 정부에 의해 위트눔 마을이 단계적으로 폐쇄되었다.
④ 6문단에 의하면 청석면 사용은 세계적으로 금지되었지만 백석면 사용은 52개국에서 금지되었다. 러시아, 중국 등에서 백석면을 채광 중이며 인도, 브라질 등에서 방화용 시멘트를 만드는 데 사용되고 있다.
⑤ 5문단에 의하면 위트눔은 모든 공식적인 지도와 도로 안내판에서 지워졌으므로 '지도에 이름만 남아 있는 마을'이라는 부분은 제시문과 일치하지 않는다.

05
정답 ②

글 전반에서 국민의 비만율 감소를 위해서 시행되는 제도와 연구 등을 소개하고 있다. 마지막 문단 '정부 역시 비만 유발 가능성이 있는 식품에 추가적인 세금을 부과하는 소위 비만세 부과 방침을 재고'라는 부분을 볼 때, 비만율을 낮추기 위한 대책으로 비만세 도입을 재차 고려하고 있음을 유추할 수 있다.

오답 분석
① 제주도의 '와바' 캠페인이 긍정적인 반응을 얻고 있으나 이것이 지자체별 비만 치료 프로그램의 시작점이라고 볼 근거는 없다.
③ 상대적으로 소득분위가 높을수록 비만율이 낮은 경향을 보였다.
④ 스트레스가 높을수록 비만율이 더 높게 나타났다는 내용이 있을 뿐, 적당한 정도의 스트레스가 비만에 어떤 영향을 미치는 지는 제시된 글을 통해 알 수 없다.
⑤ 비만율 감소에는 가정의 역할도 매우 중요하다는 언급이 있지만, 이 역할이 등한시되어왔다는 내용은 글을 통해 알 수 없다.

06
정답 ④

제시문에서 기존 이론의 한계에 대한 언급은 찾아보기 어렵다.

오답 분석

① 연도에 따른 플라스틱의 생산량과 플라스틱 유래 온실가스 배출량 등의 구체적 수치를 제시하며 주장의 근거로 활용하고 있다.

② 지문에서는 플라스틱 유래 온실가스 배출 감축 과제에 대한 네 가지 해결안이 제시된다.

③ 4문단에서 2019~2024년의 플라스틱 생산량 증감률을 기반으로 2050년의 생산량을 예측하는 등 변화 추이를 토대로 미래 양상을 추정하는 부분을 확인할 수 있다.

⑤ 9문단에서 5~8문단에서 설명한 플라스틱 유래 온실가스 감축 전략을 종합하며 모든 전략을 실행해야 함을 주장하고 있다.

07
정답 ③

샌타바버라 캘리포니아주립대 연구팀은 플라스틱 유래 온실가스 배출 감축을 위해 4가지 해법(첫 번째 플라스틱 재활용, 두 번째 친환경 플라스틱 비중 강화, 세 번째 플라스틱 수요 증가 제한, 네 번째 화석연료의 재생에너지 전환)을 제시한다. 이 중 첫 번째 '플라스틱 재활용'을 가장 간단하고 손쉬운 방법이라고 설명하고, 네 번째 '화석연료의 재생에너지 전환'이 가장 효과적인 방법이라고 결론 내린다.

오답 분석

① 2문단에서 샌타바버라 캘리포니아주립대 연구팀은 플라스틱 유래의 온실가스 배출량이 2024년 $1.9GtCO_2$에서 2050년에는 $6.5GtCO_2$으로 증가할 것으로 추정된다고 언급한다.

② 5문단에서 플라스틱의 탄소집약적 생애주기 중 플라스틱 수지를 얻는 과정에 대해 설명하고, 3문단에서 주요 과정별 온실가스 배출량을 설명한다. 플라스틱 유래 온실가스는 수지 생산 단계에서 61%가 배출된다고 하였으므로 ②는 제시문과 일치하는 내용이다.

④ 2문단에서 플라스틱 생산 증가 추세가 지속된다면 2050년께에는 세계 잔여탄소배출허용총량(carbon budget : 상승 중인 지구 온도가 산업화 이전 온도에서 1.5도만 높아지도록 하기 위해 배출 가능한 탄소의 총량)의 15%까지 늘어난다고 언급한다.

⑤ 3문단에서 세계 플라스틱 생산량은 1950년 200만t, 2024년 4억여t으로 200배 늘어났다고 했으며, 4문단에서 2050년 생산량은 16억 600만t으로 추정한다. 이는 2024년 생산량의 약 4배로, 1950년 생산량 200만t 대비 약 800배이다.

08
정답 ④

프로그램 신청 기간은 2024년 10월 22일부터 11월 23일이며, 참여할 수 있는 기간은 2024년 11월 12일부터 12월 15일 사이이다.

09
정답 ③

수정이 필요한 어휘는 ㉠갯수와 ㉡한 눈이다.

㉠ 개수 : 개수(個數)는 사이시옷 표기 조건 중 하나인 '앞뒤 명사 중 최소한 하나는 우리말일 것'을 충족하지 못하는 어휘로 '개수'가 올바른 표기이다.

㉡ 한눈 : 기사에서의 '한눈'은 '한 번 봄 또는 잠깐 봄'의 의미로 사용되었으며, '한눈' 자체가 하나의 명사이므로 붙여서 표기하는 것이 올바른 표기이다.

오답 분석

㉢ 피해율 : 모음이나 'ㄴ' 받침 뒤에 이어지는 '렬/률'은 '열/율'로 적으므로 '피해율'이 올바른 표기이다.

㉣ 돼 : 어간 '되-'에는 어미 '-어'가 결합되어야 하므로 '되어'의 줄어든 형식인 '돼'가 올바른 표기이다.

10
정답 ②

지문은 태양계 외행성 연구에 관하여 소개하고 있다. 첫 번째와 두 번째 문단에서는 태양계 외행성 연구 현황을 언급하였다. 이어 세 번째 문단에서 태양계 외행성 존재 가능성을 제기하기 시작한 사례를 들고, 네 번째 문단에서 태양계 외행성을 발견했다는 주장을 소개하였다. 이를 종합할 때 후속 내용으로 태양계 외행성 발견의 첫 번째 사례에 관한 내용이 이어지리라 추론할 수 있다.

11
정답 ④

출품작과 관련 서류가 반환되지 않는다는 의미는 권리 일체가 산림청에 귀속된다는 뜻이므로 괄호에 들어갈 내용은 ④가 가장 적절하다.

오답 분석

①, ③, ⑤는 공지에 이미 명기되어 있는 내용이고 ②의 경우 출품작 및 서류의 반환과는 무관한 내용으로 그 뒤에 이어질 내용으로 보기 어렵다.

12
정답 ④

현재 대학의 교육은 교수가 이미 정립된 학문을 학생들에게 전달하는 상황이지만, 시대적 변화에 맞춰 대학 교육 역시 변화가 필요하다는 것이 이 글의 요지이므로, 글의 주제로 적절하다.

13 정답 ④

4문단에 의하면 프리피야트 주민들은 사고가 발생하고 36시간이 지나도록 떠나지 못했고 이미 일부는 기침과 구토를 하고 있었으며 수십 명의 사람들이 심각한 두통을 호소했다.

오답 분석
① 2문단 초반부에 의하면 기술자들은 외부 전력이 끊어졌을 때도 원자로가 제대로 작동하는지 확인할 목적으로 점검을 진행하였다.
② 2문단에 의하면 전기 생산량과 출력량이 순간적으로 급증하면서 폭발한 사고였다.
③ 3문단에서 원자로 건물과 터빈실의 지붕이 안전 규정과 반대로 아스팔트로 방수 공사가 되어 있었고, 화재의 원인은 원자로의 노심용해였다고 설명한다.
⑤ 4문단에 의하면 폭발 현장에서 2명이 사망했고 소화 작업을 하던 헬리콥터가 추락하면서 4명이 숨졌으며 그 직후 32명이 급성 방사능 질병으로 추가로 사망했다.

14 정답 ⑤

'5. 과업 기간'의 세부항목 2에 과업 기간의 연장은 발주기관의 지시에 의하여 작업이 중단되었을 때 우리 본부의 승인하에서만 가능하다고 하였다.

15 정답 ④

㉠ 원칙 2에 따라 본문 내용은 왼쪽 처음부터 시작하였으므로 옳다.
㉢ 기안문 작성 원칙 8에 따라 2024년도 대신 '24라고 적었으며, 원칙 7에 따라 '목요일'은 괄호 안에 (목)으로 표시하였으므로 옳다.

오답 분석
㉡ 원칙 6에 의하면 연·월·일의 글자를 생략하는 대신 온점을 찍어야 하며, 원칙 10에 따라 기간을 나타낼 때는 물결표를 써야 한다. 따라서 '2024.1.28. 14:00~18:00'과 같이 써야 한다.
㉣ 원칙 11에 따라 붙임 표시 끝에 1자를 띄우고 '끝.' 표시를 하였으나 붙임 다음에 쌍점을 찍지 않는다는 원칙 12에 어긋난다.

16 정답 ③

주어진 경도 정보를 토대로 GMT(그리니치 표준시) 기준 시차를 구할 수 있다.

뉴욕	LA	서울	시드니
−5	−8	+9	+10

㉠ 뉴욕이 오후 7시이고, 서울은 뉴욕보다 14시간 빠르므로 오전 9시이다.
㉡ LA는 뉴욕보다 3시간 느리므로 오후 4시이다.

㉢ 시드니는 서머타임 중이므로, 주은이 말한 시각보다 1시간 빠른 오전 11시이다. 따라서 LA와는 19시간의 시차가 발생한다.

시드니는 현재 서머타임이 적용된다는 점에 주의한다. 이때 시드니 표준시는 GMT +11과 같다.

17 정답 ④

• A : 비수기에 주중 2박이므로 90,000×2＝180,000원이다.
• B : 성수기 금요일 1박에 추가 1명이므로 140,000＋20,000＝160,000원이다.
• C : 성수기 공휴일 전일이므로 토요일 요금이 적용되며 1박에 추가 1명이므로 180,000＋20,000＝200,000원이다.
따라서 C−A−B 순서로 이용요금이 많다.

18 정답 ③

8월 9일은 성수기 금요일이므로 1박 요금은 140,000원이다. 취소 문의를 한 날짜는 예약일 기준 5일 전인 8월 4일이므로 70%를 환불받는다. 따라서 환불 금액은 98,000원이다.

19 정답 ③

서울−파리 노선별 도착시각은 다음과 같다.
• A8930 : 11월 15일 오전 6시 40분에 출발하여 12시간 30분 후에 도착하므로 서울 기준 15일 오후 7시 10분에 도착하며, 파리 시간으로는 15일 오전 11시 10분에 도착한다. 이 경우 정해진 시간 안에 도착할 수 없다.
• K3814 : 11월 14일 오후 11시 50분에 출발하여 14시간 40분 후에 도착하므로 서울 기준 15일 오후 2시 30분에 도착하며, 파리 시간으로는 15일 오전 6시 30분에 도착한다.
• X5492 : 11월 15일 오전 5시 50분에 출발하여 13시간 5분 후에 도착하므로 서울 기준 15일 오후 6시 55분에 도착하며 파리 시간으로는 15일 오전 10시 55분에 도착한다.

Tip
서울과 파리의 시차는 8시간이다. 서울이 파리보다 8시간 빠르므로 서울에서 파리로 이동할 때 도착시각＝출발시각＋(비행시간−8시간)임을 고려하여 한 번에 계산하면 더 간단하다.

20
정답 ②

파리 – 서울 노선별 도착시간은 다음과 같다.
- T1235 : 11월 20일 오전 12시 35분에 출발하여 12시간 10분 후에 도착하므로 파리 기준 20일 오후 12시 45분에 도착하며, 서울 시각으로는 20일 오후 8시 45분에 도착한다. 이 경우 정해진 시간 안에 도착할 수 없다.
- L9610 : 11월 19일 오후 10시 55분에 출발하여 12시간 40분 후에 도착하므로 파리 기준 20일 오전 11시 35분에 도착하며, 서울 시각으로는 20일 오후 7시 35분에 도착한다.
- N8463 : 11월 19일 오후 9시 40분에 출발하여 14시간 30분 후에 도착하므로 파리 기준 20일 오후 12시 10분에 도착하며, 서울 시각으로는 20일 오후 8시 10분에 도착한다. 이 경우 정해진 시간 안에 도착할 수 없다.

서울 – 파리 노선은 정해진 시간에 도착 가능하면서 가장 저렴한 비행기는 K3814편으로 66만 원이고, 파리 – 서울 노선은 L9610편으로 77만 원이다. 따라서 최저 운임은 143만 원이다.

21
정답 ⑤

정책 변화와 기업 환경에 대한 리포트를 작성한다는 대목에서 A가 근무하고 있는 부서가 정책연구부임을 알 수 있다.

22
정답 ③

조직 내 의사결정 과정은 대부분의 경우 조직에서 이루어진 기존 해결방법 중에서 새로운 문제의 해결방법을 탐색하는 과정이 있다. 이는 문제를 확인하고 난 후 개발 단계 중 구체적인 설계가 이루어지기 전 탐색단계에서 이루어지게 된다.

23
정답 ⑤

조직목표는 가변적인 속성을 띤다.

24
정답 ⑤

'고객 분석'에서는 고객들의 최근 성향에 대한 분석이 이루어져야 한다. '광고 아이돌 인기 상승에 대한 마케팅비 증가'는 고객들의 최근 성향을 분석한 것이 아닌 자사 분석 중 약점에 해당하므로 자사 분석 항목에 들어가는 것이 더 적절하다.

25
정답 ③

미래 사회에서는 부가가치 창출 요인이 지식 및 정보 생산 요소에서 토지, 자본, 노동으로 전환되는 것이 아닌 토지, 자본, 노동에서 지식 및 정보 생산 요소로 전환된다.

26
정답 ①

생산 실적 보고 및 재고 수준 점검, 품질 관리하는 업무를 담당하는 부서는 생산부이다.

27
정답 ②

〈보기〉의 코드를 정보 단위로 구분하여 의미를 파악하면 다음과 같다.
- 24002 : 2024년 2월 생산함
- 204 : 경기 공장 D생산라인에서 생산함
- B44 : 제품은 전자기기 중 태블릿 종류임
- 077 : 77번째로 생산함

해당 제품은 경기 공장의 C생산라인에서 생산된 것이 아닌 D생산라인에서 생산되었으므로 ②는 틀린 내용이다.

28
정답 ③

비밀번호는 특정하기 쉬운 전화번호, 주민번호 등으로 설정하지 않고 영문과 숫자, 특수문자 등을 혼합하여 8자리 이상으로 설정하고, 주기적으로 변경해야 한다.

29
정답 ②

클라우드 컴퓨팅은 사용자들이 복잡한 정보를 보관하기 위해 별도의 데이터 센터를 구축하지 않고도, 인터넷을 통해 제공되는 서버를 활용해 정보를 보관하고 있다가 필요할 때 꺼내 쓰는 기술이다.

30
정답 ⑤

지금 당장은 유용하지 않은 정보일지라도 유용한 정보가 될 수 있는 것들은 물리적인 하드웨어를 활용하여 수집하는 것이 필요하다.

31
정답 ①

㉠은 기계 · 기구 · 설비 불량, ㉡은 안전지식의 부족, ㉢은 인원 배치 부적당이다.

32
정답 ③

지속 가능한 기술의 특징
- 이용 가능한 자원과 에너지를 고려하는 기술
- 자원이 사용되고 그것이 재생산되는 비율의 조화를 추구하는 기술
- 자원의 질을 생각하는 기술
- 자원이 생산적인 방식으로 사용되는가에 주의를 기울이는 기술

33

정답 ⑤

㉠ 자기개발의 첫 단계로 자신의 특성을 바르게 인식할 수 있어야 적절한 자기개발이 이루어질 수 있는 방법은 자아인식이다.

㉡ 자신과 상황을 인식하고 경력 관련 목표를 설정하여 그 목표를 달성하기 위한 과정으로, 경력계획을 준비하고 실행하며 피드백하는 경력관리로 이루어지는 것은 경력개발이다.

㉢ 자기개발의 방해 요인로는 욕구와 감정, 제한적 사고, 문화적 장애, 자기개발 방법을 잘 모르는 경우 등이 있다.

34

정답 ③

현재 직무의 성공적 수행, 역량 강화, 인적 네트워크 강화를 위해 전략을 수립하는 것은 경력개발 전략 수립 단계에 해당한다.

35

정답 ⑤

정수기를 직사광선이나 습기가 많은 곳에 설치되어 있다면 필터가 제대로 작동하지 않을 수 있어서 물맛이 이상해질 수 있다. 정수기를 햇빛이 많이 드는 곳에 다시 설치하는 것은 적절하지 않다.

36

정답 ②

운전 중에 갑자기 모든 동작이 정지된 경우 전원 연결이 끊어져 정지될 수 있으므로 제품 전원코드가 220V, 60Hz 콘센트에 꽂혔는지 확인해야 한다.

37

정답 ③

인터넷 및 문서 형태의 자료를 통해서 수행하는 방법은 간접적 벤치마킹에 해당한다.

38

정답 ⑤

성찰해야 하는 이유
- 다른 일을 하는 데 노하우가 축적된다.
- 성장의 기회가 된다.
- 신뢰감을 형성할 수 있다.
- 창의적인 사고를 가능하게 한다.
- 현재의 부족한 부분을 발견할 수 있다.

39

정답 ②

타인과의 커뮤니케이션은 주변 사람들과의 대화는 내가 몰랐던 나 자신을 발견하는 중요한 수단이 되기도 한다.

40

정답 ⑤

자기개발 방법은 자아인식, 자기관리, 경력개발로 이루어진다.

41

정답 ②

㉠ 2단계 격동기에서는 과제를 수행하기 위해 체계를 갖추게 되면서 필연적으로 마찰이 일어난다. 팀원들이 시험과 검증의 자세에서 문제해결의 자세로 바뀔 수 있도록 효과적으로 경청하고 의사소통을 할 수 있는 능력이 필요하다.

㉡ 4단계 성취기에서는 팀원들이 스스로 책임을 지게 되고, 전체의 인정을 받으려는 욕구는 중시되지 않는다. 과제지향적·인간지향적 팀원들이 조화를 이루고 사기 충천하며, 팀으로서의 충성심을 보여준다. 전체적인 목표는 문제해결과 일을 통한 생산성이다.

42

정답 ②

A부장은 B대리의 주장에 따라 자신의 주장을 조정하며 프로젝트를 원활하게 하였다. 이는 상대방의 욕구와 주장에 자신의 욕구와 주장을 조정하고 순응시키는 Lose-Win 전략에 해당한다.

43

정답 ④

갈등 최소화를 위해서는 본인이 받기를 원치 않는 형태로 남에게 작업을 넘겨주지 말아야 하고 다른 사람으로부터 그러한 작업을 넘겨받지 말아야 한다. 또한 다른 팀원과 불일치하는 쟁점 사항이 있다면 그 당사자에게 직접 말해야 한다.

44

정답 ⑤

갈등 해결방법 모색 시 유의 사항
- 다른 사람들의 입장을 이해하고 사람들이 당황하는 모습을 자세하게 살핀다.
- 어려운 문제는 피하지 말고 맞서며, 자신의 의견을 명확하게 밝히고 지속적으로 강화한다.
- 사람들과 눈을 자주 마주치고, 존중하는 자세로 사람들을 대한다.
- 마음을 열어놓고 적극적으로 경청하며, 논쟁하고 싶은 유혹을 떨쳐낸다.
- 타협하려 노력하고, 어느 한쪽으로 치우치지 않는다.

45

정답 ④

고객 A의 불만 표현 유형은 빨리빨리형이다. 이에 대한 대응방안은 애매한 화법을 사용하면 더 날카로워지는 유형이므로 업무를 시원하게 처리하는 모습을 보여주어야 한다.

46

정답 ④

상대방을 대답을 들으면서 대화를 해야 한다.

47
정답 ①

성희롱은 가해자가 '성희롱을 했느냐'가 아니라 피해자가 '성적 수치심이나 굴욕감을 느꼈느냐, 아니냐'가 기준이 된다.

48
정답 ②

성적수치심을 느꼈을 때는 공식적인 대처가 필요하다.

49
정답 ⑤

하이파이브는 대개 친근한 축하의 제스처로, 동료 간에 성취를 함께 축하하는 의미로 사용된다. 특히 직장에서의 하이파이브는 일반적으로 긍정적이고 격려하는 방식으로 받아들여진다.

50
정답 ②

성예절에 어긋나는 행동에 대한 대처
• 개인적 대응
　－직접적으로 거부의사를 밝히고 중지할 것을 항의한다.
　－증거자료를 수거하고 공식적 처리를 준비한다.
　－상사나 노동조합 등의 내부기관에 도움을 요청한다.
　－외부단체 및 성폭력 상담기관 등에 도움을 요청한다.
• 직장의 대응
　－회사 내부의 관련 직원이나 외부의 전문가를 초빙하여 공정하게 처리한다.
　－사안에 대해 신속하게 조사하여 처리한다.
　－개인 정보의 유출을 철저히 방지한다.
　－가해자에 대해 납득할 정도의 조치를 취하고 결과를 피해자에게 통지한다.

고졸채용 NCS 의사소통능력+7개 영역

초 판 발 행	2025년 02월 10일	
저 자	NCS 공기업연구소	
발 행 인	정용수	
발 행 처	(주)예문아카이브	
주 소	서울시 마포구 동교로 18길 10 2층	
T E L	02) 2038-7597	
F A X	031) 955-0660	
등 록 번 호	제2016-000240호	
정 가	20,000원	

홈페이지 http://www.yeamoonedu.com

I S B N   979-11-6386-405-9   [13320]